에듀윌과 함께 시작하면,
당신도 합격할 수 있습니다!

집안 사정으로 인해
오랫동안 학업을 중단했던 늦깎이 수험생

외국 생활을 앞두고
한국 학력 인정이 필요한 유학생

학교를 그만두고
미래를 스스로 준비하는 학교 밖 청소년

누구나 합격할 수 있습니다.
해내겠다는 '열정' 하나면 충분합니다.

마지막 페이지를 덮으면,

에듀윌과 함께
검정고시 합격이 시작됩니다.

eduwill

85만 권 판매 돌파
177개월 베스트셀러 1위!

에듀윌이 만든 검정고시 BEST 교재로
합격의 차이를 직접 경험해 보세요

중·고졸 검정고시 기본서

중·고졸 검정고시 5개년 기출문제집
(24년 9월 출간 예정)

중·고졸 검정고시 핵심총정리
(24년 9월 출간 예정)

중·고졸 검정고시 모의고사
(24년 12월 출간 예정)

에듀윌 검정고시 합격 스토리

박○주 합격생

에듀윌 교재로 학습하면 고득점 합격 가능!

핵심총정리와 기출문제집 위주로 학습하면서, 취약했던 한국사는 기본서도 함께 보았습니다. 암기가 필요한 개념은 노트 정리도 하였고, 기출은 맞힌 문제와 틀린 문제 모두 꼼꼼히 살폈습니다. 저는 만점이 목표였는데, 사회 한 문제를 제외하고 모두 100점을 맞았답니다!

김○늘 합격생

노베이스에서 평균 96점으로 합격!

에듀윌 핵심총정리에 수록된 요약본을 토대로 나만의 요약노트를 만들고 반복해서 살펴보았습니다. 시험이 2주가량 남았을 때는 D-7 모의고사를 풀었는데, 실제 시험장처럼 OMR 답안카드 작성을 연습할 수 있었습니다. 검정고시를 준비하는 수험생이라면 이 두 책은 꼭 보기를 추천합니다~

노○지 합격생

에듀윌 기출문제집은 합격으로 가는 필수템!

저는 먼저 부족한 과목의 개념을 집중 학습한 후 기출문제를 반복해 풀었습니다. 기출문제집에는 시험 범위에 해당하지 않는 문제가 무엇인지 안내되어 있고, 출제 경향이 제시되어 있어 유용했습니다. 시험 일주일 전부터 전날까지 거의 매일 기출문제를 풀었어요. 제가 합격하는 데는 기출문제집의 역할이 컸습니다.

박○르 합격생

2주 만에 평균 95점으로 합격!

유학을 위해 검정고시를 준비했습니다. 핵심총정리를 통해 어떤 주제와 유형이 자주 출제되는지 알 수 있어 쉽게 공부했습니다. 모의고사는 회차별·과목별로 출제의도가 제시되어 있어 좋았습니다. 다들 각자의 목표가 있으실 텐데, 모두 원하는 결과를 얻고 새로운 출발을 하시길 응원할게요!

다음 합격의 주인공은 당신입니다!

더 많은
합격 스토리

eduwill

1위 에듀윌만의
체계적인 합격 커리큘럼

쉽고 빠른 합격의 첫걸음
고졸 검정고시 핵심개념서 무료 신청

원하는 시간과 장소에서, 합격 필수 콘텐츠까지
온라인 강의

① 전 과목 최신 교재 제공
② 과목별 업계 최강 교수진과 함께
③ 검정고시 합격부터 대입까지 가능한 학습플랜 제시

고졸 검정고시
핵심개념서
무료 신청

더 많은 혜택이 궁금하다면 1600-6700
* 위 내용은 서비스 개선을 위해 예고 없이 변경될 수 있습니다.

세상을 움직이려면
먼저 나 자신을 움직여야 한다.

– 소크라테스(Socrates)

에듀윌 중졸 검정고시 기본서 수학

eduwill

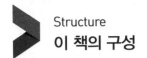
누구나 한 번에 합격할 수 있다!
이론부터 문제까지 해답은 기본서!

단원별로 이론을 학습하고 ▶ 문제로 개념을 점검하고 ▶ 모의고사로 수학을 완벽 정복!

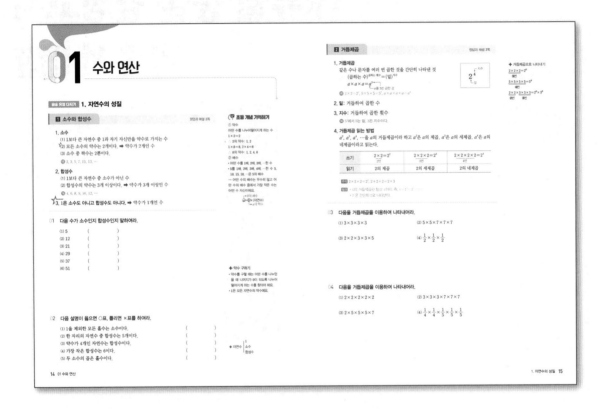

믿고 보는 단원별 이론

- 출제 범위에 해당하는 2015 개정 교육과정을 철저하게 반영하였습니다.
- 기초가 부족해도 충분히 이해할 수 있도록 내용을 쉽게 서술하였습니다.

이해를 돕는 보충 설명

- 이론과 연관된 보충 개념을 보조단에 수록하여 바로바로 확인할 수 있습니다.
- '초등 개념 기억하기' 코너를 통해 정확한 개념의 이해를 돕습니다.

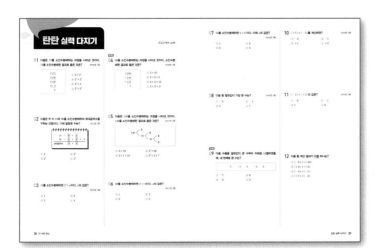

앞선 시험에 나온, 앞으로 시험에 나올!

탄탄 실력 다지기

기출문제 및 예상문제를 통해 이론을 효율적으로 복습할 수 있습니다.

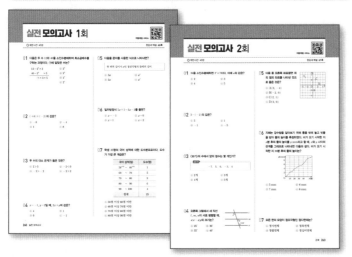

실전은 연습한 만큼 노련해지는 것!

최종 실력점검

그동안의 학습을 마무리하며 모의고사 2회분을 풀어 봄으로써 자신의 실력을 가늠하고 실전 감각을 향상시킬 수 있습니다.

BONUS STAGE

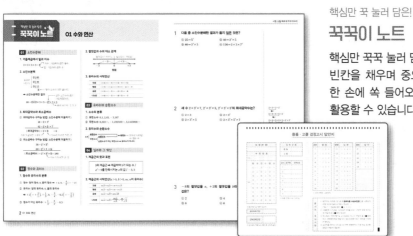

핵심만 꾹 눌러 담은!

꾹꾹이 노트

핵심만 꾹꾹 눌러 담아 완벽하게 정리하였습니다. 빈칸을 채우며 중요 내용을 다시 한 번 확인하고, 한 손에 쏙 들어오는 크기로 이동 시 들고 다니며 활용할 수 있습니다.

함께 수록한 OMR 답안카드를 활용하여 실제 시험처럼 답안지 작성 연습을 할 수 있습니다.

**Information
시험 정보**

▌중졸 검정고시란

부득이한 이유로 정규 중학교 과정을 마치지 못한 사람들을 대상으로 실시하는 국가 자격 시험입니다.
중졸 검정고시에 합격한 사람은 중학교를 졸업한 사람과 동등한 자격을 인정받습니다.

시험 주관 기관

• 시·도 교육청: 시행 공고, 원서 교부 및 접수, 시험 실시, 채점, 합격자 발표를 담당합니다.
• 한국교육과정평가원: 문제 출제, 인쇄 및 배포를 담당합니다.

출제 범위

• 2015 개정 교육과정에서 출제됩니다.
• 2013년 1회부터 문제은행 출제 방식이 도입됨에 따라 과거 기출문제가 30% 내외 출제될 수 있습니다.

🖐 본서는 출제 범위를 철저하게 반영하였으니 안심하고 학습하세요!

시험 일정

구분	공고일	접수일	시험일	합격자 발표일	공고 방법
제1회	2월 초순	2월 중순	4월 초·중순	5월 초·중순	시·도 교육청 홈페이지
제2회	6월 초순	6월 중순	8월 초·중순	8월 하순	

🖐 시험 일정은 시·도 교육청 협의에 따라 변경될 수 있어요.

출제 방향

중학교 졸업 정도의 지식과 그 응용 능력을 측정할 수 있는 수준으로 출제됩니다.

응시 자격

• 초등학교 졸업자 및 이와 동등 이상의 학력이 있는 사람
• 초·중등교육법 시행령 제29조의 규정에 의하여 학적이 정원 외로 관리되는 사람
• 3년제 고등공민학교 졸업자 및 졸업예정자
• 중학교에 준하는 각종 학교의 졸업자 또는 졸업예정자
• 보호소년 등의 처우에 관한 법률 시행령 제69조 제2호에 해당하는 사람

🖐 상기 자료는 2024년 서울시 교육청 공고문 기준이에요. 2025년 시험 응시 예정자는 최신 공고문을 꼭 확인하세요.

시험 접수부터 합격까지

시험 접수 방법
각 시·도 교육청 공고를 참조하여 접수 기간 내에 현장 혹은 온라인으로 접수합니다.
🖐 접수 기간 내에 접수하지 못하면 시험을 응시할 수 없으니 주의가 필요해요!

시험 당일 준비물
• 수험표 및 신분증(만 17세 미만의 응시자는 청소년증, 주민등록번호가 포함된 여권 혹은 여권정보증명서)
• 샤프 또는 연필, 펜, 지우개와 같은 필기도구와 답안지 작성을 위한 컴퓨터용 수성사인펜,
  답안 수정을 위한 수정테이프, 아날로그 손목시계 ⌚ 디지털 손목시계는 금지되어 있어요!
• 소화가 잘 되는 점심 도시락

입실 시간
• 1교시 응시자는 시험 당일 오전 8시 40분까지 지정 시험실에 입실합니다.
• 2~6교시 응시자는 해당 과목의 시험 시간 10분 전까지 시험실에 입실합니다.

시험 진행

이제부터 실력 발휘를 할 시간!

구분	1교시	2교시	3교시	4교시	점심	5교시	6교시
시간	09:00 ~ 09:40 (40분)	10:00 ~ 10:40 (40분)	11:00 ~ 11:40 (40분)	12:00 ~ 12:30 (30분)	12:30 ~ 13:30	13:40 ~ 14:10 (30분)	14:30 ~ 15:00 (30분)
과목	국어	수학	영어	사회		과학	선택 *

* 선택 과목에는 도덕, 기술·가정, 정보, 체육, 음악, 미술이 있습니다

유의 사항
• 수험생은 시험 시간에 휴대 전화 등의 통신기기를 일절 소지할 수 없습니다. 만약 소지할 경우 사용 여부를 불문하고 부정행위로 간주됩니다.
• 수험생은 시험 종료 시간이 될 때까지 퇴실할 수 없습니다. 다만, 불가피한 사유로 퇴실할 경우 퇴실 후 재입실이 불가능하며 별도의 지정 장소에서 시험 종료 시까지 대기하여야 합니다.

합격자 발표
• 시·도 교육청 홈페이지에서 발표합니다.
• 100점 만점 기준으로 전 과목 평균 60점 이상을 취득해야 합니다.
• 평균 60점을 넘지 못했을 경우 60점 이상 취득한 과목은 과목 합격으로 간주되어, 이후 시험에서 본인이 원한다면 치르지 않을 수 있습니다.

How to study
선생님이 알려 주는 합격 전략

Q 2015 개정 교육과정이 적용된 출제 범위를 알고 싶어요.

2015 개정 교육과정에서는 도수분포표에서 평균 구하기가 삭제되고 도수분포표 활용 부분이 약화되었어요. 또한 연립일차부등식과 이차함수의 최대·최소도 제외되었답니다. 반면 함수 단원에서 그래프의 해석, 정비례와 반비례가 추가되고, 확률과 통계 단원에서 상관관계가 추가되었어요. 전체적으로 학습량이 줄어든 것처럼 보일 수 있지만 학습 내용이 조금씩 달라졌기 때문에 철저히 대비해야 해요.

Q 출제 난이도가 궁금해요. 공부를 놓은 지 오래되었는데 합격할 수 있을까요?

검정고시는 정상적으로 학교를 다니기 어려운 분들에게 추가적인 교육의 기회를 제공하기 위하여 실시하는 시험입니다. 따라서 가능하면 쉽게 출제하여 어려운 여건에서 공부하시는 분들이 학업의 기회를 가질 수 있도록 하며, 이러한 출제방침은 앞으로도 계속될 거예요.

Q 지난 시험에서는 어떻게 출제되었나요?

2024년 1회 수학 시험에서는 1학년 과정에서 7문제, 2학년 과정에서 7문제, 3학년 과정에서 6문제가 출제되었어요.

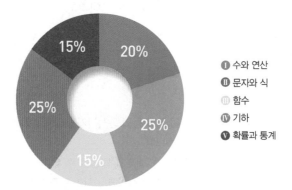

- ❶ 수와 연산
- ❷ 문자와 식
- ❸ 함수
- ❹ 기하
- ❺ 확률과 통계

20%
25%
15%
25%
15%

영역별로 나눠보면 작년과 동일하게 문자와 식, 기하에서 가장 많이 출제되었고, 문제 유형으로는 기본적인 개념을 얼마나 이해했는지 확인하는 문제가 많았어요. 기본 개념과 공식을 잘 암기해 두었다면 문제를 푸는 데 큰 어려움이 없었을 거예요.

Q 합격하기 위해서는
어떻게 공부해야 할까요?

중졸 검정고시 수학 시험의 난이도는 중하 수준이기 때문에 기초를 탄탄히 해두고 단원별 개념을 반복해서 학습한다면 합격에 한 걸음 더 가까워질 수 있어요.

Tip 이렇게 공부해요!

• 먼저 기본서로 기본개념들을 충분히 익히고, 외운 단원별 공식을 다양한 문제에 적용하는 방법을 익히며 계산력을 향상시켜 보세요.

• 시험이 얼마 남지 않았을 때는 모의고사를 통해 실력을 점검해 보고 자주 출제되는 개념과 공식을 집중적으로 학습하세요. 같은 문제라도 반복해서 직접 풀어보며 정확도를 높이는 연습이 필요하다는 것을 기억하세요.

Q 기본서 학습이 끝나면
어떻게 공부해야 할까요?

기본서 학습이 끝난 후에는 자신의 현재 수준과 고민에 맞는 방법을 선택하여 진행해 주세요. 합격에 한층 더 가까워질 거예요.

Tip 이렇게 공부해요!

이론을 한 번 더 정리하고 싶다면?

에듀윌 핵심총정리로 공부해 보세요. 핵심총정리는 6과목의 주요 이론을 압축 정리하여 단 한 권으로 구성하였어요. 자주 출제되고 앞으로 출제될 중요 개념만을 모아 효율적으로 학습할 수 있답니다.

문제 푸는 연습을 더 하고 싶다면?

에듀윌 기출문제집을 풀어 보세요. 기출문제집은 최신 5개년 기출문제와 상세한 해설을 수록하였어요. 2015 개정 교육과정에 해당하지 않는 문제는 별도로 표시하여 학습의 편의를 높였답니다.

실전 감각을 높이고 싶다면?

에듀윌 모의고사를 풀어 보세요. 모의고사는 실제 시험과 동일한 난이도와 형식으로 문제를 구성하였어요. 시험 직전에 실전을 완벽하게 대비할 수 있도록 제작되었답니다.

Contents
이 책의 차례

- 이 책의 구성
- 시험 정보
- 선생님이 알려 주는 합격 전략

01 수와 연산

1 자연수의 성질	14
2 정수와 유리수	20
3 유리수와 순환소수	27
4 제곱근과 실수	29
5 근호를 포함한 식의 계산	35
탄탄 실력 다지기	38

02 문자와 식

1 문자와 식	48
2 일차방정식	53
3 식의 계산	59
4 부등식	63
5 연립방정식	67
6 다항식의 곱셈과 인수분해	72
7 이차방정식	78
탄탄 실력 다지기	84

03 함수

1 좌표평면과 그래프	94
2 일차함수와 그래프	106
3 이차함수	123
탄탄 실력 다지기	132

04

기하

1 기본 도형	138
2 작도와 합동	147
3 평면도형의 성질	152
4 입체도형의 성질	160
5 삼각형과 사각형의 성질	168
6 도형의 닮음과 피타고라스 정리	181
7 삼각비	198
8 원과 직선	206
탄탄 실력 다지기	212

05

확률과 통계

1 자료의 정리와 해석	226
2 경우의 수와 확률	235
3 대푯값과 산포도	243
4 상관관계	247
탄탄 실력 다지기	252

최종 실력점검

실전 모의고사 1회	260
실전 모의고사 2회	263
OMR 답안카드	

01

수와 연산

1 자연수의 성질

2 정수와 유리수

3 유리수와 순환소수

4 제곱근과 실수

5 근호를 포함한 식의 계산

01 수와 연산

1. 자연수의 성질

1 소수와 합성수

정답과 해설 2쪽

1. 소수

(1) 1보다 큰 자연수 중 1과 자기 자신만을 약수로 가지는 수

☆(2) 모든 소수의 약수는 2개이다. ➡ 약수가 2개인 수

(3) 소수 중 짝수는 2뿐이다.

예 2, 3, 5, 7, 11, 13, …

2. 합성수

(1) 1보다 큰 자연수 중 소수가 아닌 수

(2) 합성수의 약수는 3개 이상이다. ➡ 약수가 3개 이상인 수

예 4, 6, 8, 9, 10, 12, …

☆**3. 1은 소수도 아니고 합성수도 아니다.** ➡ 약수가 1개인 수

---

01 다음 수가 소수인지 합성수인지 말하여라.

(1) 5   (   )

(2) 12   (   )

(3) 21   (   )

(4) 29   (   )

(5) 37   (   )

(6) 51   (   )

---

02 다음 설명이 옳으면 ○표, 틀리면 ×표를 하여라.

(1) 1을 제외한 모든 홀수는 소수이다.   (   )

(2) 한 자리의 자연수 중 합성수는 5개이다.   (   )

(3) 약수가 4개인 자연수는 합성수이다.   (   )

(4) 가장 작은 합성수는 6이다.   (   )

(5) 두 소수의 곱은 홀수이다.   (   )

초등 개념 기억하기

① 약수

어떤 수를 나누어떨어지게 하는 수

$1 \times 2 = 2$

∴ 2의 약수: 1, 2

$1 \times 8 = 8$, $2 \times 4 = 8$

∴ 8의 약수: 1, 2, 4, 8

② 배수

• 어떤 수를 1배, 2배, 3배, …한 수

• 5를 1배, 2배, 3배, 4배, …한 수 5,
10, 15, 20, …은 5의 배수

→ 어떤 수의 배수는 무수히 많고 어떤 수의 배수 중에서 가장 작은 수는 어떤 수 자신이에요.

$\overset{b의\ 배수}{@=\textcircled{b} \times (자연수)} \underset{a의\ 약수}{}$

+ 약수 구하기

• 약수를 구할 때는 어떤 수를 나누었을 때 나머지가 0이 되도록 나누어떨어지게 하는 수를 찾아야 해요.

• 1은 모든 자연수의 약수예요.

+ 자연수 $\begin{cases} 1 \\ 소수 \\ 합성수 \end{cases}$

1. 거듭제곱

같은 수나 문자를 여러 번 곱한 것을 간단히 나타낸 것

$$(\text{곱하는 수})^{\text{곱하는 횟수}} = (\text{밑})^{\text{지수}}$$

$$a \times a \times a = a^3 \quad \longleftarrow a \text{를 3번 곱한 것}$$

⟮예⟯ $2 \times 2 = 2^2$, $5 \times 5 \times 5 = 5^3$, $a \times a \times a \times a = a^4$

➕ **거듭제곱으로 나타내기**

$\underbrace{2 \times 2 \times 2}_{\text{3번}} = 2^{③}$

$\underbrace{5 \times 5 \times 5 \times 5}_{\text{4번}} = 5^{④}$

$\underbrace{2 \times 2}_{\text{2번}} \times \underbrace{3 \times 3 \times 3}_{\text{3번}} = 2^{②} \times 3^{③}$

2. 밑: 거듭하여 곱한 수

3. 지수: 거듭하여 곱한 횟수

⟮예⟯ 5^3에서 5는 밑, 3은 지수이다.

4. 거듭제곱 읽는 방법

a^2, a^3, a^4, …을 a의 거듭제곱이라 하고 a^2은 a의 제곱, a^3은 a의 세제곱, a^4은 a의 네제곱이라고 읽는다.

쓰기	$\underbrace{2 \times 2}_{\text{2번}} = 2^2$	$\underbrace{2 \times 2 \times 2}_{\text{3번}} = 2^3$	$\underbrace{2 \times 2 \times 2 \times 2}_{\text{4번}} = 2^4$
읽기	2의 제곱	2의 세제곱	2의 네제곱

⟮주의⟯ $2 \times 2 \times 2 = 2^3$, $2 + 2 + 2 = 2 \times 3$

⟮참고⟯ • 1의 거듭제곱은 항상 1이다. 즉, $1 = 1^2 = 1^3 = \cdots$
     • 2^1은 간단히 2로 나타낸다.

---

03 다음을 거듭제곱을 이용하여 나타내어라.

(1) $3 \times 3 \times 3 \times 3$

(2) $5 \times 5 \times 7 \times 7 \times 7$

(3) $2 \times 2 \times 3 \times 3 \times 5$

(4) $\dfrac{1}{2} \times \dfrac{1}{2} \times \dfrac{1}{2}$

04 다음을 거듭제곱을 이용하여 나타내어라.

(1) $2 \times 2 \times 2 \times 2 \times 2$

(2) $3 \times 3 \times 3 \times 7 \times 7 \times 7$

(3) $2 \times 5 \times 5 \times 5 \times 7$

(4) $\dfrac{1}{4} \times \dfrac{1}{4} \times \dfrac{1}{5} \times \dfrac{1}{5} \times \dfrac{1}{5}$

1. 소인수: 인수 중에서 소수인 것을 소인수라고 한다.

예 · $75=3\times5^2$ ➡ 75의 소인수는 3, 5

   소인수분해했을 때, 밑이 되는 수

소인수

· 12의 약수인 1, 2, 3, 4, 6, 12 중에서 소수인 2, 3을 '소인수'라 한다.

✚ $a=b\times c$일 때, b와 c는 a의 인수
예요(단, a, b, c는 자연수).

예 $12=2^2\times3$에서 2와 3을 12의 약수 또는 인수라고 해요.

2. 소인수분해

1보다 큰 자연수를 그 수의 소인수들만의 곱으로 나타내는 것

예 12의 소인수분해 ➡ $12=2^2\times3$

✚ 올바른 소인수분해

$12=3\times4(×)$

   소수가 아니다.

$12=2^2\times3(○)$

3. 소인수분해하는 방법

[방법 1]

$$36=2\times18$$
$$=2\times2\times9$$
$$=2\times2\times3\times3$$
$$=2^2\times3^2$$

[방법 2]

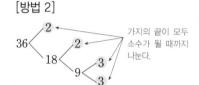

가지의 끝이 모두 소수가 될 때까지 나눈다.

✚ 소인수들의 곱해진 순서를 생각하지 않으면 소인수분해한 결과는 오직 한 가지뿐이에요.

[방법 3]

소수로 나눈다.

$$2)\underline{36}$$
$$2)\underline{18}$$
$$3)\underline{9}$$
$$3$$ ← 몫이 소수가 되면 끝난다.

∴ $36=2^2\times3^2$

① 나누어떨어지게 하는 소수 중 작은 수부터 차례로 나눈다.
② 몫이 소수가 될 때까지 나눈다. 나눈 소수들과 마지막 몫을 곱으로 나타낸다.
③ 이때 같은 소인수가 있으면 거듭제곱으로 나타낸다.

✚ 소인수분해한 결과를 쓰는 방법
① 작은 소인수부터 차례로 써요.
② 같은 소인수의 곱은 거듭제곱으로 나타내요.

4. 소인수분해를 이용한 약수의 개수 구하기

자연수 A가 $A=a^m\times b^n$(a, b는 서로 다른 소수, m, n은 자연수)으로 소인수분해 될 때

(1) A의 약수: a^m의 약수와 b^n의 약수를 곱해서 구한다.
➡ (a^m의 약수)×(b^n의 약수)

   1, a, a^2, $\cdots$, a^m 1, b, b^2, $\cdots$, b^n

(2) A의 약수의 개수: $(m+1)\times(n+1)$

소인수의 지수에 각각 1을 더한다.

✚ a, b는 서로 다른 소수이고, l, m은 자연수일 때,
① a^l의 약수의 개수
➡ $(l+1)$개
② $a^l\times b^m$의 약수의 개수
➡ $\{(l+1)\times(m+1)\}$개

예 12를 소인수분해하면 $12=2^2\times3$이므로 다음 표에서

×	1	2	2^2
1	$1\times1=$①	$1\times2=$②	$1\times2^2=$④
3	$3\times1=$③	$3\times2=$⑥	$3\times2^2=$⑫

➡ 12의 약수는 1, 2, 3, 4, 6, 12
➡ 12의 약수의 개수는 $(2+1)\times(1+1)=3\times2=6$

참고 자연수 $A=a^l\times b^m\times c^n$($a$, b, c는 서로 다른 소수, l, m, n은 자연수)에 대하여
① A의 약수: (a^l의 약수)×(b^m의 약수)×(c^n의 약수)
② A의 약수의 개수: $(l+1)\times(m+1)\times(n+1)$

05 다음 □ 안에 알맞은 수를 써넣어 소인수분해하고, 소인수를 모두 구하여라.

(1)
```
□ )52
 □ )26
    13
```
➡ 52=_____

소인수: _____

(2)
```
□ )150
 3 )75
 □ )□
    5
```
➡ 150=_____

소인수: _____

(3)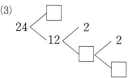

➡ 24=_____

소인수: _____

(4)
```
140 < 2
      □ < 2
      □ < 7
```

➡ 140=_____

소인수: _____

06 다음 표의 빈칸을 채우고 약수를 구하여라.

(1) $75=3\times5^2$

×	1	3
1		
5		
5^2		

➡ 75의 약수: _____

(2) $36=2^2\times3^2$

×	1	2	2^2
1			
3			
3^2			

➡ 36의 약수: _____

07 다음 수의 약수의 개수를 구하여라.

✚ 자연수 A를 소인수분해한 것이
$a^l\times b^m\times c^n$이면 A의 약수의 개수는
$\{(l+1)\times(m+1)\times(n+1)\}$개

(1) $2^2\times7$

(2) 3×5^3

(3) $2^2\times3^3$

(4) 81

(5) 100

(6) 216

1. 공약수와 최대공약수

(1) **공약수**: 2개 이상의 자연수에서 공통인 약수

> **예** 4의 약수: 1, 2, 4
> 6의 약수: 1, 2, 3, 6
> ➡ 4, 6의 공약수: 1, 2

(2) **최대공약수**: 공약수 중에서 가장 큰 수

> **예** 4, 6의 최대공약수: 2

(3) **서로소**: 최대공약수가 1인 두 자연수

(4) 두 수의 공약수는 두 수의 최대공약수의 약수이다.

2. 최대공약수 구하는 방법

[방법 1] 소인수분해 이용하기

① 각 수를 소인수분해한다.

② 공통인 소인수를 모두 곱한다.
이때 지수가 같으면 그대로, 다르면 작은 것을 택하여 곱한다.

$$24 = 2^3 \times 3$$
$$60 = 2^2 \times 3 \times 5$$
$$\text{(최대공약수)} = 2^2 \times 3 \quad = 12$$

[방법 2] 나눗셈 이용하기

① 1이 아닌 공약수로 각 수를 나눈다.

② 1이 아닌 공약수가 없을 때까지(몫이 서로소가 될 때까지) 계속 나눈다.

③ 나누어 준 공약수를 모두 곱한다.

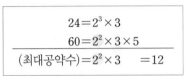

$$\text{(최대공약수)} = 2 \times 2 \times 3 = 12$$

✚ 세 수의 최대공약수 구하기

방법 ① 소인수분해 이용하기

$$24 = 2^3 \times 3$$
$$48 = 2^4 \times 3$$
$$60 = 2^2 \times 3 \times 5$$
$$\text{(최대공약수)} = 2^2 \times 3 \quad = 12$$

지수가 같거나 작은 것을 택한다.

방법 ② 나눗셈 이용하기

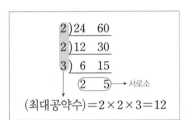

$$\text{(최대공약수)} = 2 \times 2 \times 3 = 12$$

방법 ②로 세 수의 최대공약수를 구할 때에는 반드시 모든 수를 동시에 나눌 수 있는 수로만 나눠야 해요.

---

08 다음 수들의 최대공약수를 소인수의 곱으로 나타내어라.

(1)
$$2^2 \times 3^2$$
$$2 \times 3^2$$
$$\overline{\text{(최대공약수)} =}$$

(2)
$$2^2 \times 3^2 \times 5$$
$$2^2 \times 3 \quad \times 7$$
$$\overline{\text{(최대공약수)} =}$$

✚ [방법 2]는 초등에서 배운 최대공약수를 구하는 방법과 같아요.
이때 소수로만 나누는 것이 아니라 소수가 아닌 공약수로 나누어도 된답니다.

$$6\overline{)6 \quad 18}$$
$$1 \quad 3$$

09 다음 수들의 최대공약수를 나눗셈을 이용하여 구하여라.

(1) $\quad)\,12\quad 20$

(2) $\quad)\,40\quad 60$

10 세 수 $2^3 \times 3^2 \times 5$, $2^2 \times 3^3 \times 5$, $2^3 \times 3^4 \times 5^2$의 최대공약수는?

① $2 \times 3 \times 5$

② $2^2 \times 3^2 \times 5$

③ $2^2 \times 3^3 \times 5^2$

④ $2^3 \times 3^2 \times 5$

1. 공배수와 최소공배수

(1) **공배수**: 2개 이상의 자연수에서 공통인 배수

> 예) 4의 배수: 4, 8, 12, 16, 20, 24, …
> 6의 배수: 6, 12, 18, 24, …
> ➡ 4와 6의 공배수: 12, 24, …

(2) **최소공배수**: 공배수 중에서 가장 작은 수

> 예) 4, 6의 최소공배수: 12

(3) 두 수의 공배수는 두 수의 최소공배수의 배수와 같다.

2. 최소공배수 구하는 방법

[방법 1] 소인수분해 이용하기

① 각 수를 소인수분해한다.
② 공통인 소인수와 공통이 아닌 소인수를 모두 곱한다. 이때 지수가 같으면 그대로, 다르면 지수가 큰 것을 택하여 곱한다.

$$12 = 2^2 \times 3$$
$$30 = 2 \times 3 \times 5$$
$$\overline{(최소공배수) = 2^2 \times 3 \times 5 = 60}$$

[방법 2] 나눗셈 이용하기

① 1이 아닌 공약수로 각 수를 나눈다.
② 몫이 서로소가 될 때까지 계속 나눈다.
③ 나누어 준 공약수와 몫을 모두 곱한다.

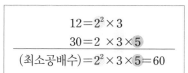

$$(최소공배수) = 2 \times 3 \times 2 \times 5 = 60$$

+ 최대공약수와 최소공배수의 관계

두 자연수 A, B의 최대공약수를 G, 최소공배수를 L이라 할 때, $A = a \times G$, $B = b \times G$ (a, b는 서로소)이면 다음이 성립해요.

> $G)\underline{\ A\quad B\ }$
> $\quad\ a\quad b$
> $\quad\ \uparrow\ \ \ \uparrow$
> $\quad\ \ 서로소$

① $L = a \times b \times G$
② $A \times B = G \times L$

---

11 다음 수들의 최소공배수를 소인수의 곱으로 나타내어라.

(1)
$$2^3 \times 3$$
$$\underline{2^2 \times 3^2}$$
$$(최소공배수) =$$

(2)
$$3^2 \times 5 \times 7$$
$$\underline{5^3 \times 7}$$
$$(최소공배수) =$$

+ 세 수의 최소공배수 구하기

방법 ① 소인수분해를 이용하기

$$18 = 2 \times 3^2$$
$$42 = 2 \times 3 \times 7$$
$$\underline{54 = 2 \times 3^3}$$
$$2 \times 3^3 \times 7$$

방법 ② 나눗셈 이용하기

> $2)\underline{\ 18\quad 42\quad 54\ }$
> $3)\underline{\ \ 9\quad 21\quad 27\ }$
> $3)\underline{\ \ 3\quad\ \ 7\quad\ \ 9\ }$
> $\quad\ \ \ 1\quad\ \ 7\quad\ \ 3$

$2 \times 3 \times 3 \times 1 \times 7 \times 3$
$= 378 \longrightarrow 최소공배수$

주어진 수들을 각각 소인수분해한 후, 공통인 소인수의 거듭제곱에서 지수가 같으면 그대로, 다르면 큰 것을 택하고 공통이 아닌 소인수의 거듭제곱은 모두 택하여 곱한다.

---

12 다음 수들의 최소공배수를 나눗셈을 이용하여 구하여라.

(1) $\ )\underline{\ 12\quad 18\ }$

(2) $\ )\underline{\ 30\quad 45\ }$

---

13 세 수 $2^2 \times 3 \times 5 \times 7$, $2 \times 3^2 \times 5 \times 11$, $2 \times 3^2 \times 7^2 \times 11$의 **최소공배수는?**

① $2^2 \times 3^2 \times 5 \times 7^2 \times 11$
② $2^2 \times 3^2 \times 5 \times 7^2 \times 11^2$
③ $2^2 \times 3^2 \times 5^2 \times 7^2 \times 11$
④ $2^2 \times 3^2 \times 5^2 \times 7^2 \times 11^2$

1 정수

정답과 해설 **3쪽**

1. 정수: 양의 정수, 0, 음의 정수를 통틀어 정수라고 한다.

(1) **양의 정수:** 자연수에 양의 부호(+)가 붙은 수

(2) **음의 정수:** 자연수에 음의 부호(−)가 붙은 수

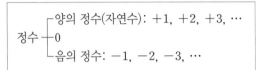

2. 정수와 수직선

한 직선 위에 기준이 되는 점 0을 원점으로 하고, 오른쪽에는 양의 정수를, 왼쪽에는 음의 정수를 대응시켜 만든 직선

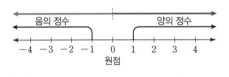

01 다음을 부호 +, −를 사용하여 나타내어라.

(1) 영상 2℃를 +2℃로 나타내면 영하 7℃는 ( )로 나타낸다.

(2) 해발 1000 m를 +1000 m로 나타내면 해저 600 m는 ( )로 나타낸다.

---

2 유리수

정답과 해설 **3쪽**

1. 유리수

양의 유리수, 0, 음의 유리수를 통틀어 유리수라고 한다.

(1) **양의 유리수:** 분모, 분자가 자연수인 분수에 양의 부호 +를 붙인 수

(2) **음의 유리수:** 분모, 분자가 자연수인 분수에 음의 부호 −를 붙인 수

2. 유리수의 분류

$$
\text{유리수} \begin{cases} \text{정수} \begin{cases} \text{양의 정수(자연수): } +1, +2, +3, \cdots \\ 0 \\ \text{음의 정수: } -1, -2, -3, \cdots \end{cases} \\ \text{정수가 아닌 유리수: } -\dfrac{1}{2}, +\dfrac{1}{3}, -0.1, +2.7, \cdots \end{cases}
$$

02 다음 수를 〈보기〉에서 모두 골라라.

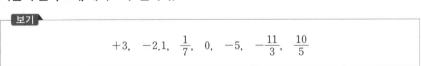

보기

$$+3, \quad -2.1, \quad \frac{1}{7}, \quad 0, \quad -5, \quad -\frac{11}{3}, \quad \frac{10}{5}$$

(1) 양의 정수

(2) 정수

(3) 음의 유리수

(4) 정수가 아닌 유리수

---

1. 절댓값

수직선 위에서 원점으로부터 어떤 수에 대응하는 점까지의 거리

(1) 정수 a의 절댓값을 기호로 $|a|$와 같이 나타내고, 절댓값 a라 읽는다.

(2) 절댓값이 가장 작은 수는 0이다.

☆(3) 절댓값이 $a(a>0)$인 수는 $+a$, $-a$로 2개이다.

예 절댓값이 3인 수 ➡ $+3$, -3

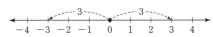

✚ 절댓값의 성질

① $a>0$이면 $|a|=a$

② $a=0$이면 $|a|=0$

③ $a<0$이면 $|a|=-a$

2. 수의 대소 관계

(1) 양수는 음수보다 크다. ➡ (음수)<(양수) **예** $-2<+1$

(2) 양수는 0보다 크고, 음수는 0보다 작다. ➡ (음수)<0<(양수) **예** $-3<0, 0<+2$

(3) 양수끼리는 절댓값이 큰 수가 크다. **예** $+2<+5$

(4) 음수끼리는 절댓값이 큰 수가 작다. **예** $-3<-1$

✚ 수직선에서 오른쪽으로 갈수록 왼쪽에 있는 수보다 커요.

3. 부등호의 사용

부등호 $>$, $<$, $\geq$, $\leq$를 사용하여 수의 대소 관계를 나타낼 수 있다.

$x>a$	$x<a$	$x \geq a$	$x \leq a$
x는 a 초과이다. x는 a보다 크다.	x는 a 미만이다. x는 a보다 작다.	x는 a 이상이다. x는 a보다 크거나 같다. x는 a보다 작지 않다.	x는 a 이하이다. x는 a보다 작거나 같다. x는 a보다 크지 않다.

---

03 다음을 구하여라.

(1) 절댓값이 6인 수

(2) 6의 절댓값

(3) $|6|$

(4) 수직선에서 원점으로부터 거리가 6인 수

04 다음 ○ 안에 $>$, $<$ 중 알맞은 부등호를 써넣어라.

(1) $-5 \bigcirc +3$

(2) $0 \bigcirc -2$

(3) $-\dfrac{1}{3} \bigcirc -3$

(4) $-0.5 \bigcirc -\dfrac{1}{4}$

1. 유리수의 덧셈

(1) 부호가 같을 때: 두 수의 절댓값의 합에 두 수의 공통인 부호를 붙인다.

공통인 부호

$$(-4)+(-7)=-(4+7)=-11$$

절댓값의 합

(2) 부호가 다를 때: 두 수의 절댓값의 차에 절댓값이 큰 수의 부호를 붙인다.

절댓값이 큰 수의 부호

$$(+5)+(-9)=-(9-5)=-4$$

절댓값의 차

2. 덧셈의 계산 법칙

(1) 덧셈의 교환법칙: $a+b=b+a$

예 $(+2)+(+3)=(+3)+(+2)=+5$

(2) 덧셈의 결합법칙: $(a+b)+c=a+(b+c)$

예 $\{(+3)+(+2)\}+(+1)=(+3)+\{(+2)+(+1)\}=+6$

3. 유리수의 뺄셈

빼는 수의 부호를 바꾸어 덧셈으로 고쳐서 계산한다.

✚ 뺄셈에서는 교환법칙과 결합법칙이 성립하지 않아요.

뺄셈은 덧셈으로   뺄셈은 덧셈으로

$$(-4)-(-3)=(-4)+(+3)=-1, \quad (-4)-(+3)=(-4)+(-3)=-7$$

빼는 수의 부호를 바꾼다.   빼는 수의 부호를 바꾼다.

---

05 다음을 계산하여라.

(1) $(+3)+(+7)$

(2) $(-11)+(-4)$

(3) $\left(+\dfrac{3}{7}\right)+\left(-\dfrac{2}{3}\right)$

(4) $(-2.9)+(+3.6)$

06 다음을 계산하여라.

(1) $(+15)-(-8)$

(2) $(-9)-(+7)$

(3) $\left(+\dfrac{1}{3}\right)-\left(+\dfrac{1}{5}\right)$

(4) $(-3.9)-(-1.9)$

07 다음을 계산하여라.

(1) $(+5)-(-7)+(-3)$

(2) $(-7)+(-3)-(-4)$

1. 유리수의 곱셈

(1) 부호가 같을 때: 두 수의 절댓값의 곱에 양의 부호 +를 붙인다.

　　예 $(+2)\times(+3)=+6, (-2)\times(-3)=+6$

(2) 부호가 다를 때: 두 수의 절댓값의 곱에 음의 부호 −를 붙인다.

　　예 $(+2)\times(-3)=-6, (-2)\times(+3)=-6$

(3) 어떤 수와 0의 곱은 항상 0이다.

＋ 곱셈의 부호 결정

① $(+)\times(+)=(+)$
② $(-)\times(-)=(+)$
③ $(+)\times(-)=(-)$
④ $(-)\times(+)=(-)$

2. 곱셈의 계산 법칙

세 수 a, b, c에 대하여

(1) 곱셈의 교환법칙

$a\times b=b\times a$

　　예 $(+2)\times(-3)=-6, (-3)\times(+2)=-6$

(2) 곱셈의 결합법칙

$(a\times b)\times c=a\times(b\times c)$

　　예 $(+5)\times(-3)\times(+4)$
　　　　$=(+5)\times(+4)\times(-3)$ ⎫ 교환법칙
　　　　$=\{(+5)\times(+4)\}\times(-3)$ ⎭ 결합법칙
　　　　$=(+20)\times(-3)=-60$

(3) 곱셈의 분배법칙

$\overparen{a\times(b+c)}=a\times b+a\times c$

$\overparen{(a+b)\times c}=a\times c+b\times c$

　　예 12×101
　　　　$=12\times(100+1)$
　　　　$=12\times100+12\times1$
　　　　$=1200+12=1212$

3. 세 수 이상의 곱셈 순서

① 먼저 부호를 정한다.

　➡ 곱해진 음수가 $\begin{cases} \text{짝수 개} ➡ ＋ \\ \text{홀수 개} ➡ － \end{cases}$

② 각 수의 절댓값의 곱에 ①에서 결정된 부호를 붙인다.

　　예 $(-3)\times(+5)\times(-2)=+(3\times5\times2)=+30$
　　　$\left(-\dfrac{1}{7}\right)\times\left(-\dfrac{7}{2}\right)\times\left(-\dfrac{1}{5}\right)=-\left(\dfrac{1}{7}\times\dfrac{7}{2}\times\dfrac{1}{5}\right)=-\dfrac{1}{10}$

4. 거듭제곱의 계산

(1) 양수의 거듭제곱의 부호는 항상 ＋이다.

(2) 음수의 거듭제곱의 부호는 지수에 의하여 결정된다.

　➡ 지수가 $\begin{cases} \text{짝수} ➡ ＋ \\ \text{홀수} ➡ － \end{cases}$

　　예 $(-5)^2=+(5\times5)=+25, (-2)^3=-(2\times2\times2)=-8$

＋ −1의 거듭제곱

➡ $\begin{cases} (-1)^{\text{짝수}}=+1 \\ (-1)^{\text{홀수}}=-1 \end{cases}$

음수의 거듭제곱을 계산할 때에는 부호를 먼저 결정한 다음, 절댓값의 거듭제곱에 결정된 부호를 붙여도 된답니다.

08 다음을 계산하여라.

(1) $(+4) \times (+7)$

(2) $(-13) \times (-3)$

(3) $(+3) \times (-10)$

(4) $\left(+\dfrac{5}{2}\right) \times \left(+\dfrac{6}{5}\right)$

09 다음을 계산하여라.

✚ 곱셈의 부호 결정
곱하는 수에서 (−)가 짝수 개이면
곱셈의 결과는 (+)이고, (−)가 홀
수 개이면 곱셈의 결과는 (−)예요.

(1) $(+5) \times (-7) \times (-20)$

(2) $(+4) \times (-3) \times (-6)$

(3) $(-8) \times (-5) \times (-3)$

(4) $\left(-\dfrac{12}{5}\right) \times \left(-\dfrac{7}{2}\right) \times \left(+\dfrac{5}{14}\right)$

10 다음을 계산하여라.

(1) $(-2)^4$

(2) -2^4

(3) $\left(-\dfrac{1}{3}\right)^3$

(4) $\left(-\dfrac{1}{3}\right)^4$

(5) $-(-3)^3$

(6) $-(-1)^5$

11 다음을 계산하여라.

✚ 곱셈의 분배법칙
$a \times (b+c) = a \times b + a \times c$
$a \times (b-c) = a \times b - a \times c$

(1) $9 \times (-82) + 9 \times (-18)$

(2) $(-12) \times \left\{ \dfrac{2}{3} + \left(-\dfrac{3}{4}\right) \right\}$

(3) $\left(-\dfrac{1}{4}\right) \times 25 + \dfrac{5}{4} \times 25$

6 유리수의 나눗셈

1. 유리수의 나눗셈

(1) 부호가 같은 두 수의 나눗셈

두 수의 절댓값의 나눗셈의 몫에 양의 부호(+)를 붙인다.

> **예** $(+6) \div (+3) = +(6 \div 3) = +2$, $(-6) \div (-3) = +(6 \div 3) = +2$

(2) 부호가 다른 두 수의 나눗셈

두 수의 절댓값의 나눗셈의 몫에 음의 부호(−)를 붙인다.

> **예** $(+6) \div (-3) = -(6 \div 3) = -2$, $(-6) \div (+3) = -(6 \div 3) = -2$

(3) 어떤 수를 0으로 나누는 것은 생각하지 않는다.

➕ 나눗셈의 부호 결정
① $(+) \div (+) = (+)$
② $(-) \div (-) = (+)$
③ $(+) \div (-) = (-)$
④ $(-) \div (+) = (-)$

2. 역수를 이용한 수의 나눗셈

☆(1) 역수 $\left(\dfrac{\triangle}{\bigcirc}$의 역수 $\rightarrow \dfrac{\bigcirc}{\triangle} \right)$

두 수의 곱이 1이 될 때, 한 수를 다른 수의 역수라 한다.

> **예**

수	$\dfrac{3}{4}$	-3	2.1	$-1\dfrac{2}{3}$
역수	$\dfrac{4}{3}$	$-\dfrac{1}{3}$	$\dfrac{10}{21}$	$-\dfrac{3}{5}$

➕ 역수 구하는 방법
① 부호는 그대로 두어요.
② 분수는 분자와 분모를 바꿔요.
이때
• 소수는 분수로 고쳐서 구해요.
• 정수는 분모가 1인 분수로 생각하여 구해요.
• 대분수는 가분수로 고쳐서 구해요.

(2) 역수를 이용한 나눗셈

나누는 수를 역수로 바꾼 뒤, 나눗셈을 곱셈으로 고쳐서 계산한다.

↳ 나눗셈에서의 부호는 곱셈에서의 부호와 같다.

$a \div \dfrac{c}{b} = a \times \dfrac{b}{c}$ (이때 부호는 바뀌지 않음.)

> **예** $(+3) \div \left(-\dfrac{3}{5} \right) = (+3) \times \left(-\dfrac{5}{3} \right) = -5$
> 역수

주의 ① 0의 역수는 없다.
② 역수를 구할 때 부호는 바뀌지 않음에 주의한다.

---

12 다음을 계산하여라.

(1) $(-16) \div (-4)$

(2) $(-56) \div (+8)$

(3) $(+60) \div (-12)$

(4) $0 \div (-8)$

13 다음 수의 역수를 구하여라.

(1) $-\dfrac{1}{6}$

(2) $5\dfrac{1}{2}$

(3) -0.7

14 다음을 계산하여라.

(1) $(+14) \div \left(-\dfrac{7}{2} \right)$

(2) $(-1.2) \div \left(+\dfrac{2}{5} \right)$

1. 곱셈, 나눗셈의 혼합 계산
① 거듭제곱이 있으면 거듭제곱을 먼저 계산한다.
② 나눗셈은 역수를 이용하여 곱셈으로 고쳐서 계산한다.
③ 부호를 결정하고 각 수의 절댓값의 곱에 결정된 부호를 붙인다.

예 $(+2) \div \left(-\frac{2}{5}\right) \times (-3) = (+2) \times \left(-\frac{5}{2}\right) \times (-3) = +\left(2 \times \frac{5}{2} \times 3\right) = +15$

주의 나눗셈에서는 교환법칙과 결합법칙이 성립하지 않는다.

2. 덧셈, 뺄셈, 곱셈, 나눗셈의 혼합 계산
① 소수는 분수로 고친다.
② 거듭제곱이 있으면 거듭제곱을 먼저 계산한다.
③ 괄호가 있으면 괄호 안을 먼저 계산한다.
　　이때 소괄호 (　) → 중괄호 { 　 }의
　　순서로 계산한다.
④ 곱셈과 나눗셈을 계산한다.
⑤ 덧셈과 뺄셈을 계산한다.

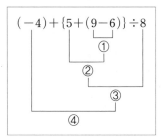

---

15 다음을 계산하여라.

(1) $(-2) \times \dfrac{1}{3} \div (-4)$

(2) $\left(+\dfrac{4}{5}\right) \div \left(-\dfrac{4}{15}\right) \times \left(+\dfrac{2}{3}\right)$

(3) $\left(+\dfrac{3}{4}\right) \div (+15) \times \left(-\dfrac{5}{2}\right)$

(4) $\left(-\dfrac{1}{2}\right) \times (-10) \div \left(-\dfrac{5}{3}\right)$

＋ 나눗셈의 부호 결정
나누는 수를 모두 역수의 곱셈으로 바꾸었을 때, 곱하는 수에서 $(-)$가 짝수 개이면 곱셈의 결과는 $(+)$이고, $(-)$가 홀수 개이면 곱셈의 결과는 $(-)$예요.

16 다음을 계산하여라.

(1) $3 + (-2)^2 \times \dfrac{5}{4}$

(2) $\dfrac{6}{5} - \left(-\dfrac{1}{2}\right)^3 \div \left(-\dfrac{5}{8}\right)$

(3) $4 \times \left\{ \dfrac{5}{8} - \left(\dfrac{1}{2}\right)^3 \right\} + 5$

(4) $10 - 8 \div \left\{ \left(-\dfrac{2}{3}\right)^3 \times \left(-\dfrac{9}{2}\right) \right\}$

＋ 곱셈과 나눗셈의 관계
$a \times b = c$이면
$a = c \div b,\ b = c \div a$

1 유리수와 소수

정답과 해설 **5쪽**

+ 분수, 소수는 수를 표현하는 방법의 이름이고, 정수, 유리수는 수의 종류의 이름이에요.
따라서 수 체계에서 '분수'나 '소수' 대신 '정수가 아닌 유리수'라고 해야 해요.

1. **유리수**: 분수 $\dfrac{a}{b}$ (a, b는 정수, $b \neq 0$)의 꼴로 나타낼 수 있는 수
   └→ 분모는 0이 될 수 없다.

$$\text{유리수} \begin{cases} \text{정수} \begin{cases} \text{양의 정수(자연수)}: 1, 2, 3, \cdots \\ 0 \\ \text{음의 정수}: -1, -2, -3, \cdots \end{cases} \\ \text{정수가 아닌 유리수}: 1.2, -2.7, \dfrac{2}{5}, -\dfrac{1}{3}, \cdots \end{cases}$$

2. **소수의 분류**
   (1) 유한소수: 소수점 아래의 0이 아닌 숫자가 유한개인 소수
   (2) 무한소수: 소수점 아래의 0이 아닌 숫자가 무한히 계속되는 소수

+ 소수의 분류
① 유한소수: 0.8, 1.245, -3.76
② 무한소수:
   0.333333⋯, -1.376542⋯

01 다음 분수를 소수로 나타내고, 유한소수와 무한소수로 구분하여라.

(1) $\dfrac{3}{5}$　　　(2) $\dfrac{1}{3}$　　　(3) $\dfrac{7}{4}$　　　(4) $\dfrac{10}{9}$

+ 유리수와 소수의 관계
① 유한소수와 순환소수는 모두 유리수예요.
② 정수가 아닌 유리수는 유한소수 또는 무한소수로 나타낼 수 있어요.

2 유한소수로 나타낼 수 있는 분수

정답과 해설 **5쪽**

1. **유한소수의 분수 표현**
   (1) 모든 유한소수는 분모가 10의 거듭제곱 꼴인 분수로 나타낼 수 있다.
   (2) 유한소수를 기약분수로 나타내면 분모의 소인수는 2 또는 5뿐이다.
   예 $0.5 = \dfrac{5}{10} = \dfrac{1}{2}$, $4.08 = \dfrac{408}{100} = \dfrac{102}{25} = \dfrac{102}{5^2}$

+ '소인수가 2 또는 5뿐이다.'의 의미
① 소인수가 2만 있는 경우
② 소인수가 5만 있는 경우
③ 소인수가 2와 5만 있는 경우

2. **유한소수와 무한소수의 판별**
   분수를 기약분수로 나타낸 후 그 분모를 소인수분해했을 때
   (1) 분모의 소인수가 2 또는 5뿐이면 그 분수는 유한소수로 나타낼 수 있다.
   (2) 분모의 소인수 중에 2 또는 5 이외의 소인수가 있으면 그 분수는 유한소수로 나타낼 수 없고 무한소수로 나타내어진다.

+ 유한소수와 무한소수의 판별
① $\dfrac{6}{8}$은 분모의 소인수가 2뿐이므로 유한소수로 나타낼 수 있어요.
$\dfrac{6}{8} = \dfrac{3}{4} = \dfrac{3}{2^2} = 0.75$
② $\dfrac{10}{24}$은 분모의 소인수 중에 2 또는 5 이외에 3이 있으므로 유한소수로 나타낼 수 없어요.
$\dfrac{10}{24} = \dfrac{5}{12} = \dfrac{5}{2^2 \times 3} = 0.41666\cdots$

02 다음 분수 중 유한소수로 나타낼 수 있는 것에는 '유', 무한소수로 나타낼 수 있는 것에는 '무'를 ( ) 안에 써넣어라.

(1) $\dfrac{5}{2 \times 5^2}$ (　　　　)　　　(2) $\dfrac{18}{2^2 \times 3 \times 5}$ (　　　　)

(3) $\dfrac{7}{16}$ (　　　　)　　　(4) $\dfrac{6}{84}$ (　　　　)

1. 순환소수

(1) **순환소수**: 무한소수 중에서 소수점 아래의 어떤 자리에서부터 일정한 숫자의 배열이 한없이 되풀이되는 소수

　예 $0.333333\cdots$, $3.542542\cdots$ 등

(2) **순환마디**: 순환소수의 소수점 아래에서 숫자의 배열이 일정하게 되풀이되는 한 부분

(3) **순환소수의 표현**: 순환마디의 양 끝의 숫자 위에 점을 찍어 나타낸다.

　예 $0.333\cdots$의 순환마디는 3 ➡ $0.\dot{3}$
　　　$3.542542\cdots$의 순환마디는 542 ➡ $3.\dot{5}4\dot{2}$

2. 순환소수를 분수로 나타내기

[방법 1] 10의 거듭제곱 이용하기

① 주어진 순환소수를 x로 놓는다.

② 양변에 10의 거듭제곱을 곱하여 소수점 아래의 부분이 같은 두 순환소수를 만든다.

③ ②의 두 식을 변끼리 빼서 x의 값을 구한다.

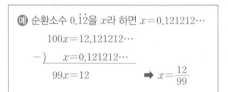

[방법 2] 공식 이용하기

① 분모: 순환마디의 숫자의 개수만큼 9를 쓰고, 그 뒤에 소수점 아래 순환하지 않는 숫자의 개수만큼 0을 쓴다.

② 분자: (순환마디를 포함한 전체의 수) − (순환하지 않는 부분의 수)

$$0.9\dot{8}\dot{7} = \frac{987}{999}$$

전체의 수 ／ 순환마디의 숫자 3개

$$7.6\dot{5}43\dot{2} = \frac{765432 - 765}{99900}$$

전체의 수 ／ 순환하지 않는 수 ／ 순환마디의 숫자 3개 ／ 소수점 아래 순환하지 않는 숫자 2개

＋ 순환소수를 분수로 나타내는 방법

① $0.\dot{a} = \dfrac{a}{9}$

② $0.\dot{a}\dot{b} = \dfrac{ab}{99}$

③ $0.a\dot{b} = \dfrac{ab - a}{90}$

④ $0.\dot{a}b\dot{c} = \dfrac{abc - ab}{900}$

⑤ $0.a\dot{b}\dot{c} = \dfrac{abc - a}{990}$

⑥ $a.b\dot{c}\dot{d} = \dfrac{abcd - ab}{990}$

---

03 다음 순환소수의 순환마디를 구하고, 순환마디에 점을 찍어 간단히 나타내어라.

(1) $0.222\cdots$　　　　(2) $1.323232\cdots$　　　　(3) $0.3141414\cdots$

---

04 다음은 순환소수를 기약분수로 나타내는 과정이다. □ 안에 알맞은 수를 써넣어라.

(1) $0.\dot{8}$

$x = 0.\dot{8}$이라 하면 $x = 0.888\cdots$

　$\square x = 8.888\cdots$

$-)\quad x = 0.888\cdots$

　$\square x = \square$　　∴ $x = \square$

(2) $2.\dot{0}\dot{4}$

$x = 2.\dot{0}\dot{4}$라 하면 $x = 2.040404\cdots$

　$\square x = 204.040404\cdots$

$-)\quad x = 2.040404\cdots$

　$\square x = 202$　　∴ $x = \square$

1 제곱근의 뜻과 표현

정답과 해설 6쪽

1. 제곱근의 뜻

어떤 수 x를 제곱하여 a가 될 때, x를 a의 제곱근이라 한다.

$x^2=a$ ➡ x는 a의 제곱근

예 $2^2=4$, $(-2)^2=4$이므로 4의 제곱근은 2, -2이다.

2. 제곱근의 표현

(1) 제곱근을 나타내기 위해 $\sqrt{}$ (근호)라는 기호를 사용하고,

$\sqrt{a}$ ➡ 루트 a, 제곱근 a로 읽는다.

☆(2) 양수 a의 제곱근은 양수와 음수 2개가 있고, 그 절댓값은 서로 같다.

$x^2=a$이면 $x=\sqrt{a}$ 또는 $x=-\sqrt{a}$

① a의 양의 제곱근 ➡ $\sqrt{a}$ (루트 a)

② a의 음의 제곱근 ➡ $-\sqrt{a}$ (마이너스 루트 a)

③ 둘을 한꺼번에 ➡ $\pm\sqrt{a}$ (플러스 마이너스 루트 a)

$$\sqrt{a} \atop -\sqrt{a} \quad \xrightarrow[\text{제곱근}]{\text{제곱}} \quad a\ (\text{양수})$$

✚ 제곱근의 개수
① 0의 제곱근은 0으로 1개이다.
② 음수의 제곱근은 없다.

(3) 근호 안의 수가 어떤 수의 제곱이면 근호를 사용하지 않고 나타낼 수 있다.

예 4의 제곱근: $\pm\sqrt{4}=\pm2$

(4) a의 제곱근과 제곱근 a의 비교 (단, $a>0$)

✚ ① 9의 제곱근 ➡ 3, -3
② 제곱근 9 ➡ $\sqrt{9}$ ➡ 3

	a의 제곱근	제곱근 a(루트 a)
뜻	제곱하여 a가 되는 수	a의 양의 제곱근
표현	$\sqrt{a}$, $-\sqrt{a}$	$\sqrt{a}$
개수	2개	1개

---

01 다음 수의 제곱근을 구하여라.

(1) 1

(2) 64

(3) $\dfrac{4}{25}$

(4) 0.36

02 다음 수의 제곱근을 근호를 사용하여 나타내어라.

(1) 5

(2) 23

(3) $\dfrac{1}{2}$

(4) 0.8

03 다음 수를 근호를 사용하지 않고 나타내어라.

(1) $\sqrt{4}$

(2) $-\sqrt{25}$

(3) $\sqrt{0.09}$

(4) $-\sqrt{\dfrac{49}{100}}$

1. 제곱근의 성질

$a > 0$일 때

(1) a의 제곱근 $\sqrt{a}$와 $-\sqrt{a}$는 제곱하면 a가 된다.

$$(\sqrt{a})^2 = a, \ (-\sqrt{a})^2 = a$$

예 $\sqrt{3}$, $-\sqrt{3}$은 3의 제곱근이므로 $(\sqrt{3})^2 = 3$, $(-\sqrt{3})^2 = 3$

(2) 근호 안의 수가 어떤 수의 제곱이면 근호를 없앨 수 있다.

$$\sqrt{a^2} = a, \ \sqrt{(-a)^2} = a$$

예 $3^2 = 9$, $(-3)^2 = 9$이고 9의 양의 제곱근은 3이므로 $\sqrt{3^2} = \sqrt{9} = 3$, $\sqrt{(-3)^2} = \sqrt{9} = 3$

2. $\sqrt{A^2}$의 성질

제곱근의 성질에 의해 모든 수 A에 대하여

$$\sqrt{A^2} = |A| = \begin{cases} A \geq 0일 \ 때, & A \\ A < 0일 \ 때, & -A \end{cases} \text{— 음이 아닌 값}$$

예 ① $A = 2$일 때

$$\sqrt{A^2} = \sqrt{2^2} = 2 = A$$

부호 그대로

② $A = -2$일 때

$$\sqrt{A^2} = \sqrt{(-2)^2} = 2 = -(-2) = -A$$

부호 반대로

✚ a의 부호에 관계없이 $\sqrt{a^2}$은 항상 음이 아닌 값을 가져요.

3. 제곱근과 제곱수의 관계

(1) 제곱수: $1(=1^2)$, $4(=2^2)$, $9(=3^2)$, $16(=4^2)$, …과 같이 자연수의 제곱인 수

(2) 근호 안의 수가 제곱수일 때는 근호를 없애고 자연수로 나타낼 수 있다.

$$\sqrt{(제곱수)} = \sqrt{(자연수)^2} = (자연수)$$

예 $\sqrt{1} = \sqrt{1^2} = 1$, $\sqrt{4} = \sqrt{2^2} = 2$, $\sqrt{9} = \sqrt{3^2} = 3$, …

참고 모든 자연수는 근호를 사용하여 $\sqrt{(제곱수)}$의 꼴로 나타낼 수 있다.

⭐ (3) 제곱수의 성질: 제곱수를 소인수분해하면 소인수의 지수가 모두 짝수이다.

└→ (자연수)²의 꼴로 고칠 수 있다.

✚ 외워 두면 편한 제곱수

$121 = 11^2$, $144 = 12^2$, $169 = 13^2$, $196 = 14^2$, $225 = 15^2$, $256 = 16^2$

4. 제곱근의 대소 관계

$a > 0$, $b > 0$일 때

(1) $a < b$이면 $\sqrt{a} < \sqrt{b}$

예 $2 < 3$이면 $\sqrt{2} < \sqrt{3}$

(2) $\sqrt{a} < \sqrt{b}$이면 $a < b$

예 $\sqrt{2} < \sqrt{3}$이면 $2 < 3$

(3) $\sqrt{a} < \sqrt{b}$이면 $-\sqrt{a} > -\sqrt{b}$

예 $\sqrt{2} < \sqrt{3}$이면 $-\sqrt{2} > -\sqrt{3}$

참고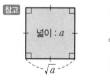

넓이 : a, $\sqrt{a}$

넓이 : b, $\sqrt{b}$

① 정사각형의 넓이가 넓을수록 그 한 변의 길이도 길다.

➡ $a < b$이면 $\sqrt{a} < \sqrt{b}$

② 정사각형의 한 변의 길이가 길수록 그 넓이도 넓다.

➡ $\sqrt{a} < \sqrt{b}$이면 $a < b$

04 다음 값을 구하여라.

(1) $\left(\sqrt{8}\right)^2$

(2) $-\left(-\sqrt{\dfrac{1}{6}}\right)^2$

(3) $\sqrt{\left(\dfrac{3}{4}\right)^2}$

(4) $\sqrt{(-3.4)^2}$

(5) $\left(-\sqrt{100}\right)^2$

(6) $\left(\sqrt{\dfrac{2}{5}}\right)^2$

(7) $-\sqrt{0.3^2}$

(8) $-\sqrt{\left(-\dfrac{2}{3}\right)^2}$

05 다음 □ 안에 알맞은 것을 써넣어라.

$\blacklozenge \sqrt{A^2} = \begin{cases} A \geq 0 \text{일 때, } A \\ A < 0 \text{일 때, } -A \end{cases}$

(1) $\sqrt{(2x)^2} = \begin{cases} x > 0 \text{일 때, } \boxed{} \\ x < 0 \text{일 때, } \boxed{} \end{cases}$

(2) $\sqrt{(-3x)^2} = \begin{cases} x > 0 \text{일 때, } \boxed{} \\ x < 0 \text{일 때, } \boxed{} \end{cases}$

06 다음 식을 간단히 하여라.

(1) $x > 0$일 때, $\sqrt{(-x)^2} = $ _____

(2) $x < 0$일 때, $\sqrt{(4x)^2} = $ _____

(3) $x > -2$일 때, $\sqrt{(x+2)^2} = $ _____

(4) $x < -2$일 때, $\sqrt{(x+2)^2} = $ _____

07 다음 ○ 안에 알맞은 부등호를 써넣어라.

$\blacklozenge\ a-b>0$이면 $a>b$
$a-b=0$이면 $a=b$
$a-b<0$이면 $a<b$

(1) $\sqrt{3} \bigcirc \sqrt{5}$

(2) $-\sqrt{5} \bigcirc -\sqrt{7}$

(3) $\sqrt{15} \bigcirc 4$

(4) $\dfrac{1}{2} \bigcirc \sqrt{\dfrac{1}{3}}$

(5) $\sqrt{2} \bigcirc \sqrt{3}$

(6) $-\sqrt{9} \bigcirc -\sqrt{11}$

★ **1. 무리수:** 소수로 나타낼 때 순환소수가 아닌 무한소수가 되는 수, 즉 유리수가 아닌 수

> **예** (1) 분수로 나타낼 수 없는 수: $1.234561972\cdots$, π(파이)
> (2) 근호를 벗길 수 없는 수: $\sqrt{2}$, $\sqrt{3}$

2. 실수: 유리수와 무리수를 통틀어 실수라 한다.

3. 실수의 분류

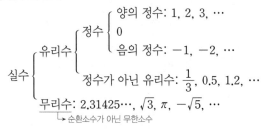

✚ 일반적으로 '수'라 하면 실수를 의미해요.

---

08 다음 수가 유리수이면 '유'를, 무리수이면 '무'를 ( ) 안에 써넣어라.

(1) $\sqrt{11}$ ( ) (2) $-\sqrt{36}$ ( )

(3) $\sqrt{0.04}$ ( ) (4) π ( )

(5) $4.76\dot{1}$ ( ) (6) $\sqrt{(-7)^2}$ ( )

✚ 순환소수는 무한소수이지만 무리수는 아니에요.

---

09 다음 중 무리수인 것을 모두 골라라.

$$\sqrt{3},\quad \sqrt{4},\quad 0,\quad 0.\dot{6},\quad \pi,\quad -\sqrt{\frac{25}{4}}$$

---

10 다음 중 ☐ 안의 수에 해당하는 것은?

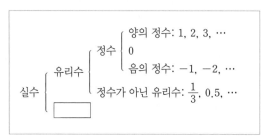

① $\sqrt{0.16}$

② $\sqrt{\dfrac{25}{9}}$

③ $-\dfrac{2}{\sqrt{9}}$

④ $\sqrt{3.6}$

4 실수와 수직선

1. 실수와 수직선

(1) 수직선은 유리수와 무리수, 즉 실수에 대응하는 점들로 완전히 메울 수 있다.

└─ 실수의 연속성

←─ 어떤 두 실수 사이에는
무수히 많은 실수가 존재한다.

(2) 모든 실수에 수직선 위의 점이 하나씩 대응하고, 수직선 위의 모든 점에 실수가 하나씩 대응한다.

(3) 서로 다른 두 실수 사이에는 무수히 많은 실수가 있다.

➕ 실수의 조밀성
두 실수 사이에는 반드시 다른 실수가 존재해요.

2. 무리수를 수직선 위에 나타내기

수직선 위의 직사각형의 대각선을 반지름으로 하는 원을 그리면 무리수를 수직선 위에 나타낼 수 있다.

무리수 $\sqrt{2}$와 $-\sqrt{2}$를 수직선 위에 나타내기

① 수직선 위에 한 변의 길이가 1인 정사각형을 그린다.

└─ (대각선의 길이)=$\sqrt{1^2+1^2}=\sqrt{2}$

② 원점 O를 중심으로 하고 $\overline{OA}$를 반지름으로 하는 원이 수직선과 만나는 점을 각각 P, Q라 할 때,

오른쪽에 있는 점 P에 대응하는 수 ➡ $0+\sqrt{2}=\sqrt{2}$ ─ (기준점)+$\sqrt{2}$

왼쪽에 있는 점 Q에 대응하는 수 ➡ $0-\sqrt{2}=-\sqrt{2}$ ─ (기준점)-$\sqrt{2}$

➕ 실수의 구성
실수의 값은 정수부분과 소수부분으로 나눌 수 있어요. 즉,
(실수)=(정수부분)+(소수부분)
(소수부분)=(실수)-(정수부분)

> 무리수 $\sqrt{a}$가 $n\leq\sqrt{a}<n+1$
> ($n\geq0$인 정수)일 때,
> (1) 정수부분: n
> (2) 소수부분: $\sqrt{a}-n$
> $\qquad(0\leq\sqrt{a}-n<1)$

예 $\sqrt{7}$의 정수부분과 소수부분
$\sqrt{4}(=2)<\sqrt{7}<\sqrt{9}(=3)$이므로
$\sqrt{7}=2.\times\times\times$
① 정수부분: 2
② 소수부분: $\sqrt{7}-2$

3. 실수의 대소 관계

실수의 대소를 비교할 때에는 다음 세 가지 방법 중 하나를 이용한다.

[방법 1] 두 수의 차 이용하기 ➡ $a-b$의 값의 부호를 확인한다.

a, b가 실수일 때

① $a-b>0$이면 $a>b$	② $a-b=0$이면 $a=b$	③ $a-b<0$이면 $a<b$
$2+\sqrt{5}$, 3의 대소 관계 $2+\sqrt{5}-3$ $=-1+\sqrt{5}$ $=-\sqrt{1}+\sqrt{5}>0$ ∴ $2+\sqrt{5}>3$	5, $\sqrt{25}$의 대소 관계 $5-\sqrt{25}=\sqrt{25}-\sqrt{25}$ $=0$ ∴ $5=\sqrt{25}$	$1+\sqrt{2}$, $2+\sqrt{2}$의 대소 관계 $1+\sqrt{2}-(2+\sqrt{2})$ $=1+\sqrt{2}-2-\sqrt{2}$ $=-1<0$ ∴ $1+\sqrt{2}<2+\sqrt{2}$

➕ $a>0$, $b>0$일 때,
① $a>b$이면 $\sqrt{a}>\sqrt{b}$
② $\sqrt{a}>\sqrt{b}$이면 $a>b$
③ $a>b$이면 $-\sqrt{a}<-\sqrt{b}$

[방법 2] 부등식의 성질 이용하기 ➡ a, b에 같은 수를 더하거나 빼어 간단히 한 후 비교한다.

└─ $a>b$이면 $a+c>b+c$, $a-c>b-c$

3, $\sqrt{5}+1$의 대소 관계

$3 \bigcirc \sqrt{5}+1 \xrightarrow{\text{양변에 }-1} 2<\sqrt{5}$ ∴ $3<\sqrt{5}+1$

[방법 3] 제곱근의 값 이용하기 ➡ 제곱근의 대략적인 값을 구해 비교한다.

$\sqrt{3}+2$, 4의 대소 관계

$1<\sqrt{3}<2$이므로 $\sqrt{3}=1.\cdots$ ⟶ $\sqrt{3}+2=3.\cdots$이므로 $\sqrt{3}+2<4$

11 다음 그림에서 사각형은 한 변의 길이가 1인 정사각형이다. 점 A를 중심으로 하고 $\overline{AP}$를 반지름으로 하는 원이 수직선과 만나는 점을 각각 B, C라 할 때, 다음을 구하여라.

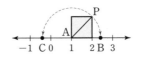

(1) $\overline{AP}$의 길이

(2) 점 B에 대응하는 수

(3) 점 C에 대응하는 수

➕ **직각삼각형의 빗변의 길이 구하기**

피타고라스 정리를 이용해요. 직각삼각형에서 직각을 낀 두 변의 길이가 a, b일 때 빗변의 길이는 $\sqrt{a^2+b^2}$이에요.

$c=\sqrt{a^2+b^2}$

$x=\sqrt{1^2+1^2}=\sqrt{2}$

$y=\sqrt{2^2+1^2}=\sqrt{5}$

12 다음 그림에서 작은 사각형은 모두 한 변의 길이가 1인 정사각형이다. 점 A를 중심으로 하고 $\overline{AP}$를 반지름으로 하는 원이 수직선과 만나는 점을 각각 B, C라 할 때, 다음을 구하여라.

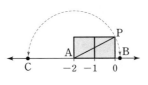

(1) $\overline{AP}$의 길이

(2) 점 B에 대응하는 수

(3) 점 C에 대응하는 수

➕ **무리수의 크기**

$1<\sqrt{2}<2$, $\sqrt{2}=1.\times\times\times$
$1<\sqrt{3}<2$, $\sqrt{3}=1.\times\times\times$
$\sqrt{4}=2$
$2<\sqrt{5}<3$, $\sqrt{5}=2.\times\times\times$
⋮

예 $3\sqrt{2}=\sqrt{18}$,
$4<\sqrt{18}<5$이므로
$3\sqrt{2}=4.\times\times\times$

13 다음 설명이 옳으면 ○표를, 틀리면 ×표를 하여라.

(1) 1과 2 사이에는 무리수가 없다. ( )
(2) 유리수에 대응하는 점들로 수직선을 완전히 메울 수 있다. ( )
(3) 유리수와 무리수에 대응하는 점들로 수직선을 완전히 메울 수 있다. ( )
(4) 1과 $\sqrt{5}$ 사이에는 실수가 무수히 많다. ( )
(5) 수직선 위에 π에 대응하는 점이 있다. ( )
(6) 수직선 위에 $0.\dot{2}$에 대응하는 점이 있다. ( )

14 다음 ○ 안에 알맞은 부등호를 써넣어라.

(1) $1+\sqrt{2}$ ○ 2

(2) 1 ○ $3-\sqrt{2}$

(3) 2 ○ $\sqrt{5}-1$

(4) $1+\sqrt{3}$ ○ 3

➕ $a>0$, $b>0$일 때,
① $a>b$이면 $\sqrt{a}>\sqrt{b}$
② $\sqrt{a}>\sqrt{b}$이면 $a>b$
③ $a>b$이면 $-\sqrt{a}<-\sqrt{b}$

1 제곱근의 곱셈과 나눗셈

정답과 해설 7쪽

✚ 제곱근의 계산

근호 밖으로
$$\sqrt{a^2 b} = a\sqrt{b}$$
근호 안으로

근호 밖으로
$$\sqrt{\frac{a}{b^2}} = \frac{\sqrt{a}}{b}$$
근호 안으로

1. 제곱근의 곱셈 → 근호 밖의 수끼리, 근호 안의 수끼리 곱한다.

$a > 0$, $b > 0$이고 m, n이 유리수일 때

(1) $\sqrt{a} \times \sqrt{b} = \sqrt{a}\sqrt{b} = \sqrt{ab}$

예 $\sqrt{2} \times \sqrt{5} = \sqrt{2}\sqrt{5} = \sqrt{2 \times 5} = \sqrt{10}$

(2) $m\sqrt{a} \times n\sqrt{b} = mn\sqrt{ab}$

예 $3\sqrt{2} \times 2\sqrt{5} = (3 \times 2)\sqrt{2 \times 5} = 6\sqrt{10}$
$2\sqrt{3} \times 4 = (2 \times 4)\sqrt{3} = 8\sqrt{3}$

2. 제곱근의 곱셈에서 근호가 있는 식의 변형

$a > 0$, $b > 0$일 때

(1) $\sqrt{a^2 b} = \sqrt{a^2}\sqrt{b} = a\sqrt{b}$

예 $\sqrt{12} = \sqrt{2^2 \times 3} = \sqrt{2^2}\sqrt{3} = 2\sqrt{3}$

(2) $a\sqrt{b} = \sqrt{a^2}\sqrt{b} = \sqrt{a^2 b}$

예 $2\sqrt{3} = \sqrt{2^2}\sqrt{3} = \sqrt{2^2 \times 3} = \sqrt{12}$

3. 제곱근의 나눗셈 → 나눗셈은 역수의 곱셈으로 고쳐서 계산할 수도 있다.

$a > 0$, $b > 0$이고 m, $n(n \neq 0)$이 유리수일 때

(1) $\sqrt{a} \div \sqrt{b} = \dfrac{\sqrt{a}}{\sqrt{b}} = \sqrt{\dfrac{a}{b}}$

예 $\sqrt{15} \div \sqrt{3} = \dfrac{\sqrt{15}}{\sqrt{3}} = \sqrt{\dfrac{15}{3}} = \sqrt{5}$

(2) $m\sqrt{a} \div n\sqrt{b} = \dfrac{m\sqrt{a}}{n\sqrt{b}} = \dfrac{m}{n}\sqrt{\dfrac{a}{b}}$

예 $4\sqrt{15} \div 2\sqrt{3} = \dfrac{4\sqrt{15}}{2\sqrt{3}} = \dfrac{4}{2}\sqrt{\dfrac{15}{3}} = 2\sqrt{5}$

4. 제곱근의 나눗셈에서 근호가 있는 식의 변형

$a > 0$, $b > 0$일 때, $\sqrt{\dfrac{a}{b^2}} = \dfrac{\sqrt{a}}{\sqrt{b^2}} = \dfrac{\sqrt{a}}{b}$

예 $\sqrt{\dfrac{3}{4}} = \sqrt{\dfrac{3}{2^2}} = \dfrac{\sqrt{3}}{\sqrt{2^2}} = \dfrac{\sqrt{3}}{2}$

5. 분모의 유리화

(1) 분모에 근호가 있을 때 분모, 분자에 0이 아닌 같은 수를 각각 곱하여 분모를 유리수로 고치는 것을 분모의 유리화라 한다.

☆(2) 분모를 유리화하는 방법

① $\dfrac{a}{\sqrt{b}} = \dfrac{a \times \sqrt{b}}{\sqrt{b} \times \sqrt{b}} = \dfrac{a\sqrt{b}}{b}$ (단, $b > 0$)

예 $\dfrac{1}{\sqrt{3}} = \dfrac{1 \times \sqrt{3}}{\sqrt{3} \times \sqrt{3}} = \dfrac{\sqrt{3}}{3}$

② $\dfrac{\sqrt{a}}{\sqrt{b}} = \dfrac{\sqrt{a} \times \sqrt{b}}{\sqrt{b} \times \sqrt{b}} = \dfrac{\sqrt{ab}}{b}$ (단, $a > 0$, $b > 0$)

예 $\dfrac{\sqrt{3}}{\sqrt{2}} = \dfrac{\sqrt{3} \times \sqrt{2}}{\sqrt{2} \times \sqrt{2}} = \dfrac{\sqrt{6}}{2}$

✚ 분모의 유리화를 하기 전에 먼저 분수를 간단히 하고, 유리화한 후에도 반드시 약분하여 간단히 정리해요.

---

01 다음을 계산하여라.

(1) $\sqrt{3}\sqrt{7}$

(2) $-\sqrt{2} \times \sqrt{11}$

(3) $\sqrt{2} \times 3\sqrt{3}$

(4) $4\sqrt{2} \times (-2\sqrt{3})$

02 다음을 $a\sqrt{b}$의 꼴로 나타내어라. (단, b는 가장 작은 자연수)

(1) $\sqrt{54}$

(2) $\sqrt{28}$

(3) $\sqrt{8}$

(4) $\sqrt{98}$

03 다음을 $\sqrt{a}$ 또는 $-\sqrt{a}$의 꼴로 나타내어라.

(1) $4\sqrt{2}$

(2) $-3\sqrt{5}$

(3) $2\sqrt{10}$

(4) $5\sqrt{3}$

04 다음을 계산하여라.

$\textcolor{gray}{\text{✚}\ a \div b = a \times \dfrac{1}{b} = \dfrac{a}{b}}$

(1) $\sqrt{10} \div \sqrt{2}$

(2) $-\dfrac{\sqrt{12}}{\sqrt{6}}$

(3) $4\sqrt{6} \div 2\sqrt{3}$

(4) $2\sqrt{15} \div (-\sqrt{3})$

05 다음을 $a\sqrt{b}$의 꼴로 나타내어라. (단, b는 가장 작은 자연수)

(1) $\sqrt{\dfrac{2}{9}}$

(2) $\sqrt{0.05}$

(3) $\sqrt{\dfrac{6}{98}}$

(4) $-\sqrt{0.12}$

06 다음을 $\sqrt{a}$ 또는 $-\sqrt{a}$의 꼴로 나타내어라.

(1) $\dfrac{\sqrt{5}}{2}$

(2) $\dfrac{2\sqrt{3}}{5}$

(3) $-\dfrac{\sqrt{6}}{3}$

(4) $-\dfrac{5\sqrt{3}}{4}$

07 다음 수의 분모를 유리화하여라.

$\textcolor{gray}{\text{✚}\ \dfrac{\sqrt{a}}{\sqrt{b}} = \dfrac{\sqrt{a} \times \sqrt{b}}{\sqrt{b} \times \sqrt{b}} = \dfrac{\sqrt{ab}}{b}}$

(1) $\dfrac{1}{\sqrt{2}}$

(2) $\dfrac{\sqrt{3}}{\sqrt{5}}$

(3) $\dfrac{\sqrt{2}}{2\sqrt{3}}$

(4) $\dfrac{6}{\sqrt{20}}$

2 제곱근의 덧셈과 뺄셈

1. 제곱근의 덧셈과 뺄셈

제곱근의 덧셈과 뺄셈은 근호 안의 수가 같은 것끼리 모아서 계산한다.

$a>0$이고 m, n이 유리수일 때

(1) 제곱근의 덧셈

$m\sqrt{a}+n\sqrt{a}=(m+n)\sqrt{a}$ **예** $2\sqrt{3}+5\sqrt{3}=(2+5)\sqrt{3}=7\sqrt{3}$

(2) 제곱근의 뺄셈

$m\sqrt{a}-n\sqrt{a}=(m-n)\sqrt{a}$ **예** $7\sqrt{5}-3\sqrt{5}=(7-3)\sqrt{5}=4\sqrt{5}$

➕ 제곱근의 덧셈, 뺄셈은 다항식의 덧셈, 뺄셈과 비슷해요.
① 다항식의 덧셈
→ $2x+3x=5x$
② 제곱근의 덧셈
→ $2\sqrt{2}+3\sqrt{2}=5\sqrt{2}$

쏙쏙 이해 더하기

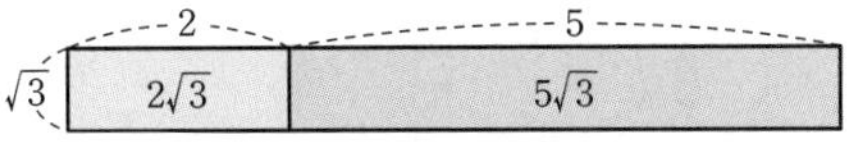

오른쪽 그림과 같이 세로의 길이가 같은 두 직사각형의 넓이의 합은
$2\sqrt{3}+5\sqrt{3}=(2+5)\sqrt{3}=7\sqrt{3}$임을 알 수 있다. 이를 이용하면 근호 안의 수가 같을 때, 제곱근끼리 더하고 빼는 것이 가능하다는 것을 알 수 있다.

| $\sqrt{3}$ | $2\sqrt{3}$ | $5\sqrt{3}$ |

2. 근호를 포함한 복잡한 식의 계산

(1) 근호를 포함한 식의 분배법칙

$a>0$, $b>0$, $c>0$일 때

① $\sqrt{a}(\sqrt{b}\pm\sqrt{c})=\sqrt{a}\sqrt{b}\pm\sqrt{a}\sqrt{c}=\sqrt{ab}\pm\sqrt{ac}$

예 $\sqrt{2}(\sqrt{3}+\sqrt{5})=\sqrt{2}\sqrt{3}+\sqrt{2}\sqrt{5}=\sqrt{6}+\sqrt{10}$

② $(\sqrt{a}\pm\sqrt{b})\sqrt{c}=\sqrt{a}\sqrt{c}\pm\sqrt{b}\sqrt{c}=\sqrt{ac}\pm\sqrt{bc}$

예 $(\sqrt{2}+\sqrt{3})\sqrt{5}=\sqrt{2}\sqrt{5}+\sqrt{3}\sqrt{5}=\sqrt{10}+\sqrt{15}$

☆ (2) 분배법칙을 이용한 분모의 유리화

$a>0$, $b>0$, $c>0$일 때

$\dfrac{\sqrt{a}+\sqrt{b}}{\sqrt{c}}=\dfrac{(\sqrt{a}+\sqrt{b})\times\sqrt{c}}{\sqrt{c}\times\sqrt{c}}=\dfrac{\sqrt{ac}+\sqrt{bc}}{c}$ **예** $\dfrac{\sqrt{2}+\sqrt{3}}{\sqrt{3}}=\dfrac{(\sqrt{2}+\sqrt{3})\times\sqrt{3}}{\sqrt{3}\times\sqrt{3}}=\dfrac{\sqrt{6}+3}{3}$

3. 근호를 포함한 복잡한 식의 계산 순서

① 괄호가 있으면 분배법칙을 이용하여 전개한다.
② 근호 안에 제곱인 인수가 있으면 근호 밖으로 꺼낸다.
③ 분모에 근호가 있으면 분모를 유리화한다.
④ 곱셈과 나눗셈을 먼저 한 후 덧셈과 뺄셈을 한다.

➕ 근호를 포함한 복잡한 식의 계산 순서

| 괄호 풀기 |
| 근호 안을 간단히 하기 |
| 분모의 유리화 |
| 곱셈, 나눗셈 계산하기 |
| 덧셈, 뺄셈 계산하기 |

---

08 다음을 계산하여라.

(1) $4\sqrt{5}-\sqrt{5}$

(2) $3\sqrt{6}+4\sqrt{6}-2\sqrt{6}$

(3) $2\sqrt{3}+4\sqrt{2}-\sqrt{3}+5\sqrt{2}$

(4) $\sqrt{8}+\sqrt{12}-\sqrt{18}-4\sqrt{3}$

09 다음을 계산하여라.

(1) $\sqrt{2}(\sqrt{3}+\sqrt{10})-\sqrt{45}$

(2) $\sqrt{6}\left(\dfrac{1}{\sqrt{2}}+\dfrac{1}{\sqrt{3}}\right)+2(\sqrt{12}-\sqrt{8})$

➕ 근호를 포함한 복잡한 식의 계산

$\sqrt{2}(2-\sqrt{8})+10\div\sqrt{2}$ ← 분배법칙을 이용, $\div$는 $\times$로 바꾸어 계산

$=2\sqrt{2}-\sqrt{16}+\dfrac{10}{\sqrt{2}}$

$=2\sqrt{2}-4+\dfrac{10}{\sqrt{2}}$ ← 제곱인 인수는 근호 밖으로

$=2\sqrt{2}-4+\dfrac{10\times\sqrt{2}}{\sqrt{2}\times\sqrt{2}}$ ← 분모의 유리화

$=2\sqrt{2}-4+5\sqrt{2}$ ← 근호 안의 수가 같은 것끼리 모으기

$=7\sqrt{2}-4$

탄탄 실력 다지기

01 다음은 72를 소인수분해하는 과정을 나타낸 것이다. 72를 소인수분해한 결과로 옳은 것은? 2020년 1회

$$
\begin{array}{r}
2\,)\,72 \\
2\,)\,36 \\
2\,)\,18 \\
3\,)\,\,\,9 \\
\hline
3
\end{array}
$$

① 2×3^3

② $2^2 \times 3^2$

③ $2^3 \times 3$

④ $2^3 \times 3^2$

02 다음은 두 수 24와 90을 소인수분해하여 최대공약수를 구하는 과정이다. ㉠에 알맞은 수는? 2021년 1회

① 2

② 2^2

③ 2^3

④ 2^4

03 12를 소인수분해하면 $2^2 \times a$이다. a의 값은? 2019년 2회

① 1

② 2

③ 3

④ 4

주목

04 90을 소인수분해하는 과정을 나타낸 것이다. 소인수분해한 결과로 옳은 것은? 2018년 2회

$$
\begin{array}{r}
2\,)\,90 \\
\bullet\,)\,45 \\
\bullet\,)\,15 \\
\hline
5
\end{array}
$$

① 2×45

② $2 \times 9 \times 5$

③ $2 \times 3 \times 15$

④ $2 \times 3^2 \times 5$

05 다음은 140을 소인수분해하는 과정을 나타낸 것이다. 140을 소인수분해한 결과로 옳은 것은? 2017년 1회

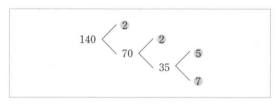

① 2×70

② $2^2 \times 35$

③ $2 \times 7 \times 10$

④ $2^2 \times 5 \times 7$

06 48을 소인수분해하면 $2^a \times 3$이다. a의 값은? 2017년 2회

① 1

② 2

③ 3

④ 4

07 54를 소인수분해하면 2×3^a이다. 이때 a의 값은?

2016년 1회

① 1　　　　　② 2

③ 3　　　　　④ 4

10 $(+7)+(-5)$를 계산하면?

2019년 2회

① -2　　　　② -1

③ $+1$　　　　④ $+2$

08 다음 중 절댓값이 가장 큰 수는?

2019년 1회

① -5　　　　② -1

③ 3　　　　④ 7

11 $(-2) \times (+3)$의 값은?

2016년 1회

① -6　　　　② -1

③ 1　　　　④ 6

주목

09 다음 수들을 절댓값이 큰 수부터 차례로 나열하였을 때, 세 번째로 큰 수는?

$-7,$	$-1,$	$3,$	$-5,$	6

① -7　　　　② 6

③ -5　　　　④ 3

12 다음 중 계산 결과가 <u>다른</u> 하나는?

① $(-5)+(+10)$

② $(+2)+(+3)$

③ $(-4)+(-1)$

④ $(+7)+(-2)$

13 다음 중 계산 결과가 옳은 것은?

① $(-7) \times (+2) = 14$

② $(-2) \times (-4) = -8$

③ $(+8) \times (+6) = 48$

④ $(-7) \times (+10) = 70$

14 다음 수를 작은 수부터 순서대로 나열할 때, 세 번째 수는?　　　　　2018년 2회

$$-3, \quad 1, \quad -6, \quad 5, \quad 2$$

① -3　　　　　　② 1

③ 5　　　　　　④ 2

15 다음 수를 수직선 위에 나타낼 때, 가장 왼쪽에 있는 점에 대응하는 수는?

$$-3, \quad 5, \quad -2, \quad 1, \quad 0, \quad -4$$

① -4　　　　　　② -2

③ 0　　　　　　④ 5

16 다음 수를 작은 수부터 순서대로 나열할 때, 네 번째 수는?

$$-9, \quad -1, \quad 0, \quad -3, \quad 2$$

① -9　　　　　　② -3

③ -1　　　　　　④ 0

17 수의 대소 관계가 옳은 것은?　　　　　2017년 2회

① $0 < -1$

② $\dfrac{2}{3} > 2$

③ $-3 < -2$

④ $-\dfrac{4}{3} > -1$

주목
18 다음 중 옳은 것은?

① $-2 > 0$

② $-5.3 < -3$

③ $-\dfrac{1}{3} > -\dfrac{1}{10}$

④ $\dfrac{1}{5} > 0.5$

19 다음 수 중에서 음의 정수의 개수는?   2020년 1회

$$-3, \quad 0, \quad 2, \quad -5, \quad 17$$

① 1개   ② 2개
③ 3개   ④ 4개

20 다음 중 정수가 아닌 유리수는?   2017년 1회

① -2

② 0

③ $\dfrac{2}{3}$

④ 3

21 다음 중 정수가 아닌 유리수는 모두 몇 개인가?

$$-1\frac{2}{5}, \quad 1, \quad \frac{1}{3}, \quad -3, \quad \frac{3}{2}, \quad -\frac{12}{3}$$

① 1개   ② 2개
③ 3개   ④ 4개

주목
22 다음 중 자연수가 아닌 정수는?

① 4   ② 0

③ 0.1   ④ $\dfrac{1}{2}$

23 〈보기〉에서 가장 작은 수와 가장 큰 수의 합은?

2018년 1회

보기
$$-4, \quad 3, \quad 0, \quad 6, \quad -2$$

① -2 ② 0
③ 2 ④ 4

24 〈보기〉에서 가장 큰 수와 가장 작은 수의 합은?

2016년 2회

보기
$$-5, \quad 4, \quad 0, \quad 7, \quad -3$$

① -4 ② -1
③ 2 ④ 3

25 〈보기〉의 수를 작은 것부터 차례대로 나열할 때, 두 번째 수와 네 번째 수의 합은? 2014년 2회

보기

$$-7, \quad 5, \quad 0, \quad -3, \quad 4$$

① -3 ② 1

③ 2 ④ 3

26 다음 수 중 가장 작은 수와 절댓값이 가장 큰 수의 합은?

$$+3, \quad -1, \quad -5, \quad +11, \quad -2$$

① 2 ② 3

③ 5 ④ 6

27 분수 $\dfrac{314}{999}$ 를 순환소수로 나타내면 다음과 같다. 이 순환소수의 순환마디는? 2019년 1회

$$\frac{314}{999}=0.314314314\cdots$$

① 3 ② 31

③ 314 ④ 3143

28 순환소수 $3.653653\cdots$을 바르게 나타낸 것은?

① $3.\dot{6}\dot{5}$ ② $3.6\dot{5}\dot{3}$

③ $3.\dot{6}5\dot{3}$ ④ $3.\dot{6}\dot{5}$

주목

29 분수 $\dfrac{1}{2\times a}$ 이 순환소수일 때, a의 값으로 가능한 것은?

① 2 ② 3

③ 4 ④ 5

30 순환소수 $2.353535\cdots$에서 순환마디는?

① 2 ② 35

③ 53 ④ 235

31 다음 분수 중 유한소수로 나타낼 수 <u>없는</u> 것은?

2020년 1회

① $\dfrac{1}{2}$ ② $\dfrac{1}{3}$

③ $\dfrac{1}{4}$ ④ $\dfrac{1}{5}$

32 다음 분수 중 유한소수로 나타낼 수 있는 것은?

2018년 1회

① $\dfrac{1}{3}$ ② $\dfrac{1}{5}$

③ $\dfrac{1}{7}$ ④ $\dfrac{1}{9}$

주목

33 다음 분수를 소수로 나타낼 때, 무한소수가 되는 것은?

① $\dfrac{21}{14}$ ② $\dfrac{3}{18}$

③ $\dfrac{27}{24}$ ④ $\dfrac{7}{35}$

34 10의 제곱근은?

2016년 2회

① ± 2 ② $\pm\sqrt{5}$

③ $\pm\sqrt{10}$ ④ ± 4

35 9의 제곱근은?

① ± 2 ② $\pm\sqrt{5}$

③ ± 3 ④ ± 6

36 그림과 같이 가로의 길이가 2, 세로의 길이가 1인 직사각형이 있다. 이 직사각형과 넓이가 같은 정사각형의 한 변의 길이는?

2018년 1회

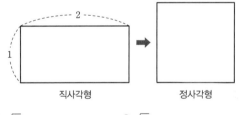

① $\sqrt{2}$ ② $\sqrt{3}$

③ 2 ④ 3

37 가로의 길이가 5 cm, 세로의 길이가 3 cm인 직사각형이 있다. 이 직사각형과 넓이가 같은 정사각형의 한 변의 길이는? 2017년 1회

① $\sqrt{13}$ cm ② $\sqrt{15}$ cm

③ $\sqrt{17}$ cm ④ $\sqrt{19}$ cm

38 그림과 같은 정사각형 모양의 타일의 넓이가 8 cm²일 때, 이 타일의 한 변의 길이는?

8 cm²

① $\sqrt{3}$ cm ② $2\sqrt{2}$ cm

③ $2\sqrt{3}$ cm ④ $3\sqrt{2}$ cm

39 $(\sqrt{3})^2 + \sqrt{(-2)^2}$ 을 간단히 한 것은? 2017년 2회

① 0 ② 1

③ 3 ④ 5

40 $\sqrt{(-13)^2} - (-\sqrt{7})^2$ 을 계산하면?

① -20 ② -6

③ 6 ④ 10

41 $\sqrt{24} = a\sqrt{6}$ 일 때, a의 값은? 2018년 2회

① 2 ② 3

③ 4 ④ 5

42 $\sqrt{40} = k\sqrt{10}$ 일 때, k의 값은?

① 1 ② 2

③ 3 ④ 4

43 $\sqrt{12} \times \sqrt{3}$을 간단히 하면? 2019년 1회

  ① 5   ② 6

  ③ 7   ④ 8

44 $\sqrt{15} \times \sqrt{6}$을 간단히 하면?

  ① $3\sqrt{10}$ ② $3\sqrt{5}$

  ③ $5\sqrt{3}$ ④ $10\sqrt{3}$

주목

45 $4\sqrt{3} \times 5\sqrt{10}$을 간단히 하면?

  ① $9\sqrt{10}$ ② $20\sqrt{30}$

  ③ $20\sqrt{10}$ ④ $9\sqrt{13}$

46 $5\sqrt{2} - 3\sqrt{2}$를 간단히 한 것은? 2020년 1회

  ① $\sqrt{2}$ ② $2\sqrt{2}$

  ③ $3\sqrt{2}$ ④ $4\sqrt{2}$

47 $2\sqrt{5} + 3\sqrt{5}$를 간단히 한 것은? 2019년 2회

  ① $2\sqrt{5}$ ② $3\sqrt{5}$

  ③ $4\sqrt{5}$ ④ $5\sqrt{5}$

48 그림과 같은 두 직사각형의 넓이의 합은? 2016년 1회

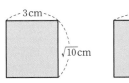

  ① $3\sqrt{10}$ cm^2 ② $5\sqrt{10}$ cm^2

  ③ $8\sqrt{10}$ cm^2 ④ $15\sqrt{10}$ cm^2

02

문자와 식

1 문자와 식

2 일차방정식

3 식의 계산

4 부등식

5 연립방정식

6 다항식의 곱셈과 인수분해

7 이차방정식

02 문자와 식

술술 유형 다지기 **1. 문자와 식**

1 문자를 사용한 식

정답과 해설 **8쪽**

1. 문자의 사용
문자를 사용하면 수량 사이의 관계를 간단한 식으로 나타낼 수 있다.

2. 문자를 사용하여 식 세우기
① 문제의 뜻을 파악하여 규칙을 발견한다.
② 문자를 사용하여 ①의 규칙에 맞도록 식을 세운다.

> 📄 1000원짜리 아이스크림 x개의 가격
> ➡ 1개의 가격: (1000×1)원
> 2개의 가격: (1000×2)원
> ⋮   ⋮
> x개의 가격: $(1000 \times x)$원 ➡ 식을 세울 때, 반드시 단위를 쓴다.

01 다음을 문자를 사용한 식으로 나타내어라.

(1) 한 권에 x원인 공책 3권의 가격
(2) 음료수 x L를 4명이 똑같이 나누어 마셨을 때, 한 사람이 마신 음료수의 양

2 곱셈 기호와 나눗셈 기호의 생략

정답과 해설 **8쪽**

1. 곱셈 기호의 생략
(1) (수) × (문자), (문자) × (문자)에서는 곱셈 기호(×)를 생략한다.
이때 수는 문자 앞에 쓰고, 문자는 알파벳 순서로 쓴다. 📄 $a \times 3 = 3a,\ x \times y = xy$
(2) $1 \times$ (문자), $(-1) \times$ (문자)에서는 1을 생략한다. 📄 $1 \times x = x,\ (-1) \times a = -a$
(3) 같은 문자의 곱은 거듭제곱으로 나타낸다. 📄 $a \times a \times a = a^3,\ 2 \times x \times x \times x \times y \times y = 2x^3y^2$
(4) (수) × (괄호), (문자) × (괄호)에서는 곱셈 기호(×)를 생략하고, 곱해지는 수를
괄호 앞에 쓴다. 📄 $(x+3) \times 2 = 2(x+3),\ a \times (x+y) = a(x+y)$

2. 나눗셈 기호의 생략
(1) 나눗셈 기호(÷)를 생략하고 분수 꼴로 나타낸다. 📄 $a \div 2 = \dfrac{a}{2}$
(2) 나눗셈을 역수의 곱셈으로 고친 후 곱셈 기호(×)를 생략한다. 📄 $b \div 3 = b \times \dfrac{1}{3} = \dfrac{1}{3}b$

➕ 자주 쓰이는 수량 관계

· $a\% = \dfrac{a}{100}$

· a할$= \dfrac{a}{10}$

· (물건의 가격)
  $=$(물건 1개의 가격)
      $\times$(물건의 개수)

· (거스름 돈)
  $=$(지불한 금액)
      $-$(물건의 금액)

· ($a\%$ 할인된 가격)
  $=$(정가)$-\dfrac{a}{100} \times$(정가)

· (거리)$=$(속력)$\times$(시간)

· (소금물의 농도)
  $=\dfrac{(소금의 양)}{(소금물의 양)} \times 100(\%)$

➕ 문자를 사용한 넓이 공식

① 평행사변형

➡ $S=ah$

② 마름모

➡ $S=\dfrac{1}{2}ab$

③ 사다리꼴

➡ $S=\dfrac{1}{2}(a+b)h$

02 다음 식을 기호 $\times$, $\div$를 생략하여 나타내어라.

(1) $5 \times x \times y$

(2) $x \times y \times (-1)$

(3) $(-x) \div \dfrac{3}{2}$

(4) $(x+y) \div 2$

---

3 **식의 값**

정답과 해설 8쪽

1. 대입: 문자를 포함한 식에서 문자 대신 수로 바꾸어 넣는 것

2. 식의 값: 문자를 사용한 식에서 문자에 수를 대입하여 계산한 값

3. 식의 값을 구하는 방법

① 주어진 식에서 생략된 곱셈 기호($\times$)를 다시 쓴다.

② 문자에 주어진 수를 대입하여 계산한다.

예 $x=3$일 때 $50x$의 값을 구하면

$50x = 50 \times 3 = 150$

$x=3$을 대입 ──── 식의 값

주의 문자에 음수를 대입할 때에는 괄호를 사용한다.

➕ 문자에 음수를 대입할 경우에는 괄호를 사용해요

예 $a=-2$일 때 $5a$의 값

➡ $5a = 5 \times (-2) = -10$

---

03 $x=-2$일 때, 다음 식의 값을 구하여라.

(1) $4x$

(2) $-x$

(3) $6-x^2$

(4) $\dfrac{8}{x}$

---

04 $x=2, y=-4$일 때, 다음 식의 값을 구하여라.

(1) $3x-y$

(2) $2x+\dfrac{1}{4}y$

(3) $xy+y^2$

(4) $\dfrac{y}{x}$

1. 단항식과 다항식

(1) **항**: 수, 문자, 수와 문자 또는 문자와 문자의 곱으로 이루어진 식

(2) **계수**: 수와 문자의 곱으로 된 항에서 수의 부분

(3) **상수항**: 수로만 이루어진 항

(4) **단항식**: 한 개의 항으로 이루어진 식

(5) **다항식**: 한 개 또는 두 개 이상의 항의 합으로 이루어진 식

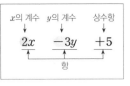

예 다항식 $x-5y+1$에 대하여

(1) 항: x, $-5y$, 1 (2) 상수항: 1

(3) x의 계수: 1 (4) y의 계수: -5

2. 일차식

(1) **차수**: 문자를 포함한 항에서 문자가 곱해진 개수

예 $2x$의 차수: 1, $3x^2$의 차수: 2, y^3의 차수: 3

(2) **다항식의 차수**: 다항식에서 차수가 가장 큰 항의 차수

예 $4x^2-3x+1$의 차수: 2, $x-3y$의 차수: 1

$$\underset{\text{차수: }2}{3x^2} \quad \underset{\text{차수: }1}{-6x} \quad \underset{\text{차수: }0}{+5}$$

➡ 다항식의 차수: 2

(3) **일차식**: 차수가 1인 다항식

예 $2x$, $3x-2$, $-x+2y$

➕ 차수

· x ➡ 일차식,

  x^2 ➡ 이차식,

  x^3 ➡ 삼차식

· $\dfrac{x}{2} \Rightarrow \dfrac{1}{2}x$로 계수가 $\dfrac{1}{2}$인 일차식

· $\dfrac{1}{x}$ ➡ 문자가 분모에 있는 분수식은 일차식이 아니에요.

· 상수항의 차수는 0

3. 단항식과 수의 곱셈, 나눗셈

(1) **(단항식)×(수)**: 수끼리의 곱을 문자 앞에 쓴다.

예 $3x \times 4 = 3 \times x \times 4 = 3 \times 4 \times x = 12x$

(2) **(단항식)÷(수)**: 나누는 수의 역수를 곱하여 계산한다.

예 $4x \div 2 = 4x \times \dfrac{1}{2} = 4 \times x \times \dfrac{1}{2} = 4 \times \dfrac{1}{2} \times x = 2x$

➕ 단항식과 수의 곱셈에서 곱셈의 교환법칙과 결합법칙을 이용해요.

예 $2a \times 4 = 2 \times a \times 4$

            $= 2 \times 4 \times a$ ⎤ 교환법칙

            $= (2 \times 4) \times a$ ⎦ 결합법칙

            $= 8 \times a$

            $= 8a$

주의 $0.1 \times a$는 $0.a$가 아니라 $0.1a$임을 주의해야 해요.

4. 일차식과 수의 곱셈, 나눗셈

(1) **(수)×(일차식)**: 분배법칙을 이용하여 일차식의 각 항에 수를 곱하여 계산한다.

예 $3 \times (3x-2) = 3 \times 3x - 3 \times 2 = 9x - 6$

(2) **(일차식)÷(수)**: 분배법칙을 이용하여 나누는 수의 역수를 일차식의 각 항에 곱하여 계산한다.

예 $(6x-10) \div 2 = (6x-10) \times \dfrac{1}{2} = 6x \times \dfrac{1}{2} - 10 \times \dfrac{1}{2} = 3x - 5$

---

05 다항식 $-x^2+6y-2$에 대하여 다음을 구하여라.

(1) 항   (2) 상수항

(3) x^2의 계수   (4) y의 계수

06 다음 중 일차식인 것에는 ○표를, 아닌 것에는 ×표를 하여라.

(1) $-5a+2$ (   )

(2) b^2+b+1 (   )

(3) $\dfrac{1}{2}x-3$ (   )

(4) $\dfrac{1}{y}$ (   )

✚ · 상수항은 상수항끼리 동류항이에요.
· 괄호 앞에 −가 있으면 괄호 안의 모든 항의 부호를 바꿔서 괄호를 풀어야 해요.

07 다음을 계산하여라.

(1) $4 \times 2x$

(2) $(-3x) \times 5$

(3) $9x \div (-3)$

(4) $(-8x) \div \left(-\dfrac{2}{3}\right)$

(5) $7x \times (-2)$

(6) $\dfrac{1}{5} \times 10x$

(7) $28x \div (-7)$

(8) $(-12x) \div \left(-\dfrac{3}{4}\right)$

08 다음을 계산하여라.

(1) $3(2x+1)$

(2) $(-x+2) \times (-5)$

(3) $\dfrac{1}{2}(4x-10)$

(4) $(14x+21) \div 7$

(5) $(6x-8) \div (-2)$

(6) $(5x-2) \div \dfrac{1}{3}$

(7) $-(4x-5)$

(8) $(x-3) \times (-2)$

1. **동류항**: 문자와 차수가 각각 같은 항

> 예 $2x$와 $7x$, a^2과 $3a^2$, -3과 5

> 주의 ① 상수항끼리는 모두 동류항이다.
> ② 문자와 차수 중 어느 하나라도 다르면 동류항이 아니다.

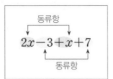

2. **동류항의 덧셈과 뺄셈**

동류항이 있는 다항식은 동류항끼리 모으고 분배법칙을 이용하여 간단히 할 수 있다.

> 예 ① $5x+3x=5\times x+3\times x=(5+3)x=8x$
> ② $4x+3-2x-6$
> $\quad=4x-2x+3-6$　⎤ 동류항끼리 모으기
> $\quad=(4-2)x+(3-6)$　⎤ 동류항끼리 계산하기
> $\quad=2x-3$

3. **일차식의 덧셈과 뺄셈**

① 괄호가 있으면 분배법칙을 이용하여 먼저 괄호를 푼다.

> **쏙쏙 이해 더하기**
>
> ○ 괄호 앞에 $+$가 있으면 괄호 안의 부호를 그대로 쓴다.
> $\quad A+(B-C)=A+B-C$
> © 괄호 앞에 $-$가 있으면 괄호 안의 부호를 반대로 쓴다.
> $\quad A-(B-C)=A-B+C$

② 동류항끼리 모아서 계산한다.
③ 차수가 큰 항부터 차례로 정리한다.

4. **분수 꼴인 일차식의 덧셈과 뺄셈**

분모의 최소공배수로 통분한 후 동류항끼리 모아서 계산한다.

+ 분배법칙의 이용
① 동류항을 계산할 때 이용하는 분배법칙
　$ax+bx=(a+b)x$
　$ax-bx=(a-b)x$
② 일차식을 계산할 때 이용하는 분배법칙
　$(ax+b)\times c=acx+bc$
　$(ax+b)\div c=\dfrac{a}{c}x+\dfrac{b}{c}$

+ 일차식의 덧셈과 뺄셈
$2(3x-5)-(2x-7)$
$=6x-10-2x+7$　⎫ 괄호 풀기
$=6x-2x-10+7$　⎬ 동류항끼리 모으기
$=4x-3$　　　　　⎭ 동류항끼리 계산하기

+ 분수가 있는 일차식의 계산에서 분자와 분모를 약분할 때 모든 항을 약분해요.
> 예 $\dfrac{4x+6}{2}=\dfrac{4x}{2}+\dfrac{6}{2}=2x+3$

+ 분수꼴인 일차식의 덧셈과 뺄셈
$\dfrac{x+1}{2}+\dfrac{2x-1}{3}$
$=\dfrac{3(x+1)+2(2x-1)}{6}$　⎫ 분모를 통분하기
$=\dfrac{3x+3+4x-2}{6}$　　⎬ 괄호 풀기
$=\dfrac{7x+1}{6}$　　　　　⎭ 동류항끼리 계산하기

---

09 다음 중 동류항인 것에는 ○표를, 아닌 것에는 ×표를 하여라.

(1) $-a$, $\dfrac{1}{a}$ （　　　）　(2) $-x^2$, $\dfrac{1}{4}x^2$ （　　　）　(3) 7, -2 （　　　）

10 다음을 계산하여라.

(1) $(x-7)+3(x+2)$　　　　　(2) $\dfrac{1}{2}(2x+4)-3(x+4)$

11 다음을 계산하여라.

(1) $\dfrac{3x+1}{2}+\dfrac{x-5}{3}$　　　　　(2) $\dfrac{x-1}{4}+\dfrac{3x+2}{6}$

1 방정식과 항등식

정답과 해설 9쪽

1. **등식**: 등호(＝)를 사용하여 수나 식이 서로 같음을 나타 낸 식

(1) **좌변**: 등식에서 등호의 왼쪽 부분

(2) **우변**: 등식에서 등호의 오른쪽 부분

(3) **양변**: 좌변과 우변을 통틀어 양변이라 한다.

> **주의** $3x-7=15$, $4x+x=5x$는 등식이지만 $2x+1$(일차식), $9x+1<10x-2$(부등호를 사용한 식)는 등호가 없으므로 등식이 아니다.

2. **방정식**: x(미지수)의 값에 따라 참이 되기도 하고, 거짓이 되기도 하는 등식

> **예** $x+1=4$

(1) **해(근)**: 방정식을 참이 되게 하는 미지수의 값

(2) **방정식을 푼다**: 방정식의 해(근)를 구하는 것

3. **항등식**: x(미지수)에 어떤 값을 대입해도 항상 참인 등식

> **예** $x+1=x+1$ 또는 $x-x=1-1$
>
> ➡ $0 \cdot x=0$ 꼴이 되는 식

☆ 4. **항등식이 되기 위한 조건**

$ax+b=cx+d$가 x에 대한 항등식이면 $a=c$, $b=d$

＋ 등식의 참, 거짓
등식에서 등호가 성립할 때 참, 성립하지 않을 때 거짓이라 해요.

＋ 어떤 등식이 항등식임을 확인하기 위하여 모든 수를 대입할 수는 없으므로 주어진 등식이 항등식인지 알아보려면, 미지수의 값에 관계없이 (좌변)=(우변)인지 또는 $0 \cdot x=0$ 꼴이 되는지를 확인해요.

---

01 다음 중 등식인 것에는 ○표를, 아닌 것에는 ×표를 하여라.

(1) $x-5=0$ (　　　)

(2) $7+4$ (　　　)

(3) $2+1=3$ (　　　)

(4) $2x+1<3x-3$ (　　　)

＋ 등호를 사용한 식은 그 식의 계산이 틀려도 등식이에요. 예를 들어, $5-3=4$는 계산은 틀렸지만 등호를 사용하여 나타낸 식이므로 등식이에요.

02 다음 중 항등식인 것에는 ○표를, 아닌 것에는 ×표를 하여라.

(1) $x+4=6$ (　　　)

(2) $2x-1=5x-1-3x$ (　　　)

(3) $3(x-2)=3x-6$ (　　　)

03 x의 값이 -1, 0, 1일 때, 다음 방정식의 해를 구하여라.

(1) $1=x+1$

(2) $2x-3=-5$

(3) $3x+4=7$

⭐ 1. 등식의 성질

등식의 양변에 같은 수를 더하거나 빼거나 곱하거나 나누어도 등식은 성립한다.

(단, 0으로 나누는 것은 제외)

$a=b$이면
(1) $a+c=b+c$

(2) $a-c=b-c$

(3) $ac=bc$

(4) $\dfrac{a}{c}=\dfrac{b}{c}$ (단, $c\neq0$)

예 (1) $x-3=5$ $\xrightarrow[\text{양변에 3을 더한다.}]{\text{등식의 성질(1)}}$ $x-3+3=5+3$ ∴ $x=8$

(2) $x+3=5$ $\xrightarrow[\text{양변에서 3을 뺀다.}]{\text{등식의 성질(2)}}$ $x+3-3=5-3$ ∴ $x=2$

(3) $\dfrac{x}{3}=6$ $\xrightarrow[\text{양변에 3을 곱한다.}]{\text{등식의 성질(3)}}$ $\dfrac{x}{3}\times3=6\times3$ ∴ $x=18$

(4) $3x=6$ $\xrightarrow[\text{양변을 3으로 나눈다.}]{\text{등식의 성질(4)}}$ $3x\div3=6\div3$ ∴ $x=2$

2. 등식의 성질을 이용한 방정식의 풀이

등식의 성질을 이용하여 주어진 방정식을 '$x=(수)$'의 꼴로 바꾸어 해를 구한다.

예 $2x-5=11$

$2x-5+5=11+5$ ⎤ 양변에 5를 더한다.

$2x=16$

$\dfrac{2x}{2}=\dfrac{16}{2}$ ⎤ 양변을 2로 나눈다.

∴ $x=8$

---

04 다음은 등식의 성질을 이용하여 방정식의 해를 구하는 과정이다. □ 안에 알맞은 수를 써넣고, ㉠, ㉡에 이용된 등식의 성질을 각각 말하여라.

(1) $2x+1=-3$

$2x+1=-3$
$2x+1-\boxed{}=-3-\boxed{}$ ↘㉠
$2x=\boxed{}$
$\dfrac{2x}{\boxed{}}=\dfrac{\boxed{}}{2}$ ↘㉡
∴ $x=\boxed{}$

(2) $\dfrac{1}{3}x-2=4$

$\dfrac{1}{3}x-2=4$
$\dfrac{1}{3}x-2+\boxed{}=4+\boxed{}$ ↘㉠
$\dfrac{1}{3}x=\boxed{}$
$\dfrac{1}{3}x\times\boxed{}=6\times\boxed{}$ ↘㉡
∴ $x=\boxed{}$

+

① $a=b$이면 $ac=bc$이지만 $ac=bc$라고 해서 반드시 $a=b$인 것은 아니에요.

예 $a=2$, $b=5$, $c=0$이면 $ac=bc=0$이지만 $a\neq b$이다.

② '$a=b$이면 $\dfrac{a}{c}=\dfrac{b}{c}$이다.'에서 $c\neq0$이라는 조건은 반드시 있어야 해요.

1. 일차방정식

(1) **이항**: 등식의 성질을 이용하여 등식의 한 변에 있는 항의 부호를 바꾸어 다른 변으로 옮기는 것

$+a$를 이항하면 ➡ $-a$

$-a$를 이항하면 ➡ $+a$

(2) **일차방정식**: 방정식에서 우변의 모든 항을 좌변으로 이항하여 정리하였을 때

$$\underset{ax+b=0\,(a\neq0)}{(x\text{에 대한 일차식})=0}$$

의 꼴이 되는 방정식을 x에 대한 일차방정식이라 한다.

예 $x-2=0,\ 3x+5=0,\ \dfrac{1}{2}x-\dfrac{2}{3}=0$

＋ 이항

이항은 문자나 숫자를 등호($=$)의 반대쪽으로 넘기는 것이에요. 이항을 하면 그 항의 부호가 바뀌어요.

예 $x+3=17$

이항

$x=17-3$

2. 일차방정식의 풀이

① 괄호가 있으면 괄호를 풀고 정리한다.

② 계수에 분수나 소수가 있으면 양변에 알맞은 수를 곱하여 계수를 정수로 만든다.

③ 미지수 x를 포함하는 항은 좌변으로, 상수항은 우변으로 이항한다.

④ 양변을 간단히 하여 $ax=b$ 꼴로 만든다.(단, $a\neq0$)

⑤ 양변을 x의 계수로 나눈다. ➡ $x=(수)$의 꼴로 만든다.

＋ 양변에 적당한 수를 곱할 때, 반드시 모든 항에 곱해야 해요.

예 $2(x+1)=-x-4$

$2x+2=-x-4$ ┤ 괄호를 푼다.

$2x+x=-4-2$ ┤ x항은 좌변으로, 상수항은 우변으로 이항한다.

$3x=-6$ ┤ $ax=b$ 꼴로 만든다.

$\therefore x=-2$ ┤ 양변을 3으로 나눈다.

3. 복잡한 일차방정식의 풀이

(1) **계수가 소수인 경우**: 양변에 10, 100, 1000, …을 곱하여 계수를 모두 정수로 고친 후 푼다.

예 $0.2x+0.3=1$ $\xrightarrow{\text{양변에 10을 곱한다.}}$ $2x+3=10$

(2) **계수가 분수인 경우**: 양변에 분모의 최소공배수를 곱하여 계수를 모두 정수로 고친 후 푼다.

예 $\dfrac{1}{2}x+\dfrac{1}{3}=\dfrac{1}{6}$ $\xrightarrow{\text{양변에 6을 곱한다.}}$ $3x+2=1$

(3) **괄호가 있는 경우**: 분배법칙을 이용하여 괄호를 먼저 풀어 식을 정리한다.

예 $2(x+1)=x+3$ $\xrightarrow{\text{괄호 풀기}}$ $2x+2=x+3$

---

05 다음 등식에서 밑줄 친 항을 이항하여라.

(1) $4x\underline{-3}=1$

(2) $\underline{6}-x=2$

(3) $-2x=\underline{3x}+1$

(4) $\underline{3}+2x=9\underline{-4x}$

06 다음 일차방정식을 풀어라.

(1) $x-5=2$

(2) $4x=x-3$

(3) $x+4=-3x-4$

(4) $5x-7=-x+5$

$+ax=b(a \neq 0)$의 꼴은 양변을 x의 계수인 a로 나눠요 $\Rightarrow x=\dfrac{b}{a}$

07 다음 일차방정식을 풀어라.

(1) $3(x+2)=-6$

(2) $2(3x-5)-1=13$

(3) $2x-3=-3(x-4)$

(4) $5(x+1)=2(x+4)$

08 다음은 일차방정식을 푸는 과정이다. ☐ 안에 알맞은 수를 써넣어라.

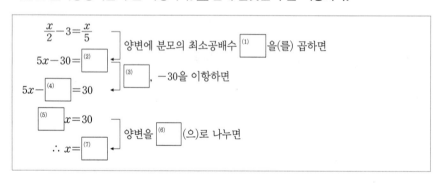

09 다음 일차방정식을 풀어라.

(1) $0.2x-3=-1.3x$

(2) $2x-\dfrac{1}{2}(x-1)=\dfrac{3}{4}$

4 일차방정식의 활용

1. 일차방정식의 활용 문제 풀이

① 미지수 정하기: 문제의 뜻을 파악하고, 구하는 값을 미지수 x로 놓는다.
② 방정식 세우기: 문제의 뜻에 알맞은 방정식을 세운다.
③ 방정식 풀기: 방정식을 풀어 해를 구한다.
④ 확인하기: 구한 해가 문제의 뜻에 맞는지 확인한다.

예시

어떤 수의 4배에 5를 더한 수는 어떤 수에서 1을 빼고 3을 곱한 것과 같을 때, 어떤 수를 구
① ②
해 보자.

미지수 정하기	어떤 수를 x로 놓는다.
방정식 세우기	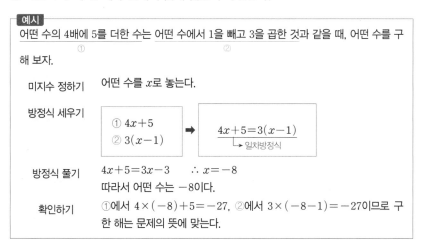
방정식 풀기	$4x+5=3x-3$ $\quad \therefore x=-8$ 따라서 어떤 수는 -8이다.
확인하기	①에서 $4 \times (-8)+5=-27$, ②에서 $3 \times (-8-1)=-27$이므로 구 한 해는 문제의 뜻에 맞는다.

2. 일차방정식의 활용 문제의 유형

수에 대한 문제	① 어떤 수를 x로 놓는다. ② 연속하는 수를 x를 사용하여 나타낸다.
나이에 대한 문제	① 현재 a살인 사람의 x년 후의 나이 ➡ $(a+x)$살 ② 나이의 합이나 차가 주어지는 경우 ➡ 어느 한 사람의 나이를 x살 로 놓고 방정식을 세운다.
자릿수에 대한 문제	① 십의 자리의 숫자가 a, 일의 자리의 숫자가 b인 두 자리의 자연수 ➡ $10a+b$ ② 백의 자리의 숫자가 a, 십의 자리의 숫자가 b, 일의 자리의 숫자가 c인 세 자리의 자연수 ➡ $100a+10b+c$
도형에 대한 문제	① (삼각형의 넓이)$=\dfrac{1}{2} \times$(밑변의 길이)$\times$(높이) ② (직사각형의 넓이)$=$(가로의 길이)$\times$(세로의 길이) ③ (사다리꼴의 넓이)$=\dfrac{1}{2} \times \{$(윗변의 길이)$+$(아랫변의 길이)$\} \times$(높이)
속력에 대한 문제	(거리)$=$(속력)$\times$(시간), (속력)$=\dfrac{(거리)}{(시간)}$, (시간)$=\dfrac{(거리)}{(속력)}$
정가에 대한 문제	① (정가)$=$(원가)$+$(이익) → (이익)$=$(판매 가격)$-$(원가) ② ($x\%$ 할인한 판매 가격)$=$(정가)$-$(정가의 $x\%$)
농도에 대한 문제	① (소금물의 농도)(%)$=\dfrac{(소금의 양)}{(소금물의 양)} \times 100$ ② (소금의 양)$=\dfrac{(소금물의 농도)}{100} \times$(소금물의 양)

✚ 수에 대한 문제
① 연속하는 두 정수
➡ x, $x+1$(또는 $x-1$, x)
② 연속하는 세 정수
➡ $x-1$, x, $x+1$(또는 x, $x+1$, $x+2$)
③ 연속하는 두 짝수 (홀수)
➡ x, $x+2$(또는 $x-2$, x)
④ 연속하는 세 짝수 (홀수)
➡ $x-2$, x, $x+2$

✚ 거리, 속력, 시간의 관계

10 연속하는 세 정수의 합이 48일 때, 다음 물음에 답하여라.

(1) 세 정수 중 가운데 수를 x로 놓고, 방정식을 세워라.

(2) (1)에서 세운 방정식을 풀어 연속하는 세 정수를 구하여라.

11 올해 아버지의 나이는 42살이고 10년 후에 아버지의 나이는 아들의 나이의 2배가 된다고 할 때, 올해 아들의 나이를 구하려고 한다. 다음 물음에 답하여라.

(1) 올해 아들의 나이를 x살로 놓고, 방정식을 세워라.

(2) (1)에서 세운 방정식을 풀어 올해 아들의 나이를 구하여라.

12 아랫변의 길이가 윗변의 길이보다 4 cm만큼 길고 높이가 5 cm인 사다리꼴의 넓이 가 25 cm²일 때, 윗변의 길이를 구하려고 한다. 다음 물음에 답하여라.

(1) 윗변의 길이를 x cm로 놓고, 방정식을 세워라.

(2) (1)에서 세운 방정식을 풀어 사다리꼴의 윗변의 길이를 구하여라.

13 다음 ☐ 안에 알맞은 수를 써넣어라.

(1) 원가가 x원인 물건을 10 % 비싸게 팔았을 때의 가격은

$$(\text{정가}) = x + \frac{\boxed{}}{100} \times x = x + \boxed{} \,(\text{원})$$

(2) 정가가 x원인 물건을 5 % 할인하여 팔았을 때의 가격은

$$(\text{가격}) = x - \frac{\boxed{}}{100} \times x = x - \boxed{} \,(\text{원})$$

14 집에서 도서관까지 자전거를 타고 왕복하는데 갈 때는 시속 8 km로 가고, 올 때는 시속 10 km로 왔더니 갈 때가 올 때보다 30분 더 걸렸다고 한다. 다음 물음에 답하 여라.

(1) 표를 완성하고, 방정식을 세워라.

	거리(km)	속력(km/h)	시간(시간)
갈 때	x		
올 때	x		

✚ 거리, 속력, 시간에 관한 문제는 단 위를 잘 살펴보고, 단위가 다르면 통 일시켜야 해요.
➡ 1 km=1000 m
　1시간=60분

(2) (1)에서 세운 방정식을 풀어 집에서 도서관까지의 거리를 구하여라.

1 지수법칙

정답과 해설 11쪽

1. 지수법칙 ― 지수의 합
m, n이 자연수일 때, $\underline{a^m \times a^n = a^{m+n}}$
└→ 지수끼리 더한다.

예 $a^2 \times a^4 = a^{2+4} = a^6$

참고 a는 a^1으로 생각한다. 즉 $a \times a^2 = a^{1+2} = a^3$

지수의 합
$a^2 \times a^4 = a^6$

2. 지수법칙 ― 지수의 곱
m, n이 자연수일 때, $\underline{(a^m)^n = a^{mn}}$
└→ 지수끼리 곱한다.

예 $(a^4)^2 = a^{4 \times 2} = a^8$

참고 $(a^m)^n = (a^n)^m$

지수의 곱
$(a^4)^2 = a^8$

✚ 셋 이상의 지수에 대해서도 지수법칙이 성립해요.
l, m, n이 자연수일 때
• $a^l \times a^m \times a^n = a^{l+m+n}$
• $\{(a^l)^m\}^n = a^{lmn}$

3. 지수법칙 ― 지수의 차
$a \neq 0$이고, m, n이 자연수일 때
(1) $m > n$이면 $\underline{a^m \div a^n = a^{m-n}}$
(2) $m = n$이면 $a^m \div a^n = 1$ └→ 지수끼리 뺀다.
(3) $m < n$이면 $a^m \div a^n = \dfrac{1}{a^{n-m}}$

예 ① $a^7 \div a^2 = a^{7-2} = a^5$
② $a^3 \div a^3 = 1$
③ $a^2 \div a^7 = \dfrac{1}{a^{7-2}} = \dfrac{1}{a^5}$

지수의 차
$a^7 \div a^2 = a^5$

지수의 차
$a^2 \div a^7 = \dfrac{1}{a^5}$

⭐ 4. 지수법칙 ― 지수의 분배
m이 자연수일 때,
(1) $(ab)^m = a^m b^m$
(2) $\left(\dfrac{a}{b}\right)^m = \dfrac{a^m}{b^m}$ (단, $b \neq 0$)

예 ① $(ab)^2 = a^2 b^2$
② $\left(\dfrac{a}{b}\right)^3 = \dfrac{a^3}{b^3}$

참고 $a > 0$일 때, $(-a)^m = \{(-1) \times a\}^m = (-1)^m a^m$이므로
$(-a)^m = \begin{cases} a^m & (m\text{이 짝수}) \\ -a^m & (m\text{이 홀수}) \end{cases}$

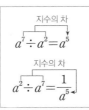

지수의 분배
$(ab)^2 = a^2 b^2$

지수의 분배
$\left(\dfrac{a}{b}\right)^3 = \dfrac{a^3}{b^3}$

✚ l, m, n이 자연수일 때
$(a^m b^n)^l = a^{ml} b^{nl}$,
$\left(\dfrac{a^m}{b^n}\right)^l = \dfrac{a^{ml}}{b^{nl}}$ (단, $b \neq 0$)

---

01 다음 식을 간단히 하여라.

(1) $3^2 \times 3^6$

(2) $x^{10} \times x^7$

(3) $a^2 \times a \times a^3$

(4) $x^5 \times y^3 \times x^7 \times y^6$

02 다음 식을 간단히 하여라.

(1) $(3^2)^5$

(2) $(x^4)^6$

(3) $a^3 \times (a^4)^2$

(4) $(x^3)^3 \times (x^6)^2$

✚ m, n이 자연수일 때,
① $a^m \times a^n = a^{m+n}$
② $(a^m)^n = a^{mn}$
③ $\left(\dfrac{a}{b}\right)^m = \dfrac{a^m}{b^m}$ (단, $b \neq 0$)

03 다음 식을 간단히 하여라.

(1) $x^9 \div x^3$

(2) $y^8 \div y^{12}$

(3) $2^8 \div 2^4 \div 2^3$

(4) $x^7 \div x^2 \div x^8$

(5) $(a^3)^5 \div (a^5)^3$

(6) $(y^6)^2 \div (y^3)^3$

✚ $a \neq 0$이고, m, n이 자연수일 때,
$a^m \div a^n$은
• $m > n$이면 a^{m-n}
• $m = n$이면 1
• $m < n$이면 $\dfrac{1}{a^{n-m}}$

04 다음 식을 간단히 하여라.

(1) $(3a)^3$

(2) $\left(\dfrac{y}{2}\right)^6$

(3) $(-x)^7$

(4) $(-x^4 y^3)^4$

(5) $\left(\dfrac{2a^3}{b^5}\right)^2$

(6) $\left(\dfrac{xy^2}{z^3}\right)^3$

05 다음 중 옳지 <u>않은</u> 것은?

① $a^5 \div a^4 = a$

② $a^3 \div a^3 = 0$

③ $a^3 \div a^6 = \dfrac{1}{a^3}$

④ $a \times a \times a = a^3$

2 단항식의 곱셈과 나눗셈

1. 단항식의 곱셈
① 계수는 계수끼리, 문자는 문자끼리 곱하여 계산한다.
② 같은 문자끼리의 곱셈은 지수법칙을 이용하여 간단히 한다.

예 $3ab \times 2b = (3 \times 2) \times (ab \times b) = 6ab^2$

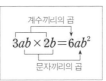

2. 단항식의 나눗셈
[방법 1] 분수 꼴로 바꾸어 계수는 계수끼리, 문자는 문자끼리 계산한다.

➡ $A \div B = \dfrac{A}{B}$

예 $12a^2b \div 6a = \dfrac{12a^2b}{6a} = 2ab$

[방법 2] 역수를 이용하여 나눗셈을 곱셈으로 바꾸어 계수는 계수끼리, 문자는 문자끼리 계산한다.

➡ $A \div B = A \times \dfrac{1}{B} = \dfrac{A}{B}$

예 $12a^2b \div 6a = 12a^2b \times \dfrac{1}{6a} = 2ab$

3. 단항식의 곱셈과 나눗셈의 혼합 계산
① 괄호가 있는 거듭제곱은 지수법칙을 이용하여 괄호를 먼저 푼다.
② 나눗셈은 역수를 이용하여 곱셈으로 바꾸거나 분수 꼴로 바꾸어 계산한다.
③ 계수는 계수끼리, 문자는 문자끼리 계산한다.

✚ 단항식의 나눗셈
① 역수를 구할 때, 부호를 바꾸지 않도록 주의해요.

즉, $-\dfrac{1}{2}a = -\dfrac{a}{2}$의 역수는 $-\dfrac{2}{a}$

이고, 이때 부호는 그대로예요.
② 다음의 경우에는 [방법 2]를 이용하는 것이 편리해요.
• 나누는 식이 분수 꼴인 경우

➡ $A \div \dfrac{C}{B} = A \times \dfrac{B}{C} = \dfrac{AB}{C}$

• 나눗셈이 2개 이상인 경우

➡ $A \div B \div C$
$= A \times \dfrac{1}{B} \times \dfrac{1}{C} = \dfrac{A}{BC}$

---

06 다음 식을 간단히 하여라.

(1) $5a \times 7a^3$

(2) $6xy^3 \times (-2x^2y^4)$

07 다음 식을 간단히 하여라.

(1) $16a^3b \div 4a$

(2) $10x^2y^4 \div \dfrac{1}{2}xy^2$

✚ 단항식의 곱셈과 나눗셈의 혼합 계산
곱셈과 나눗셈의 혼합 계산은 반드시 앞에서부터 차례로 계산해요.

• $6x^3 \div 2x^2 \times 3x$
$= \dfrac{6x^3}{2x^2} \times 3x$
$= 3x \times 3x = 9x^2 \ (\bigcirc)$

• $6x^3 \div 2x^2 \times 3x$
$= 6x^3 \div (2x^2 \times 3x)$
$= 6x^3 \div 6x^3 = 1 \ (\times)$

08 다음을 계산하여라.

(1) $9a^2b \times b \div 3a$

(2) $a^4b^2 \times (-ab) \div 2a^2b$

1. 다항식의 덧셈과 뺄셈
분배법칙을 이용하여 괄호를 풀고, 동류항끼리 모아서 간단히 한다.

2. 이차식의 덧셈과 뺄셈
(1) **이차식**: 다항식에서 차수가 가장 큰 항의 차수가 2인 다항식

　예 $3x^2$, $4y^2-y+3$, $-x^2+4$

(2) **이차식의 덧셈과 뺄셈**: 분배법칙을 이용하여 괄호를 풀고, 동류항끼리 모아서 계산한다.

3. 단항식과 다항식의 곱셈과 나눗셈
(1) **단항식과 다항식의 곱셈**: 분배법칙을 이용하여 단항식을 다항식의 각 항에 곱한다.

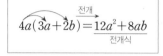

(2) **전개**: 분배법칙을 이용하여 하나의 다항식으로 나타내는 것

(3) **다항식과 단항식의 나눗셈**

[방법 1] 분수 꼴로 바꾸어 계산한다.

➡ $(A+B) \div C = \dfrac{A+B}{C} = \dfrac{A}{C} + \dfrac{B}{C}$　→ 다항식의 각 항을 단항식으로 나눈다.

[방법 2] 나눗셈을 곱셈으로 바꾸어 분배법칙을 이용하여 계산한다.

➡ $(A+B) \div C = (A+B) \times \dfrac{1}{C} = A \times \dfrac{1}{C} + B \times \dfrac{1}{C} = \dfrac{A}{C} + \dfrac{B}{C}$

4. 단항식과 다항식의 혼합 계산
① 거듭제곱이 있으면 거듭제곱을 먼저 계산한다.
② 괄호는 소괄호 (　) → 중괄호 { 　 } → 대괄호 [　]의 순서로 푼다.
③ 분배법칙을 이용하여 곱셈, 나눗셈을 한다.
④ 동류항끼리 덧셈, 뺄셈을 한다.

✚ 식의 변형
① **식의 대입**: 주어진 식의 문자에 그 문자를 나타내는 다른 식을 대신 넣는 것
② 어떤 식의 문자에 식을 대입하는 순서
　㉠ 주어진 식을 간단히 한 후, 대입하는 식을 괄호로 묶어 대입해요.
　㉡ 괄호를 풀고 동류항끼리 계산하여 식을 간단히 정리해요.

---

09 다음을 계산하여라.

(1) $(-6x+y-2)+(-7x-5y+4)$

(2) $(5x-3y)-(2x+8y)$

10 다음을 계산하여라.

(1) $(6x^2+4x-3)-(2x^2-x+7)$　　　(2) $2a(-a+2b-4)$

(3) $(5x-10y+15) \times \dfrac{2}{5}x$　　　　(4) $(7x^2-2xy+3x) \div \dfrac{1}{2}x$

1 부등식의 뜻과 표현

정답과 해설 12쪽

1. 부등식: 부등호 $<$, $>$, $\leq$, $\geq$를 사용하여 수 또는 식의 대소 관계를 나타낸 식

예 $3 > -1$, $x \leq 2$, $x+5 < -3$, $3x-2 \geq x-4$

2. 부등식의 표현

$a > b$	$a < b$	$a \geq b$	$a \leq b$
• a는 b보다 크다. • a는 b 초과이다.	• a는 b보다 작다. • a는 b 미만이다.	• a는 b보다 크거나 같다. • a는 b보다 작지 않다. • a는 b 이상이다.	• a는 b보다 작거나 같다. • a는 b보다 크지 않다. • a는 b 이하이다.

참고 $a \geq b$는 '$a > b$ 또는 $a = b$', $a \leq b$는 '$a < b$ 또는 $a = b$' 임을 의미한다.

3. 부등식의 해: 부등식을 참이 되게 하는 미지수의 값

4. 부등식을 푼다: 부등식의 해 전체를 구하는 것

+ 부등식

$$\underset{\text{좌변}\quad\text{우변}}{\underline{2x-1} < 3}$$
부등호
$\underset{\text{양변}}{}$

+ 부등식의 참, 거짓

부등식에서 좌변과 우변의 값의 대소 관계가 주어진 부등호의 방향과
• 일치할 때 ➡ 참인 부등식
• 일치하지 않을 때 ➡ 거짓인 부등식

+ 부등식의 해는 여러 개이거나 없을 수도 있어요.

01 다음 문장을 부등식으로 나타낼 때, ○ 안에 알맞은 부등호를 써넣어라.

(1) x는 3보다 크다. ➡ $x \bigcirc 3$

(2) x는 -2 미만이다. ➡ $x \bigcirc -2$

02 x의 값이 1, 2, 3, 4일 때, 다음 부등식을 풀어라.

(1) $x+5 \leq 8$

(2) $3x-1 \geq 8$

2 부등식의 성질

정답과 해설 12쪽

1. 부등식의 양변에 같은 수를 더하거나 양변에서 같은 수를 빼어도 부등호의 방향은 바뀌지 않는다.

➡ $a < b$일 때, $a+c < b+c$, $a-c < b-c$

예 $a < b$이면 $a+5 < b+5$, $a-5 < b-5$

2. 부등식의 양변에 같은 양수를 곱하거나 양변을 같은 양수로 나누어도 부등호의 방향은 바뀌지 않는다.

➡ $a < b$, $c > 0$이면 $ac < bc$, $\dfrac{a}{c} < \dfrac{b}{c}$

예 $a < b$이면 $5a < 5b$, $\dfrac{a}{5} < \dfrac{b}{5}$

☆3. 부등식의 양변에 같은 음수를 곱하거나 양변을 같은 음수로 나누면 부등호의 방향은 바뀐다.

➡ $a < b$, $c < 0$이면 $ac > bc$, $\dfrac{a}{c} > \dfrac{b}{c}$

예 $a < b$이면 $-5a > -5b$, $-\dfrac{a}{5} > -\dfrac{b}{5}$

03 $x \leq y$일 때, 다음 ○ 안에 알맞은 부등호를 써넣어라.

(1) $x-5 \bigcirc y-5$

(2) $x+7 \bigcirc y+7$

(3) $-2x \bigcirc -2y$

(4) $\dfrac{x}{5} \bigcirc \dfrac{y}{5}$

04 다음 ○ 안에 알맞은 부등호를 써넣어라.

✚ 부등식의 양변에 같은 음수를 곱하면 부등호의 방향이 바뀝니다.

$$x \geq y \text{이면 } \frac{2}{3}x-6 \bigcirc \frac{2}{3}y-6$$

➡ $x \geq y$의 양변에 $\dfrac{2}{3}$를 곱하면 $\dfrac{2}{3}x \bigcirc \dfrac{2}{3}y$

양변에서 6을 빼면 $\dfrac{2}{3}x-6 \bigcirc \dfrac{2}{3}y-6$

---

3 일차부등식 정답과 해설 12쪽

1. 일차부등식

부등식에서 우변에 있는 모든 항을 좌변으로 <u>이항하여</u> 정리한 식이
— 이항할 때, 부등호의 방향은 바뀌지 않는다.

(일차식) <0, (일차식) >0, (일차식) ≤ 0, (일차식) ≥ 0

중 어느 하나의 꼴로 나타나는 부등식을 일차부등식이라 한다.

예 $x>0$, $3a<-1$, $\dfrac{1}{2}x+5 \geq 0$ ➡ 일차부등식이다.

$x^2+2x-1<0$, $5>0$ ➡ 일차부등식이 아니다.

2. 일차부등식의 해

일차부등식의 해는 이항과 부등식의 성질을 이용하여 주어진 부등식을

$x<(수)$, $x>(수)$, $x \leq (수)$, $x \geq (수)$

중 어느 하나의 꼴로 고쳐서 구한다.

3. 부등식의 해를 수직선 위에 나타내기

(1) $x<a$ (2) $x>a$ (3) $x \leq a$ (4) $x \geq a$

참고 ●에 대응하는 수는 부등식의 해에 포함되고, ○에 대응하는 수는 부등식의 해에 포함되지 않는다.

---

05 다음 중 일차부등식인 것에는 ○표를, 일차부등식이 아닌 것에는 ×표를 하여라.

(1) $\dfrac{1}{3}x+6<0$ ( )

(2) $2x^2+3x+4>0$ ( )

(3) $x^2-1 \leq x^2+2x-5$ ( )

(4) $x(x+1) \geq x^2$ ( )

06 다음 부등식을 풀고, 그 해를 수직선 위에 나타내어라.

(1) $x-2<5$ (2) $2x+3\geq5$

4 일차부등식의 풀이

정답과 해설 **12**쪽

1. 일차부등식의 풀이

① 미지수 x를 포함하는 항은 좌변으로, 상수항은 우변으로 이항한다.

② 양변을 정리하여 $ax<b$, $ax>b$, $ax\leq b$, $ax\geq b\,(a\neq0)$ 중 어느 하나의 꼴로 고친다.

③ 양변을 x의 계수 a로 나눈다.

2. 복잡한 일차부등식의 풀이

① 괄호가 있는 경우: 분배법칙을 이용하여 괄호를 풀고, 동류항끼리 정리한 후 푼다.

② 계수가 분수인 경우: 양변에 분모의 최소공배수를 곱하여 계수를 정수로 바꾸어 푼다.

③ 계수가 소수인 경우: 양변에 10의 거듭제곱($10,\ 100,\ 1000,\ \cdots$)을 곱하여 계수를 정수로 바꾸어 푼다.

참고 계수에 분수와 소수가 함께 있으면 소수를 분수로 바꾼 후, 양변에 분모의 최소공배수를 곱하여 계수를 정수로 바꾸어 푼다.

주의 부등식의 양변에 수를 곱할 때에는 모든 항에 빠짐없이 곱해야 한다.

+ 일차부등식의 예
- $3x>x-2$
- $-2x+5<-3$
- $2x-1\geq1$
- $\frac{1}{5}x\leq1$

+ 방정식과 같이 부등식에서도 한 변에 있는 항의 부호를 바꾸어 다른 변으로 이항할 수 있어요.

$4x-8<2x$

↓ 이항

$4x-8-2x<0$

---

07 다음 일차부등식을 풀어라.

(1) $3x-1>2x-3$ (2) $4x-2\leq8-x$

(3) $2x-1<3x+4$ (4) $2x-4\geq5x+5$

08 다음 일차부등식을 풀어라.

(1) $2(x-3)\geq-2$ (2) $3(x+1)-6<x+5$

09 다음 일차부등식을 풀어라.

(1) $\dfrac{x}{4}-\dfrac{3}{2}\leq-\dfrac{x}{2}$ (2) $0.2x+0.62>-0.4x+0.02$

(1) 일차부등식의 활용 문제 풀이

① 미지수 정하기: 문제의 뜻을 파악하고, 구하려고 하는 것을 미지수 x로 놓는다.

② 부등식 세우기: x를 이용하여 주어진 조건에 맞는 부등식을 세운다.

③ 부등식 풀기: 부등식을 풀어 x의 값의 범위를 구한다.

④ 확인하기: 구한 해가 문제의 뜻에 맞는지 확인한다.

(2) 일차부등식의 활용 문제

가격, 개수에 대한 문제	(물건의 총 가격)=(한 개당 가격)×(물건의 개수)
예금액에 대한 문제	(총 예금액)=(현재 예금액)+(매달 예금액)×(개월 수) **예** 현재 통장에 10만 원이 예금되어 있고, 매달 3만 원씩 5개월 동안 예금한 총 예금액은 $10+3\times5=25$(만 원)
거리, 속력, 시간에 대한 문제	(거리)=(속력)×(시간), (속력)=$\dfrac{(거리)}{(시간)}$, (시간)=$\dfrac{(거리)}{(속력)}$

✚ 수에 대한 문제

① 연속하는 두 정수
➡ x, $x+1$(또는 $x-1$, x)로 놓아요.

② 연속하는 세 정수
➡ $x-1$, x, $x+1$(또는 x, $x+1$, $x+2$)로 놓아요.

③ 연속하는 두 짝수 (홀수)
➡ x, $x+2$(또는 $x-2$, x)로 놓아요.

④ 차가 a인 두 수
➡ x, $x-a$ 또는 x, $x+a$로 놓아요.

예 연속하는 세 자연수의 합이 21보다 클 때, 이와 같은 수 중에서 가장 작은 세 자연수를 구해 보자.
➡ 연속하는 세 자연수를 $x-1$, x, $x+1$이라 하면
$(x-1)+x+(x+1)>21$,
$3x>21$
∴ $x>7$
이때 x는 자연수이므로 구하는 세 자연수는 7, 8, 9

10 한 장에 900원인 엽서와 한 장에 300원인 우표를 합하여 모두 16장을 사는 데 9000원 미만으로 지출하려고 한다. 다음 물음에 답하여라.

(1) 표를 완성하고, 부등식을 세워라.

	장수(장)	금액(원)
엽서	x	
우표		

(2) (1)에서 세운 부등식으로 엽서는 최대 몇 장까지 살 수 있는지 구하여라.

11 산책을 하는데 갈 때는 시속 3 km로, 돌아올 때는 같은 길을 시속 5 km로 걸어서 4시간 이내에 돌아오려고 한다. 다음 표를 완성하고, 최대 몇 km 떨어진 곳까지 갔다 올 수 있는지 구하여라.

	거리(km)	속력(km/h)	시간(시간)
갈 때	x		
올 때			

1 연립방정식과 그 해

정답과 해설 13쪽

✚ 두 미지수 x, y에 대한 일차방정식은 모든 항을 좌변으로 이항하여 정리하면 (x, y에 대한 일차식)$=0$의 꼴이 된답니다.

1. 미지수가 2개인 일차방정식

(1) 미지수가 2개이고, 차수가 모두 1인 방정식

(2) $ax+by+c=0$(a, b, c는 상수, $a\neq0$, $b\neq0$)과 같이 나타낼 수 있다.

2. 미지수가 2개인 연립일차방정식 (연립방정식)

(1) 미지수가 2개인 두 일차방정식을 한 쌍으로 묶어 놓은 것

예 $\begin{cases} x+y=7 \\ x+3y=11 \end{cases}$

(2) 연립방정식에서 두 일차방정식을 모두 만족시키는 x, y의 값 또는 그 순서쌍 (x, y)를 연립방정식의 해(근)라고 한다.

(3) 두 일차방정식을 그래프로 나타낼 때, 두 직선의 교점의 좌표가 연립방정식의 해가 된다.

---

01 다음 중 미지수가 2개인 일차방정식인 것에는 ◯표를, 아닌 것에는 ✕표를 하여라.

(1) $xy+3x=0$　　　　　　(　　)

(2) $\dfrac{x}{3}+2y=3$　　　　　　(　　)

(3) $2y-3x-8=0$　　　　　(　　)

(4) $x^2-y+2=0$　　　　　(　　)

02 x, y가 자연수일 때, 연립방정식 $\begin{cases} x+y=6 & \cdots\ \text{㉠} \\ 2x+y=10 & \cdots\ \text{㉡} \end{cases}$ 에 대하여 다음 표를 완성하고, 해를 구하여라.

㉠ $x+y=6$의 해

x	1	2	3	4	5	$\cdots$
y						$\cdots$

㉡ $2x+y=10$의 해

x	1	2	3	4	5	$\cdots$
y						$\cdots$

1. 대입을 이용한 연립방정식의 풀이

(1) 한 일차방정식을 다른 일차방정식에 대입하여 해를 구하는 방법 → 대입법이라고도 한다.

(2) 대입을 이용한 연립방정식의 풀이 순서

① 두 일차방정식 중 한 일차방정식을 한 미지수에 대한 식으로 나타낸다.

② ①의 식을 다른 일차방정식에 대입하여 방정식을 푼다.

③ ②에서 구한 해를 ①의 식에 대입하여 다른 미지수의 값을 구한다.

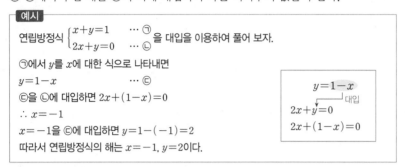

> **예시**
>
> 연립방정식 $\begin{cases} x+y=1 & \cdots ㉠ \\ 2x+y=0 & \cdots ㉡ \end{cases}$ 을 대입을 이용하여 풀어 보자.
>
> ㉠에서 y를 x에 대한 식으로 나타내면
>
> $y=1-x$ $\qquad\qquad \cdots ㉢$
>
> ㉢을 ㉡에 대입하면 $2x+(1-x)=0$
>
> $\therefore x=-1$
>
> $x=-1$을 ㉢에 대입하면 $y=1-(-1)=2$
>
> 따라서 연립방정식의 해는 $x=-1, y=2$이다.
>
> $$y=1-x$$
> 대입
> $$2x+y=0$$
> $$2x+(1-x)=0$$

2. 두 식의 합 또는 차를 이용한 연립방정식의 풀이

(1) 두 일차방정식을 변끼리 더하거나 빼서 해를 구하는 방법 → 가감법이라고도 한다.

(2) 두 식의 합 또는 차를 이용한 연립방정식의 풀이 순서

① 적당한 수를 곱하여 없애려는 미지수의 계수의 절댓값을 같게 만든다.

• 소거할 미지수의 계수의 절댓값이 같을 때

㉠ 부호가 같은 경우: 변끼리 뺀다.	㉡ 부호가 다른 경우: 변끼리 더한다.
$\begin{cases} 2x+y=1 & \cdots ㉠ \\ 3x+y=2 & \cdots ㉡ \end{cases}$	$\begin{cases} 3x+2y=7 & \cdots ㉠ \\ x-2y=-3 & \cdots ㉡ \end{cases}$
y의 부호가 같으므로 ㉡에서 ㉠을 빼면	$2y$와 $-2y$의 부호가 다르므로 ㉠과 ㉡을 더하면
$\begin{array}{r} 3x+y=2 \\ -)\ 2x+y=1 \\ \hline x\quad=1 \end{array}$	$\begin{array}{r} 3x+2y=7 \\ +)\ x-2y=-3 \\ \hline 4x\quad=4 \end{array}$ ➡ $\therefore x=1$
$x=1$을 $2x+y=1$(㉠)에 대입하면	$x=1$을 $3x+2y=7$(㉠)에 대입하면
$2\times1+y=1$ $\quad \therefore y=-1$	$3\times1+2y=7$ $\quad \therefore y=2$
따라서 연립방정식의 해는	따라서 연립방정식의 해는
$x=1, y=-1$ 또는 $(1, -1)$	$x=1, y=2$ 또는 $(1, 2)$

• 소거할 미지수의 계수의 절댓값이 다를 때

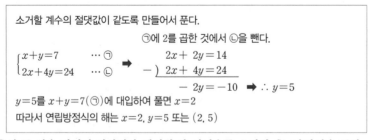

> 소거할 계수의 절댓값이 같도록 만들어서 푼다.
>
> ㉠에 2를 곱한 것에서 ㉡을 뺀다.
>
> $\begin{cases} x+y=7 & \cdots ㉠ \\ 2x+4y=24 & \cdots ㉡ \end{cases}$ ➡ $\begin{array}{r} 2x+2y=14 \\ -)\ 2x+4y=24 \\ \hline -2y=-10 \end{array}$ ➡ $\therefore y=5$
>
> $y=5$를 $x+y=7$(㉠)에 대입하여 풀면 $x=2$
>
> 따라서 연립방정식의 해는 $x=2, y=5$ 또는 $(2, 5)$

② ①의 두 식을 변끼리 더하거나 빼어서 한 미지수를 소거한 후, 방정식을 푼다.

③ ②에서 구한 해를 한 일차방정식에 대입하여 다른 미지수의 값을 구한다.

➕ 소거

연립방정식에서 2개의 미지수 x, y 중 어느 하나를 등식의 성질을 이용하여 없애는 것을 말해요.

03 다음은 연립방정식 $\begin{cases} y=2x & \cdots ㉠ \\ 3x+y=10 & \cdots ㉡ \end{cases}$ 을 대입을 이용하여 푸는 과정이다.

☐ 안에 알맞은 것을 써넣어라.

> ㉠을 ㉡에 대입하면
>
> $3x+\boxed{}=10$
>
> $\boxed{}x=10 \qquad \therefore x=\boxed{}$
>
> $x=\boxed{}$ 를 ㉠에 대입하면
>
> $y=\boxed{}$

04 다음 연립방정식을 대입을 이용하여 풀어라.

(1) $\begin{cases} x=-y \\ x+4y=9 \end{cases}$

(2) $\begin{cases} y=x+3 \\ 3x-y=5 \end{cases}$

05 다음은 연립방정식 $\begin{cases} 2x+y=7 & \cdots ㉠ \\ 3x-y=3 & \cdots ㉡ \end{cases}$ 을 두 식의 합 또는 차를 이용하여 푸는 과정이다. ☐ 안에 알맞은 것을 써넣어라.

> 두 일차방정식을 변끼리 더하면
>
> $$2x+y=7$$
> $$\underline{\boxed{})\qquad 3x-y=3}$$
> $$\boxed{}x\quad=10 \qquad \therefore x=\boxed{}$$
>
> $x=\boxed{}$ 를 ㉠에 대입하면
>
> $2\times\boxed{}+y=7 \qquad \therefore y=\boxed{}$

06 다음 연립방정식을 두 식의 합 또는 차를 이용하여 풀어라.

(1) $\begin{cases} x-5y=-7 \\ -x+3y=5 \end{cases}$

(2) $\begin{cases} 3x-2y=4 \\ 3x-y=5 \end{cases}$

(3) $\begin{cases} 2x+y=10 \\ 3x-2y=-6 \end{cases}$

(4) $\begin{cases} 4x+5y=14 \\ 5x+2y=9 \end{cases}$

✚ 적당한 수를 곱하여 두 일차방정식의 x의 계수 또는 y의 계수의 절댓값이 같게 만들어 준 후 연립방정식을 풀어요.

1. 괄호가 있는 경우

분배법칙을 이용하여 괄호를 풀고, 동류항끼리 정리한 후 푼다.

(예) $\begin{cases} 3x-2(x-y)=2 \\ 6(x-y)-3x=-5 \end{cases}$ $\xrightarrow{\text{괄호를 풀고}}$ $\begin{cases} 3x-2x+2y=2 \\ 6x-6y-3x=-5 \end{cases}$ $\xrightarrow{\text{동류항끼리 정리}}$ $\begin{cases} x+2y=2 \\ 3x-6y=-5 \end{cases}$

2. 계수가 분수인 경우

양변에 분모의 최소공배수를 곱하여 계수를 정수로 고친 후 푼다.

(예) $\begin{cases} \dfrac{x}{3}+\dfrac{y}{2}=1 \\ \dfrac{x}{4}+\dfrac{y}{3}=\dfrac{5}{6} \end{cases}$ $\begin{array}{c}\xrightarrow[\text{6을 곱하면}]{\text{양변에 분모의 최소공배수}} \\ \xrightarrow[\text{12를 곱하면}]{\text{양변에 분모의 최소공배수}}\end{array}$ $\begin{cases} 2x+3y=6 \\ 3x+4y=10 \end{cases}$

3. 계수가 소수인 경우

양변에 10의 거듭제곱 (10, 100, 1000, $\cdots$)을 곱하여 계수를 정수로 고친 후 푼다.

(예) $\begin{cases} 0.2x-0.1y=0.4 \\ 2.1x-1.3y=9.2 \end{cases}$ $\xrightarrow{\text{양변에 10을 곱하면}}$ $\begin{cases} 2x-y=4 \\ 21x-13y=92 \end{cases}$

4. $A=B=C$인 꼴의 방정식의 풀이

$A=B=C$ 꼴의 방정식은 다음의 세 경우 중 하나로 고쳐서 푼다.

$\begin{cases} A=B \\ A=C \end{cases}$, $\begin{cases} A=B \\ B=C \end{cases}$, $\begin{cases} A=C \\ B=C \end{cases}$

(예) $2x+3y=3x-2y=3$은 다음 세 연립방정식 중 하나를 선택하여 푼다.

$\begin{cases} 2x+3y=3x-2y \\ 2x+3y=3 \end{cases}$, $\begin{cases} 2x+3y=3x-2y \\ 3x-2y=3 \end{cases}$, $\begin{cases} 2x+3y=3 \\ 3x-2y=3 \end{cases}$

☆ 5. 해가 특수한 연립방정식의 풀이

연립방정식 $\begin{cases} ax+by=c \\ a'x+b'y=c' \end{cases}$ 에서 x, y의 계수 중 하나를 같게 만들 때

두 일차방정식이 일치하는 경우	x, y의 계수는 각각 같고 상수항만 다른 경우
$\dfrac{a}{a'}=\dfrac{b}{b'}=\dfrac{c}{c'}$ ➡ 해가 무수히 많다.	$\dfrac{a}{a'}=\dfrac{b}{b'}\neq\dfrac{c}{c'}$ ➡ 해가 없다.

6. 연립방정식의 활용

(1) 가격, 개수에 대한 문제
　① (물건의 총 가격)=(한 개당 가격)×(물건의 개수)
　② (거스름 돈)=(지불한 금액)-(물건 값)

(2) 나이에 대한 문제

현재의 나이가 x살일 때, $\begin{cases} a\text{년 전의 나이: } (x-a)\text{살} \\ a\text{년 후의 나이: } (x+a)\text{살} \end{cases}$

(3) 수에 대한 문제
십의 자리의 숫자가 x, 일의 자리의 숫자가 y인 두 자리의 자연수
　① 처음 수: $10x+y$
　② 십의 자리의 숫자와 일의 자리의 숫자를 바꾼 수: $10y+x$

✚ 해가 무수히 많은 경우

두 일차방정식을 변형했을 때, 미지수의 계수와 상수항이 각각 같아요.

(예) 연립방정식

$\begin{cases} x+3y=4 \\ ax+by=2 \end{cases}$ 의 해가 무수히 많을 때,

$4ab$의 값을 구하여라.
(단, a, b는 상수)

➡ $\begin{cases} x+3y=4 \\ 2ax+2by=4 \end{cases}$ 에서

두 방정식은 일치하므로

$2a=1$, $2b=3$

$\therefore a=\dfrac{1}{2}$, $b=\dfrac{3}{2}$

$\therefore 4ab=3$

✚ 해가 없는 경우

두 일차방정식을 변형했을 때, 미지수의 계수는 각각 같고 상수항은 달라요.

(예) 연립방정식

$\begin{cases} (a+1)x+ay=3 \\ 2x+3y=2 \end{cases}$ 의 해가 없을 때,

상수 a의 값을 구하여라.

➡ 해가 없을 조건은

$\dfrac{a+1}{2}=\dfrac{a}{3}\neq\dfrac{3}{2}$

$3a+3=2a$

$\therefore a=-3$

07 다음 연립방정식을 풀어라.

(1) $\begin{cases} -2(x-y)+3y=3 \\ 5x-4(x+y)=-6 \end{cases}$

(2) $\begin{cases} \dfrac{x}{3}+\dfrac{y}{4}=\dfrac{7}{6} \\ \dfrac{x}{2}-\dfrac{y}{3}=\dfrac{1}{3} \end{cases}$

(3) $\begin{cases} 0.1x+0.09y=-0.08 \\ 0.1x+0.2y=-0.3 \end{cases}$

08 다음 방정식을 풀어라.

(1) $2x-y=x+2y=5$

(2) $x-2y+1=3x+y=2x-y+2$

09 다음 연립방정식을 풀어라.

(1) $\begin{cases} 3x-2y=4 \\ 6x-4y=8 \end{cases}$

(2) $\begin{cases} x-y=4 \\ 3x-3y=8 \end{cases}$

✚ 연립방정식 $\begin{cases} ax+by=c \\ a'x+b'y=c' \end{cases}$ 에 대하여

① $\dfrac{a}{a'}=\dfrac{b}{b'}=\dfrac{c}{c'}$ 이면 해가 무수히 많아요.

② $\dfrac{a}{a'}=\dfrac{b}{b'}\neq\dfrac{c}{c'}$ 이면 해가 없어요.

10 두 자연수가 있다. 큰 수에서 작은 수를 빼면 5이고, 작은 수의 2배에서 큰 수를 빼면 15이다. 큰 수를 x, 작은 수를 y라 할 때, 다음 물음에 답하여라.

(1) 연립방정식을 세워라.

(2) (1)에서 세운 연립방정식을 풀고, 두 수 중 작은 수를 구하여라.

1 곱셈 공식

정답과 해설 **14**쪽

1. 다항식과 다항식의 곱셈

(1) 분배법칙을 이용하여 식을 전개한다.
(2) 동류항이 있으면 동류항끼리 모아서 간단히 한다.

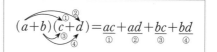

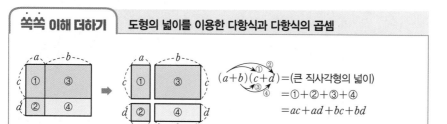

+ 곱셈 공식을 다음과 같이 전개하지 않도록 주의해요.
- $(a+b)^2 \neq a^2+b^2$
- $(a-b)^2 \neq a^2-b^2$

쏙쏙 이해 더하기 | 도형의 넓이를 이용한 다항식과 다항식의 곱셈

☆ 2. 곱셈 공식

(1) $(a+b)^2=a^2+2ab+b^2$, $(a-b)^2=a^2-2ab+b^2$

(2) $(a+b)(a-b)=a^2-b^2$

(3) x의 계수가 1인 두 일차식의 곱
$$(x+a)(x+b)=x^2+(a+b)x+ab$$

(4) x의 계수가 1이 아닌 두 일차식의 곱
$$(ax+b)(cx+d)=acx^2+(ad+bc)x+bd$$

예 $(2x+1)(3x+2)=(2 \times 3)x^2+(2 \times 2+1 \times 3)x+1 \times 2$
$$=6x^2+7x+2$$

+ 서로 같은 완전제곱식
$(a+b)^2=(-a-b)^2$
$(a-b)^2=(-a+b)^2$

쏙쏙 이해 더하기 | 도형의 넓이를 이용한 곱셈 공식

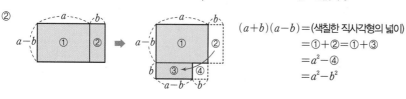

① $(a+b)^2$
=(큰 정사각형의 넓이)
=①+②+③+④
=$a^2+ab+ab+b^2$
=$a^2+2ab+b^2$

$(a-b)^2$
=(색칠한 정사각형의 넓이)
=a^2-①-②-③
=$a^2-b(a-b)$
$\qquad -b(a-b)-b^2$
=$a^2-2ab+b^2$

② $(a+b)(a-b)$=(색칠한 직사각형의 넓이)
=①+②=①+③
=a^2-④
=a^2-b^2

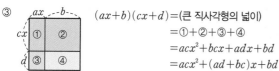

③ $(ax+b)(cx+d)$=(큰 직사각형의 넓이)
=①+②+③+④
=$acx^2+bcx+adx+bd$
=$acx^2+(ad+bc)x+bd$

+ 도형의 넓이를 이용한 곱셈 공식

$(x+a)(x+b)$
=(큰 직사각형의 넓이)
=①+②+③+④
=$x^2+ax+bx+ab$
=$x^2+(a+b)x+ab$

01 분배법칙을 이용하여 다음 식을 전개하여라.

(1) $(3a+2b)(a-3b)$

(2) $(-x+3y)(2x-5y)$

02 다음 식을 전개하여라.

(1) $(a+6)^2$

(2) $(2x+7y)^2$

(3) $(2+4y)^2$

(4) $(-6x-1)^2$

03 다음 식을 전개하여라.

$\text{✚ } (a-b)^2=a^2-2ab+b^2$

(1) $(a-7)^2$

(2) $(3a-2)^2$

(3) $(2x-6y)^2$

(4) $\left(\dfrac{1}{2}x-3y\right)^2$

04 다음 식을 전개하여라.

✚ ① $(x+a)(x+b)$
$=x^2+(a+b)x+ab$
② $(ax+b)(cx+d)$
$=acx^2+(ad+bc)x+bd$

(1) $(x+7)(x-7)$

(2) $(x-3y)(x+3y)$

(3) $(-5x+4y)(5x+4y)$

(4) $\left(\dfrac{2}{3}x+\dfrac{1}{2}y\right)\left(\dfrac{2}{3}x-\dfrac{1}{2}y\right)$

05 다음 식을 전개하여라.

(1) $(b-3)(b+7)$

(2) $(x-4)(x-5)$

(3) $(y+8)(y-2)$

(4) $(a+10)(a-1)$

06 다음 식을 전개하여라.

(1) $(3x+4)(2x-5)$

(2) $(4y-1)(4y+3)$

(3) $(2a-7)(3a-2)$

(4) $(6k+1)(-2k+4)$

2 곱셈 공식의 활용

1. 곱셈 공식의 변형

(1) $a^2+b^2=(a+b)^2-2ab$

(2) $a^2+b^2=(a-b)^2+2ab$

(3) $(a+b)^2=(a-b)^2+4ab$

(4) $(a-b)^2=(a+b)^2-4ab$

(5) $a^2+\dfrac{1}{a^2}=\left(a+\dfrac{1}{a}\right)^2-2$

(6) $a^2+\dfrac{1}{a^2}=\left(a-\dfrac{1}{a}\right)^2+2$

(7) $\left(a+\dfrac{1}{a}\right)^2=\left(a-\dfrac{1}{a}\right)^2+4$

(8) $\left(a-\dfrac{1}{a}\right)^2=\left(a+\dfrac{1}{a}\right)^2-4$

2. 곱셈 공식을 이용한 수의 계산

(1) 수의 제곱의 계산

곱셈 공식 $(a+b)^2=a^2+2ab+b^2$ 또는 $(a-b)^2=a^2-2ab+b^2$을 이용하여 계산한다.

예 $103^2=(100+3)^2=100^2+2\times100\times3+3^2=10609$

(2) 두 수의 곱의 계산

곱셈 공식 $(a+b)(a-b)=a^2-b^2$ 또는 $(x+a)(x+b)=x^2+(a+b)x+ab$를 이용하여 계산한다.

예 $102\times98=(100+2)(100-2)=100^2-2^2=9996$

3. 곱셈 공식을 이용한 제곱근의 계산

(1) 근호를 포함한 식의 계산

곱셈 공식을 이용하여 다항식의 곱셈처럼 계산할 수 있다. (단, $a>0$, $b>0$)

① $(\sqrt{a}+\sqrt{b})^2=a+2\sqrt{ab}+b$

② $(\sqrt{a}-\sqrt{b})^2=a-2\sqrt{ab}+b$

③ $(\sqrt{a}+\sqrt{b})(\sqrt{a}-\sqrt{b})=a-b$

예 $(\sqrt{3}+1)(\sqrt{3}+2)=(\sqrt{3})^2+(1+2)\sqrt{3}+1\times2=3+3\sqrt{3}+2=5+3\sqrt{3}$

⭐ (2) 분모의 유리화

곱셈 공식 $(a+b)(a-b)=a^2-b^2$을 이용하여 분모를 유리화한다.

$$\dfrac{A}{\sqrt{a}+\sqrt{b}}=\dfrac{A(\sqrt{a}-\sqrt{b})}{(\sqrt{a}+\sqrt{b})(\sqrt{a}-\sqrt{b})}=\dfrac{A(\sqrt{a}-\sqrt{b})}{a-b}\ (단,\ a>0,\ b>0,\ a\neq b)$$

예 $\dfrac{1}{\sqrt{3}+\sqrt{2}}=\dfrac{\sqrt{3}-\sqrt{2}}{(\sqrt{3}+\sqrt{2})(\sqrt{3}-\sqrt{2})}=\dfrac{\sqrt{3}-\sqrt{2}}{3-2}=\sqrt{3}-\sqrt{2}$

---

07 $a-b=6$, $ab=2$일 때, 다음 식의 값을 구하여라.

(1) a^2+b^2

(2) $(a+b)^2$

✚ $(a+b)(a-b)=a^2-b^2$

08 다음 수의 분모를 유리화하여라.

(1) $\dfrac{1}{\sqrt{7}+\sqrt{2}}$

(2) $\dfrac{7}{3-\sqrt{2}}$

✚ 분모의 유리화

$\dfrac{\sqrt{b}}{\sqrt{a}}=\dfrac{\sqrt{b}\times\sqrt{a}}{\sqrt{a}\times\sqrt{a}}=\dfrac{\sqrt{ab}}{a}$

1. 인수분해의 뜻

(1) 인수: 하나의 다항식을 두 개 이상의 다항식의 곱으로 나타낼 때, 각각의 식을 처음 식의 인수라 한다.

(2) 인수분해: 하나의 다항식을 두 개 이상의 인수의 곱으로 나타내는 것을 인수분해한다고 한다.

(3) 공통의 인수를 이용한 인수분해

    ㉠ 공통인 인수: 다항식의 각 항에 공통으로 들어 있는 인수

    ㉡ 공통인 인수로 묶기: 각 항의 공통인 인수를 찾아 괄호 밖으로 묶어 내어 인수분해한다.

$$ma+mb=m(a+b),\ ma-mb=m(a-b)$$
←공통인수

    예 $x^2+x=x(x+1),\ 2ma+4mb+6mc=2m(a+2b+3c)$

$$x^2+3x+2$$
전개 ↕ 인수분해
$$(x+1)(x+2)$$
인수

2. 완전제곱식

(1) 완전제곱식: 다항식의 제곱으로 이루어진 식 또는 이 식에 수를 곱한 식

    예 $-3(5x-1)^2,\ 2(a-3b)^2,\ (3x-2y)^2,\ (x+1)^2,\ (a+b+c)^2\ \cdots$

☆(2) 완전제곱식을 이용한 인수분해

$$a^2+2ab+b^2=(a+b)^2,\ a^2-2ab+b^2=(a-b)^2$$
곱의 2배   곱의 2배

    예 $x^2+14x+49=(x+7)^2,\ 4x^2-20xy+25y^2=(2x-5y)^2$
    $2x^2-16x+32=2(x^2-8x+16)=2(x-4)^2$

(3) 이차식이 완전제곱식이 될 조건

    ① x^2의 계수가 1인 경우: x^2+ax+b에서 $b=\left(\dfrac{a}{2}\right)^2$, 즉 $a=\pm 2\sqrt{b}$

    ② x^2의 계수가 1이 아닌 경우: ax^2+bx+c에서 $b=\pm 2\sqrt{ac}$

✚ 소인수분해와 인수분해

· 소인수분해: 자연수를 소수의 곱으로 분해

예 $6=1\times 6=1\times 2\times 3$
    → 약수: 1, 2, 3, 6

· 인수분해: 다항식을 인수의 곱으로 분해

예 $am+bm=m(a+b)$
    → 인수: 1, m, $a+b$, $m(a+b)$

✚ 특별한 조건이 없으면 다항식의 인수분해는 유리수의 범위에서 더 이상 인수분해할 수 없을 때까지 계속해요

✚ $a^2+2ab+b^2$
    $=a^2+ab+ab+b^2$
    $=a(a+b)+b(a+b)$
    $=(a+b)^2$

✚ $a^2-2ab+b^2$
    $=a^2-ab-ab+b^2$
    $=a(a-b)-b(a-b)$
    $=(a-b)^2$

---

09 다음 식을 공통의 인수를 이용하여 인수분해하여라.

(1) $2x^2+4xy$

(2) $-2ax-3bx$

---

10 다음 식을 인수분해하여라.

(1) $x^2-14x+49$

(2) $9x^2+12x+4$

(3) $25x^2-10xy+y^2$

(4) $2ax^2+16ax+32a$

---

11 다음 식이 완전제곱식이 되도록 □ 안에 알맞은 수를 써넣고, 완전제곱식으로 나타내어라.

(1) x^2-8x+ ☐

(2) $x^2\pm$ ☐ $xy+4y^2$

✚ a의 계수의 $\dfrac{1}{2}$
$$a^2+12a+36=(a+6)^2$$
a^2 6^2
제곱 꼴

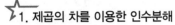
⭐ 1. 제곱의 차를 이용한 인수분해

$$\underset{\text{제곱의 차}}{a^2-b^2}=\underset{\text{합}}{(a+b)}\underset{\text{차}}{(a-b)}$$

예 $9x^2-64=(3x)^2-8^2=(3x+8)(3x-8)$

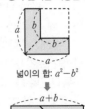

＋ 도형의 넓이를 이용한 인수분해

넓이의 합: a^2-b^2

⬇

넓이의 합: $(a+b)(a-b)$

2. x^2의 계수가 1인 이차식의 인수분해

$$x^2+\underset{\text{두 수의 합}}{(a+b)}x+\underset{\text{두 수의 곱}}{ab}=(x+a)(x+b)$$

쏙쏙 이해 더하기 $x^2+(a+b)x+ab$를 인수분해하는 방법

① 곱하여 상수항이 되는 두 정수를 찾는다.
② ①에서 두 수의 합이 x의 계수가 되는 두 정수
   a, b를 찾는다.
③ $(x+a)(x+b)$의 꼴로 나타낸다.

예 x^2+7x-8을 인수분해하여 보자.
① 곱이 -8인 두 정수를 모두 찾는다.
② ①에서 합이 7인 두 정수는 -1, 8이다.
③ $x^2+7x-8=(x-1)(x+8)$

곱이 -8인 두 정수		합
1	-8	-7
-1	8	7
2	-4	-2
-2	4	2

---

3. x^2의 계수가 1이 아닌 이차식의 인수분해

$$acx^2+(ad+bc)x+bd=(ax+b)(cx+d)$$

쏙쏙 이해 더하기 $acx^2+(ad+bc)x+bd$를 인수분해하는 방법

$$acx^2+(ad+bc)x+bd=(ax+b)(cx+d)$$

$$
\begin{array}{l}
a \quad\quad b \longrightarrow bc \\
c \quad\quad d \longrightarrow \underline{ad}\,(+ \\
\quad\quad\quad\quad\quad ad+bc
\end{array}
$$

  ①   ②   ③

① 곱하여 x^2의 계수가 되는 두 정수 a, c를 세로로 나열한다.
② 곱하여 상수항이 되는 두 정수 b, d를 세로로 나열한다.
③ 대각선 방향으로 곱하여 더한 값이 x의 계수가 되는 것을 찾는다.
④ $(ax+b)(cx+d)$의 꼴로 나타낸다.

예 $6x^2-4x-2=(2x-2)(3x+1)$

$$
\begin{array}{l}
2 \quad\quad -2 \longrightarrow -6 \\
3 \quad\quad\; 1 \longrightarrow \underline{\;\;2}\,(+ \\
\quad\quad\quad\quad\quad\quad -4
\end{array}
$$

$3x^2-x-2=(x-1)(3x+2)$

$$
\begin{array}{l}
1 \quad\quad -1 \longrightarrow -3 \\
3 \quad\quad\; 2 \longrightarrow \underline{\;\;2}\,(+ \\
\quad\quad\quad\quad\quad\quad -1
\end{array}
$$

---

12 다음 식을 인수분해하여라.

(1) $a^2 - 16$

(2) $9a^2 - 49b^2$

(3) $121a^2 - 1$

(4) $-25b^2 + 9a^2$

✚ $a^2 - b^2 = (a+b)(a-b)$

13 다음 식을 인수분해하여라.

(1) $x^2 - \dfrac{1}{100}$

(2) $25x^2 - \dfrac{1}{81}$

(3) $16a^2 - 4b^2$

(4) $-50x^2 + 8y^2$

14 다음은 $x^2 + 10x + 24$를 인수분해하는 과정이다. ☐ 안에 알맞은 수를 써넣어라.

$$x^2 + 10x + 24 = (x + \boxed{})(x + 6)$$

$1 \diagdown 1 \diagup \boxed{} \rightarrow \boxed{}$

$6 \rightarrow \underline{\boxed{}}(+$

10

15 다음 식을 인수분해하여라.

(1) $x^2 + 8x + 7$

(2) $x^2 - 13x + 42$

(3) $x^2 + 3x - 10$

(4) $x^2 - 2x - 15$

✚ $x^2 + (a+b)x + ab$
   $= (x+a)(x+b)$

16 다음 식을 인수분해하여라.

(1) $2x^2 + 5x + 2$

(2) $3x^2 + 2x - 16$

(3) $4x^2 - 8x + 3$

(4) $3x^2 + 13xy + 4y^2$

1 이차방정식의 뜻

정답과 해설 16쪽

(1) 등식의 우변의 모든 항을 좌변으로 이항하여 정리하였을 때
$$(x에 \ 대한 \ 이차식)=0$$
의 꼴이 되는 방정식을 x에 대한 이차방정식이라 한다.

예 $x^2=2x+3 \Rightarrow x^2-2x-3=0 \Rightarrow$ 이차방정식

$x^2+2x=x^2+x+3 \Rightarrow x-3=0 \Rightarrow$ 이차방정식이 아니다. → 일차방정식

$x^2+2x+3 \Rightarrow$ 이차방정식이 아니다. → 이차식

(2) 일반적으로 x에 대한 이차방정식은
$$\boxed{ax^2+bx+c=0} \ (a, \ b, \ c는 \ 상수, \ a\neq 0)$$
└→ (이차항의 계수)$\neq 0$
의 꼴로 나타낼 수 있다.

+ $ax^2+bx+c=0$이 x에 대한 이차 방정식이 되려면 b, c는 0이어도 상관없지만 x^2의 계수 a는 반드시 0이 아니어야 해요.

01 다음 중 이차방정식인 것에는 ○표를, 이차방정식이 아닌 것에는 ×표를 하여라.

(1) $2x^2-3x$　　　(　　　)　　　(2) $(x+2)^2=0$　　　(　　　)

(3) $\dfrac{1}{2}x^2-3x+8=0$ (　　　)　　　(4) $(x+1)(x-1)=x^2+3x$ (　　　)

2 이차방정식의 해

정답과 해설 16쪽

1. 이차방정식의 해(근)
이차방정식을 참이 되게 하는 미지수 x의 값을 이차방정식의 해 또는 근이라 한다.

$$\left. \begin{array}{l} x=p가 \ 이차방정식 \\ ax^2+bx+c=0의 \ 해(근)이다. \end{array} \right| \rightleftarrows \left| \begin{array}{l} x=p를 \ ax^2+bx+c=0에 \ 대입하면 \\ 등식이 \ 성립한다. \end{array} \right.$$

2. 이차방정식을 푼다: 이차방정식의 해를 모두 구하는 것이다.

+ 다음은 모두 같은 의미예요.
① 이차방정식을 풀어라.
② 이차방정식의 해를 구하여라.
③ 이차방정식이 참이 되게 하는 미지수 x의 값을 모두 구하여라.

02 다음 [　] 안의 수가 주어진 이차방정식의 해이면 ○표를, 해가 아니면 ×표를 하여라.

(1) $x^2-3x-7=0$ [3]　　　　　　(　　　)

(2) $2x^2-5x-7=0$ [-1]　　　　　(　　　)

(3) $(2x-1)(x-2)=0$ [2]　　　　(　　　)

(4) $2x^2-3=x^2-3x+15$ [-6]　　(　　　)

3 인수분해를 이용한 이차방정식의 풀이

1. $AB=0$의 성질

(1) 두 수 또는 두 식 A, B에 대하여 $A=0$ 또는 $B=0$이면 $AB=0$이 성립한다.
또, 거꾸로 $AB=0$이면 $A=0$ 또는 $B=0$이 성립한다.
└→ 곱이 0이면 둘 중 적어도 하나는 0이다.
└→ 둘 중 적어도 하나가 0이면 그 곱은 0이다.

(2) $AB=0$의 성질을 이용하면 $AB=0$의 꼴의 이차방정식의 해를 구할 수 있다.

예 $\underset{A}{(x+1)}\underset{B}{(x+2)}=0$이면 $x+1=0$ 또는 $x+2=0$ ∴ $x=-1$ 또는 $x=-2$

＋「$A=0$ 또는 $B=0$」은 다음 세 가지 중 하나가 성립한다는 뜻이에요.
① $A=0$이고 $B=0$
② $A=0$이고 $B\neq0$
③ $A\neq0$이고 $B=0$

2. 인수분해를 이용한 이차방정식의 풀이

이차방정식을 (일차식)×(일차식)=0 꼴로 변형한 후 $AB=0$의 성질을 이용하여 푼다.

3. 인수분해를 이용한 이차방정식의 풀이 순서

① 이차방정식을 $ax^2+bx+c=0$ 꼴로 정리한다.
② 좌변을 인수분해한다.
③ $AB=0$의 성질을 이용한다.
④ 해를 구한다.

예 이차방정식 $x^2+3x=-2$에서
$x^2+3x+2=0$ ┐인수분해
$(x+1)(x+2)=0$ ┤$AB=0$의
$x+1=0$ 또는 $x+2=0$ ┘성질 이용
∴ $x=-1$ 또는 $x=-2$

4. 이차방정식의 중근

이차방정식의 두 해(근)가 중복되어 서로 같을 때, 이 해(근)를 주어진 이차방정식의 중근이라 한다.

예 이차방정식 $x^2-2x+1=0$의 좌변을 인수분해하면 $(x-1)^2=0$이므로
$\underset{\text{중복}}{(x-1)(x-1)}=0$에서 $x-1=0$ ∴ $x=1$(중근)

＋이차방정식이 중근을 가질 조건
① 이차방정식이 중근을 가지려면 (완전제곱식)=0의 꼴이 되어야 해요.
② x^2의 계수가 1인 이차방정식 $x^2+ax+b=0$이 중근을 가지려면
➡ $b=\left(\dfrac{a}{2}\right)^2$
예 이차방정식 $x^2+4x+k=0$이 중근을 가지려면
$k=\left(\dfrac{4}{2}\right)^2$에서 $k=4$

03 다음 이차방정식을 풀어라.

(1) $(x-5)(x+6)=0$

(2) $(5x-3)(3x+2)=0$

04 다음 이차방정식을 인수분해를 이용하여 풀어라.

(1) $x^2-x=0$

(2) $x^2-25=0$

(3) $x^2-3x+2=2x+8$

(4) $6x^2=5x-1$

05 다음 이차방정식을 풀어라.

(1) $x^2+18x+81=0$

(2) $x^2-12x+36=0$

(3) $9x^2-12x+4=0$

(4) $3x^2+12x+12=0$

4 완전제곱식을 이용한 이차방정식의 풀이

1. 제곱근을 이용한 이차방정식의 풀이

(1) 이차방정식 $x^2=q(q\geq0)$의 해

$$x^2=q \Rightarrow x=\pm\sqrt{q} \to x는 q의 제곱근$$

예 $x^2-3=0$에서 $x^2=3$ ∴ $x=\pm\sqrt{3}$

(2) 이차방정식 $(x-p)^2=q(q\geq0)$의 해

$$(x-p)^2=q \Rightarrow \underline{x-p=\pm\sqrt{q}} \quad \therefore x=p\pm\sqrt{q}$$
$$x-p는 q의 제곱근$$

예 $(x-1)^2=2$에서 $x-1=\pm\sqrt{2}$ ∴ $x=1\pm\sqrt{2}$

✚ $x=p+\sqrt{q}$ 또는 $x=p-\sqrt{q}$ 를 한꺼번에 $x=p\pm\sqrt{q}$ 로 표현할 수 있어요.

쏙쏙 이해 더하기 $(x-p)^2=q$ 꼴의 이차방정식이 해를 가질 조건

① $q>0$이면 서로 다른 두 근을 갖는다. ➡ $x=p\pm\sqrt{q}$
② $q=0$이면 (완전제곱식)=0의 형태가 되므로 중근을 갖는다. ➡ $x=p$
③ $q<0$이면 해는 없다. → 제곱하여 음수가 되는 실수는 없다.

참고 $q>0$ 또는 $q=0$인 경우에 $(x-p)^2=q$의 해가 존재하므로 이차방정식 $(x-p)^2=q$가 해를 가질 조건은 $q\geq0$이다.

---

(3) 이차방정식 $ax^2=q(q>0, a\neq0)$의 해

$$ax^2=q \Rightarrow x^2=\frac{q}{a} \quad \therefore x=\pm\sqrt{\frac{q}{a}}$$

2. 완전제곱식을 이용한 이차방정식의 풀이

이차방정식을 $(x-p)^2=q(q\geq0)$의 꼴로 변형한 후 제곱근을 이용하여 푼다.

3. 완전제곱식을 이용한 이차방정식의 풀이 순서

① 이차항의 계수로 양변을 나눈다.
② 상수항을 우변으로 이항한다.
③ 양변에 $\left(\dfrac{일차항의\ 계수}{2}\right)^2$ 을 더한다.
④ $(x-p)^2=q$ 꼴로 고친다.
⑤ 제곱근을 이용하여 해를 구한다.

예 이차방정식 $2x^2-4x-10=0$에서 〉양변을 2로 나눈다.
$x^2-2x-5=0$
$x^2-2x=5$
$x^2-2x+1=5+1 \to \left(\dfrac{-2}{2}\right)^2=1$
$(x-1)^2=6$
$x-1=\pm\sqrt{6}$ ∴ $x=1\pm\sqrt{6}$

✚ 이차방정식 $ax^2+bx+c=0$을 풀 때
① 좌변이 인수분해되면
➡ 인수분해를 이용한다.
② 좌변이 인수분해되지 않으면
➡ 완전제곱식을 이용한다.

---

06 다음 이차방정식을 제곱근을 이용하여 풀어라.

(1) $(x-2)^2=8$

(2) $4(x-3)^2=16$

(3) $3(2-x)^2=18$

(4) $(2x+1)^2=3$

07 다음 이차방정식을 완전제곱식을 이용하여 풀어라.

(1) $x^2+6x+4=0$

(2) $x^2-4x+1=0$

(3) $x^2+3x-1=0$

(4) $\dfrac{1}{2}x^2-x-5=0$

⑤ 이차방정식의 근의 공식

정답과 해설 16쪽

★ 1. 근의 공식

x에 대한 이차방정식 $ax^2+bx+c=0\,(a\neq0)$의 근은

$$x=\frac{-b\pm\sqrt{b^2-4ac}}{2a}\ (단,\ \underline{b^2-4ac\geq0})$$

↳ 근호 안에는 음수가 올 수 없으므로 $b^2-4ac<0$인 경우는 해가 없다.

 $x^2+x-3=0$에서 $a=1,\ b=1,\ c=-3$이므로

$x=\dfrac{-1\pm\sqrt{1^2-4\times1\times(-3)}}{2\times1}=\dfrac{-1\pm\sqrt{13}}{2}$

2. 복잡한 이차방정식의 풀이

(1) 계수가 분수 또는 소수이면 양변에 적당한 수를 곱하여 계수를
   가장 간단한 정수로 만든 후 $ax^2+bx+c=0$ 꼴로 정리한다.
   ① 계수가 분수일 때: 양변에 분모의 최소공배수를 곱한다.
   ② 계수가 소수일 때: 양변에 10의 거듭제곱을 곱한다.
   참고 상수항도 계수로 본다.

(2) 괄호가 있을 때: 괄호를 풀어 $ax^2+bx+c=0$ 꼴로 정리한다.

인수분해 또는
근의 공식을
이용하여 해를
구한다.

➕ 근의 짝수 공식

이차방정식 $ax^2+2b'x+c=0$일 때
근의 공식은

$$x=\frac{-b'\pm\sqrt{b'^2-ac}}{a}$$
$$(단,\ b'^2-ac\geq0)$$

 $x^2+2x-7=0$에서 $a=1,\ b'=1,$
$c=-7$이므로

$x=-1\pm\sqrt{1^2-1\times(-7)}$
$\ =-1\pm\sqrt{8}$
$\ =-1\pm2\sqrt{2}$

08 다음 이차방정식을 근의 공식을 이용하여 풀어라.

(1) $x^2+7x-2=0$

(2) $2x^2+5x+1=0$

09 다음 이차방정식을 풀어라.

(1) $\dfrac{1}{2}x^2-\dfrac{1}{3}x-1=0$

(2) $x^2-0.3x-0.1=0$

(3) $(x-1)(x-3)=10$

(4) $x^2+2x=5(x+2)$

(1) 두 근이 α, β이고 x^2의 계수가 a인 이차방정식은

$$\Rightarrow a(x-\alpha)(x-\beta)=0 \xrightarrow{\text{전개}} a\{x^2-\underset{\text{두 근의 합}}{(\alpha+\beta)}x+\underset{\text{두 근의 곱}}{\alpha\beta}\}=0$$

　　예 두 근이 1, 2이고 x^2의 계수가 3인 이차방정식은 $3(x-1)(x-2)=0$　$\therefore 3x^2-9x+6=0$

(2) 중근이 k이고 x^2의 계수가 a인 이차방정식은 ➡ $a(x-k)^2=0$

　　예 중근이 1이고 x^2의 계수가 2인 이차방정식은 $2(x-1)^2=0$　$\therefore 2x^2-4x+2=0$

＋ 이차방정식의 근과 계수의 관계

이차방정식의 근과 계수의 관계는 중학교 교육과정에서는 다루지 않지만 알고 있으면 편리해요.

➡ 이차방정식 $ax^2+bx+c=0$의 두 근을 α, β라 할 때

① 두 근의 합: $\alpha+\beta=-\dfrac{b}{a}$

② 두 근의 곱: $\alpha\beta=\dfrac{c}{a}$

10 다음 조건을 만족시키는 이차방정식을 구하여라.

(1) 두 근이 2, -3이고 x^2의 계수가 2이다.

(2) 두 근이 $\dfrac{1}{2}$, $\dfrac{1}{3}$이고 x^2의 계수가 6이다.

(3) 중근이 -5이고 x^2의 계수가 -1이다.

(4) 중근이 4이고 x^2의 계수가 2이다.

이차방정식 $ax^2+bx+c=0$의 근의 개수는 b^2-4ac의 부호에 따라 결정된다.

(1) $b^2-4ac>0$이면 서로 다른 두 근을 갖는다. ➡ 근이 2개 ⎫
(2) $b^2-4ac=0$이면 중근을 갖는다. 　　　　　 ➡ 근이 1개 ⎬ 근을 가질 조건: $b^2-4ac\geq0$
(3) $b^2-4ac<0$이면 근이 없다. 　　　　　　　 ➡ 근이 0개 → 근호 안에는 음수가 올 수 없다. ⎭

＋ $b^2-4ac=0$이면
이차방정식 $ax^2+bx+c=0$은
$a(x+p)^2=0$의 완전제곱식 꼴

＋ ① $x^2-8x+13=0$에서
　　$(-8)^2-4\times1\times13=12>0$
　　➡ 근이 2개
② $4x^2-12x+9=0$에서
　　$(-12)^2-4\times4\times9=0$
　　➡ 근이 1개
③ $x^2+2x+6=0$에서
　　$2^2-4\times1\times6=-20<0$
　　➡ 근이 0개

11 다음 이차방정식의 서로 다른 근의 개수를 구하여라.

(1) $x^2-2x+5=0$

(2) $x^2-3=6x-5$

(3) $x^2-2x-9=2x(x+2)$

1. 이차방정식의 활용 문제를 푸는 순서

둘레의 길이가 30 cm이고 넓이가 54 cm²인 직사각형의 가로의 길이를 구해 보자.

① 미지수 정하기 구하려는 것을 미지수 x로 놓는다.	가로의 길이를 x cm라 하면 $2 \times \{(\text{가로의 길이}) + (\text{세로의 길이})\} = 30$ 이므로 세로의 길이는 $(15 - x)$ cm이다.
② 방정식 세우기 문제의 뜻에 맞게 이차방정식을 세운다.	직사각형의 넓이가 54 cm²이므로 $x(15 - x) = 54$ ∴ $x^2 - 15x + 54 = 0$
③ 방정식 풀기 이차방정식을 푼다.	이 이차방정식을 풀면 $(x - 6)(x - 9) = 0$ ∴ $x = 6$ 또는 $x = 9$
④ 조건에 맞는 답 정하기 구한 해 중에서 문제의 조건에 맞는 것을 정한다.	따라서 가로의 길이가 6 cm이면 세로의 길이는 9 cm이고, 가로의 길이가 9 cm이면 세로의 길이는 6 cm이다.

2. 여러 가지 이차방정식의 활용 문제

수에 대한 이차방정식의 활용	연속하는 수에 대한 문제는 미지수를 다음과 같이 정하고 이차방정식을 세운다. ① 연속하는 두 정수: x, $x+1$ → 또는 $x-1$, x ② 연속하는 세 정수: $x-1$, x, $x+1$ → 또는 x, $x+1$, $x+2$
도형에 대한 이차방정식의 활용	도형에 대한 문제는 다음 관계를 이용하여 이차방정식을 세운다. ① $(\text{삼각형의 넓이}) = \dfrac{1}{2} \times (\text{밑변의 길이}) \times (\text{높이})$ ② $(\text{직사각형의 넓이}) = (\text{가로의 길이}) \times (\text{세로의 길이})$ ③ $(\text{사다리꼴의 넓이}) = \dfrac{1}{2} \times \{(\text{윗변의 길이}) + (\text{아랫변의 길이})\} \times (\text{높이})$ ④ $(\text{원의 넓이}) = \pi \times (\text{반지름의 길이})^2$

✚ ① 연속하는 두 짝수:
　　x, $x+2$(x는 짝수)
　　또는 $2x$, $2x+2$(x는 자연수)
② 연속하는 두 홀수:
　　x, $x+2$(x는 홀수)
　　또는 $2x-1$, $2x+1$(x는 자연수)

✚ ① (직사각형의 둘레의 길이)
　　$= 2 \times \{(\text{가로의 길이})$
　　　　$+ (\text{세로의 길이})\}$
② (원의 둘레의 길이)
　　$= 2\pi \times (\text{반지름의 길이})$

---

12 연속하는 두 자연수의 제곱의 합이 265일 때, 두 자연수를 구하려고 한다. 다음 물음에 답하여라.

(1) 작은 자연수를 x라 할 때, 다른 자연수를 x에 대한 식으로 나타내어라.

(2) x^2의 계수가 1인 이차방정식을 세워라.

(3) (2)의 이차방정식을 풀어 두 자연수를 구하여라.

13 오른쪽 그림과 같이 가로의 길이가 30 m, 세로의 길이가 20 m인 직사각형 모양의 땅에 폭이 x m로 일정한 십자형의 도로를 만들었더니 도로를 제외한 나머지 부분의 넓이가 416 m²가 되었다. 이때 도로의 폭을 구하여라.

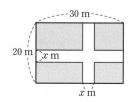

탄탄 실력 다지기

01 다음을 문자를 사용한 식으로 바르게 나타낸 것은?

2020년 1회

> 형의 나이가 a살일 때, 형보다 3살 어린 동생의 나이

① $(a+3)$살   ② $(a-3)$살

③ $(a \times 3)$살   ④ $(a \div 3)$살

02 다음을 문자를 사용한 식으로 바르게 나타낸 것은?

2019년 2회

> 한 송이에 a원인 장미 5송이의 가격

① $4 \times a$원   ② $5 \times a$원

③ $6 \times a$원   ④ $7 \times a$원

03 다음을 문자를 사용한 식으로 바르게 나타낸 것은?

> 10자루에 a원인 연필 한 자루의 가격

① $\dfrac{a}{10}$원   ② $10 \times a$원

③ $20 \times a$원   ④ $\dfrac{a}{20}$원

04 $x=-1$일 때, $5x+2$의 값은?

2019년 1회

① -3 ② -1

③ 1 ④ 3

주목

05 $x=-2$일 때, $-2x+1$의 값은?

2018년 2회

① 2 ② 3

③ 4 ④ 5

06 $x=2$일 때, $3x-1$의 값은?

2018년 1회

① 5 ② 6

③ 7 ④ 8

84 02 문자와 식

07 일차방정식 $2x-1=7$의 해는? 2020년 1회

① 1   ② 2

③ 3   ④ 4

08 일차방정식 $2x=x-4$의 해는? 2019년 2회

① -4 ② -3

③ -2 ④ -1

09 일차방정식 $3x=2x+4$의 해는? 2019년 1회

① 2   ② 4

③ 6   ④ 8

주목

10 일차방정식 $2x+3=x+2$의 해는? 2018년 2회

① $x=-2$ ② $x=-1$

③ $x=1$ ④ $x=2$

11 $x^7 \div x^2$을 간단히 하면? 2020년 1회

① x^5 ② x^6

③ x^7 ④ x^8

12 $7^3 \times 7^4 \div 7^2$을 간단히 한 것은? 2018년 2회

① 7^3 ② 7^5

③ 7^7 ④ 7^9

13 $a^2 \times b^3 \times a^4 \times b^5$을 간단히 하면? 2016년 2회

① a^3b^5 ② a^4b^6

③ a^5b^7 ④ a^6b^8

14 $2x^2 \times 3x^2$을 간단히 하면? 2019년 2회

① $5x^2$ ② $6x^2$

③ $5x^4$ ④ $6x^4$

15 $2x^3 \times (-x^4)$을 간단히 하면? 2019년 1회

① $-2x^7$ ② $-x^7$

③ x^{12} ④ $2x^{12}$

16 $-2x^3 \times 3x^5$을 간단히 하면? 2018년 1회

① $-6x^8$ ② $-5x^{15}$

③ $5x^8$ ④ $6x^{15}$

17 일차부등식 $x+3>5$의 해를 수직선 위에 나타낸 것은? 2019년 2회

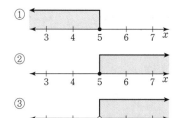

18 일차부등식 $5x \leq 25$의 해를 수직선 위에 나타낸 것은? 2018년 2회

19 일차부등식 $x-1 \leq 2$의 해를 수직선 위에 나타낸 것은?

2018년 1회

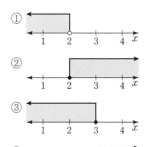

① ② ③ ④

20 연립방정식 $\begin{cases} x+y=8 \\ 2x-y=7 \end{cases}$ 을 풀면?

① $x=2,\ y=10$ ② $x=-1,\ y=9$

③ $x=3,\ y=5$ ④ $x=5,\ y=3$

21 연립방정식 $\begin{cases} 2x+3y=7 \\ -2x+y=13 \end{cases}$ 을 풀면?   2016년 1회

① $x=-4,\ y=5$ ② $x=-3,\ y=7$

③ $x=-2,\ y=9$ ④ $x=-1,\ y=3$

22 피자 1판의 가격이 치킨 1마리의 가격의 2배인 가게가 있다. 피자 3판과 치킨 2마리의 가격의 합이 80000원일 때, 피자 1판의 가격은?   2017년 2회

① 10000원   ② 15000원

③ 20000원   ④ 25000원

23 어른 입장료가 청소년 입장료의 2배인 박물관이 있다. 어른 2명과 청소년 1명의 입장료의 합이 5000원일 때, 청소년 1명의 입장료는?   2017년 1회

① 500원   ② 1000원

③ 1500원   ④ 2000원

24 다음 식을 전개한 것은?   2018년 2회

$$(x+2)(x-2)$$

① x^2-2x-4

② x^2-2x+1

③ x^2-4

④ x^2+2x-4

25 다항식 x^2-9를 인수분해하면?　　2019년 1회

① $(x+1)^2$
② $(x+3)^2$
③ $(x+1)(x-1)$
④ $(x+3)(x-3)$

26 x^2-1을 인수분해하면?　　2017년 1회

① $(x+1)^2$
② $(x+2)^2$
③ $(x+1)(x-1)$
④ $(x+2)(x-2)$

27 x^2+3x+2를 인수분해하면?　　2020년 1회

① $(x+1)(x+2)$
② $(x+1)(x-2)$
③ $(x-1)(x+2)$
④ $(x-1)(x-2)$

28 x^2+2x+1을 인수분해한 것은?　　2017년 2회

① $(x-2)^2$
② $(x-1)^2$
③ $(x+1)^2$
④ $(x+2)^2$

29 넓이가 x^2+3x+2인 직사각형 모양의 그림이 있다. 가로의 길이가 $x+2$일 때, 세로의 길이는?　　2016년 2회

$x+2$

① $x+1$　　　② $x+2$
③ $x+3$　　　④ $x+4$

30 직사각형 모양의 사진이 있다. 이 사진의 넓이는 x^2+4x+3이고 세로의 길이는 $x+1$일 때, 가로의 길이는?　　2016년 1회

$x+1$

① $x+1$　　　② $x+2$
③ $x+3$　　　④ $x+4$

31 이차방정식 $(x-1)(x+2)=0$의 한 근이 -2이다. 다른 한 근은? 2019년 2회

① -1 ② 0
③ 1 ④ 2

32 이차방정식 $x^2+x-2=0$의 해가 되는 것은? 2018년 2회

① $x=-5$ ② $x=-3$
③ $x=-1$ ④ $x=1$

33 이차방정식 $(x+1)(x-4)=0$의 한 근이 -1이다. 다른 한 근은? 2018년 1회

① 1 ② 2
③ 3 ④ 4

34 이차방정식 $(x-2)(x-3)=0$의 두 근의 곱은? 2017년 2회

① -6 ② -1
③ 1 ④ 6

주목

35 이차방정식 $x^2+3x+a=0$의 한 근이 2일 때, a의 값은?

① -4 ② -6
③ -10 ④ -12

36 이차방정식 $x^2-6x+8=0$의 두 근을 α, β라 할 때, $\alpha+\beta-\alpha\beta$의 값은?

① 2 ② 1
③ -1 ④ -2

행운이란
100%의 노력 뒤에 남는 것이다.

– 랭스턴 콜먼(Langston Coleman)

03

함수

1 좌표평면과 그래프

2 일차함수와 그래프

3 이차함수

03 함수

술술 유형 다지기 | **1. 좌표평면과 그래프**

1 순서쌍과 좌표

정답과 해설 18쪽

1. 수직선 위의 점의 좌표

(1) 수직선 위의 한 점에 대응하는 수를 그 점의 좌표라 한다.

(2) a가 점 P의 좌표일 때, 이것을 기호로 P(a)와 같이 나타낸다.

예 A(-2), B(0), C(3)

$$\begin{array}{ccccccc} \text{A} & & \text{B} & & & \text{C} \\ -3 & -2 & -1 & 0 & 1 & 2 & 3 \end{array}$$

수직선 위의 세 점 A, B, C에 대응하는 수는 각각 -2, 0, 3이고, 기호로 나타내면 A(-2), B(0), C(3)이다.

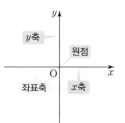

점 P의 좌표

➕ 좌표가 0인 점 O를 원점이라 해요. 수직선에서 원점을 기준으로 양수는 오른쪽에, 음수는 왼쪽에 나타내요.

2. 좌표평면

두 수직선을 점 O에서 서로 수직으로 만나게 할 때

(1) x축: 가로의 수직선, y축: 세로의 수직선

(2) **좌표축**: x축과 y축을 통틀어 좌표축이라 한다.

(3) **원점**: 두 좌표축이 만나는 점

(4) **좌표평면**: 좌표축이 정해져 있는 평면

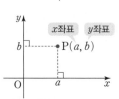

➕ **좌표축 위의 점의 좌표**
• x축 위의 점의 좌표: (x좌표, 0)
• y축 위의 점의 좌표: (0, y좌표)

3. 좌표평면 위의 점의 좌표

(1) **순서쌍**: 두 수의 순서를 정하여 짝 지어 나타낸 것

(2) 좌표평면 위의 한 점 P에서 x축, y축에 각각 내린 수선과 x축, y축이 만나는 점에 대응하는 수를 각각 a, b라 할 때, 순서쌍 (a, b)를 점 P의 좌표라 하고, 기호로 P(a, b)와 같이 나타낸다. 이때 a를 점 P의 x좌표, b를 점 P의 y좌표라 한다.

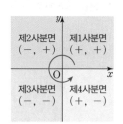

➕ 순서쌍은 두 수의 순서를 나타내는 것이므로 두 수의 순서를 바꾸면 안 돼요. 즉, (a, b)와 (b, a)는 서로 달라요.

4. 사분면

좌표축은 좌표평면을 네 부분으로 나눈다. 이들 네 부분을 각각

제1사분면, 제2사분면, 제3사분면, 제4사분면

이라 한다.

	제1사분면	제2사분면	제3사분면	제4사분면
x좌표의 부호	$+$	$-$	$-$	$+$
y좌표의 부호	$+$	$+$	$-$	$-$

주의 좌표축 위의 점은 어느 사분면에도 속하지 않는다.

01 다음 수직선 위에 점 A, B, C, D를 각각 나타내어라.

$$A\left(-\frac{7}{2}\right), \quad B(-1), \quad C(0.5), \quad D(3)$$

<---|---|---|---|---|---|---|---|--->
　　-4　-3　-2　-1　0　1　2　3　4

02 다음 좌표평면 위에 점 A, B, C, D, E를 각각 나타내어라.

$$A(2, 3), B(4, -4), C(0, 5)$$
$$D(-5, -3), E(2, 0)$$

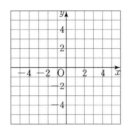

03 다음 점이 속하는 사분면 또는 좌표축을 바르게 연결하여라.

(1) $(-1, 3)$ •　　　　　　　• 제1사분면

(2) $(-2, -3)$ •　　　　　　• 제2사분면

(3) $(5, 2)$ •　　　　　　　• 제3사분면

(4) $(4, -2)$ •　　　　　　• 제4사분면

(5) $(0, -2)$ •　　　　　　• x축

(6) $(3, 0)$ •　　　　　　　• y축

✚ 좌표평면 위의 점의 표현

$a>0$, $b>0$일 때,
① 점 (a, b)는 제1사분면 위의 점
② 점 $(-a, b)$는 제2사분면 위의 점
③ 점 $(-a, -b)$는 제3사분면 위의 점
④ 점 $(a, -b)$는 제4사분면 위의 점

04 다음 〈보기〉의 점에 대하여 물음에 답하여라.

> **보기**
> ㉠ $A(-2, 0)$ 　　　 ㉡ $B(3, 4)$ 　　　 ㉢ $C(-4, -2)$
> ㉣ $D(0, 5)$ 　　　 ㉤ $E(2, -3)$ 　　　 ㉥ $F(-5, 3)$

(1) 제2사분면에 속하는 점을 골라라.

(2) 제4사분면에 속하는 점을 골라라.

(3) 어느 사분면에도 속하지 않는 점을 모두 골라라.

✚ 좌표축 위의 점은 어느 사분면에도 속하지 않아요.

1. 그래프

(1) **변수**: 변하는 값을 나타내는 문자

(2) **그래프**: 두 변수 x와 y 사이의 관계를 만족시키는 순서쌍 (x, y)를 좌표평면 위에 나타낸 것을 이 관계의 그래프라 한다. 그래프는 변수의 값에 따라 점, 직선, 곡선 등으로 나타난다.

참고 두 변수 x, y의 순서쌍 (x, y)를 좌표로 하는 점을 좌표평면 위에 나타내면 오른쪽 그림과 같다.

x	1	2	3	4	5	6	7	8
y	1	2	3	4	6	8	10	12

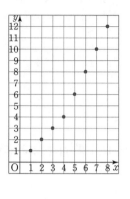

➕ 그래프에 표현하기

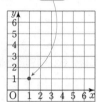

예 다음 표는 해준이가 화분에 강낭콩을 심고 x일 후 재어 본 강낭콩의 키를 y cm라 할 때, x와 y 사이의 관계를 조사하여 나타낸 것이다.

x(일)	1	2	3	4	5
y(cm)	1	2	4	7	11

① 표를 이용하여 순서쌍 (x, y)를 구하면

$(1, 1)$, $(2, 2)$, $(3, 4)$, $(4, 7)$, $(5, 11)$

② 순서쌍 (x, y)를 좌표평면 위에 나타내면 오른쪽 그림과 같다.

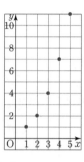

---

05 다음은 어느 날 연주네 동네의 기온을 3시간마다 측정하여 나타낸 표이다. x시일 때의 기온을 y℃라 할 때, x와 y 사이의 관계를 그래프로 나타내어라.

x(시)	0	3	6	9	12	15	18	21
y(℃)	-2	-3	-5	-2	3	5	4	1

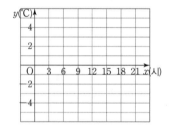

06 오른쪽은 어느 지역의 어느 날 하루 동안의 습도를 나타낸 그래프이다. x시일 때의 습도를 y %라 할 때, 물음에 답하여라.

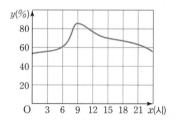

(1) 6시의 습도는 몇 %인지 구하여라.

(2) 습도가 감소하는 것은 몇 시부터인지 구하여라.

1. 상황을 그래프로 나타내기

(1) 원기둥 모양의 물통에 물을 일정하게 넣을 때, 시간 x와 물의 높이 y 사이의 관계를 좌표평면 위에 나타낸 그래프는 오른쪽 그림과 같다.

(2) 물이 가득 차 있는 원기둥 모양의 물통에서 물을 일정하게 빼낼 때, 시간 x와 물의 높이 y 사이의 관계를 좌표평면 위에 나타낸 그래프는 오른쪽 그림과 같다.

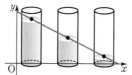

> **예시**
>
> 각 상황에 알맞은 그래프를 나타내면 다음과 같다.
>
>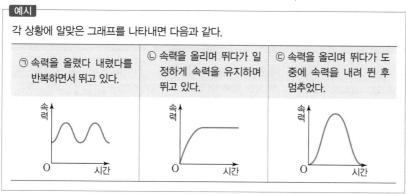
>
> | ㉠ 속력을 올렸다 내렸다를 반복하면서 뛰고 있다. | ㉡ 속력을 올리며 뛰다가 일정하게 속력을 유지하며 뛰고 있다. | ㉢ 속력을 올리며 뛰다가 도중에 속력을 내려 뛴 후 멈추었다. |

2. 그래프 해석하기

(1) 두 변수 사이의 관계를 좌표평면 위에 그래프로 나타내면 두 변수의 변화 관계를 알아보기 쉽다.

✚ 그래프로 나타내면 두 변수 사이의 증가와 감소 등의 변화를 쉽게 파악할 수 있고, 두 변수 사이의 변화의 빠르기도 쉽게 파악할 수 있어요.

> **예시**
>
> ㉠ 다음 그래프는 자동차의 속력을 시간에 따라 나타낸 것이고, 표는 속력의 변화를 해석한 것이다.
>
>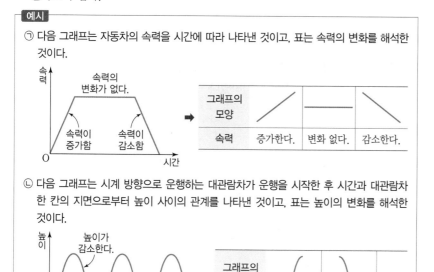
>
> | 그래프의 모양 | | | |
> |---|---|---|---|
> | 속력 | 증가한다. | 변화 없다. | 감소한다. |
>
> ㉡ 다음 그래프는 시계 방향으로 운행하는 대관람차가 운행을 시작한 후 시간과 대관람차 한 칸의 지면으로부터 높이 사이의 관계를 나타낸 것이고, 표는 높이의 변화를 해석한 것이다.
>
> | 그래프의 모양 | | ··· |
> |---|---|---|
> | 높이 | 증가한다. | 감소한다. | ··· |

(2) 그래프는 다음과 같이 증가, 감소, 주기적 변화를 파악하는 데 유용하다.

상황	그래프	그래프의 해석
어떤 운동으로 1분에 소모되는 열량이 5 kcal일 때, 이 운동을 x분 동안 하여 소모되는 열량은 y kcal이다.	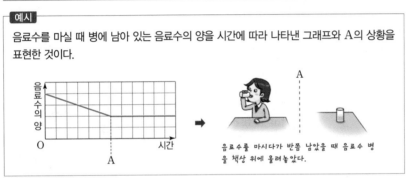	시간이 일정하게 증가할 때, 소모되는 열량도 일정하게 증가한다.
용량이 100 L인 물탱크에서 일정하게 물이 흘러나올 때, x분 후에 물탱크에 남은 물의 양은 y L이다.		물이 일정하게 흘러나오므로 물탱크에 남은 물의 양은 일정하게 감소한다.
놀이터에서 그네가 일정하게 움직이고 있을 때, x초 후 지면으로부터의 그네의 높이는 y m이다.		그네가 일정하게 움직일 때, 그네의 높이는 일정하게 높아졌다가 낮아지는 것을 반복한다.

예시

음료수를 마실 때 병에 남아 있는 음료수의 양을 시간에 따라 나타낸 그래프와 A의 상황을 표현한 것이다.

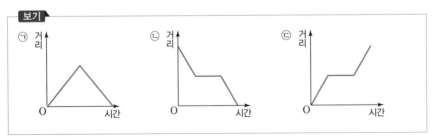

음료수를 마시다가 반쯤 남았을 때 음료수 병을 책상 위에 올려놓았다.

➕ 그래프의 해석

① 시간에 따라 이동 거리가 일정하게 증가한다.

② 시간에 따라 이동 거리가 서서히 증가한다.

③ 시간에 따라 이동 거리가 급격하게 증가한다.

④ 시간에 따라 이동 거리가 변하지 않는다.

07 준영이는 고모네 집까지 가는데 일정한 속력으로 걸어가다가 중간에 잠시 휴식을 취하였다. 그후 다시 처음과 같은 속력으로 걸어서 고모네 집에 도착하였다. 준영이가 움직인 거리를 시간에 따라 나타낸 그래프를 〈보기〉에서 골라라.

보기

ㄱ 거리 / 시간

ㄴ 거리 / 시간

ㄷ 거리 / 시간

08 우준이는 집에서 출발하여 300 m 떨어진 편의점에 갔다가 집으로 돌아왔다. 오른쪽은 집에서 출발한 지 x분 후에 우준이가 집으로부터 떨어진 거리를 y m라 할 때, x와 y 사이의 관계를 그래프로 나타낸 것이다. 다음을 구하여라.

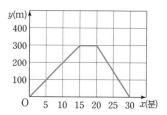

(1) 우준이가 집에서 출발한 직후부터 5분 동안 이동한 거리

(2) 우준이가 편의점에 머문 시간

09 다음은 어느 날 어느 지역의 하루 동안의 시각에 따른 해수면의 높이 변화를 나타낸 그래프이다. 시각을 x시, 그때의 해수면의 높이를 y cm라 할 때, 물음에 답하여라.

✚ 그래프의 해석
그래프에서 x의 값에 따른 y의 값을 읽어요.

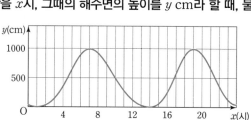

(1) 이날 해수면의 높이가 가장 높았던 때는 몇 번인지 구하여라.

(2) 이날 오후 해수면의 높이가 가장 높았던 때는 몇 시인지 구하여라.

(3) 해수면의 높이가 가장 낮아진 후 처음으로 다시 가장 낮아질 때까지 걸린 시간을 구하여라.

10 다음은 A 지점과 B 지점 사이를 왕복 운동하는 로봇의 시간에 따른 위치를 나타낸 그래프이다. 로봇이 움직이기 시작한 지 x초 후에 A 지점과 로봇 사이의 거리를 y m라 할 때, 물음에 답하여라.

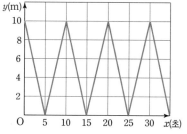

(1) A 지점과 B 지점 사이의 거리는 몇 m인지 구하여라.

(2) 로봇이 A 지점과 B 지점 사이를 한 번 왕복하는 데 걸리는 시간은 몇 초인지 구하여라.

⭐ **1. 정비례:** 두 변수 x, y에서 x의 값이 2배, 3배, 4배, …로 변함에 따라 y의 값도 2배, 3배, 4배, …로 변하는 관계가 있을 때, y는 x에 정비례한다고 한다.

2. y가 x에 정비례하면 x와 y 사이의 관계는 $y=ax(a \neq 0)$로 나타낼 수 있다.

✚ y가 x에 정비례할 때, $\frac{y}{x}$의 값은 일정해요.

즉, $y=ax(a \neq 0)$에서 $\frac{y}{x}=a$(일정)

쏙쏙 이해 더하기

시속 30 km로 자전거가 달린 시간을 x시간, 달린 거리를 y km라 할 때, x와 y 사이의 관계를 표로 나타내면 다음과 같다.

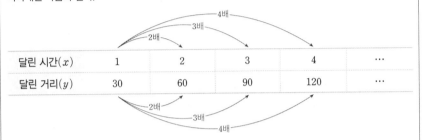

달린 시간(x)	1	2	3	4	…
달린 거리(y)	30	60	90	120	…

① 위의 표에서 x의 값이 2배, 3배, 4배, …로 변함에 따라 y의 값도 2배, 3배, 4배, …로 변하므로 y는 x에 정비례한다.
② x와 y 사이의 관계를 식으로 나타내면 $y=30x$이다.

$y=2x$

$$\frac{y}{x}=\frac{2}{1}=\frac{4}{2}=\frac{6}{3}=\cdots=2(\text{일정})$$

예시

주연이는 1000 mL의 수액을 맞는데 2분 동안 10 mL가 투여되었다. 투여 시간을 x분, 투여량을 y mL라고 할 때, y는 x에 정비례한다고 한다. 물음에 답하여라.

(1) x와 y 사이의 관계식을 구하여라.
　➡ y가 x에 정비례하므로 $y=ax(a \neq 0)$이다.
　　이 식에 $x=2$, $y=10$을 대입하면 $10=2a$, $a=5$
　　따라서 x와 y 사이의 관계식은 $y=5x$이다.

(2) 수액이 모두 투여될 때까지 걸리는 시간을 구하여라.
　➡ $y=5x$에 $y=1000$을 대입하면 $1000=5x$
　　이 식의 양변을 5로 나누면 $x=200$
　　따라서 수액이 모두 투여될 때까지 걸리는 시간은 200분이다.

---

11 두께가 3 cm인 책을 x권 쌓았을 때의 높이를 y cm라 할 때, 다음 표를 완성하고, x와 y 사이의 관계를 식으로 나타내어라.

x	1	2	3	4	…
y	3				…

⑤ 정비례 관계 $y=ax\,(a\neq0)$의 그래프

1. 정비례 관계를 나타내는 식 $y=2x$에 대하여

x	-3	-2	-1	0	1	2	3
y	-6	-4	-2	0	2	4	6

➡ 순서쌍: $(-3,\ -6)$, $(-2,\ -4)$, $(-1,\ -2)$, $(0,\ 0)$, $(1,\ 2)$, $(2,\ 4)$, $(3,\ 6)$

x의 값의 범위에 따라 정비례 관계 $y=2x$의 그래프를 그리면 다음과 같다.

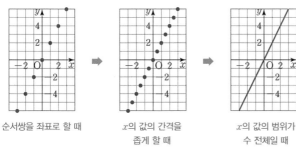

순서쌍을 좌표로 할 때 x의 값의 간격을 좁게 할 때 x의 값의 범위가 수 전체일 때

➡ x의 값의 범위가 수 전체일 때, 정비례 관계 $y=ax\,(a\neq0)$의 그래프는 원점을 지나는 직선이다.

2. **정비례 관계 $y=ax\,(a\neq0)$의 그래프의 성질**

✚ $y=ax\,(a\neq0)$의 그래프는 a의 값에 관계없이 항상 점 $(1,\ a)$를 지나요.

	$a>0$일 때	$a<0$일 때
그래프	$y=ax$, 점 $(1,\ a)$	$y=ax$, 점 $(1,\ a)$
그래프의 모양	오른쪽 위로 향하는 직선	오른쪽 아래로 향하는 직선
지나는 사분면	제1사분면, 제3사분면	제2사분면, 제4사분면
증가·감소 상태	x의 값이 커지면 y의 값도 커진다.	x의 값이 커지면 y의 값은 작아진다.

(1) 특별한 말이 없으면 정비례 관계 $y=ax\,(a\neq0)$에서 x의 값의 범위는 수 전체로 생각한다.

(2) 정비례 관계 $y=ax\,(a\neq0)$의 그래프는 a의 절댓값이 커질수록 y축에 가까워지고, a의 절댓값이 작아질수록 x축에 가까워진다.

---

12 x의 값이 -2, -1, 0, 1, 2일 때, 정비례 관계를 나타내는 식 $y=-2x$에 대하여 다음 표를 완성하고, 그래프를 그려라.

x	-2	-1	0	1	2
y	4				

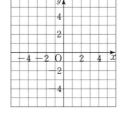

6 반비례

⭐ 1. **반비례**: 두 변수 x, y에서 x의 값이 2배, 3배, 4배, …로 변함에 따라 y의 값은 $\frac{1}{2}$배, $\frac{1}{3}$배, $\frac{1}{4}$배, …로 변하는 관계가 있을 때, y는 x에 반비례한다고 한다.

2. y가 x에 반비례하면 x와 y 사이의 관계는 $y = \frac{a}{x}(a \neq 0)$로 나타낼 수 있다.

➕ y가 x에 반비례할 때, xy의 값은 일정해요.
즉, $y = \frac{a}{x}(a \neq 0)$에서 $xy = a$(일정)

쏙쏙 이해 더하기

거리가 24 km인 길을 자전거를 타고 일정한 속력으로 달릴 때 자전거의 속력을 x km/h, 달린 시간을 y시간이라 하자. 이때 x와 y 사이의 관계를 표로 나타내면 다음과 같다.

속력(x)	1	2	3	4	…
달린 시간(y)	24	12	8	6	…

① 위의 표에서 x의 값이 2배, 3배, 4배, …로 변함에 따라 y의 값은 $\frac{1}{2}$배, $\frac{1}{3}$배, $\frac{1}{4}$배, …로 변하므로 y는 x에 반비례한다.

② x와 y 사이의 관계를 식으로 나타내면 $y = \frac{24}{x}$이다.

예시

같은 온도에서 기체의 부피 y cm³는 압력 x기압에 반비례한다. 어떤 기체의 부피가 20 cm³일 때, 압력은 4기압이다. 물음에 답하여라.

(1) x와 y 사이의 관계식을 구하여라.

➡ y가 x에 반비례하므로 $y = \frac{a}{x}(a \neq 0)$이다.

이 식에 $x = 4$, $y = 20$을 대입하면 $20 = \frac{a}{4}$ ∴ $a = 80$

따라서 x와 y 사이의 관계식은 $y = \frac{80}{x}$이다.

(2) 이 기체의 부피가 16 cm³일 때, 압력을 구하여라.

➡ $y = \frac{80}{x}$에 $y = 16$을 대입하면 $16 = \frac{80}{x}$ ∴ $x = 5$
따라서 이 기체의 부피가 16 cm³일 때 압력은 5기압이다.

---

13 사과 120개를 x개의 상자에 똑같이 나누어 담으려고 한다. 한 상자에 담겨지는 사과를 y개라 할 때, 다음 표를 완성하고, x와 y 사이의 관계를 식으로 나타내어라.

x	1	2	3	4	…
y	120				…

1. 반비례 관계를 나타내는 식 $y=\dfrac{6}{x}$에 대하여

x	-6	-3	-2	-1	1	2	3	6
y	-1	-2	-3	-6	6	3	2	1

➡ 순서쌍: $(-6, -1)$, $(-3, -2)$, $(-2, -3)$, $(-1, -6)$, $(1, 6)$, $(2, 3)$, $(3, 2)$, $(6, 1)$

x의 값의 범위에 따라 반비례 관계 $y=\dfrac{6}{x}$의 그래프를 그리면 다음과 같다.

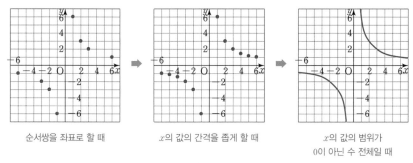

순서쌍을 좌표로 할 때 x의 값의 간격을 좁게 할 때 x의 값의 범위가 0이 아닌 수 전체일 때

➡ x의 값의 범위가 0이 아닌 수 전체일 때, 반비례 관계 $y=\dfrac{a}{x}(a \neq 0)$의 그래프는 좌표축에 점점 가까워지면서 한없이 뻗어 나가는 한 쌍의 매끄러운 곡선이다.

2. 반비례 관계 $y=\dfrac{a}{x}(a \neq 0)$의 그래프의 성질

	$a>0$일 때	$a<0$일 때
그래프	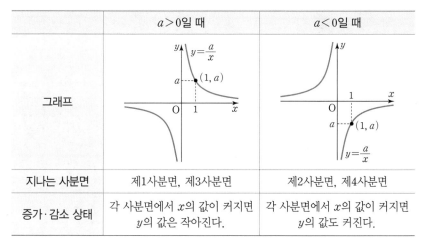	
지나는 사분면	제1사분면, 제3사분면	제2사분면, 제4사분면
증가·감소 상태	각 사분면에서 x의 값이 커지면 y의 값은 작아진다.	각 사분면에서 x의 값이 커지면 y의 값도 커진다.

✚ $y=\dfrac{a}{x}(a \neq 0)$의 그래프는 a의 값에 관계없이 항상 점 $(1, a)$를 지나요.

(1) 특별한 말이 없으면 반비례 관계 $y=\dfrac{a}{x}(a \neq 0)$에서 x의 값의 범위는 0이 아닌 수 전체로 생각한다.

(2) 반비례 관계 $y=\dfrac{a}{x}(a \neq 0)$의 그래프는 a의 절댓값이 커질수록 원점에서 멀어진다.

14 x의 값이 -4, -2, -1, 1, 2, 4일 때, 반비례 관계를 나타내는 식 $y=-\dfrac{4}{x}$에 대하여 다음 표를 완성하고, 그래프를 그려라.

x	-4	-2	-1	1	2	4
y						

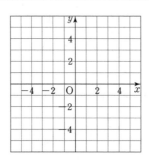

15 x의 값의 범위가 0이 아닌 수 전체일 때, 다음 반비례 관계의 그래프를 그려라.

(1) $y=\dfrac{3}{x}$ (2) $y=-\dfrac{6}{x}$

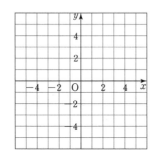 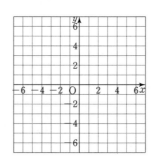

16 다음 〈보기〉에서 반비례 관계 $y=-\dfrac{10}{x}$의 그래프에 대한 설명으로 옳은 것을 모두 골라라.

보기
㉠ 원점을 지나는 직선이다.
㉡ 제2사분면과 제4사분면을 지난다.
㉢ x의 값이 2배, 3배, 4배, …가 되면 y의 값은 $-\dfrac{1}{2}$배, $-\dfrac{1}{3}$배, $-\dfrac{1}{4}$배, …가 된다.
㉣ $y=-\dfrac{5}{x}$의 그래프보다 원점에서 더 멀리 떨어져 있다.

＋ $y=\dfrac{a}{x}(a \neq 0)$의 그래프는
• a의 절댓값이 작을수록 좌표축에 가까워져요.
• a의 절댓값이 클수록 좌표축에서 멀리 떨어져요.

8 정비례 관계와 반비례 관계의 활용

1. 그래프 위의 점

(1) 정비례 관계 $y=ax(a\neq0)$의 그래프

점 (m, n)이 정비례 관계 $y=ax(a\neq0)$의 그래프 위의 점일 때

➡ $y=ax$에 $x=m$, $y=n$의 값을 대입하면 등식이 성립한다.

➡ 정비례 관계 $y=ax$의 그래프가 점 (m, n)을 지난다.

(2) 반비례 관계 $y=\dfrac{a}{x}(a\neq0)$의 그래프

점 (m, n)이 반비례 관계 $y=\dfrac{a}{x}(a\neq0)$의 그래프 위의 점일 때

➡ $y=\dfrac{a}{x}$에 $x=m$, $y=n$의 값을 대입하면 등식이 성립한다.

➡ 반비례 관계 $y=\dfrac{a}{x}$의 그래프가 점 (m, n)을 지난다.

☆ 2. 그래프가 나타내는 식

(1) 그래프가 원점을 지나는 직선 ➡ $y=ax(a\neq0)$로 놓는다.

(2) 그래프가 좌표축에 가까워지면서 한없이 뻗어 나가는 한 쌍의 매끄러운 곡선

➡ $y=\dfrac{a}{x}(a\neq0)$로 놓는다.

➕ 정비례 관계의 그래프

점 $(2, 4)$가 정비례 관계 $y=2x$의 그래프 위의 점이다.

➡ $y=2x$에 $x=2$, $y=4$를 대입하면 등식이 성립 ➡ $4=2\times2$

➕ 반비례 관계의 그래프

점 $(4, 2)$가 반비례 관계 $y=\dfrac{8}{x}$의 그래프 위의 점이다.

➡ $y=\dfrac{8}{x}$에 $x=4$, $y=2$를 대입하면 등식이 성립 ➡ $2=\dfrac{8}{4}$

➕ 그래프가 나타내는 식 (1)

그래프가 원점을 지나는 직선이고, 점 $(2, 6)$을 지난다.

➡ $y=ax(a\neq0)$로 놓고
$x=2$, $y=6$을 대입하면
$6=2a$, $a=3$
∴ $y=3x$

➕ 그래프가 나타내는 식 (2)

그래프가 좌표축에 가까워지면서 한없이 뻗어 나가는 한 쌍의 매끄러운 곡선이고, 점 $(5, 2)$를 지난다.

➡ $y=\dfrac{a}{x}(a\neq0)$로 놓고
$x=5$, $y=2$를 대입하면
$2=\dfrac{a}{5}$, $a=10$
∴ $y=\dfrac{10}{x}$

---

17 다음 점이 정비례 관계 $y=3x$의 그래프 위에 있으면 ○표를, 그래프 위에 있지 않으면 ×표를 하여라.

(1) $(1, 3)$ (   )

(2) $(-3, -1)$ (   )

(3) $(-4, -12)$ (   )

18 다음 그래프가 나타내는 식을 구하여라.

(1)

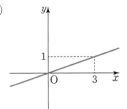

(2)

1 함수

정답과 해설 **20쪽**

1. 함수: 두 변수 x, y에 대하여 x의 값이 변함에 따라 y의 값이 하나씩 정해지는 대응 관계가 있을 때, y를 x의 함수라 한다.

> 참고 변수와 달리 일정한 값을 나타내는 수나 문자를 상수라 한다.

2. 대표적인 함수의 예

(1) 두 변수 x, y가 정비례 관계인 경우 ➡ $y=ax\,(a\neq0)$의 꼴

예 $y=2x$

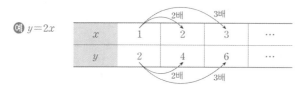

(2) 두 변수 x, y가 반비례 관계인 경우 ➡ $y=\dfrac{a}{x}\,(a\neq0)$의 꼴

예 $y=\dfrac{30}{x}$

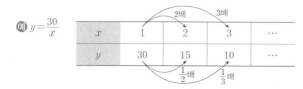

(3) 두 변수 x, y가 $y=(x$에 대한 일차식)인 경우 ➡ $y=ax+b\,(a\neq0)$의 꼴

예 $y=x+3$

x	1	2	3	…
y	4	5	6	…

+ x의 값 하나에 y의 값이 정해지지 않거나 두 개 이상 정해지면 y는 x의 함수가 아니에요.

+ **함수가 아닌 경우**
- 자연수 x의 약수 y
- 자연수 x의 소인수 y
- 자연수 x의 배수 y
➡ x의 값 하나에 대하여 y의 값이 하나로 정해지지 않으므로 y는 x의 함수가 아니에요.

---

01 다음 표를 완성하고, y가 x의 함수인 것에는 ○표를, 함수가 아닌 것에는 ×표를 하여라.

(1) 한 자루에 500원 하는 연필 x자루를 샀을 때, 지불해야 하는 금액 y원 (   )

x	1	2	3	4	…
y					…

(2) 절댓값이 x인 수 y (   )

x	1	2	3	4	…
y					…

2 함숫값

1. 함수의 기호 표현: y가 x에 대한 함수일 때, 기호로 $y=f(x)$와 같이 나타낸다.

2. 함숫값: 함수 $y=f(x)$에서 x의 값에 따라 하나씩 정해지는 y의 값, 즉 $f(x)$
를 x에서의 함숫값이라 한다.

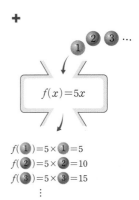

예 함수 $f(x)=2x$에 대하여 x 대신 -1을 대입
$x=-1$일 때의 함숫값은 ➡ $f(-1)=2\times(-1)=-2$
$x=3$일 때의 함숫값은 ➡ $f(3)=2\times 3=6$
        x 대신 3을 대입

참고 함수 $y=f(x)$에 대하여
$f(a)$ ➡ $x=a$일 때, y의 값
    ➡ $x=a$일 때의 함숫값
    ➡ $f(x)$에 x 대신 a를 대입하여 얻은 값

$$f(x)=5x$$

$f(①)=5\times①=5$
$f(②)=5\times②=10$
$f(③)=5\times③=15$
⋮

02 함수 $f(x)=4x$에 대하여 다음 함숫값을 구하여라.

(1) $x=2$일 때의 함숫값

(2) $f(-3)$의 값

03 함수 $f(x)=\dfrac{3}{x}$에 대하여 다음 함숫값을 구하여라.

(1) $x=3$일 때의 함숫값

(2) $f(6)$의 값

04 일차함수 $f(x)=-2x-3$에 대하여 다음 함숫값을 구하여라.

(1) $f(-2)$

(2) $f\left(-\dfrac{3}{2}\right)$

(3) $f(0)-f(-4)$

3 일차함수

1. 일차함수의 뜻

함수 $y=f(x)$에서 y가 x에 대한 일차식

$$y=ax+b \ (a, b\text{는 상수}, a\neq0)$$

로 나타내어질 때, 이 함수를 x에 대한 일차함수라 한다.

예 $y=3x$, $y=-2x+1$, $y=-\dfrac{1}{2}x+3$은 일차함수이다.

$y=5$, $y=\dfrac{2}{x}$, $y=-4x^2+1$은 일차함수가 아니다.

참고 $y=\dfrac{1}{x}$과 같이 x가 분모에 있거나, $y=x^2+3$과 같이 x^2의 차수가 2이면 일차함수가 아니다.

2. 일차함수 $y=ax+b$의 그래프

(1) 일차함수 $y=2x+3$에서 x의 값에 따라 정해지는 y의 값을 구하여 표로 나타내면

x	$\cdots$	-3	-2	-1	0	1	2	3	$\cdots$
y	$\cdots$	-3	-1	1	3	5	7	9	$\cdots$

➡ $y=2x+3$을 만족시키는 순서쌍 (x, y)는

$\cdots$, $(-3, -3)$, $(-2, -1)$, $(-1, 1)$, $(0, 3)$,

$(1, 5)$, $(2, 7)$, $(3, 9)$, $\cdots$

이고, 순서쌍을 좌표로 하여 좌표평면 위에 점을 찍은 후 선으로 연결하면 일차함수 $y=2x+3$의 그래프는 오른쪽과 같다.

(2) 일차함수 $y=ax+b$에서 x의 값이 주어지지 않았을 때에는 x의 값을 수 전체로 생각한다.

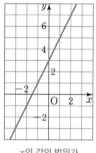

x의 값의 범위가
수 전체일 때

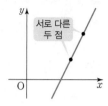

✚ 일차함수의 그래프는 직선이고, 서로 다른 두 점을 지나는 직선은 오직 하나뿐이므로 일차함수 $y=ax+b$의 그래프 위의 서로 다른 두 점을 알면 그 그래프를 그릴 수 있어요.

예 일차함수 $y=-2x+1$의 그래프가 지나는 두 점을 이용하여 그 그래프를 그리면

일차함수 $y=-2x+1$에서

(i) $x=0$일 때

$y=-2\times0+1=1$

(ii) $x=1$일 때

$y=-2\times1+1=-1$

이므로 이 일차함수의 그래프는 두 점 $(0, 1)$, $(1, -1)$을 지나요.

따라서 일차함수 $y=-2x+1$의 그래프는 아래 그림과 같이 두 점 $(0, 1)$, $(1, -1)$을 지나는 직선이에요.

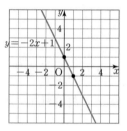

---

05 다음 중 y가 x에 대한 일차함수인 것에는 ○표를, 일차함수가 아닌 것에는 ×표를 하여라.

(1) $y=3x$ ( )

(2) $y=-\dfrac{5}{x}$ ( )

(3) $y=5-2x$ ( )

(4) $5x^2=y+2$ ( )

06 다음 표를 완성하고, 좌표평면 위에 일차함수 $y=2x+1$의 그래프를 그려라.

x	$\cdots$	-2	-1	0	1	2	$\cdots$
y	$\cdots$						$\cdots$

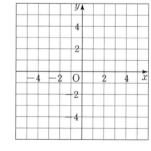

4 일차함수의 그래프의 평행이동

1. 평행이동: 한 도형을 일정한 방향으로 일정한 거리만큼 옮기는 것

⭐ **2. 일차함수 $y=ax+b$의 그래프**

일차함수 $y=ax$의 그래프를 y축의 방향으로 b만큼 평행이동한 직선

$$y=ax \xrightarrow[b\text{만큼 평행이동}]{y\text{축의 방향으로}} y=ax+b$$

예 $y=2x \xrightarrow[5\text{만큼 평행이동}]{y\text{축의 방향으로}} y=2x+5,$

$$y=3x+2 \xrightarrow[-2\text{만큼 평행이동}]{y\text{축의 방향으로}} y=3x$$

➕ 일차함수 $y=ax+b\,(b>0)$의 그래프는 일차함수 $y=ax$의 그래프를 y축의 방향으로 b만큼 평행이동한 직선이에요.

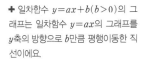

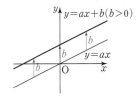

예 $y=2x$의 그래프를
• y축의 방향으로 2만큼 평행이동
  ➡ $y=2x+2$
• y축의 방향으로 -2만큼 평행이동
  ➡ $y=2x-2$

예시

좌표평면 위에 두 일차함수 $y=2x$, $y=2x+3$의 그래프를 그려 보자.

➡ 두 일차함수 $y=2x$, $y=2x+3$에 대하여 x의 값에 따라 정해지는 y의 값을 나타내면 다음과 같고, 그래프는 오른쪽과 같다.

x	$\cdots$	-2	-1	0	1	2	$\cdots$
$y=2x$	$\cdots$	-4	-2	0	2	4	$\cdots$
$y=2x+3$	$\cdots$	-1	1	3	5	7	$\cdots$

$$y=2x \xrightarrow[3\text{만큼 평행이동}]{y\text{축의 방향으로}} y=2x+3$$

위 표에서 x의 값에 대하여 일차함수 $y=2x+3$의 함숫값은 일차함수 $y=2x$의 함숫값보다 항상 3만큼 크다는 것을 알 수 있다.

따라서 일차함수 $y=2x+3$의 그래프는 오른쪽 그림과 같이 일차함수 $y=2x$의 그래프를 y축의 방향으로 3만큼 평행이동한 것과 같다.

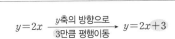

---

07 다음 일차함수의 그래프를 y축의 방향으로 [   ] 안의 수만큼 평행이동한 그래프의 식을 구하여라.

(1) $y=\dfrac{1}{2}x$ $[\,3\,]$

(2) $y=-2x$ $[\,-4\,]$

(3) $y=5x$ $\left[\,-\dfrac{1}{2}\,\right]$

(4) $y=-3x$ $\left[\,\dfrac{1}{3}\,\right]$

1. x절편

일차함수의 그래프가 x축과 만나는 점의 x좌표

➡ $y=0$일 때, x의 값

2. y절편

일차함수의 그래프가 y축과 만나는 점의 y좌표

➡ $x=0$일 때, y의 값

★ 3. 일차함수 $y=ax+b(a\neq0)$의 그래프에서

x절편은 $-\dfrac{b}{a}$이고, y절편은 b이다.

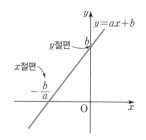

✚ **절편**

그래프가 축에 의하여 끊겨서 생기는 부분, 즉 그래프가 축과 만나는 부분이에요.

예시

일차함수 $y=2x+4$의 그래프의 x절편과 y절편을 각각 구해 보자.

[방법 1] 그래프가 주어진 경우

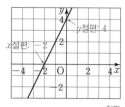

x절편 ➡ <u>x축과 만나는 점의 x좌표</u>: -2
  $\llcorner (-2, 0)$

y절편 ➡ <u>y축과 만나는 점의 y좌표</u>: 4
  $\llcorner (0, 4)$ $\llcorner y$절편

[방법 2] 식이 주어진 경우

$y=2x+4$에 대하여

x절편 ➡ $y=0$일 때, x의 값
  ➡ $y=0$을 대입하면
  $0=2x+4$ ∴ $x=-2$

y절편 ➡ $x=0$일 때, y의 값
  ➡ $x=0$을 대입하면
  $y=2\times0+4=4$

---

08 오른쪽 일차함수의 그래프를 보고, 다음을 구하여라.

(1) 그래프가 x축과 만나는 점의 좌표

(2) x절편

(3) 그래프가 y축과 만나는 점의 좌표

(4) y절편

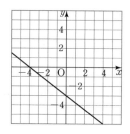

09 다음 일차함수의 그래프의 x절편과 y절편을 각각 구하여라.

(1) $y=2x+8$

(2) $y=-3x+6$

(3) $y=\dfrac{2}{3}x-4$

(4) $y=-\dfrac{1}{5}x-2$

6 일차함수의 그래프의 기울기

1. 일차함수 $y=ax+b(a\neq0)$의 그래프의 기울기

일차함수 $y=ax+b$에서 x의 값의 증가량에 대한 y의 값의 증가량의 비율은 항상 일정하며, 그 비율은 x의 계수 a와 같다. 이 증가량의 비율 a를 일차함수 $y=ax+b$의 그래프의 기울기라 한다.

$$(\text{기울기})=\frac{(y\text{의 값의 증가량})}{(x\text{의 값의 증가량})}=a$$

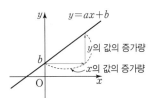

예시

일차함수 $y=2x+3$의 그래프의 기울기를 구해 보자.

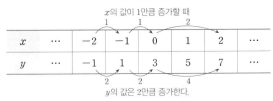

x의 값이 1만큼 증가할 때

x	$\cdots$	-2	-1	0	1	2	$\cdots$
y	$\cdots$	-1	1	3	5	7	$\cdots$

y의 값은 2만큼 증가한다.

➡ $(\text{기울기})=\dfrac{(y\text{의 값의 증가량})}{(x\text{의 값의 증가량})}=\dfrac{2}{1}=\dfrac{4}{2}=\cdots=2$

┌ -1에서 1까지 2만큼 증가
└ -2에서 -1까지 1만큼 증가

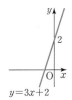

➕ **일차함수 $y=3x+2$의 그래프의 기울기의 성질**

➡ 기울기가 3으로 양수이므로 오른쪽 위로 향하는 직선이 된답니다.

➕ **일차함수 $y=-3x+1$의 그래프의 기울기의 성질**

➡ 기울기가 -3으로 음수이므로 오른쪽 아래로 향하는 직선이 된답니다.

2. 두 점 (a, b), (c, d)를 지나는 일차함수의 그래프의 기울기

$$(\text{기울기})=\frac{d-b}{c-a}=\frac{b-d}{a-c}$$

3. 기울기와 y절편을 이용하여 그래프 그리기

① 점 $(0, y$절편$)$을 좌표평면 위에 나타낸다.
② 기울기를 이용하여 다른 한 점을 찾는다.
③ 두 점을 직선으로 연결한다.

예시

일차함수 $y=-\dfrac{4}{3}x+2$의 그래프를 그려 보자.

① y절편은 2이므로 y축 위에 점 $(0, 2)$를 나타낸다.
② 점 $(0, 2)$에서 x축의 방향으로 3만큼, y축의 방향으로 -4만큼 평행이동한 점 $(3, -2)$를 나타낸다.
③ 두 점을 직선으로 연결한다.

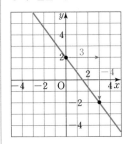

➡ 기울기가 $\dfrac{n}{m}$일 때,
수평 방향으로 m만큼 이동한 후
수직 방향으로 n만큼 이동한다.

➕

10 다음 일차함수의 그래프의 기울기를 구하여라.

(1)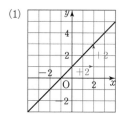

(2)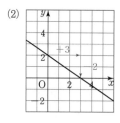

✚ 일차함수의 그래프의 기울기

$(기울기) = \dfrac{(y의\ 값의\ 증가량)}{(x의\ 값의\ 증가량)}$

11 다음 일차함수의 그래프의 기울기를 구하여라.

(1) $y = 3x - 4$

(2) $y = -4x + 7$

(3) $y = 5 - 2x$

12 일차함수 $y = -\dfrac{1}{2}x + 3$의 그래프에서 x의 값이 -2에서 0까지 증가할 때, 다음을 구하여라.

(1) 기울기

(2) x의 값의 증가량

(3) y의 값의 증가량

✚ · 2만큼 증가
  ➡ $+(+2)$ ➡ $+2$
· 2만큼 감소
  ➡ $-(+2)$ ➡ -2
· -2만큼 증가
  ➡ $+(-2)$ ➡ -2
· -2만큼 감소
  ➡ $-(-2)$ ➡ $+2$

13 다음 두 점을 지나는 일차함수의 그래프의 기울기를 구하여라.

(1) $(0, 2)$, $(3, 8)$ ➡ $\dfrac{8 - \boxed{}}{\boxed{} - 0} = \boxed{}$

(2) $(-1, 3)$, $(4, 1)$ ➡ $\dfrac{1 - \boxed{}}{4 - (\boxed{})} = \boxed{}$

7 일차함수 $y=ax+b$의 그래프 그리기

(1) 평행이동을 이용	(2) 두 점을 이용
① 일차함수 $y=ax$의 그래프를 그린다. ② 점 $(0, b)$를 지나면서 ①의 그래프와 평행한 직선을 그린다. 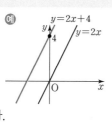	일차함수의 식을 만족시키는 두 점의 좌표를 찾아 두 점을 좌표평면 위에 나타낸 후, 직선으로 연결한다. 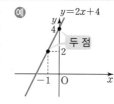
(3) x절편과 y절편을 이용	(4) 기울기와 y절편을 이용
① x절편과 y절편을 각각 구한다. ② 두 점 $(x$절편$, 0)$, $(0, y$절편$)$을 좌표평면 위에 나타낸 후, 직선으로 연결한다. 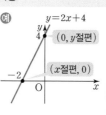	① 점 $(0, y$절편$)$을 좌표평면 위에 나타낸다. ② 기울기를 이용하여 다른 한 점을 찾아 두 점을 직선으로 연결한다. 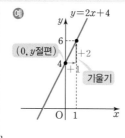

14 오른쪽 그림과 같은 일차함수 $y=-\dfrac{2}{3}x$의 그래프를 이용하여 일차함수 $y=-\dfrac{2}{3}x+2$의 그래프를 그려라.

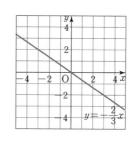

15 다음 □ 안에 알맞은 수를 써넣고, 일차함수 $y=x+4$의 그래프를 그려라.

➡ 두 점 ($\boxed{}$, 4), (1, $\boxed{}$)를 지난다.

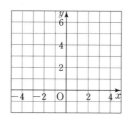

16 다음 일차함수의 그래프가 지나는 두 점을 이용하여 그래프를 그려라.

(1) $y = 3x - 2$

(2) $y = -\dfrac{1}{4}x + 2$

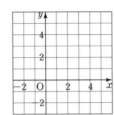

17 일차함수 $y = \dfrac{1}{2}x - 2$의 그래프에 대하여 다음 물음에 답하여라.

(1) x절편과 y절편을 각각 구하여라.

(2) 일차함수 $y = \dfrac{1}{2}x - 2$의 그래프를 그려라.

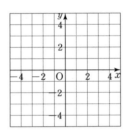

18 기울기와 y절편을 이용하여 다음 일차함수의 그래프를 그려라.

(1) $y = 2x - 1$

(2) $y = -\dfrac{3}{4}x + 1$

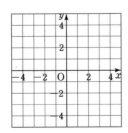

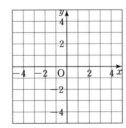

8 일차함수 $y=ax+b(a\neq0)$의 그래프의 성질

일차함수 $y=ax+b(a\neq0)$의 그래프의 기울기 a의 부호와 y절편 b의 부호를 알면 그래프를 그릴 수 있다.

★ **1. 기울기 a의 부호**: 그래프의 모양 결정

(1) $a>0$일 때: x의 값이 증가하면 y의 값도 증가한다.

➡ 오른쪽 위로 향하는 직선

(2) $a<0$일 때: x의 값이 증가하면 y의 값은 감소한다.

➡ 오른쪽 아래로 향하는 직선

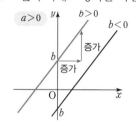 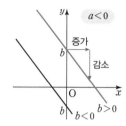

2. y절편 b의 부호: 그래프가 y축과 만나는 부분 결정

(1) $b>0$일 때: y절편이 양수 ➡ y축과 양의 부분에서 만난다.

(2) $b<0$일 때: y절편이 음수 ➡ y축과 음의 부분에서 만난다.

3. a, b의 부호에 따른 그래프의 모양

(1) $a>0$, $b>0$

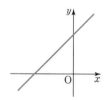

(2) $a>0$, $b<0$

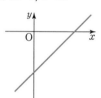

(3) $a<0$, $b>0$

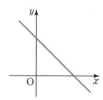

(4) $a<0$, $b<0$

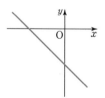

4. 일차함수의 그래프의 평행과 일치

★ (1) 기울기가 같은 두 일차함수의 그래프는 서로 평행하거나 일치한다.

① 기울기가 같고 y절편이 다르면 두 그래프는 서로 평행하다.

② 기울기가 같고 y절편도 같으면 두 그래프는 일치한다.

(2) 서로 평행한 두 일차함수의 그래프의 기울기는 서로 같다.

✛ 일차함수 $y=ax+b$의 그래프는 a의 절댓값이 클수록 y축에 가까워지고, 작을수록 x축에 가까워져요.

✛ 일차함수 $y=ax+b$의 그래프에서 b의 부호는 y절편의 부호와 같고, $b=0$이면 그래프는 원점을 지나는 직선이에요.

✛ 두 일차함수 $y=ax+b$, $y=cx+d$에 대하여 $a=c$, $b\neq d$이면 평행하고, $a=c$, $b=d$이면 일치해요.

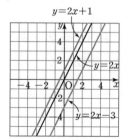

✛ 두 일차함수의 그래프에서 기울기가 서로 다르면 두 그래프는 한 점에서 만나요.

19 다음 〈보기〉의 일차함수의 그래프 중 다음을 만족시키는 것을 모두 골라라.

> **보기**
>
> ㉠ $y = \dfrac{1}{2}x + 3$ 　　　㉡ $y = -5x - 2$
>
> ㉢ $y = 3x + 1$ 　　　㉣ $y = -8x$

＋ 일차함수의 그래프에서
· (기울기)>0이면 오른쪽 위를 향하는 직선
· (기울기)<0이면 오른쪽 아래를 향하는 직선

(1) 오른쪽 아래로 향하는 그래프

(2) x의 값이 증가할 때 y의 값도 증가하는 그래프

20 다음 〈보기〉의 일차함수의 그래프 중 다음을 만족시키는 것을 모두 골라라.

> **보기**
>
> ㉠ $y = 4x - 1$ 　　　㉡ $y = -4x + 3$
>
> ㉢ $y = \dfrac{1}{6}x + 2$ 　　　㉣ $y = -\dfrac{1}{5}x - 2$

(1) 오른쪽 위로 향하는 그래프

(2) x의 값이 증가할 때 y의 값은 감소하는 그래프

21 다음 〈보기〉의 일차함수의 그래프에서 그 그래프가 서로 평행한 것끼리 짝지어라.

> **보기**
>
> ㉠ $y = 2x - 3$ 　　　㉡ $y = -3x + 5$
>
> ㉢ $y = -x + 2$ 　　　㉣ $y = 2x + 5$
>
> ㉤ $y = -\dfrac{1}{3}x - 2$ 　　　㉥ $y = -x - 3$

9 일차함수의 식 구하기

1. 기울기와 y절편을 알 때

기울기가 a이고, y절편이 b인 직선을 그래프로 하는 일차함수의
식은 $y=ax+b$이다.

🄶 기울기가 3이고, y절편이 2인 직선을 그래프로 하는 일차함수의 식은
$y=3x+2$이다.

✦ 일차함수의 그래프의 기울기는 다음과 같은 경우에도 구할 수 있어요.
① x의 값의 증가량에 대한 y의 값의 증가량이 주어진 경우
② 평행한 직선이 주어진 경우

⭐ 2. 기울기와 한 점의 좌표를 알 때

기울기가 a이고 점 $(x_1,\ y_1)$을 지나는 직선을 그래프로 하는 일차함수의 식을 구하는 방법은 다음과 같다.

① 일차함수의 식을 $y=ax+b$로 놓는다.
② $y=ax+b$에 $x=x_1$, $y=y_1$을 대입하여 b의 값을 구한다.

🄶 기울기가 5이고, 점 $(0, 2)$를 지나는 직선을 그래프로 하는 일차함수의 식을 구하면
직선 $y=5x+b$가 점 $(0, 2)$를 지나므로 $x=0$, $y=2$를 대입하면
$b=2$　　∴ $y=5x+2$

3. 서로 다른 두 점의 좌표를 알 때

서로 다른 두 점 $(x_1,\ y_1)$, $(x_2,\ y_2)$를 지나는 직선을 그래프로 하는 일차함수의 식을 구하는 방법은 다음과 같다.

① 두 점을 이용하여 기울기 a를 구한다.

➡ $a=\dfrac{y_2-y_1}{x_2-x_1}=\dfrac{y_1-y_2}{x_1-x_2}$ (단, $x_1 \neq x_2$)

② 일차함수의 식을 $y=ax+b$로 놓는다.
③ 한 점의 좌표를 대입하여 y절편인 b의 값을 구한다.

🄶 두 점 $(-2, 2)$, $(2, 8)$을 지나는 직선을 그래프로 하는 일차함수의 식을 구하면

$(기울기)=\dfrac{8-2}{2-(-2)}=\dfrac{6}{4}=\dfrac{3}{2}$

직선 $y=\dfrac{3}{2}x+b$가 점 $(-2, 2)$를 지나므로 $x=-2$, $y=2$를 대입하면

$2=\dfrac{3}{2}\times(-2)+b,\ b=5$　　∴ $y=\dfrac{3}{2}x+5$

✦ 서로 다른 두 점의 좌표를 알 때, 다음 방법으로 구할 수도 있어요.
① 일차함수의 식을 $y=ax+b$로 놓고 두 점의 좌표를 각각 대입해요.
② ①에서 얻은 두 일차방정식을 연립하여 풀어 a, b의 값을 각각 구해요.

4. x절편과 y절편을 알 때

x절편이 m, y절편이 n인 직선을 그래프로 하는 일차함수의 식을 구하는 방법은 다음과 같다.

① 두 점 $(m, 0)$, $(0, n)$을 지나는 그래프의 기울기 a를 구한다.

➡ $a=\dfrac{n-0}{0-m}=-\dfrac{n}{m}$ ⟶ $(기울기)=-\dfrac{(y절편)}{(x절편)}$

② y절편이 n이므로 일차함수의 식은 $y=-\dfrac{n}{m}x+n$이다.

✦ x절편이 m, y절편이 n임을 알 때, 다음 방법으로 구할 수도 있어요.
① 일차함수의 식을 $y=ax+n$으로 놓아요.
② ①의 식에 점 $(m, 0)$의 좌표를 대입하여 a의 값을 구해요.

🄶 두 점 $(9, 0)$, $(0, 9)$를 지나는 직선을 그래프로 하는 일차함수의 식을 구하면
그래프가 두 점 $(9, 0)$, $(0, 9)$를 지나므로

$(기울기)=\dfrac{9-0}{0-9}=-1$

y절편이 9이므로 $y=-x+9$

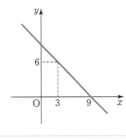

22 다음과 같은 직선을 그래프로 하는 일차함수의 식을 구하여라.

(1) 기울기가 3이고, y절편이 -4인 직선

(2) 기울기가 -5이고, 점 $(0,\ 3)$을 지나는 직선

(3) 일차함수 $y=-2x+5$의 그래프와 평행하고, y절편이 -6인 직선

(4) x의 값이 4만큼 증가할 때 y의 값은 2만큼 감소하고, 점 $(0,\ 2)$를 지나는 직선

23 다음과 같은 직선을 그래프로 하는 일차함수의 식을 구하여라.

(1) 기울기가 3이고, 점 $(-1,\ 5)$를 지나는 직선

(2) 일차함수 $y=-\dfrac{1}{2}x-3$의 그래프와 평행하고, 점 $(-2,\ 3)$을 지나는 직선

(3) x의 값이 2만큼 증가할 때 y의 값이 4만큼 증가하고, 점 $(1,\ -2)$를 지나는 직선

24 다음 그림과 같이 두 점을 지나는 일차함수의 그래프의 식을 구하여라.

✦ 서로 다른 두 점을 지나는 직선이 주어지면 두 점의 좌표를 이용해서 기울기를 먼저 구해요.

(1)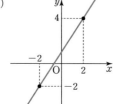

(2)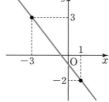

25 다음 그림과 같은 직선을 그래프로 하는 일차함수의 식을 구하여라.

(1)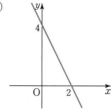

(2)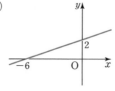

🔟 일차함수의 활용

정답과 해설 20쪽

일차함수의 활용 문제는 다음과 같은 순서로 푼다.
① 변수 정하기: 변화하는 두 변수 x, y를 정한다.
② 일차함수의 식 구하기: 두 변수 x와 y 사이의 관계를 일차함수 $y=ax+b$로 나타낸다.
③ 함숫값 찾기: 일차함수의 식이나 그래프를 이용하여 필요한 값을 구한다.
④ 확인하기: 구한 값이 주어진 문제의 조건에 맞는지 확인한다.

✚ 변수 x, y를 정하는 방법
주어진 두 변량에서 먼저 변하는 것을 x로 놓고, 그에 따라 변하는 것을 y로 정해요.

예시

물통에 40 L의 물이 들어 있다. 이 물통에 1분마다 15 L씩 물을 더 넣을 때, 6분 후에 물통에 들어 있는 물의 양을 구해 보자.

변수 정하기	x분 후의 물의 양을 y L라 하자.
일차함수의 식 구하기	처음 물의 양이 40 L이고, 1분마다 15 L씩 물을 더 넣으므로 $y=40+15x$ ➞ y절편은 40 ➞ 기울기는 15 ➞ 물의 양이 증가하므로 기울기는 양수
함숫값 구하기	6분 후의 물의 양은 $x=6$일 때 y의 값이므로 $y=40+15\times 6=130$ 따라서 6분 후에 들어 있는 물의 양은 130 L이다.
확인하기	더 넣은 물의 양은 $130-40=90$(L)이고, 1분마다 15 L씩 늘어나므로 $90\div 15=6$(분)이다. 따라서 구한 값이 문제의 뜻에 맞는다.

26 1 L의 휘발유로 10 km를 달릴 수 있는 자동차가 있다. 이 자동차에 10 L의 휘발유를 넣고 x km를 달린 후에 남은 휘발유의 양을 y L라 할 때, 다음 물음에 답하여라.

(1) x와 y 사이의 관계식을 구하여라.

(2) 68 km를 달린 후에 남은 휘발유의 양을 구하여라.

27 온도가 10 ℃인 물을 냄비에 담아 끓이면 물의 온도가 4분마다 20 ℃씩 올라간다고 한다. 물을 끓이기 시작한 지 x분 후의 물의 온도를 y라 할 때, 다음을 구하여라.

(1) x와 y 사이의 관계식

(2) 7분 후의 물의 온도

(3) 물의 온도가 85 ℃가 될 때까지 걸린 시간

1. 일차함수와 일차방정식

(1) **미지수가 2개인 일차방정식의 그래프**

미지수가 2개인 일차방정식의 해의 순서쌍 (x, y)를 좌표평면 위에 모두 나타낸 것

(2) **직선의 방정식**: x, y의 값의 범위가 수 전체일 때, 일차방정식

$$ax+by+c=0(a, b, c는 상수, a\neq0, b\neq0)$$

을 직선의 방정식이라 한다.

✚ 직선의 방정식

$ax+by+c=0$의 그래프

① $a\neq0$, $b\neq0$이면
일차함수의 그래프

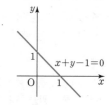

② $a\neq0$, $b=0$이면
y축에 평행한 그래프

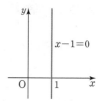

③ $a=0$, $b\neq0$이면
x축에 평행한 그래프

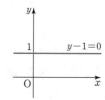

2. 일차방정식과 일차함수의 그래프

일차방정식 $ax+by+c=0(a, b, c는 상수, a\neq0, b\neq0)$의 그래프는

일차함수 $y=-\dfrac{a}{b}x-\dfrac{c}{b}$의 그래프와 같다.

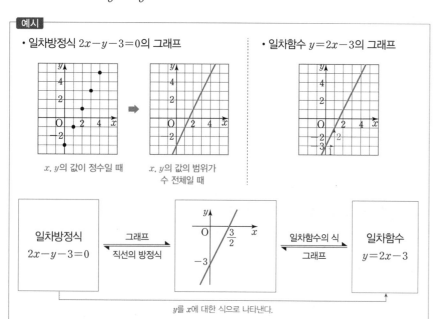

3. 좌표축에 평행한 직선의(일차방정식 $x=p$, $y=q$) 그래프

(1) 방정식 $x=p(p는 상수)$의 그래프: 점 $(p, 0)$을 지나고, y축에 평행한 직선

예 $x=2$의 그래프

(2) 방정식 $y=q(q는 상수)$의 그래프: 점 $(0, q)$를 지나고, x축에 평행한 직선

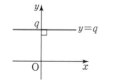

예 $y=4$의 그래프

28 다음 일차방정식을 $y=ax+b$ 꼴로 나타내어라.

(1) $3x-y-4=0$

(2) $-5x-y+3=0$

(3) $4x+2y+12=0$

(4) $3x+6y-12=0$

29 다음 일차방정식의 그래프를 좌표평면 위에 그려라.

(1) $3x-y-2=0$

(2) $4x+3y-12=0$

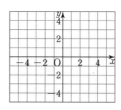

정답과 해설 20쪽

🔢 연립방정식의 해와 일차함수의 그래프

1. 연립방정식의 해와 일차함수의 그래프

연립방정식 $\begin{cases} ax+by+c=0 \\ a'x+b'y+c'=0 \end{cases}$ 의 해가 $x=p$, $y=q$이면

두 일차함수 $y=-\dfrac{a}{b}x-\dfrac{c}{b}$, $y=-\dfrac{a'}{b'}x-\dfrac{c'}{b'}$의 그래프

의 교점의 좌표는 $(p,\ q)$이다.

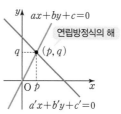

➕ 연립방정식의 해와 그래프

연립방정식의 해
$x=p$, $y=q$

⇕

두 그래프의 교점의 좌표
$(p,\ q)$

⭐ 2. 연립방정식의 해의 개수와 두 그래프의 위치 관계

연립방정식 $\begin{cases} ax+by+c=0 \\ a'x+b'y+c'=0 \end{cases}$ 의 해의 개수는 두 일차방정식의 그래프의 교점의 개

수와 같다.

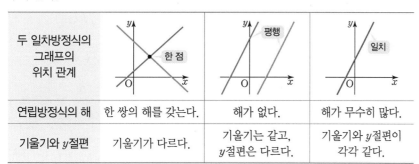

두 일차방정식의 그래프의 위치 관계	한 점	평행	일치
연립방정식의 해	한 쌍의 해를 갖는다.	해가 없다.	해가 무수히 많다.
기울기와 y절편	기울기가 다르다.	기울기는 같고, y절편은 다르다.	기울기와 y절편이 각각 같다.

➕ 연립방정식

$\begin{cases} ax+by+c=0 \\ a'x+b'y+c'=0 \end{cases}$ 의 해의 개수

① 한 쌍의 해를 갖는다.

➡ $\dfrac{a}{a'} \neq \dfrac{b}{b'}$

② 해가 없다.

➡ $\dfrac{a}{a'} = \dfrac{b}{b'} \neq \dfrac{c}{c'}$

③ 해가 무수히 많다.

➡ $\dfrac{a}{a'} = \dfrac{b}{b'} = \dfrac{c}{c'}$

30 오른쪽 그림은 연립방정식 $\begin{cases} x+y=4 \\ ax-y=-1 \end{cases}$ 의 해를 구하기

위해 두 일차방정식의 그래프를 그린 것이다. 이때 상수 a
의 값은?

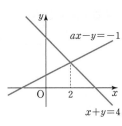

① $\dfrac{1}{2}$ ② $\dfrac{2}{3}$ ③ 1   ④ $\dfrac{5}{4}$

31 연립방정식 $\begin{cases} x+ay=2 \\ 3x+2y=b \end{cases}$ 의 해가 무수히 많을 때, 상수 a, b에 대하여 $b-a$의 값
은?

① 6   ② $\dfrac{16}{3}$ ③ $\dfrac{14}{3}$ ④ 4

32 두 직선 $2x-y=2$, $ax-2y=1$의 교점이 존재하지 않을 때, 상수 a의 값은?

① -2 ② $\dfrac{1}{2}$ ③ 1   ④ 4

1 이차함수 $y=ax^2$의 그래프

정답과 해설 24쪽

1. 이차함수의 뜻

함수 $y=f(x)$에서 y가 x에 관한 이차식

$$y=ax^2+bx+c \ (a,\ b,\ c는 상수,\ a\neq0)$$

로 나타내어질 때, 이 함수 $y=f(x)$를 이차함수라 한다.

예 함수 $y=x^2$, $y=x^2+1$, $y=\dfrac{1}{2}x^2-2x+4$는 y가 x에 대한 이차식이므로 이차함수이다.

> ✚ $a\neq0$일 때
> ・ax^2+bx+c
>   ➡ x에 대한 이차식
> ・$ax^2+bx+c=0$
>   ➡ x에 대한 이차방정식
> ・$y=ax^2+bx+c$
>   ➡ x에 대한 이차함수

2. 이차함수 $y=x^2$의 그래프

(1) 이차함수 $y=x^2$의 그래프의 성질

① 원점 $(0,\ 0)$을 지나고 아래로 볼록한 곡선이다.

② y축에 대칭이다.

③ $x<0$일 때, x의 값이 증가하면 y의 값은 감소한다.
   $x>0$일 때, x의 값이 증가하면 y의 값도 증가한다.

④ 원점을 제외한 모든 부분은 x축보다 위쪽에 있다.

⑤ 이차함수 $y=-x^2$의 그래프와 x축에 서로 대칭이다.

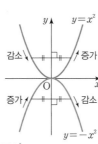

(2) **포물선**: 이차함수 $y=x^2$, $y=-x^2$의 그래프와 같은 모양의 곡선

① **축**: 포물선은 선대칭도형으로 그 대칭축을 포물선의 축이라 한다.

② **꼭짓점**: 포물선과 축과의 교점

> ✚ 이차함수 $y=x^2$, $y=-x^2$의 그래프에서
> ① 축의 방정식: $x=0(y축)$
> ② 꼭짓점의 좌표: $(0,\ 0)$

> ✚ 포물선
>

쏙쏙 **이해 더하기**   이차함수 $y=x^2$의 그래프 그리기

정수 x의 값에 따라 정해지는 y의 값을 구해서 얻은 순서쌍 $(x,\ y)$, 즉,

$\cdots,\ (-3,\ 9),\ (-2,\ 4),\ (-1,\ 1),\ (0,\ 0),\ (1,\ 1),\ (2,\ 4),\ (3,\ 9),\ \cdots$

를 좌표로 하는 점을 좌표평면 위에 나타내면 [그림 1]과 같다.

이제 x의 값의 간격을 더 작게 하여 x의 값이

$$\cdots,\ -3,\ -\frac{5}{2},\ -2,\ -\frac{3}{2},\ -1,\ -\frac{1}{2},\ 0,\ \frac{1}{2},\ 1,\ \frac{3}{2},\ 2,\ \frac{5}{2},\ 3,\ \cdots$$

일 때, 이차함수 $y=x^2$에서 얻은 순서쌍 $(x,\ y)$를 좌표로 하는 점을 좌표평면 위에 나타내면 [그림 2]와 같다.

이와 같은 방법으로 x의 값의 간격을 더 좁게 하여 얻은 순서쌍 $(x,\ y)$를 좌표로 하는 점을 좌표평면 위에 나타내면, 이차함수 $y=x^2$의 그래프는 [그림 3]과 같이 원점을 지나는 매끄러운 곡선이 된다. 이 곡선이 x의 값의 범위가 실수 전체일 때 이차함수 $y=x^2$의 그래프이다.

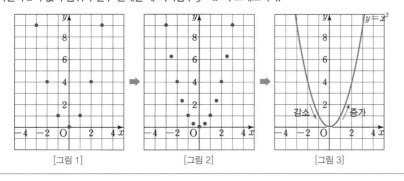

[그림 1]   [그림 2]   [그림 3]

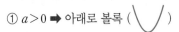

3. 이차함수 $y=ax^2$의 그래프

(1) 원점 $(0, 0)$을 꼭짓점으로 하는 포물선이다.

(2) y축에 대칭이다. ➡ 축의 방정식: $x=0(y$축$)$

(3) a의 부호에 따라 그래프의 모양이 달라진다.

   ① $a>0$ ➡ 아래로 볼록 ($\smile$)   ② $a<0$ ➡ 위로 볼록 ($\frown$)

(4) a의 절댓값이 클수록 그래프의 폭이 좁아진다.

(5) 두 이차함수 $y=ax^2$과 $y=-ax^2$의 그래프는 x축에 서로 대칭이다.

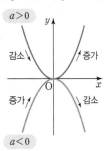
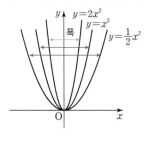

✚ 이차함수 $y=ax^2$의 그래프에서 a의 역할

① a의 부호: 그래프의 모양(볼록한 모양)을 결정

② a의 절댓값: 그래프의 폭을 결정

✚

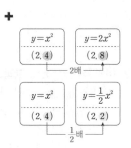

---

01 다음 중 이차함수인 것에는 ○표를, 이차함수가 아닌 것에는 ×표를 하여라.

(1) $5x^2-3x+1=0$ (   )   (2) $y=\dfrac{1}{2}x^2$ (   )

(3) $y=5x+2$ (   )   (4) $y=3x^2-4x+1$ (   )

02 다음 〈보기〉에서 이차함수 $y=x^2$의 그래프에 대한 설명으로 옳은 것을 모두 골라라.

> **보기**
>
> ㉠ 꼭짓점의 좌표는 $(0, 0)$이다.
>
> ㉡ x축에 대칭이다.
>
> ㉢ 점 $(-1, 1)$을 지난다.

03 다음 〈보기〉의 이차함수에 대하여 물음에 답하여라.

> **보기**
>
> ㉠ $y=-\dfrac{1}{2}x^2$ ㉡ $y=3x^2$
>
> ㉢ $y=-3x^2$ ㉣ $y=\dfrac{1}{3}x^2$

(1) 그래프가 아래로 볼록한 것을 모두 골라라.

(2) 그래프의 폭이 가장 넓은 것을 골라라.

(3) 그래프가 x축에 서로 대칭인 것끼리 짝 지어라.

2 이차함수 $y=a(x-p)^2+q$의 그래프

1. 이차함수 $y=ax^2+q$의 그래프

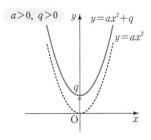

⭐(1) 이차함수 $y=ax^2$의 그래프를 y축의 방향으로 q만큼 평행이동한 것이다.

(2) 꼭짓점의 좌표: $(0,\ q)$

(3) 축의 방정식: $x=0(y$축$)$

✚ 이차함수 $y=ax^2$의 그래프를 y축의 방향으로 평행이동하여도 x^2의 계수 a의 값은 변하지 않으므로 그래프의 모양과 폭은 변하지 않아요.

✚ 이차함수 $y=ax^2+q$의 그래프는
① $q>0$이면 $y=ax^2$의 그래프를 y축의 양의 방향(위쪽)으로 평행이동
② $q<0$이면 $y=ax^2$의 그래프를 y축의 음의 방향(아래쪽)으로 평행이동

> **예시**
>
> 이차함수 $y=x^2+3$의 그래프는 오른쪽 그림과 같이 $y=x^2$의 그래프를 y축의 방향으로 3만큼 평행이동한 것과 같다.
>
> 즉, 이차함수 $y=x^2+3$의 그래프는 직선 $x=0$을 축으로 하고, 점 $(0,3)$을 꼭짓점으로 하는 아래로 볼록한 포물선이다.
>
>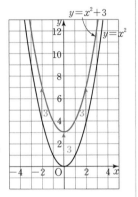
>
> 참고 같은 x의 값에 대하여 두 이차함수 $y=x^2$과 $y=x^2+3$의 함숫값을 비교해 보면
>
> | x | $\cdots$ | -2 | -1 | 0 | 1 | 2 | |
> |---|---|---|---|---|---|---|---|
> | $y=x^2$ | $\cdots$ | 4 | 1 | 0 | 1 | 4 | |
> | $y=x^2+3$ | $\cdots$ | 7 | 4 | 3 | 4 | 7 | |
>
> ➡ x^2+3의 값은 x^2의 값보다 항상 3만큼 더 크다.

2. 이차함수 $y=a(x-p)^2$의 그래프

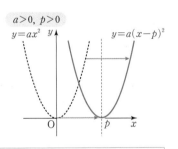

⭐(1) 이차함수 $y=ax^2$의 그래프를 x축의 방향으로 p만큼 평행이동한 것이다.

(2) 꼭짓점의 좌표: $(p,\ 0)$

(3) 축의 방정식: $x=p$

✚ 이차함수 $y=ax^2$의 그래프를 x축의 방향으로 p만큼 평행이동하면 축의 방정식이 $x=p$로 변하므로 x의 값이 증가할 때 y의 값이 증가, 감소하는 x의 값의 범위는 $x=p$를 기준으로 변해요.

✚ 이차함수 $y=a(x-p)^2$의 그래프는
① $p>0$이면 $y=ax^2$의 그래프를 x축의 양의 방향(오른쪽)으로 평행이동
② $p<0$이면 $y=ax^2$의 그래프를 x축의 음의 방향(왼쪽)으로 평행이동

> **예시**
>
> 이차함수 $y=(x-2)^2$의 그래프는 오른쪽 그림과 같이 $y=x^2$의 그래프를 x축의 방향으로 2만큼 평행이동한 것과 같다.
>
> 즉, 이차함수 $y=(x-2)^2$의 그래프는 직선 $x=2$를 축으로 하고, 점 $(2,0)$을 꼭짓점으로 하는 아래로 볼록한 포물선이다.
>
>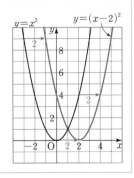

3. 이차함수 $y=a(x-p)^2+q$의 그래프

(1) 이차함수 $y=ax^2$의 그래프를 x축의 방향으로 p만큼, y축의 방향으로 q만큼 평행이동한 것이다.

(2) 꼭짓점의 좌표: (p, q)

(3) 축의 방정식: $x=p$

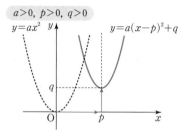

✚ 이차함수 $y=a(x-p)^2+q$의 그래프 간단히 그리기
① 꼭짓점의 좌표 구하기
② y축과의 교점의 좌표 구하기
③ a의 부호를 확인하여 포물선으로 연결하기
➡ $a>0$이면 아래로 볼록($\smile$),
   $a<0$이면 위로 볼록($\frown$)

예시

이차함수 $y=(x-3)^2+2$의 그래프는 오른쪽 그림과 같이 $y=x^2$의 그래프를 x축의 방향으로 3만큼 평행이동한 후, y축의 방향으로 2만큼 평행이동한 것과 같다.

즉, 이차함수 $y=(x-3)^2+2$의 그래프는 직선 $x=3$을 축으로 하고, 점 $(3, 2)$를 꼭짓점으로 하는 아래로 볼록한 포물선이다.

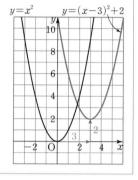

4. 이차함수 그래프의 평행이동

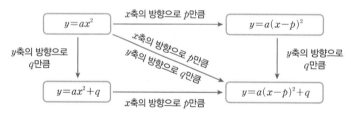

5. 이차함수 $y=a(x-p)^2+q$의 그래프에서 a, p, q의 부호

(1) a의 부호: 그래프의 모양에 따라 결정된다.

① 아래로 볼록 ➡ $a>0$ ② 위로 볼록 ➡ $a<0$

(2) p, q의 부호: 꼭짓점의 위치에 따라 결정된다.

① 꼭짓점이 제1사분면 위에 있으면 ➡ $p>0$, $q>0$

② 꼭짓점이 제2사분면 위에 있으면 ➡ $p<0$, $q>0$

③ 꼭짓점이 제3사분면 위에 있으면 ➡ $p<0$, $q<0$

④ 꼭짓점이 제4사분면 위에 있으면 ➡ $p>0$, $q<0$

04 이차함수 $y=3x^2$의 그래프를 y축의 방향으로 k만큼 평행이동한 그래프가 점 $(2, 4)$를 지난다고 할 때, k의 값을 구하여라.

05 이차함수 $y=-3(x-1)^2+6$의 그래프는 이차함수 $y=-3x^2$의 그래프를 x축의 방향으로 p만큼, y축의 방향으로 q만큼 평행이동한 것이다. 이때 $p+q$의 값을 구하여라.

06 이차함수 $y=a(x-p)^2+q$의 그래프가 오른쪽 그림과 같을 때, 상수 a, p, q의 부호를 정하여라.

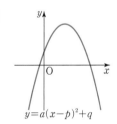
$y=a(x-p)^2+q$

✚ 이차함수 $y=a(x-p)^2+q$의 그래프에서
① 그래프의 모양 ➡ a의 부호 결정
② 꼭짓점의 위치 ➡ p, q의 부호 결정

07 이차함수 $y=3(x+2)^2-6$의 그래프를 x축의 방향으로 p만큼, y축의 방향으로 q만큼 평행이동하였더니 이차함수 $y=3x^2$의 그래프와 일치하였다. 이때 $p+q$의 값을 구하여라.

1. 이차함수 $y=ax^2+bx+c$의 그래프

⭐(1) 그래프 그리기: 이차함수 $y=ax^2+bx+c$의 그래프는
$y=a(x-p)^2+q$ 꼴로 고쳐서 그린다.

$$y=ax^2+bx+c \Rightarrow y=a\left(x+\frac{b}{2a}\right)^2-\frac{b^2-4ac}{4a}$$

(2) 꼭짓점의 좌표: $\left(-\dfrac{b}{2a},\ -\dfrac{b^2-4ac}{4a}\right)$

(3) 축의 방정식: $x=-\dfrac{b}{2a}$

$\quad\quad\quad\quad\quad\quad\quad$┌→ $x=0$일 때의 y의 값이다.
(4) y축과의 교점의 좌표: $(0,\ c)$

예시

이차함수 $y=-x^2-2x+1$을 $y=a(x-p)^2+q$ 꼴로 고치면
$y=-x^2-2x+1=-(x^2+2x+1-1)+1=-(x+1)^2+2$
따라서 이차함수 $y=-x^2-2x+1$, 즉 $y=-(x+1)^2+2$의
그래프는 오른쪽 그림과 같다.
① 축의 방정식: $x=-1$
② 꼭짓점의 좌표: $(-1, 2)$
③ y절편: 1

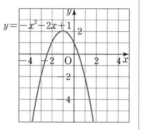

2. 이차함수 $y=ax^2+bx+c$의 그래프와 x축, y축과의 교점

(1) x축과의 교점의 x좌표: $y=0$일 때의 x의 값
(2) y축과의 교점의 y좌표: $x=0$일 때의 y의 값

예시

$y=x^2-2x-3$에
① $y=0$을 대입하면
$\quad x^2-2x-3=0,\ (x+1)(x-3)=0$
$\quad \therefore\ x=-1$ 또는 $x=3$
$\quad \Rightarrow x$축과의 교점의 좌표: $(-1, 0),\ (3, 0)$
② $x=0$을 대입하면 $y=0^2-2\times 0-3=-3$
$\quad \Rightarrow y$축과의 교점의 좌표: $(0, -3)$

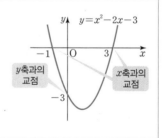

✚ 전개된 식을 완전제곱식으로 고치기

$y=ax^2+bx+c$
$\quad =a\left(x^2+\dfrac{b}{a}x\right)+c$ ①
$\quad =a\left\{\left(x^2+\dfrac{b}{a}x+\left(\dfrac{b}{2a}\right)^2\right)\right.$ ②
$\quad\quad\quad\quad \left.-\left(\dfrac{b}{2a}\right)^2\right\}+c$
$\quad =a\left\{x^2+\left(\dfrac{b}{a}\right)x+\left(\dfrac{b}{2a}\right)^2\right\}$ ③
$\quad\quad\quad\quad -\dfrac{b^2}{4a}+c$
$\quad =a\left(x+\dfrac{b}{2a}\right)^2-\dfrac{b^2-4ac}{4a}$ ④

① 상수항을 제외하고 x^2의 계수로
   이차항과 일차항을 묶어요.
② 괄호 안에 $\left(\dfrac{x의\ 계수}{2}\right)^2$을 더하고
   빼요.
③ 완전제곱식으로 만들 부분을 제외
   한 수를 괄호 밖으로 빼요.
④ $y=$(완전제곱식)+(상수)의 꼴로
   정리해요.

예 $y=-\dfrac{1}{2}x^2+3x+1$
$\quad =-\dfrac{1}{2}(x^2-6x)+1$
$\quad =-\dfrac{1}{2}(x^2-6x+9-9)+1$
$\quad =-\dfrac{1}{2}(x^2-6x+9)+\dfrac{9}{2}+1$
$\quad =-\dfrac{1}{2}(x-3)^2+\dfrac{11}{2}$

08 다음 이차함수를 $y=a(x-p)^2+q$ 꼴로 나타내고, 그래프의 꼭짓점의 좌표, 축의 방정식, y축과의 교점의 좌표를 각각 구하고, 그래프를 그려라. (단, a, p, q는 상수)

(1) $y=\dfrac{1}{2}x^2+2x-3$ ➡ _____

① 꼭짓점의 좌표

② 축의 방정식

③ y축과의 교점의 좌표

④ 그래프 그리기

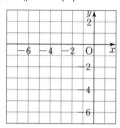

(2) $y=-2x^2+4x+1$ ➡ _____

① 꼭짓점의 좌표

② 축의 방정식

③ y축과의 교점의 좌표

④ 그래프 그리기

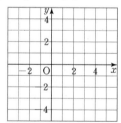

1. 꼭짓점의 좌표 (p, q)와 그래프 위의 다른 한 점의 좌표가 주어질 때

① 이차함수의 식을 $y=a(x-p)^2+q$로 놓는다.

② 이 식에 다른 한 점의 좌표를 대입하여 상수 a의 값을 구한다.

예 꼭짓점의 좌표가 $(2, 3)$이고 점 $(1, 0)$을 지나는 포물선을 그래프로 하는 이차함수의 식 구하기

➡ 꼭짓점의 좌표가 $(2, 3)$이므로 구하는 이차함수의 식을 $y=a(x-2)^2+3$으로 놓는다.

　이 식에 $x=1$, $y=0$을 대입하면 $a=-3$

　$\therefore y=-3(x-2)^2+3=-3x^2+12x-9$

⭐ 2. 축의 방정식 $x=p$와 그래프 위의 서로 다른 두 점의 좌표가 주어질 때

① 이차함수의 식을 $y=a(x-p)^2+q$로 놓는다.

② 이 식에 두 점의 좌표를 각각 대입하여 상수 a, q의 값을 각각 구한다.

예 축의 방정식이 $x=1$이고 두 점 $(-1, 8)$, $(2, -1)$을 지나는 포물선을 그래프로 하는 이차함수의 식 구하기

➡ 축의 방정식이 $x=1$이므로 구하는 이차함수의 식을 $y=a(x-1)^2+q$로 놓는다.

　이 식에 $x=-1$, $y=8$을 대입하면 $4a+q=8$　　　$\cdots$ ㉠

　$x=2$, $y=-1$을 대입하면 $a+q=-1$　　　$\cdots$ ㉡

　㉠, ㉡을 연립하여 풀면 $a=3$, $q=-4$

　$\therefore y=3(x-1)^2-4=3x^2-6x-1$

3. 꼭짓점이 아닌 세 점의 좌표가 주어질 때

① 이차함수의 식을 $y=ax^2+bx+c$로 놓는다.

② 이 식에 세 점의 좌표를 각각 대입하여 상수 a, b, c의 값을 각각 구한다.

예 세 점 $(0, 6)$, $(1, 3)$, $(-4, -2)$를 지나는 이차함수의 식 구하기

➡ y절편이 6이므로 이차함수의 식을 $y=ax^2+bx+6$으로 놓는다.

　이 그래프가 두 점 $(1, 3)$, $(-4, -2)$를 지나므로

　$x=1$, $y=3$을 대입하면 $a+b+6=3$

　$\therefore a+b=-3$　　　$\cdots$ ㉠

　$x=-4$, $y=-2$를 대입하면 $16a-4b+6=-2$

　$\therefore 16a-4b=-8$　　　$\cdots$ ㉡

　㉠, ㉡을 연립하여 풀면 $a=-1$, $b=-2$

　따라서 구하는 이차함수의 식은

　$y=-x^2-2x+6=-(x+1)^2+7$

4. x축과의 두 교점 $(m, 0)$, $(n, 0)$과 그래프 위의 다른 한 점의 좌표가 주어질 때

① 이차함수의 식을 $y=a(x-m)(x-n)$으로 놓는다.

② 이 식에 다른 한 점의 좌표를 대입하여 상수 a의 값을 구한다.

예 x축과 두 점 $(-2, 0)$, $(3, 0)$에서 만나고 점 $(1, 12)$를 지나는 포물선을 그래프로 하는 이차함수의 식 구하기

➡ x축과의 두 교점의 좌표가 $(-2, 0)$, $(3, 0)$이므로 이차함수의 식을 $y=a(x+2)(x-3)$으로 놓는다.

　이 식에 $x=1$, $y=12$를 대입하면

　$12=-6a$　　$\therefore a=-2$

　$\therefore y=-2(x+2)(x-3)=-2x^2+2x+12$

➕ y축과의 교점 $(0, k)$와 그래프 위의 서로 다른 두 점의 좌표가 주어질 때

① 이차함수의 식을 $y=ax^2+bx+k$로 놓아요.

② 이 식에 두 점의 좌표를 각각 대입하여 상수 a, b의 값을 구해요.

　예 y축과 점 $(0, -3)$에서 만나고 두 점 $(1, -1)$, $(-3, 3)$을 지나는 포물선을 그래프로 하는 이차함수의 식 구하기

　➡ 이차함수의 식을 $y=ax^2+bx-3$으로 놓고

　이 식에 $x=1$, $y=-1$을 대입하면

　$a+b=2$　　　$\cdots$ ㉠

　$x=-3$, $y=3$을 대입하면

　$9a-3b=6$　　$\cdots$ ㉡

　㉠, ㉡을 연립하여 풀면

　$a=1$, $b=1$

　$\therefore y=x^2+x-3$

09 이차함수 $y=ax^2+bx+c$의 그래프의 꼭짓점의 좌표가 $(1, 1)$ 이고 점 $(-1, 9)$를 지날 때, 이 이차함수의 식을 구하여라.

(단, a, b, c는 수이다.)

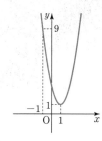

10 직선 $x=2$를 축으로 하고, 두 점 $(0, 5)$, $(3, -4)$를 지나는 포물선의 그래프로 하는 이차함수의 식은?

① $y=4x^2+16x+5$

② $y=-3x^2+12x+5$

③ $y=3x^2-12x+5$

④ $y=4x^2-16x+5$

11 이차함수 $y=ax^2+bx+5$의 그래프가 두 점 $(-1, 8)$과 $(1, 4)$를 지날 때, 두 수 a, b의 값을 각각 구하여라.

12 오른쪽 그림과 같은 그래프를 나타내는 이차함수의 식을 구하여라.

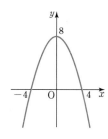

01 순서쌍 $(1, 2)$를 좌표평면 위에 나타낸 점은?

2019년 1회

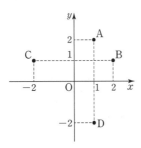

① A   ② B
③ C   ④ D

주목

03 좌표평면 위에 있는 점 P의 좌표는?

2016년 2회

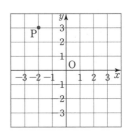

① $P(-3, 2)$
② $P(-2, 3)$
③ $P(2, -3)$
④ $P(3, -2)$

02 좌표평면 위에 있는 점 P의 좌표는?

2018년 1회

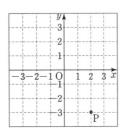

① $P(2, 3)$
② $P(2, -3)$
③ $P(-2, 3)$
④ $P(-2, -3)$

04 좌표평면 위의 두 점 P, Q의 좌표로 옳은 것은?

2016년 1회

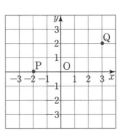

① $P(-2, 0)$, $Q(2, 3)$
② $P(-2, 0)$, $Q(3, 2)$
③ $P(0, -2)$, $Q(2, 3)$
④ $P(0, -2)$, $Q(3, 2)$

05 다음은 어느 학생이 집에서 출발하여 학교까지 갈 때, 시간에 따른 이동 거리를 나타낸 그래프이다. 이 학생이 출발한 후 30분 동안 이동한 거리는? 2021년 1회

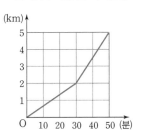

① 1 km　　　　② 2 km
③ 3 km　　　　④ 4 km

06 일차함수 $y=x+2$의 그래프는 일차함수 $y=x$의 그래프를 y축의 방향으로 a만큼 평행이동한 것이다. 상수 a의 값은? 2021년 1회

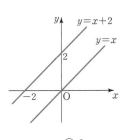

① -1　　　　② 0
③ 1　　　　　④ 2

07 그림은 일차함수 $y=x+a$의 그래프이다. a의 값은? 2019년 2회

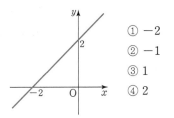

① -2
② -1
③ 1
④ 2

08 그림은 일차함수 $y=2x+a$의 그래프이다. a의 값은? 2016년 1회

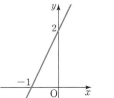

① 1
② 2
③ 3
④ 4

09 그림은 일차함수 $y=-x+a$의 그래프이다. a의 값은? 2019년 1회

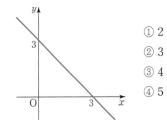

① 2
② 3
③ 4
④ 5

주목
10 그림은 일차함수 $y=ax+2$의 그래프이다. a의 값은? 2020년 1회

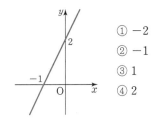

① -2
② -1
③ 1
④ 2

11 그림은 일차함수 $y=ax+4$의 그래프이다. a의 값은?

2018년 1회

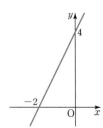

① -4

② -2

③ 2

④ 4

12 그림은 일차함수 $y=ax+3$의 그래프이다. a의 값은?

2017년 2회

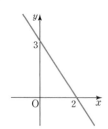

① -3

② $-\dfrac{3}{2}$

③ $\dfrac{2}{3}$

④ 2

13 그림은 일차함수 $y=x-2$의 그래프이다. 이 그래프가 점 $(5, a)$를 지날 때, a의 값은? 2016년 2회

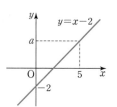

① 2

② 3

③ 4

④ 5

주목

14 일차함수 $y=\dfrac{1}{3}x-\dfrac{4}{3}$의 그래프가 점 $(a, 2)$를 지날 때, a의 값은?

① 4

② 6

③ 8

④ 10

15 그래프의 기울기가 $\dfrac{1}{2}$이고 y절편이 -3인 일차함수의 식은? 2018년 2회

① $y=-3x-\dfrac{1}{2}$

② $y=-3x+\dfrac{1}{2}$

③ $y=\dfrac{1}{2}x-3$

④ $y=\dfrac{1}{2}x+3$

16 그래프의 기울기가 -5이고 점 $(0, 5)$를 지나는 일차함수의 식은?

① $y=-5x+5$

② $y=-5x$

③ $y=\dfrac{1}{5}x+5$

④ $y=\dfrac{1}{5}x-5$

17 그림은 연립방정식 $\begin{cases} x+y=-5 \\ x-y=-1 \end{cases}$ 의 해를 구하기 위하여 두 방정식의 그래프를 각각 나타낸 것이다. 이 연립방정식의 해는?

2019년 1회

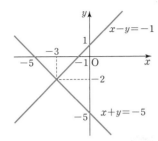

① $x=-3$, $y=-2$

② $x=-1$, $y=-1$

③ $x=1$, $y=0$

④ $x=3$, $y=1$

18 이차함수 $y=-\dfrac{1}{2}x^2$ 의 그래프에 대한 설명으로 옳은 것은?

2016년 2회

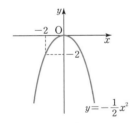

① 아래로 볼록하다.

② 제2사분면을 지난다.

③ 점 $(-2, 2)$를 지난다.

④ 꼭짓점의 좌표는 $(0, 0)$이다.

주목

19 다음 중 이차함수 $y=2x^2$ 의 그래프에 대한 설명으로 옳은 것은?

① 위로 볼록한 포물선이다.

② 점 $(-2, -8)$을 지난다.

③ $x>0$일 때, x값이 증가하면 y값도 증가한다.

④ $y=-\dfrac{1}{2}x^2$ 의 그래프와 x축에 대하여 대칭이다.

20 다음 중 이차함수 $y=x^2-2$의 그래프로 알맞은 것은?

2019년 2회

①
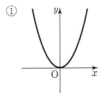

②
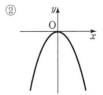

③
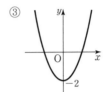

④
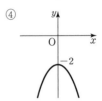

21 이차함수 $y=2x^2-2$의 그래프에 대한 설명으로 옳은 것은?

2021년 1회

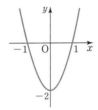

① 위로 볼록하다.

② 점 $(1, 1)$을 지난다.

③ 직선 $x=1$을 축으로 한다.

④ 꼭짓점의 좌표는 $(0, -2)$이다.

22 이차함수 $y=-(x+1)^2+3$의 그래프에 대한 설명으로 옳은 것은?

2018년 2회

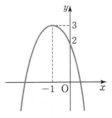

① 아래로 볼록하다.

② 점 $(-2, 1)$을 지난다.

③ 직선 $x=0$을 축으로 한다.

④ 꼭짓점의 좌표는 $(-1, 3)$이다.

04

기하

1 기본 도형

2 작도와 합동

3 평면도형의 성질

4 입체도형의 성질

5 삼각형과 사각형의 성질

6 도형의 닮음과 피타고라스 정리

7 삼각비

8 원과 직선

04 기하

정답과 해설 26쪽

술술 유형 다지기 1. 기본 도형

1 점, 선, 면

+ 점, 선, 면은 도형을 이루는 기본 요소예요.

1. 교점과 교선
(1) 교점: 선과 선 또는 선과 면이 만날 때, 그들의 공통 부분인 점
(2) 교선: 면과 면이 만날 때, 두 면의 공통 부분인 선

교점

교선

+ 직선, 반직선, 선분
① 직선: 양쪽으로 끝없이 늘인 곧은 선
② 반직선: 한 점에서 한쪽으로 끝없이 늘인 곧은 선
③ 선분: 두 점을 곧게 이은 선

2. 직선, 선분, 반직선
(1) 직선 $\mathrm{AB}(\overleftrightarrow{\mathrm{AB}})$: 서로 다른 두 점 A, B를 지나 양쪽으로 한없이 뻗은 선

(2) 반직선 $\mathrm{AB}(\overrightarrow{\mathrm{AB}})$: 직선 AB 위의 점 A에서 시작하여 점 B쪽으로 뻗은 부분

(3) 선분 $\mathrm{AB}(\overline{\mathrm{AB}})$: 직선 AB 위의 점 A에서 점 B까지의 부분

3. 두 점 사이의 거리
(1) 두 점 A, B 사이의 거리
두 점 A, B를 잇는 선 중 길이가 가장 짧은 선분 AB의 길이

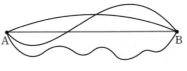

(2) 선분 AB의 중점
선분 AB 위의 점 M에 대하여 $\overline{\mathrm{AM}}=\overline{\mathrm{MB}}$일 때, 점 M을 선분 AB의 중점이라 한다.
$$\Rightarrow \overline{\mathrm{AM}}=\overline{\mathrm{MB}}=\frac{1}{2}\overline{\mathrm{AB}}$$

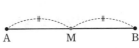

---

01 오른쪽 그림과 같은 팔각형에서 교점의 개수를 구하여라.

02 오른쪽 그림과 같은 입체도형에서 다음을 구하여라.

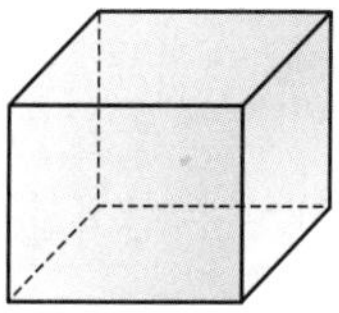

(1) 교점의 개수

(2) 교선의 개수

03 다음 도형을 기호로 나타내어라.

✚ 같은 반직선은
① 시작점이 같아요.
② 뻗는 방향이 같아요.

(1)

(2)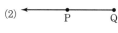

(3) P Q

(4) P Q

04 아래 그림과 같이 직선 l 위에 세 점 A, B, C가 있을 때, 다음과 같은 것을 〈보기〉에서 모두 골라라.

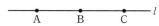

> 보기
>
> $\overrightarrow{AC}$, $\overline{BA}$, $\overleftarrow{CA}$, $\overrightarrow{BC}$, $\overrightarrow{BA}$, $\overleftarrow{CA}$, $\overrightarrow{CA}$

(1) $\overleftrightarrow{AB}$

(2) $\overrightarrow{AB}$

(3) $\overline{AC}$

(4) $\overrightarrow{CB}$

05 오른쪽 그림에서 다음을 구하여라.

(1) 두 점 A, D 사이의 거리

(2) 두 점 B, C 사이의 거리

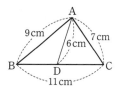

2 각

1. 각 AOB: 한 점 O에서 시작하는 두 반직선 OA와 OB 로 이루어진 도형

기호 ∠AOB, ∠BOA, ∠O, ∠a

각의 꼭짓점은 항상 가운데에 쓴다.

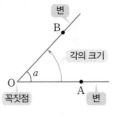

+ ∠AOB는 보통 크기가 작은 쪽의 각을 말해요.

➡ ∠AOB=50°

2. 각 AOB의 크기: ∠AOB에서 점 O를 중심으로 반직 선 OA가 반직선 OB까지 회전한 양

참고 ∠AOB는 각 AOB를 나타내기도 하고, 각 AOB의 크기를 나타내기도 한다.

3. 각의 분류

(1) **평각**(180°): 각의 두 변이 한 직선을 이루는 각

(2) **직각**(90°): 평각의 크기의 $\frac{1}{2}$인 각

(3) **예각:** 크기가 0°보다 크고 90°보다 작은 각

(4) **둔각:** 크기가 90°보다 크고 180°보다 작은 각

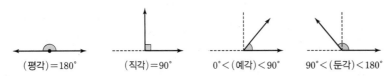

(평각)=180°   (직각)=90°   0°<(예각)<90°   90°<(둔각)<180°

---

06 오른쪽 그림에서 다음 각을 예각, 직각, 둔각, 평각으로 분류하 여라.

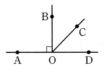

(1) ∠AOB

(2) ∠AOC

(3) ∠AOD

(4) ∠COD

07 다음에 알맞은 각도를 〈보기〉에서 모두 찾아 써라.

보기

90°,   45°,   105°,   135°,   75°,   180°

(1) 예각   (2) 직각

(3) 둔각   (4) 평각

1. 맞꼭지각

(1) **교각**: 두 직선이 한 점에서 만날 때 생기는 네 개의 각
➡ $\angle a$, $\angle b$, $\angle c$, $\angle d$

(2) **맞꼭지각**: 교각 중 서로 마주 보는 두 각
➡ $\angle a$와 $\angle c$, $\angle b$와 $\angle d$

(3) **맞꼭지각의 성질**: 맞꼭지각의 크기는 서로 같다.
➡ $\angle a = \angle c$, $\angle b = \angle d$

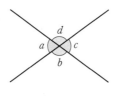

✚ 두 직선이 한 점에서 만나면 두 쌍의 맞꼭지각이 생겨요.

2. 직교와 수선

(1) **직교**: 두 직선 AB와 CD의 교각이 직각일 때, 이 두 직선은 서로 수직이다 또는 직교한다고 한다.
기호 $\overleftrightarrow{AB} \perp \overleftrightarrow{CD}$

(2) **수직과 수선**: 두 직선이 서로 수직일 때, 한 직선은 다른 직선의 수선이다.

참고 $\overleftrightarrow{AB} \perp \overleftrightarrow{CD}$일 때, $\overleftrightarrow{AB}$의 수선은 $\overleftrightarrow{CD}$이고, $\overleftrightarrow{CD}$의 수선은 $\overleftrightarrow{AB}$이다.

✚ $\overleftrightarrow{AB} \perp \overleftrightarrow{CD}$이면 $\overline{AB} \perp \overline{CD}$

(3) **수직이등분선**: 선분 AB의 중점 M을 지나고 선분 AB에 수직인 직선 l을 선분 AB의 수직이등분선이라 한다.
➡ $l \perp \overline{AB}$, $\overline{AM} = \overline{BM}$

(4) **수선의 발**: 직선 l 위에 있지 않은 점 P에서 직선 l에 수선을 그었을 때, 이 수선과 직선 l의 교점 H를 점 P에서 직선 l에 내린 수선의 발이라 한다.

(5) **점과 직선 사이의 거리**: 직선 l 위에 있지 않은 점 P와 직선 l 사이의 거리는 점 P에서 직선 l에 내린 수선의 발 H까지의 거리이다. ➡ $\overline{PH}$의 길이

점 P와 직선 l 사이의 거리

수선의 발

---

08 다음 그림에서 $\angle x$, $\angle y$의 크기를 각각 구하여라.

(1)
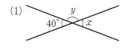

(2)
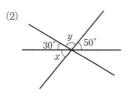

---

09 오른쪽 그림의 직사각형 ABCD에서 다음을 구하여라.

(1) 점 A에서 $\overline{CD}$에 내린 수선의 발

(2) 점 B와 $\overline{AD}$ 사이의 거리

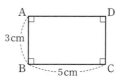

1. 평면에서 점과 직선의 위치 관계

(1) 점 A는 직선 l 위에 있다.

(2) 점 B는 직선 l 위에 있지 않다.

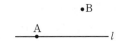

☆ 2. 평면에서 두 직선의 위치 관계

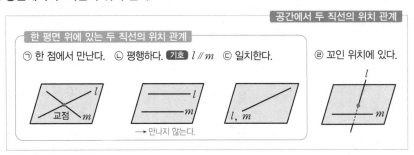

① ㉡과 같이 한 평면 위에 있는 두 직선 l, m이 만나지 않을 때, 두 직선 l, m은 서로 평행하다고 한다. **기호** $l /\!/ m$

이때 평행한 두 직선을 평행선이라 한다.

② ㉣과 같이 공간에서 두 직선이 만나지도 않고 평행하지도 않을 때, 두 직선은 꼬인 위치에 있다고 한다. → 두 직선은 한 평면 위에 있지 않다.

쏙쏙 이해 더하기 | **평면이 정해질 조건**

다음과 같은 경우에 하나의 평면이 정해진다.

① 한 직선 위에 있지 않은 서로 다른 세 점이 주어질 때

② 한 직선과 그 직선 위에 있지 않은 한 점이 주어질 때

③ 한 점에서 만나는 두 직선이 주어질 때

④ 서로 평행한 두 직선이 주어질 때

①　②　③　④

---

3. 공간에서 직선과 평면의 위치 관계

(1) 한 점에서 만난다.　　(2) 평행하다. **기호** $l /\!/ P$　(3) 직선이 평면에 포함된다.

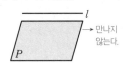

4. 직선과 평면의 수직

직선 l이 평면 P와 한 점 H에서 만나고 직선 l이 점 H를 지나는 평면 P 위의 모든 직선에 수직일 때, 직선 l과 평면 P는 서로 수직이다 또는 직교한다고 한다.

기호 $l \perp P$

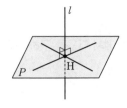

✚ 공간에서 직선 l과 평면 P가 수직으로 만나고 그 교점이 O일 때,
① 직선 l: 평면 P의 수선
② 점 O: 수선의 발

✚ 점과 평면 사이의 거리는 점에서 평면에 이르는 가장 짧은 선분의 길이예요.

5. 공간에서 두 평면의 위치 관계

(1) 한 직선에서 만난다.　　(2) 평행하다. **기호** $P /\!/ Q$　　(3) 일치한다.

교선

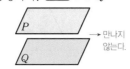

→ 만나지 않는다.

P, Q

✚ 한 평면에 평행한 모든 평면은 서로 평행하다. 즉,
$P /\!/ Q$, $P /\!/ R$이면 $Q /\!/ R$

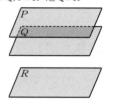

6. 두 평면의 수직

평면 P가 평면 Q에 수직인 직선 l을 포함할 때, 평면 P와 평면 Q는 서로 수직이다 또는 직교한다고 한다. **기호** $P \perp Q$

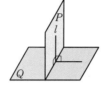

---

10 오른쪽 그림에서 다음을 구하여라.

(1) 직선 l 위에 있는 점

(2) 직선 m 위에 있지 않은 점

(3) 두 직선 l, m 위에 동시에 있는 점

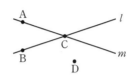

11 오른쪽 그림의 사다리꼴에서 다음을 구하여라.

(1) 변 BC와 한 점에서 만나는 변

(2) 변 BC와 평행한 변

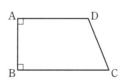

12 오른쪽 그림과 같은 직육면체에서 다음을 구하여라.

(1) 모서리 AD와 한 점에서 만나는 모서리

(2) 모서리 AD와 평행한 모서리

(3) 모서리 AD와 꼬인 위치에 있는 모서리

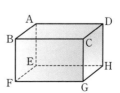

13 오른쪽 그림과 같이 밑면이 정사각형인 사각뿔에서 다음을 구하여라.

(1) 모서리 DE와 평행한 모서리

(2) 모서리 DE와 꼬인 위치에 있는 모서리

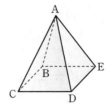

✚ 꼬인 위치에 있는 모서리를 찾는 방법

① 한 점에서 만나는 모서리를 모두 제외해요.

② 평행한 모서리를 모두 제외해요.

14 오른쪽 그림과 같이 밑면이 정오각형인 오각기둥에서 다음을 구하여라.

(1) 모서리 DI와 평행한 면

(2) 모서리 CH를 포함하는 면

(3) 면 ABCDE와 수직인 모서리

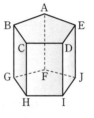

⭐ 1. 동위각과 엇각

두 직선 l, m이 다른 한 직선 n과 만나서 생기는 8개의 각 중에서

(1) **동위각**: 같은 위치에 있는 각
➡ $\angle a$와 $\angle e$, $\angle b$와 $\angle f$, $\angle c$와 $\angle g$, $\angle d$와 $\angle h$

(2) **엇각**: 엇갈린 위치에 있는 각
➡ $\angle b$와 $\angle h$, $\angle c$와 $\angle e$

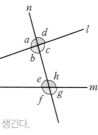

참고 서로 다른 두 직선과 다른 한 직선이 만나면 4쌍의 동위각, 2쌍의 엇각이 생긴다.

주의 엇각은 두 직선 l, m 사이에 있는 각이므로 위의 그림에서 $\angle a$와 $\angle g$, $\angle d$와 $\angle f$는 엇각이 아니다.

✚ 맞꼭지각의 크기는 언제나 같지만 동위각과 엇각의 크기는 두 직선이 평행할 때만 같아요.

✚ 동위각

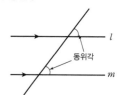

2. 평행선의 성질

(1) **평행선**: 한 평면 위에서 만나지 않는 두 직선 l, m을 평행선이라 한다.

(2) **평행선의 성질**

① 평행한 두 직선은 만나지 않는다.

② 서로 다른 두 직선이 다른 한 직선과 만날 때

㉠ 두 직선이 평행하면 동위각의 크기는 서로 같다.
➡ $l /\!/ m$이면 $\angle a = \angle b$

㉡ 두 직선이 평행하면 엇각의 크기는 서로 같다.
➡ $l /\!/ m$이면 $\angle c = \angle d$

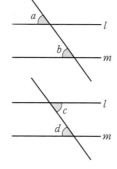

✚ 엇각

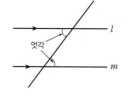

3. 두 직선이 평행할 조건

서로 다른 두 직선이 다른 한 직선과 만날 때

(1) 동위각의 크기가 같으면 두 직선은 평행하다.
➡ $\angle a = \angle b$이면 $l /\!/ m$

(2) 엇각의 크기가 같으면 두 직선은 평행하다.
➡ $\angle c = \angle d$이면 $l /\!/ m$

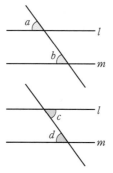

✚ 두 직선이 평행할 조건

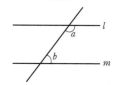

① 서로 다른 두 직선이 한 직선과 만날 때, 동측내각의 크기의 합이 $180°$이면 두 직선은 평행해요.
➡ $\angle a + \angle b = 180°$이면 $l /\!/ m$

② 두 직선이 평행하면 동측내각의 크기의 합이 $180°$예요.
➡ $l /\!/ m$이면 $\angle a + \angle b = 180°$

쏙쏙 이해 더하기

평행선이 꺾인 선과 만날 때에는 꺾인 점을 지나면서 주어진 평행선과 평행하도록 직선을 긋고 엇각과 동위각의 성질을 이용하여 각을 구한다.

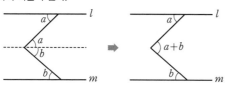

15 오른쪽 그림과 같이 세 직선이 만날 때, 다음 각의 크기를 구하여라.

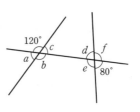

(1) ∠a의 동위각

(2) ∠c의 동위각

(3) ∠d의 엇각

(4) ∠e의 엇각

16 오른쪽 그림에서 $l /\!/ m$일 때, 다음 각의 크기를 구하여라.

(1) ∠a　　　　　　　　(2) ∠b

(3) ∠c　　　　　　　　(4) ∠d

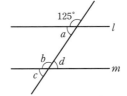

17 다음 그림에서 $l /\!/ m$일 때, ∠a, ∠b, ∠c, ∠d의 크기를 구하여라.

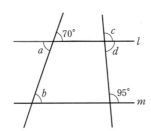

18 다음 그림에서 $l /\!/ m$일 때, ∠x의 크기를 구하여라.

(1)

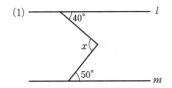

(2)

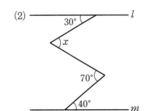

1 작도

정답과 해설 27쪽

1. 작도

눈금 없는 자와 컴퍼스만을 사용하여 도형을 그리는 것을 작도라 한다.

(1) **눈금 없는 자**: 두 점을 연결하여 선분을 긋거나 선분을 연장하는 데 사용한다.

(2) **컴퍼스**: 원을 그리거나 선분의 길이를 재어 옮기는 데 사용한다.

✚ 작도할 때, 자를 사용하여 길이를 재거나 각도기를 사용하여 각의 크기를 재지 않도록 해요.

2. 길이가 같은 선분의 작도

선분 AB와 길이가 같은 선분 PQ를 작도하는 방법은 다음과 같다.

① 눈금 없는 자를 사용하여 직선 l을 긋고, 그 위에 한 점 P를 잡는다.

② 컴퍼스를 사용하여 $\overline{AB}$의 길이를 잰다.

③ 점 P를 중심으로 하고 반지름의 길이가 $\overline{AB}$인 원을 그려 직선 l과의 교점을 Q라 하면 $\overline{PQ}=\overline{AB}$이다.

3. 크기가 같은 각의 작도

∠XOY와 크기가 같고 $\overrightarrow{PQ}$를 한 변으로 하는 ∠DPC를 작도하는 방법은 다음과 같다.

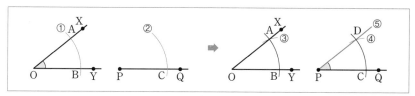

① 점 O를 중심으로 하는 원을 그려 $\overrightarrow{OX}$, $\overrightarrow{OY}$와의 교점을 각각 A, B라 한다.

② 점 P를 중심으로 하고 반지름의 길이가 $\overline{OA}$인 원을 그려 $\overrightarrow{PQ}$와의 교점을 C라 한다.

③ 컴퍼스를 사용하여 $\overline{AB}$의 길이를 잰다.

④ 점 C를 중심으로 하고 반지름의 길이가 $\overline{AB}$인 원을 그려 ②에서 그린 원과의 교점을 D라 한다.

⑤ 두 점 P와 D를 지나는 $\overrightarrow{PD}$를 그으면 ∠DPC=∠XOY이다.

01 다음 그림은 선분 AB를 점 B의 방향으로 연장하여 $\overline{AC}=2\overline{AB}$인 선분 AC를 작도하는 과정이다. 작도 순서를 바르게 나열하여라.

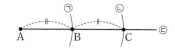

1. 삼각형

(1) 삼각형 ABC: 세 점 A, B, C를 꼭짓점으로 하는
    삼각형 **기호** $\triangle ABC$

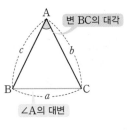

(2) 대변과 대각
    ① 대변: 한 각과 마주 보는 변
        ➡ ∠A의 대변: $\overline{BC}$, ∠B의 대변: $\overline{AC}$,
            ∠C의 대변: $\overline{AB}$
    ② 대각: 한 변과 마주 보는 각
        ➡ $\overline{BC}$의 대각: ∠A, $\overline{AC}$의 대각: ∠B, $\overline{AB}$의 대각: ∠C

    참고 $\triangle ABC$에서 ∠A, ∠B, ∠C의 대변의 길이를 각각 a, b, c로 나타내기도 한다.

(3) 삼각형의 세 변의 길이 사이의 관계
    삼각형에서 한 변의 길이는 나머지 두 변의 길이의 합보다 작다.
    ➡ (한 변의 길이)<(나머지 두 변의 길이의 합)

    참고 세 변의 길이가 주어질 때, 삼각형을 만들 수 있는 조건
    ➡ (가장 긴 변의 길이)<(나머지 두 변의 길이의 합)

2. 삼각형의 작도

다음과 같을 때 삼각형을 하나로 작도할 수 있다.

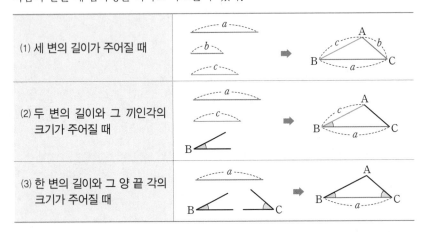

(1) 세 변의 길이가 주어질 때	
(2) 두 변의 길이와 그 끼인각의 크기가 주어질 때	
(3) 한 변의 길이와 그 양 끝 각의 크기가 주어질 때	

⭐ 3. 삼각형이 하나로 정해지는 경우

다음과 같을 때 삼각형의 모양과 크기는 하나로 정해진다.
(1) 세 변의 길이가 주어질 때
(2) 두 변의 길이와 그 끼인각의 크기가 주어질 때
(3) 한 변의 길이와 그 양 끝 각의 크기가 주어질 때

➕ **삼각형이 하나로 정해지지 않는 경우**

① 가장 긴 변의 길이가 나머지 두 변의 길이의 합보다 크거나 같을 때
    ➡ 삼각형이 그려지지 않아요.
② 두 변의 길이와 그 끼인각이 아닌 다른 한 각의 크기가 주어질 때
    ➡ 삼각형이 하나로 그려지지 않아요.
③ 세 각의 크기가 주어질 때
    ➡ 삼각형이 무수히 많이 그려져요.

02 오른쪽 그림의 △ABC에서 다음을 구하여라.

(1) ∠C의 대변의 길이

(2) $\overline{AC}$의 대각의 크기

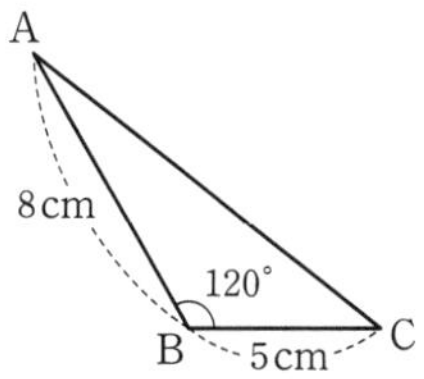

03 세 변의 길이가 다음과 같을 때, 삼각형을 만들 수 있으면 ○표를, 만들 수 없으면 ×표를 하여라.

(1) 2 cm, 4 cm, 5 cm (　　　　)

(2) 6 cm, 6 cm, 6 cm (　　　　)

(3) 3 cm, 4 cm, 8 cm (　　　　)

04 다음은 세 변의 길이가 a, b, c인 삼각형을 작도하는 과정이다. □ 안에 알맞은 것을 써넣어라.

＋ 삼각형의 세 변의 길이가 주어질 때 어느 변을 먼저 작도해도 상관없어요.

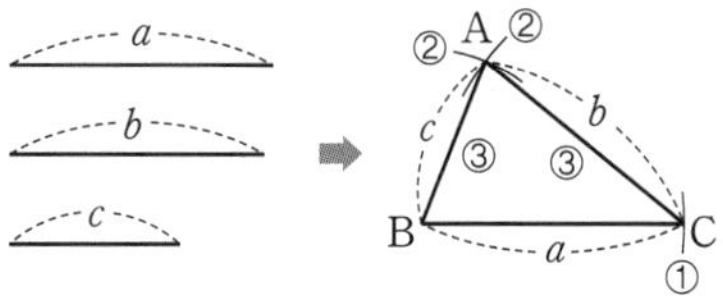

① 길이가 □ 인 $\overline{BC}$를 작도한다.

② 점 B, C를 중심으로 하고 반지름의 길이가 c, □ 인 원을 각각 그려 그 교점을 □ 라 한다.

③ $\overline{AB}$, $\overline{AC}$를 그으면 △ABC가 작도된다.

05 다음은 두 변의 길이가 a, c이고 그 끼인각의 크기가 ∠B인 삼각형을 작도하는 과정이다. □ 안에 알맞은 것을 써넣어라.

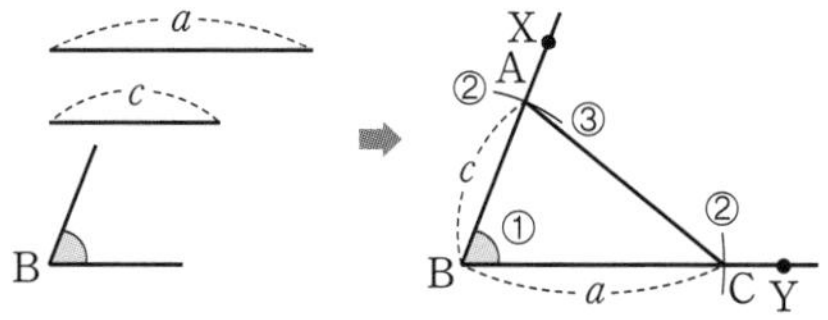

① ∠B와 크기가 같은 □ 를 작도한다.

② 점 B를 중심으로 하고 반지름의 길이가 c, □ 인 원을 각각 그려 $\overrightarrow{BX}$, $\overrightarrow{BY}$와의 교점을 각각 □ , C라 한다.

③ $\overline{AC}$를 그으면 △ABC가 작도된다.

1. **합동:** 어떤 한 도형을 다른 도형에 포개 었을 때 완전히 겹쳐지면 이 두 도형은 서로 합동이라 한다.
△ABC와 △DEF가 서로 합동일 때, 이것을 기호 ≡를 사용하여 △ABC≡△DEF 와 같이 나타낸다.

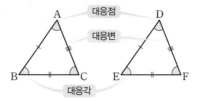

✚ =와 ≡의 차이점
① △ABC=△DEF
➡ △ABC와 △DEF의 넓이가 같아요.
② △ABC≡△DEF
➡ △ABC와 △DEF는 합동이 에요.

2. **대응:** 합동인 두 도형을 포개었을 때 완전히 겹쳐지는 꼭짓점과 꼭짓점, 변과 변, 각과 각은 각각 서로 대응한다고 한다.

　예 △ABC와 △DEF가 합동일 때
　① 대응점: 점 A와 점 D, 점 B와 점 E, 점 C와 점 F
　② 대응변: $\overline{AB}$와 $\overline{DE}$, $\overline{BC}$와 $\overline{EF}$, $\overline{CA}$와 $\overline{FD}$
　③ 대응각: ∠A와 ∠D, ∠B와 ∠E, ∠C와 ∠F

3. **합동인 도형의 성질**
두 도형이 서로 합동이면
(1) 대응변의 길이는 같다.
(2) 대응각의 크기가 같다.

✚ 합동인 두 도형은 완전히 포개어 지므로 두 도형의 넓이는 서로 같아요.

---

06 아래 그림에서 사각형 ABCD와 사각형 EFGH가 서로 합동일 때, 다음을 구하여라.

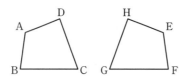

(1) 점 D의 대응점

(2) $\overline{AB}$의 대응변

(3) ∠C의 대응각

07 아래 그림에서 사각형 ABCD와 사각형 EFGH가 서로 합동일 때, 다음을 구하여라.

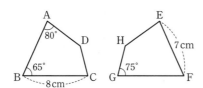

(1) $\overline{AB}$의 길이

(2) ∠C의 크기

(3) ∠H의 크기

4 삼각형의 합동 조건

정답과 해설 27쪽

두 삼각형 ABC와 DEF는 다음의 각 경우에 서로 합동이다.

(1) 대응하는 세 변의 길이가 각각 같을 때
   (SSS 합동)
   ➡ $\overline{AB}=\overline{DE}$, $\overline{BC}=\overline{EF}$, $\overline{CA}=\overline{FD}$

(2) 대응하는 두 변의 길이가 각각 같고, 그 끼인
   각의 크기가 같을 때 (SAS 합동)
   ➡ $\overline{AB}=\overline{DE}$, $\overline{BC}=\overline{EF}$, $\angle B=\angle E$

(3) 대응하는 한 변의 길이가 같고, 그 양 끝각의
   크기가 각각 같을 때 (ASA 합동)
   ➡ $\overline{BC}=\overline{EF}$, $\angle B=\angle E$, $\angle C=\angle F$

✚ 삼각형이 하나로 정해지는 경우와 삼각형의 합동 조건은 같은 경우예요.

---

08 다음 〈보기〉의 삼각형 중 합동인 삼각형을 찾아 기호로 나타내려고 할 때, ☐ 안에
   알맞은 것을 써넣어라.

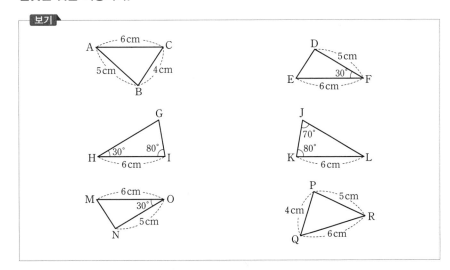

(1) △ABC≡ ☐ (☐ 합동)

(2) △DEF≡ ☐ (☐ 합동)

(3) △GHI≡ ☐ (☐ 합동)

1 다각형

정답과 해설 27쪽

1. **다각형**: 3개 이상의 선분으로만 둘러싸인 평면도형
   ➡ 선분이 3개, 4개, ⋯, n개인 다각형을 각각 삼각형, 사각형, ⋯, n각형이라 한다.
   (1) **변**: 다각형의 각 선분
   (2) **꼭짓점**: 변과 변의 교점

2. **내각**: 다각형에서 이웃하는 두 변으로 이루어진 내부의 각

3. **외각**: 다각형의 각 꼭짓점에서 한 변과 그 변에 이웃한 변의 연장선이 이루는 각

   > 참고 • 한 꼭짓점에서의 외각은 2개이지만 서로 맞꼭지각으로 그 크기가 같으므로 하나만 생각한다.
   > • 다각형의 한 꼭짓점에서 (내각의 크기)+(외각의 크기)=180°이다.

4. **정다각형**: 모든 변의 길이가 같고 모든 내각의 크기가 같은 다각형
   ➡ 변이 3개, 4개, ⋯, n개인 정다각형을 각각 정삼각형, 정사각형, ⋯, 정n각형이라 한다.

   정삼각형　　정사각형　　정오각형 ⋯

   > 주의 • 변의 길이가 모두 같아도 내각의 크기가 다르면 정다각형이 아니다. **예** 마름모
   > • 내각의 크기가 모두 같아도 변의 길이가 다르면 정다각형이 아니다. **예** 직사각형

   마름모　　　직사각형

✦ 정다각형은 모든 내각의 크기가 같으므로 모든 외각의 크기도 같아요.

✦ **5. 다각형의 대각선**
   (1) **대각선**: 다각형에서 이웃하지 않는 두 꼭짓점을 이은 선분
   (2) **대각선의 개수**
   ① n각형의 한 꼭짓점에서 그을 수 있는 대각선의 개수:
   $n-3$(단, $n≥4$)　　꼭짓점의 개수 ── 한 꼭짓점에서 그을 수 있는 대각선의 개수
   ② n각형의 대각선의 개수: $\dfrac{n(n-3)}{2}$ (단, $n≥4$)
   └ 한 대각선을 두 번씩 세었으므로 2로 나눈다.

대각선

---

01 오른쪽 그림과 같은 오각형 ABCDE에서 다음을 구하여라.

(1) ∠B의 외각의 크기

(2) ∠E의 외각의 크기

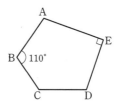

02 다음 설명이 옳으면 ○표, 틀리면 ×표를 하여라.

(1) 정다각형은 모든 내각의 크기가 같다. (　　　)

(2) 정다각형은 모든 변의 길이가 같다. (　　　)

(3) 모든 내각의 크기가 같은 다각형은 정다각형이다. (　　　)

2 삼각형의 내각과 외각

1. 삼각형의 세 내각의 크기의 합은 180°이다.
   ➡ △ABC에서 ∠A+∠B+∠C=180°

2. **삼각형의 내각과 외각 사이의 관계:** 삼각형의 한 외각의 크기는 그와 이웃하지 않는 두 내각의 크기의 합과 같다.
   ➡ △ABC에서 ∠ACD=∠A+∠B
   └→ ∠C의 외각의 크기   └→ ∠ACD와 이웃하지 않는 두 내각의 크기의 합

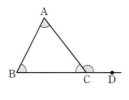

쑥쑥 이해 더하기

△ABC의 꼭짓점 C에서 $\overline{BA}$ ∥ $\overline{CE}$가 되도록 반직선 CE를 그으면
∠A=∠ACE(엇각), ∠B=∠ECD(동위각)
(1) ∠A+∠B+∠C=∠ACE+∠ECD+∠C=180°
(2) ∠ACD=∠ACE+∠ECD=∠A+∠B

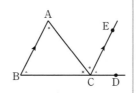

---

03 오른쪽 그림에서 ∠x의 크기를 구하여라.

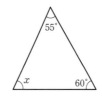

04 다음 그림에서 ∠x의 크기를 구하여라.

(1)
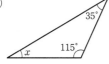

(2)
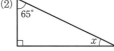

05 다음 그림에서 ∠x의 크기를 구하여라.

(1)
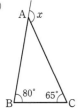

(2)

❸ 다각형의 내각과 외각의 크기의 합

1. 다각형의 내각의 크기의 합

(1) n각형의 한 꼭짓점에서 대각선을 모두 그었을 때 생기는 삼각형의 개수: $n-2$

(2) n각형의 내각의 크기의 합: $\underline{180° \times (n-2)}$

_{삼각형의 내각의 크기의 합} ↑   ↳ 한 꼭짓점에서 대각선을 모두 그었을 때 생기는 삼각형의 개수

> ✚ n각형의 내각의 크기의 합은 나누어진 삼각형의 내각의 크기의 총합과 같아요.

⑩ 육각형의 한 꼭짓점에서 대각선을 모두 그었을 때 생기는 삼각형의 개수는
$6-2=4$이므로 육각형의 내각의 크기의 합은
$180° \times (6-2) = 180° \times 4 = 720°$

2. 다각형의 외각의 크기의 합

n각형의 외각의 크기의 합은 항상 $360°$이다. → 변의 개수 n에 관계없이 항상 일정하다.

쏙쏙 이해 더하기

n각형의 한 꼭짓점에서의 내각과 외각의 크기의 합은 $180°$이고,
n각형의 꼭짓점은 n개이므로
(내각의 크기의 합)+(외각의 크기의 합)$=180° \times n$
즉, (외각의 크기의 합)$=180° \times n-$(내각의 크기의 합)
$\qquad\qquad\qquad\qquad =180° \times n-180° \times (n-2)$
$\qquad\qquad\qquad\qquad =180° \times 2=360°$

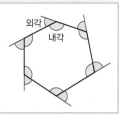

---

3. 정다각형의 한 내각과 한 외각의 크기

정다각형은 모든 내각의 크기와 모든 외각의 크기가 각각 같으므로

☆ (1) 정n각형의 한 내각의 크기: $\dfrac{180° \times (n-2)}{n}$ ← _{정n각형의 내각의 크기의 합}
_{꼭짓점의 개수}

(2) 정n각형의 한 외각의 크기: $\dfrac{360°}{n}$ ← _{정n각형의 외각의 크기의 합}
_{꼭짓점의 개수}

> ✚ 정다각형이 아닌 경우에는 공식을 사용하여 한 내각의 크기와 한 외각의 크기를 구할 수 없어요

⑩ (정오각형의 한 내각의 크기)$=\dfrac{180° \times (5-2)}{5}=108°$

(정오각형의 한 외각의 크기)$=\dfrac{360°}{5}=72°$

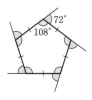

---

06 십이각형에 대하여 다음을 구하여라.

(1) 한 꼭짓점에서 대각선을 모두 그었을 때 생기는 삼각형의 개수

(2) 내각의 크기의 합

07 오른쪽 그림에서 ∠x의 크기를 구하여라.

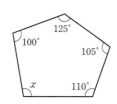

08 정팔각형에 대하여 다음을 구하여라.

(1) 내각의 크기의 합

(2) 한 내각의 크기

09 오른쪽 그림에서 ∠x의 크기를 구하여라.

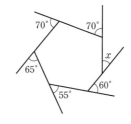

✚ 다각형의 외각의 크기의 합은 항상 360°예요.

10 정십이각형에 대하여 다음을 구하여라.

(1) 외각의 크기의 합

(2) 한 외각의 크기

1. **원 O**: 평면 위의 한 점 O에서 일정한 거리에 있는 모든 점으로 이루어진 도형
   이때 점 O는 원의 중심이고, 점 O와 원 위의 한 점을 이은 선분이 원 O의 반지름이다.

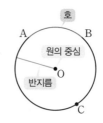

2. **호 AB**: 원주 위의 두 점 A, B를 양 끝점으로 하는 원주의 일부분 `기호` $\overset{\frown}{AB}$

   참고 일반적으로 $\overset{\frown}{AB}$는 길이가 짧은 쪽의 호를 나타낸다. 길이가 긴 쪽의 호를 나타낼 때는 호 위에 한 점 C를 잡아 $\overset{\frown}{ACB}$로 나타낸다.

3. **현 AB**: 원주 위의 두 점 A, B를 이은 선분

4. **할선**: 직선 CD와 같이 원 O와 두 점에서 만나는 직선

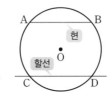

+ 원의 중심을 지나는 현은 그 원의 지름이고, 지름은 길이가 가장 긴 현이에요.

5. **부채꼴 AOB**: 원 O에서 두 반지름 OA, OB와 호 AB로 이루어진 도형

6. **중심각**: 부채꼴에서 두 반지름이 이루는 각, 즉 ∠AOB를 부채꼴 AOB의 중심각 또는 호 AB에 대한 중심각이라 한다.

7. **활꼴**: 현과 호로 이루어진 도형, 즉 현 CD와 호 CD로 이루어진 도형

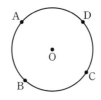

+ 반원은 활꼴인 동시에 중심각의 크기가 180°인 부채꼴이에요.

---

11 오른쪽 그림의 원 O 위에 다음을 나타내어라.

(1) 호 AD　　　　　　(2) 현 BC

(3) 부채꼴 COD　　　　(4) 호 AD에 대한 중심각

(5) 호 AB와 현 AB로 이루어진 활꼴

12 다음 그림의 ㉠～㉣에 해당하는 알맞은 용어 또는 기호를 〈보기〉에서 골라라.

> 보기
>
> $\overline{AB}$,　　$\overset{\frown}{AB}$,　　활꼴,　　현,
> 할선,　　부채꼴 AOB,　　∠AOB

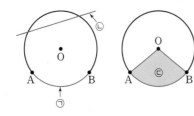

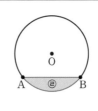

★1. 중심각의 크기와 호의 길이, 부채꼴의 넓이

한 원 또는 합동인 두 원에서

(1) 크기가 같은 중심각에 대한 호의 길이와 부채꼴의 넓이는 각각 같다.

➡ ∠AOB＝∠COD이면 $\widehat{AB}=\widehat{CD}$

∠AOB＝∠COD이면

(부채꼴 AOB의 넓이)＝(부채꼴 COD의 넓이)

(2) 호의 길이와 부채꼴의 넓이는 각각 중심각의 크기에 정비례한다.

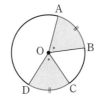

✚ 한 원 또는 합동인 두 원에서
① 길이가 같은 호에 대한 중심각의 크기는 같아요.
② 넓이가 같은 부채꼴의 중심각의 크기는 같아요.

쏙쏙 이해 더하기

한 원에서 중심각의 크기가 2배, 3배, 4배, …가 되면 호의 길이와 부채꼴의 넓이도 각각 2배, 3배, 4배, …가 되므로 호의 길이와 부채꼴의 넓이는 각각 중심각의 크기에 정비례한다.

2. 중심각의 크기와 현의 길이

한 원 또는 합동인 두 원에서

(1) 크기가 같은 중심각에 대한 현의 길이는 같다.

➡ ∠AOB＝∠COD이면 $\overline{AB}=\overline{CD}$

(2) 현의 길이는 중심각의 크기에 정비례하지 않는다.

쏙쏙 이해 더하기

오른쪽 그림에서 ∠AOC＝2∠AOB이지만

$\overline{AC}<\overline{AB}+\overline{BC}=2\overline{AB}$

즉, 중심각의 크기가 2배가 되어도 현의 길이는 2배가 되지 않는다.
└▸ 2배보다 작다.

---

13 다음 그림에서 x의 값을 구하여라.

(1)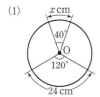

(2)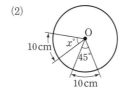

✚ 부채꼴의 호의 길이와 넓이는 부채꼴의 중심각의 크기에 정비례하므로 비례식을 이용해서 문제를 해결할 수 있어요.

14 다음 그림에서 x의 값을 구하여라.

(1)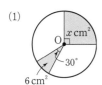

(2)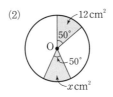

1. 원의 둘레의 길이와 넓이

(1) **원주율**: 원의 지름의 길이에 대한 원의 둘레의 길이의 비

기호 π → '파이'라고 읽는다.

$$(원주율)=\frac{(원의\ 둘레의\ 길이)}{(원의\ 지름의\ 길이)}=\pi$$

(2) 원의 둘레의 길이와 넓이

반지름의 길이가 r인 원의 둘레의 길이를 l, 넓이를 S라 하면

① $l=2\pi r$ 　　　　　　　　② $S=\pi r^2$

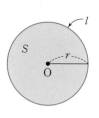

✦ 원주율은 원의 크기에 관계없이 항상 일정해요.

⭐ 2. 부채꼴의 호의 길이와 넓이

반지름의 길이가 r, 중심각의 크기가 $x°$인 부채꼴의 호의 길이를 l, 넓이를 S라 하면

① $l=2\pi r \times \dfrac{x}{360}$ 　　　　　② $S=\pi r^2 \times \dfrac{x}{360}$

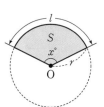

쏙쏙 이해 더하기

반지름의 길이가 r, 중심각의 크기가 $x°$인 부채꼴의 호의 길이를 l, 넓이를 S라 하면

① 부채꼴의 호의 길이는 중심각의 크기에 정비례하므로

(호의 길이) : (원의 둘레의 길이)$=x° : 360°$에서

$l : 2\pi r=x : 360$, $l \times 360=2\pi r \times x$

$\therefore l=2\pi r \times \dfrac{x}{360}$

② 부채꼴의 넓이는 중심각의 크기에 정비례하므로

(부채꼴의 넓이) : (원의 넓이)$=x° : 360°$에서

$S : \pi r^2=x : 360$, $S \times 360=\pi r^2 \times x$

$\therefore S=\pi r^2 \times \dfrac{x}{360}$

✦ 부채꼴의 중심각의 크기를 $x°$라 하면

$S=\pi r^2 \times \dfrac{x}{360}$

$\quad=\dfrac{1}{2}r \times \left(2\pi r \times \dfrac{x}{360}\right)$

$\quad=\dfrac{1}{2}r \times l=\dfrac{1}{2}rl$

3. 부채꼴의 호의 길이와 넓이 사이의 관계

반지름의 길이가 r, 호의 길이가 l인 부채꼴의 넓이를 S라 하면

$$S=\frac{1}{2}rl$$

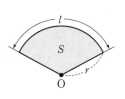

15 다음 그림과 같은 원 O의 둘레의 길이와 넓이를 각각 구하여라.

(1)

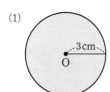

(2)

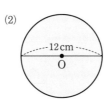

16 오른쪽 그림과 같은 부채꼴에 대하여 다음을 구하여라.

(1) 호의 길이

(2) 넓이

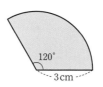

17 오른쪽 그림과 같은 부채꼴의 넓이를 구하여라.

✚ 반지름의 길이가 r, 호의 길이가 l 인 부채꼴의 넓이 S는

$$S = \frac{1}{2}rl$$

1 다면체

정답과 해설 29쪽

1. **다면체:** 다각형인 면으로만 둘러싸인 입체도형
   ➡ 면이 4개, 5개, 6개, …인 다면체를 사면체, 오면체, 육면체, …라 한다.
   (1) **면:** 다면체를 둘러싸고 있는 다각형
   (2) **모서리:** 다면체의 면을 이루는 다각형의 변
   (3) **꼭짓점:** 다면체의 면을 이루는 다각형의 꼭짓점

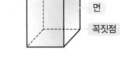

✦ 면이 4개 이상 있어야 다면체가 되고, 면의 개수가 가장 적은 다면체는 사면체예요.

2. **각뿔대:** 각뿔을 밑면에 평행한 평면으로 자를 때 생기는 두 입체도형 중 각뿔이 아닌 쪽의 다면체

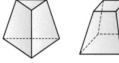

   참고 각뿔대의 밑면은 다각형이고 옆면은 모두 사다리꼴이다.

3. **다면체의 종류:** 각기둥, 각뿔, 각뿔대 등이 있다.

다면체	n각기둥	n각뿔	n각뿔대
밑면의 모양	n각형	n각형	n각형
밑면의 개수	2	1	2
옆면의 모양	직사각형	삼각형	사다리꼴
면의 개수	$n+2$	$n+1$	$n+2$

---

01 육각기둥에 대하여 다음 물음에 답하여라.

(1) 밑면의 모양을 말하여라.

(2) 옆면의 모양을 말하여라.

02 다음 다면체의 면의 개수를 구하고, 몇 면체인지 알아보려고 한다. □ 안에 알맞은 것을 써넣어라.

(1)    ➡ 면의 개수: □ ➡ □ 면체

(2)    ➡ 면의 개수: □ ➡ □ 면체

(3)   ➡ 면의 개수: □ ➡ □ 면체

1. 다음 두 조건을 모두 만족시키는 다면체를 정다면체라 한다.
　(1) 모든 면이 합동인 정다각형이다. ┐
　(2) 한 꼭짓점에 모인 면의 개수가 같다. ┘→ 두 조건 중 어느 한 가지만을 만족시키는 것은 정다면체가 아니에요.

2. **정다면체의 종류:** 정사면체, 정육면체, 정팔면체, 정십이면체, 정이십면체의 5가지뿐이다.

정다면체	정사면체	정육면체	정팔면체	정십이면체	정이십면체
겨냥도					
면의 모양	정삼각형	정사각형	정삼각형	정오각형	정삼각형
한 꼭짓점에 모인 면의 개수	3	3	4	3	5
면의 개수	4	6	8	12	20
꼭짓점의 개수	4	8	6	20	12
모서리의 개수	6	12	12	30	30

참고 정다면체가 5가지뿐인 이유

정다면체는 입체도형이므로 ➡ ① 한 꼭짓점에서 3개 이상의 면이 만나야 하고
　　　　　　　　　　　　　　② 한 꼭짓점에 모인 각의 크기의 합이 360°보다 작아야 한다.

✚ 정다면체의 전개도

① 정사면체

② 정육면체

③ 정팔면체

④ 정십이면체

⑤ 정이십면체

03　**다음 조건을 만족시키는 정다면체를 〈보기〉에서 모두 골라라.**

보기
　㉠ 정사면체　　　　　㉡ 정육면체　　　　　㉢ 정팔면체
　㉣ 정십이면체　　　　㉤ 정이십면체

(1) 면의 모양이 정삼각형인 정다면체

(2) 면의 모양이 정사각형인 정다면체

(3) 면의 모양이 정오각형인 정다면체

(4) 한 꼭짓점에 모인 면의 개수가 3인 정다면체

(5) 한 꼭짓점에 모인 면의 개수가 4인 정다면체

(6) 한 꼭짓점에 모인 면의 개수가 5인 정다면체

1. **회전체:** 평면도형을 한 직선을 축으로 하여 1회전 시킬 때 만들어지는 입체도형
   (1) 회전축: 회전시킬 때 축으로 사용한 직선
   (2) 모선: 회전시킬 때 옆면을 만드는 선분

2. **원뿔대:** 원뿔을 밑면에 평행한 평면으로 자를 때 생기는 두 입체도형 중 원뿔이 아닌 쪽의 입체도형

☆3. **회전체의 종류:** 원기둥, 원뿔, 원뿔대, 구 등이 있다.

✚ 구는 반원의 지름을 축으로 하여 회전시킨 입체도형이에요.

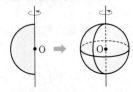

구의 중심을 지나는 모든 직선이 구의 회전축이 된답니다.

회전체	원기둥	원뿔	원뿔대	구
겨냥도	밑면 모선 옆면 밑면 회전축	모선 옆면 밑면 회전축	밑면 모선 옆면 밑면 회전축	회전축
회전시키기 전의 평면도형	직사각형	직각삼각형	두 각이 직각인 사다리꼴	반원

04 다음 〈보기〉에서 원뿔인 것을 골라라.

보기

ㄱ

ㄴ

ㄷ

ㄹ

ㅁ

05 원뿔대에 대한 다음 설명 중 옳으면 ○표, 틀리면 ×표를 하여라.

(1) 두 밑면은 평행하다. (   )

(2) 원뿔대 중 꼭짓점이 1개인 것도 있다. (   )

(3) 두 밑면은 모양은 같지만 크기는 다르다. (   )

정답과 해설 29쪽

4 회전체의 성질

1. 회전체를 회전축에 수직인 평면으로 자를 때 생기는 단면은 항상 원이다. → 크기는 다를 수 있다.

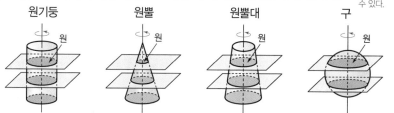

원기둥   원뿔   원뿔대   구

＋ ① 구를 만드는 것은 곡선이므로 구에서는 모선을 생각할 수 없어요.
② 구는 회전축이 무수히 많아요.

2. 회전체를 회전축을 포함하는 평면으로 자를 때 생기는 단면은 모두 합동이고 회전축을 대칭축으로 하는 선대칭도형이다.

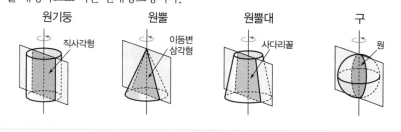

원기둥   원뿔   원뿔대   구

---

06 다음 〈보기〉에서 회전체가 <u>아닌</u> 것을 모두 골라라.

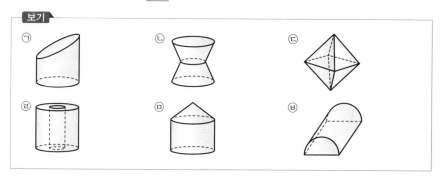

보기

ㄱ   ㄴ   ㄷ   ㄹ   ㅁ   ㅂ

---

07 다음 표의 빈칸에 알맞은 것을 다음 〈보기〉에서 골라 써넣어라.

보기

직사각형,   이등변삼각형,   직각삼각형,
원,   사다리꼴,   마름모

	회전축에 수직인 평면으로 자른 단면의 모양	회전축을 포함하는 평면으로 자른 단면의 모양
원기둥		
원뿔		
원뿔대		
구		

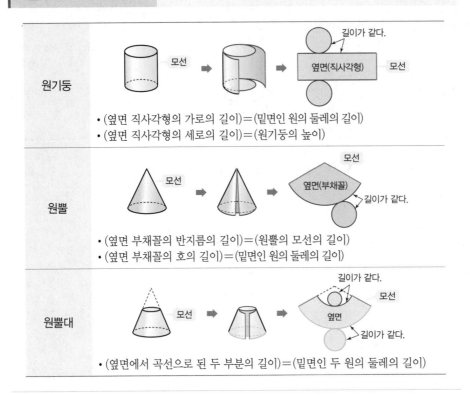

원기둥	
	• (옆면 직사각형의 가로의 길이)=(밑면인 원의 둘레의 길이) • (옆면 직사각형의 세로의 길이)=(원기둥의 높이)

• (옆면 부채꼴의 반지름의 길이)=(원뿔의 모선의 길이)
• (옆면 부채꼴의 호의 길이)=(밑면인 원의 둘레의 길이)

• (옆면에서 곡선으로 된 두 부분의 길이)=(밑면인 두 원의 둘레의 길이)

✚ 원뿔대의 전개도에서 옆면을 이루는 도형은 부채꼴의 일부분이에요.

08 다음 그림과 같은 원뿔과 그 전개도를 보고, a, b의 값을 각각 구하여라.

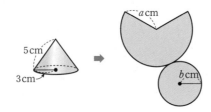

09 다음 그림과 같은 원뿔대와 그 전개도를 보고, a, b, c의 값을 각각 구하여라.

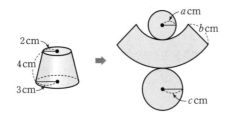

6 기둥의 겉넓이와 부피

1. 기둥의 겉넓이

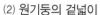(1) 각기둥의 겉넓이

(각기둥의 겉넓이)

$=$(밑넓이)$\times2+$(옆넓이)

주의 기둥은 밑면이 2개 있으므로 겉넓이를 구할 때 밑넓이의 2배를 해야 한다.

(2) 원기둥의 겉넓이

밑면의 반지름의 길이가 r, 높이가 h인 원기둥의 겉넓이를 S라 하면

$S=$(밑넓이)$\times2+$(옆넓이)

$=\pi r^2\times2+2\pi r\times h$

$=2\pi r^2+2\pi rh$

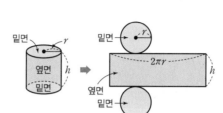

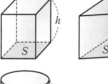

✚ 원기둥의 전개도에서 옆면은 직사각형이고

(직사각형의 가로의 길이)

$=$(밑면의 둘레의 길이)

(직사각형의 세로의 길이)

$=$(기둥의 높이)

➡ (원기둥의 옆넓이)

$=$(밑면의 둘레의 길이)

$\times$(기둥의 높이)

2. 기둥의 부피

(1) 각기둥의 부피

밑넓이가 S, 높이가 h인 각기둥의 부피를 V라 하면

$V=$(밑넓이)$\times$(높이)

$=Sh$

(2) 원기둥의 부피

밑면의 반지름의 길이가 r, 높이가 h인 원기둥의 부피를 V라 하면

$V=$(밑넓이)$\times$(높이)

$=\pi r^2\times h=\pi r^2 h$

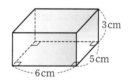

---

10 오른쪽 그림과 같은 사각기둥에 대하여 다음을 구하여라.

(1) 밑넓이　　　(2) 옆넓이　　　(3) 겉넓이

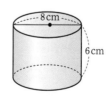

---

11 오른쪽 그림과 같은 원기둥에 대하여 다음을 구하여라.

(1) 밑넓이　　　(2) 높이　　　(3) 부피

1. 뿔의 겉넓이

(1) 각뿔의 겉넓이

(각뿔의 겉넓이)

= (밑넓이) + (옆넓이)

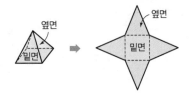

(2) 원뿔의 겉넓이

밑면의 반지름의 길이가 r, 모선의 길이가 l인 원뿔의 겉넓이를
S라 하면

$S = $ (밑넓이) + (옆넓이)

$\quad = \pi r^2 + \dfrac{1}{2} \times l \times 2\pi r = \pi r^2 + \pi r l$

✚ 원뿔의 전개도에서 옆면은 부채꼴
이고
① (부채꼴의 호의 길이)
    = (밑면의 둘레의 길이)
② (부채꼴의 반지름의 길이)
    = (원뿔의 모선의 길이)

2. 뿔의 부피

(1) 각뿔의 부피

밑넓이가 S, 높이가 h인 각뿔의 부피를 V라 하면

$V = \dfrac{1}{3} \times $ (밑넓이) $\times$ (높이) $= \dfrac{1}{3}Sh$

$\qquad\quad \underset{\downarrow\, \frac{1}{3} \times \text{(기둥의 부피)}}{}$

(2) 원뿔의 부피

밑면의 반지름의 길이가 r, 높이가 h인 원뿔의 부피를 V라 하면

$V = \dfrac{1}{3} \times $ (밑넓이) $\times$ (높이) $= \dfrac{1}{3} \times \pi r^2 \times h = \dfrac{1}{3}\pi r^2 h$

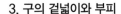

> **쏙쏙 이해 더하기**   **뿔의 부피**
>
> 뿔 모양의 그릇에 물을 가득 채운 다음 밑면이 합동이고 높이가 같은 기둥 모양의 그릇에 부으면 물의
> 높이는 기둥 높이의 $\dfrac{1}{3}$이 된다.
>
> 즉, (뿔의 부피) $= \dfrac{1}{3} \times$ (기둥의 부피)

3. 구의 겉넓이와 부피

반지름의 길이가 r인 구의 겉넓이를 S, 부피를 V라 하면

(1) 구의 겉넓이: $S = 4\pi r^2$ →반지름의 길이가 r인 원의 넓이의 4배

(2) 구의 부피: $V = \dfrac{4}{3}\pi r^3$

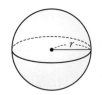

✚ 구가 꼭 맞게 들어가는 원기둥 모
양의 그릇에 물을 가득 채우고 구를
넣었다 꺼내면, 남아 있는 물의 높이
는 원기둥 높이의 $\dfrac{1}{3}$이 된답니다. 즉,
빠져 나간 물의 양이 구의 부피와 같
으므로 구의 부피 V는

$V = \dfrac{2}{3} \times$ (원기둥의 부피)

$\quad = \dfrac{2}{3} \times \pi r^2 \times 2r$

$\quad = \dfrac{4}{3}\pi r^3$

---

12   오른쪽 그림과 같은 각뿔에 대하여 다음을 구하여라.

    (1) 밑넓이   (2) 옆넓이   (3) 겉넓이

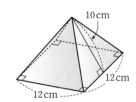

13 오른쪽 그림과 같은 원뿔에 대하여 다음을 구하여라.

    (1) 밑넓이   (2) 옆넓이   (3) 겉넓이

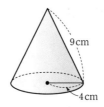

14 오른쪽 그림과 같은 원뿔에 대하여 다음을 구하여라.

    (1) 밑넓이   (2) 높이   (3) 부피

15 오른쪽 그림과 같은 구의 겉넓이를 구하여라.

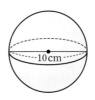

16 오른쪽 그림과 같은 구의 부피를 구하여라.

1 이등변삼각형의 성질

정답과 해설 30쪽

1. 이등변삼각형

두 변의 길이가 같은 삼각형 ➡ △ABC에서 $\overline{AB}=\overline{AC}$

(1) 꼭지각: 길이가 서로 같은 두 변이 만나 이루는 각 ➡ ∠A

(2) 밑변: 꼭지각이 마주 보는 변 ➡ $\overline{BC}$

(3) 밑각: 밑변의 양 끝각 ➡ ∠B, ∠C

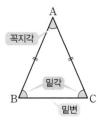

✦ 정삼각형은 세 변의 길이가 같으므로 이등변삼각형이에요.

☆2. 이등변삼각형의 성질

(1) 이등변삼각형의 두 밑각의 크기는 같다.

➡ △ABC에서 $\overline{AB}=\overline{AC}$이면 ∠B=∠C

(2) 이등변삼각형의 꼭지각의 이등분선은 밑변을 수직이등분한다.

➡ △ABC에서 $\overline{AB}=\overline{AC}$, ∠BAD=∠CAD이면 $\overline{BD}=\overline{CD}$, $\overline{AD}\perp\overline{BC}$

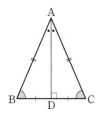

3. 이등변삼각형이 되는 조건

두 내각의 크기가 같은 삼각형은 이등변삼각형이다.

➡ △ABC에서 ∠B=∠C이면 $\overline{AB}=\overline{AC}$

✦ 이등변삼각형에서 다음은 모두 일치해요.

꼭지각의 이등분선
=밑변의 수직이등분선
=꼭짓점과 밑변의 중점을 이은 선분
=꼭짓점에서 밑변에 내린 수선

쏙쏙 이해 더하기

∠B=∠C인 삼각형 ABC에서

∠A의 이등분선과 $\overline{BC}$의 교점을 D라 하면

△ABD와 △ACD에서

∠B=∠C, ∠BAD=∠CAD ······ ㉠

이때 삼각형의 세 내각의 크기의 합이 180°이므로

∠ADB=∠ADC ······ ㉡

$\overline{AD}$는 공통 ······ ㉢

㉠, ㉡, ㉢에 의하여 △ABD≡△ACD (ASA 합동)

∴ $\overline{AB}=\overline{AC}$

---

01 다음 그림의 △ABC에서 $\overline{AB}=\overline{AC}$일 때, ∠x의 크기를 구하여라.

(1)

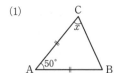

(2)

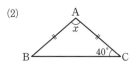

02 다음 그림의 △ABC에서 $\overline{AB}=\overline{AC}$일 때, x의 값을 구하여라.

(1)

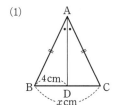

(2)

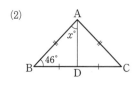

2 직각삼각형의 합동

⭐ 1. 직각삼각형의 합동 조건

두 직각삼각형 ABC와 DEF는 다음의 각 경우에 서로 합동이다.

(1) 빗변의 길이와 한 예각의 크기가 각각 같을 때 (RHA 합동)

➡ $\angle C = \angle F = 90°$, $\overline{AB} = \overline{DE}$, $\angle A = \angle D$이면

　　$\triangle ABC \equiv \triangle DEF$ (RHA 합동)

＋ 두 직각삼각형에서 한 예각의 크기가 같으면 다른 한 예각의 크기도 서로 같게 됩니다.

쏙쏙 이해 더하기

$\triangle ABC$와 $\triangle DEF$에서

$\angle C = \angle F$, $\angle A = \angle D$이므로

$\angle B = 90° - \angle A = 90° - \angle D = \angle E$

또한, $\overline{AB} = \overline{DE}$이므로 $\triangle ABC \equiv \triangle DEF$ (ASA 합동)

(2) 빗변의 길이와 다른 한 변의 길이가 각각 같을 때 (RHS 합동)

➡ $\angle C = \angle F = 90°$, $\overline{AB} = \overline{DE}$, $\overline{AC} = \overline{DF}$이면

　　$\triangle ABC \equiv \triangle DEF$ (RHS 합동)

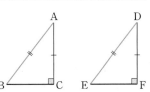

＋ 직각삼각형의 합동 조건을 이용할 때에는 반드시 두 직각삼각형의 빗변의 길이가 같은지를 먼저 확인해야 해요.

쏙쏙 이해 더하기

$\overline{AB} = \overline{DE}$, $\overline{AC} = \overline{DF}$인 두 직각삼각형 $\triangle ABC$와 $\triangle DEF$에서 길이가 같은 두 변 AC와 DF가 서로 겹치도록 놓으면

$\angle ACB + \angle ACE = 90° + 90° = 180°$

이므로 세 점 B, C, E는 한 직선 위에 있다.

이때 $\triangle ABE$는 $\overline{AB} = \overline{AE}$인 이등변삼각형이므로

$\angle B = \angle E$ 　　…… ㉠

$\angle C = \angle F = 90°$ 　…… ㉡

$\overline{AB} = \overline{DE}$ 　　…… ㉢

㉠, ㉡, ㉢에 의하여 $\triangle ABC \equiv \triangle DEF$ (RHA 합동)

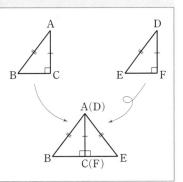

2. 각의 이등분선의 성질

(1) 각의 이등분선 위의 한 점에서 그 각을 이루는 두 변까지의 거리는 같다.

➡ $\angle AOP = \angle BOP$이면 $\overline{PC} = \overline{PD}$

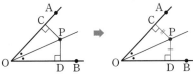

(2) 각의 두 변으로부터 같은 거리에 있는 점은 그 각의 이등분선 위에 있다.

➡ $\overline{PC} = \overline{PD}$이면 $\angle AOP = \angle BOP$

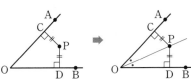

03 다음 그림과 같은 두 직각삼각형에 대하여 물음에 답하여라.

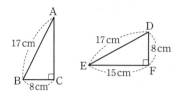

✚ 모든 직각삼각형은 한 각이 직각이므로 두 직각삼각형의 빗변의 길이가 같을 때 삼각형의 합동 조건을 이용하여 직각삼각형의 합동 조건을 설명할 수 있어요.

(1) 두 직각삼각형이 합동임을 설명하는 과정이다. ☐ 안에 알맞은 것을 써넣어라.

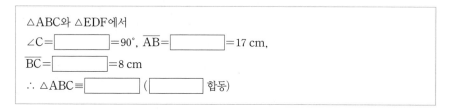

△ABC와 △EDF에서

∠C=☐=90°, $\overline{AB}$=☐=17 cm,

$\overline{BC}$=☐=8 cm

∴ △ABC≡☐ (☐ 합동)

(2) $\overline{AC}$의 길이를 구하여라.

04 다음 중 오른쪽 〈보기〉의 △ABC와 합동인 삼각형을 찾아 기호로 나타내고, 직각삼각형의 합동 조건을 말하여라.

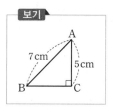

보기

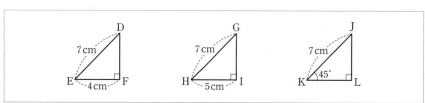

05 다음은 '각의 두 변으로부터 같은 거리에 있는 점은 그 각의 이등분선 위에 있다.'를 설명하는 과정이다. ☐ 안에 알맞은 것을 써넣어라.

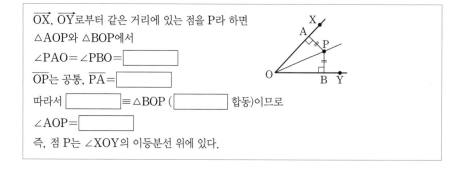

$\overrightarrow{OX}$, $\overrightarrow{OY}$로부터 같은 거리에 있는 점을 P라 하면

△AOP와 △BOP에서

∠PAO=∠PBO=☐

$\overline{OP}$는 공통, $\overline{PA}$=☐

따라서 ☐≡△BOP (☐ 합동)이므로

∠AOP=☐

즉, 점 P는 ∠XOY의 이등분선 위에 있다.

3 삼각형의 외심

정답과 해설 30쪽

1. 외접원과 외심

△ABC의 세 꼭짓점이 모두 원 O 위에 있을 때, 원 O는 △ABC에 외접한다고 한다. 이때 원 O를 △ABC의 외접원이라 하고, 외접원의 중심 O를 △ABC의 외심이라고 한다.

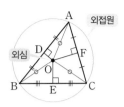

⭐ 2. 삼각형의 외심의 성질

(1) 삼각형의 세 변의 수직이등분선은 한 점(외심)에서 만난다.

(2) 삼각형의 외심에서 세 꼭짓점에 이르는 거리는 모두 같다.

➡ $\overline{OA} = \overline{OB} = \overline{OC}$ (외접원의 반지름의 길이)

3. 삼각형의 외심(O)의 위치

예각삼각형	직각삼각형	둔각삼각형
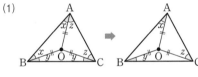		
➡ 삼각형의 내부	➡ 빗변의 중점	➡ 삼각형의 외부

✚ 이등변삼각형에서 꼭지각의 이등분선은 밑변을 수직이등분하므로 이등변삼각형의 외심은 꼭지각의 이등분선 위에 있어요.

4. 삼각형의 외심의 활용

점 O가 △ABC의 외심일 때

(1)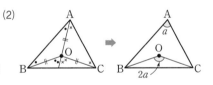

$$\angle x + \angle y + \angle z = 90°$$

(2)

$$\angle BOC = 2\angle A$$

✚ 삼각형의 외심

△ABC의 외심을 O라 하고, 점 O에서 변 AC에 내린 수선의 발을 F라고 하면 두 직각삼각형 AFO와 CFO에서
$\angle OFA = \angle OFC = 90°$,
$\overline{OA} = \overline{OC}$, $\overline{OF}$는 공통이므로
$\triangle AFO \equiv \triangle CFO$(RHS합동)

> **예시**
>
> 다음 그림에서 점 O가 △ABC의 외심일 때, ∠x의 크기를 구하여라.
>
> (1)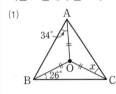
>
> $\angle x + 34° + 26° = 90°$
>
> $\therefore \angle x = 30°$
>
> (2)
>
> $\angle x = 2 \times 40°$
>
> $= 80°$

---

06 다음 그림에서 점 O가 △ABC의 외심일 때, x, y의 값을 각각 구하여라.

(1)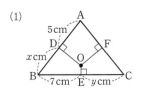

(2)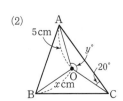

07 오른쪽 그림과 같이 ∠C=90°인 직각삼각형 ABC에서 점 D가 $\overline{AB}$의 중점일 때, 다음을 구하여라.

(1) $\overline{AB}$의 길이

(2) ∠ADC의 크기

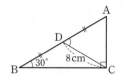

+ 직각삼각형의 외심은 빗변의 중심 이에요.

08 다음 그림에서 점 O가 △ABC의 외심일 때, ∠x의 크기를 구하여라.

+ 삼각형의 외심에서 각 꼭짓점에 이르는 거리는 서로 같아요.

(1)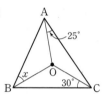

(2)

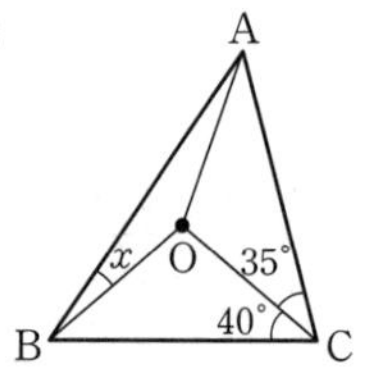

(3)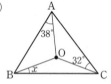

(4)

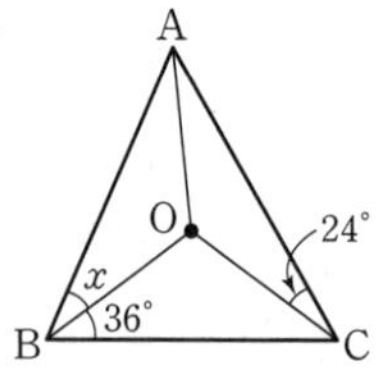

09 다음 그림에서 점 O가 △ABC의 외심일 때, ∠x의 크기를 구하여라.

(1)

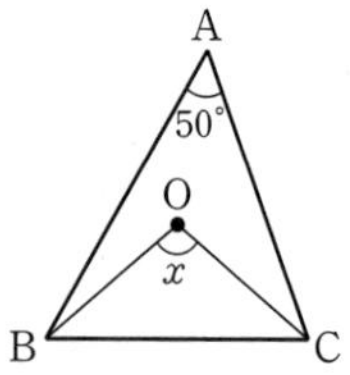

(2)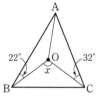

(3)

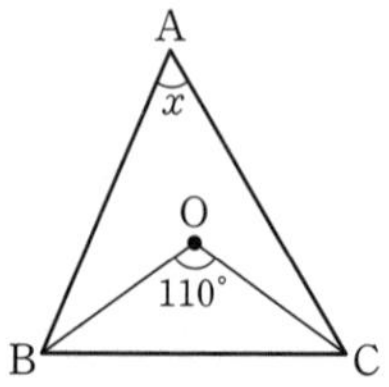

(4)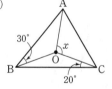

1. 삼각형의 내심

(1) **원의 접선과 접점**: 직선이 원과 한 점에서 만날 때, 직선이 원에 접한다고 한다. 이때 원에 접하는 직선을 원의 접선이라 하고, 접선이 원과 만나는 점을 접점이라고 한다.

> 원의 접선은 접점을 지나는 반지름과 수직이다. ◄

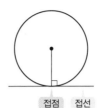

접점 접선

(2) **내접원과 내심**: 원 I가 △ABC의 세 변에 모두 접할 때, 원 I는 △ABC에 내접한다고 한다. 이때 원 I를 △ABC의 내접원이라 하고, 내접원의 중심인 점 I를 △ABC의 내심이라고 한다.

☆ (3) **삼각형의 내심의 성질** → 모든 삼각형의 내심은 삼각형의 내부에 있다.

　　ⓐ 삼각형의 세 내각의 이등분선은 한 점(내심)에서 만난다.

　　ⓑ 삼각형의 내심에서 세 변에 이르는 거리는 모두 같다.

　　➡ $\overline{ID}=\overline{IE}=\overline{IF}$ (내접원의 반지름의 길이)

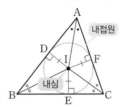

내접원

내심

✚ 한 원이 다각형의 모든 변에 접할 때, 이 원은 다각형에 내접한다고 하고, 이 원을 내접원이라 해요. 이때 다각형을 외접다각형이라고 해요.

2. 삼각형의 내심의 활용 (1)

점 I가 △ABC의 내심일 때

(1)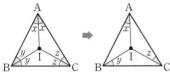

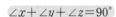

$$\angle x + \angle y + \angle z = 90°$$

(2)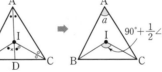

$$\angle BIC = 90° + \frac{1}{2}\angle A$$

예시

다음 그림에서 점 I가 △ABC의 내심일 때, $\angle x$의 크기를 구하여라.

(1)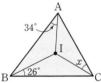

$\angle x + 34° + 26° = 90°$

$\therefore \angle x = 30°$

(2)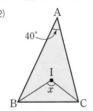

$\angle x = 90° + \dfrac{1}{2} \times 40° = 110°$

---

3. 삼각형의 내심의 활용 (2)

(1) **내접원의 반지름의 길이와 삼각형의 넓이**

△ABC에서 세 변의 길이가 각각 a, b, c이고 내접원의 반지름의 길이가 r일 때

$$\triangle ABC = \frac{1}{2}r(a+b+c)$$

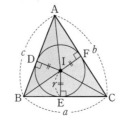

(2) 접선의 길이

△ABC의 내접원 I가 $\overline{AB}$, $\overline{BC}$, $\overline{CA}$와 접하는 점을 각
각 D, E, F라 하면 $\overline{AD}=\overline{AF}$, $\overline{BD}=\overline{BE}$, $\overline{CE}=\overline{CF}$
이다.

➡ △IAD≡△IAF(RHA 합동)이므로 $\overline{AD}=\overline{AF}$
　△IBD≡△IBE(RHA 합동)이므로 $\overline{BD}=\overline{BE}$
　△ICE≡△ICF(RHA 합동)이므로 $\overline{CE}=\overline{CF}$

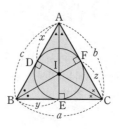

---

10 다음 그림에서 점 I가 △ABC의 내심일 때, x, y의 값을 각각 구하여라.

✚ 삼각형의 내심에서 각 변에 이르는
거리는 같아요.

(1)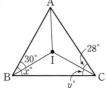

(2)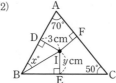

11 다음 그림에서 점 I가 △ABC의 내심일 때, $\angle x$의 크기를 구하여라.

(1)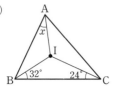

(2)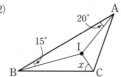

12 다음 그림에서 점 I가 △ABC의 내심일 때, $\angle x$의 크기를 구하여라.

(1)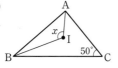

(2)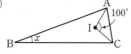

1. 평행사변형의 뜻

(1) 사각형 ABCD를 기호로 □ABCD와 같이 나타낸다.

(2) 평행사변형은 두 쌍의 대변이 각각 서로 평행한 사각형이다.

➡ $\overline{AB} /\!/ \overline{CD}$, $\overline{AD} /\!/ \overline{BC}$

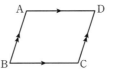

✦ 사각형에서 서로 마주 보는 변을 대변, 서로 마주 보는 각을 대각이라 해요.

☆ 2. 평행사변형의 성질

(1) 두 쌍의 대변의 길이는 각각 서로 같다.

(2) 두 쌍의 대각의 크기는 각각 서로 같다.

(3) 두 대각선은 서로 다른 것을 이등분한다.

평행사변형의 두 대각선은 각각의 중점에서 만나요.

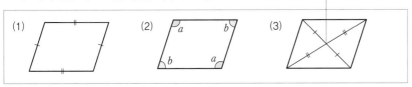

참고 평행사변형에서 두 쌍의 대변이 각각 서로 평행하므로 이웃하는 두 내각의 크기의 합은 180°예요.

➡ $\angle a + \angle b = 180°$

3. 평행사변형이 되는 조건

□ABCD가 다음의 어느 한 조건을 만족시키면 평행사변형이다. (단, 점 O는 두 대각선의 교점이다.)

(1) 두 쌍의 대변이 각각 서로 평행하다.

➡ $\overline{AB} /\!/ \overline{CD}$, $\overline{AD} /\!/ \overline{BC}$

(2) 두 쌍의 대변의 길이가 각각 서로 같다.

➡ $\overline{AB} = \overline{CD}$, $\overline{AD} = \overline{BC}$

(3) 두 쌍의 대각의 크기가 각각 서로 같다.

➡ $\angle A = \angle C$, $\angle B = \angle D$

(4) 두 대각선이 서로 다른 것을 이등분한다.

➡ $\overline{OA} = \overline{OC}$, $\overline{OB} = \overline{OD}$

(5) 한 쌍의 대변이 서로 평행하고, 그 길이가 서로 같다.

➡ $\overline{AB} /\!/ \overline{CD}$, $\overline{AB} = \overline{CD}$
└→ 또는 $\overline{AD} /\!/ \overline{BC}$, $\overline{AD} = \overline{BC}$

✦ 평행사변형이 되는 조건 (5)에서 반드시 평행한 대변의 길이가 서로 같아야 평행사변형이 됨에 주의해요. 예를 들어 $\overline{AD} /\!/ \overline{BC}$, $\overline{AB} = \overline{CD}$이면 다음 그림과 같이 평행사변형이 되지 않아요.

4. 평행사변형과 넓이

(1) 평행사변형 ABCD에서 점 O가 두 대각선의 교점일 때

① $\triangle ABC = \triangle BCD = \triangle CDA = \triangle DAB = \frac{1}{2} \square ABCD$

② $\triangle ABO = \triangle BCO = \triangle CDO = \triangle DAO = \frac{1}{4} \square ABCD$

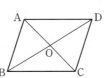

(2) 평행사변형 ABCD의 내부의 임의의 한 점 P에 대하여

$\triangle PAB + \triangle PCD = \triangle PDA + \triangle PBC = \frac{1}{2} \square ABCD$

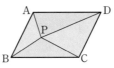

13 다음 그림과 같은 평행사변형 ABCD에서 x, y의 값을 각각 구하여라.

(1)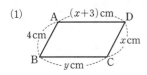

(2)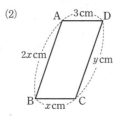

＋ 두 쌍의 대변의 길이는 각각 서로 같아요.

14 다음 그림과 같은 평행사변형 ABCD에서 $\angle x$, $\angle y$의 크기를 각각 구하여라.

(1)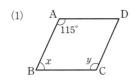

(2)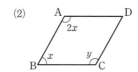

＋ 두 쌍의 대각의 크기는 각각 서로 같아요.

15 다음 그림과 같은 □ABCD가 평행사변형이 되도록 하는 x, y의 값을 각각 구하여라. (단, 점 O는 두 대각선의 교점이다.)

(1)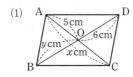

(2)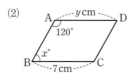

16 오른쪽 그림과 같은 평행사변형 ABCD의 넓이가 $56 \, \text{cm}^2$이고 점 P는 □ABCD의 내부의 한 점이다. △PDA의 넓이가 $12 \, \text{cm}^2$일 때, △PBC의 넓이를 구하여라.

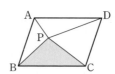

1. 직사각형

(1) 뜻: 네 내각의 크기가 모두 같은 사각형
  ➡ $\angle A = \angle B = \angle C = \angle D$

(2) 성질: 두 대각선은 길이가 서로 같고, 서로 다른 것을
  이등분한다.
  ➡ $\overline{AC} = \overline{BD}$, $\overline{AO} = \overline{BO} = \overline{CO} = \overline{DO}$

(3) 평행사변형이 직사각형이 되는 조건
  ① 한 내각이 직각이다. ➡ $\angle A = 90°$ ⌐→ $\angle A = 90°$이면 평행사변형의 성질에 의하여
    $\angle A = \angle B = \angle C = \angle D = 90°$이다.
  ② 두 대각선의 길이가 서로 같다. ➡ $\overline{AC} = \overline{BD}$

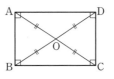

✚ 직사각형은 두 쌍의 대각의 크기가 각각 서로 같으므로 평행사변형이에요.

2. 마름모

(1) 뜻: 네 변의 길이가 모두 같은 사각형
  ➡ $\overline{AB} = \overline{BC} = \overline{CD} = \overline{DA}$

(2) 성질: 두 대각선은 서로 다른 것을 수직이등분한다.
  ➡ $\overline{AC} \perp \overline{BD}$, $\overline{AO} = \overline{CO}$, $\overline{BO} = \overline{DO}$

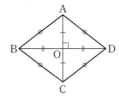

✚ 마름모는 두 쌍의 대변의 길이가 각각 서로 같으므로 평행사변형이에요.

3. 평행사변형이 마름모가 되는 조건

(1) 이웃하는 두 변의 길이가 서로 같다. ➡ $\overline{AB} = \overline{BC}$ → $\overline{AB} = \overline{BC}$이면 평행사변형의 성질에
    의하여 $\overline{AB} = \overline{BC} = \overline{CD} = \overline{DA}$이다.
(2) 두 대각선이 서로 수직이다. ➡ $\overline{AC} \perp \overline{BD}$

4. 정사각형

(1) 뜻: 네 변의 길이가 모두 같고, 네 내각의 크기가 모두 같은
  사각형
  ➡ $\overline{AB} = \overline{BC} = \overline{CD} = \overline{DA}$, $\angle A = \angle B = \angle C = \angle D$

(2) 성질: 두 대각선은 길이가 서로 같고, 서로 다른 것을 수직
  이등분한다. ⌐→직사각형의 성질   ⌐→마름모의 성질
  ➡ $\overline{AC} = \overline{BD}$, $\overline{AO} = \overline{BO} = \overline{CO} = \overline{DO}$, $\overline{AC} \perp \overline{BD}$

(3) 직사각형이 정사각형이 되는 조건
  ① 이웃하는 두 변의 길이가 서로 같다. ➡ $\overline{AB} = \overline{BC}$
  ② 두 대각선이 서로 수직이다. ➡ $\overline{AC} \perp \overline{BD}$

(4) 마름모가 정사각형이 되는 조건
  ① 한 내각이 직각이다. ➡ $\angle A = 90°$
  ② 두 대각선의 길이가 서로 같다. ➡ $\overline{AC} = \overline{BD}$

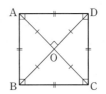

✚ 정사각형은 네 변의 길이가 모두 같으므로 마름모이고, 네 내각의 크기가 모두 같으므로 직사각형이에요.

5. 등변사다리꼴

(1) 뜻: 아랫변의 양 끝각의 크기가 서로 같은 사다리꼴
  ➡ $\overline{AD} /\!/ \overline{BC}$, $\angle B = \angle C$

(2) 성질
  ① 평행하지 않은 한 쌍의 대변의 길이가 서로 같다.
    ➡ $\overline{AB} = \overline{CD}$
  ② 두 대각선의 길이가 서로 같다. ➡ $\overline{AC} = \overline{BD}$

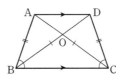

17 다음 그림과 같은 직사각형 ABCD에서 x, y의 값을 각각 구하여라.

(단, 점 O는 두 대각선의 교점이다.)

(1)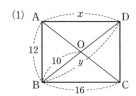

(2)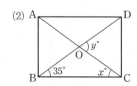

✚ 직사각형의 두 대각선은 길이가 같고, 서로 다른 것을 이등분해요.

18 다음 그림과 같은 마름모 ABCD에서 x, y의 값을 각각 구하여라.

(단, 점 O는 두 대각선의 교점이다.)

(1)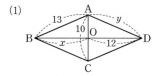

(2)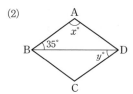

✚ 마름모의 두 대각선은 서로를 수직이등분해요.

19 오른쪽 그림과 같은 정사각형 ABCD에서 다음을 구하여라.

(단, 점 O는 두 대각선의 교점이다.)

(1) $\overline{BD}$의 길이

(2) ∠OBC의 크기

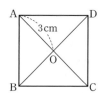

✚ 정사각형의 두 대각선은 길이가 같고, 서로 다른 것을 수직이등분해요.

20 다음 그림과 같이 $\overline{AD}$ // $\overline{BC}$인 등변사다리꼴 ABCD에서 x의 값을 구하여라.

(1)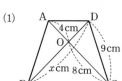

(2)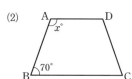

✚ 등변사다리꼴의 두 대각선의 길이는 같아요.

7 여러 가지 사각형 사이의 관계

★ 1. 여러 가지 사각형 사이의 관계

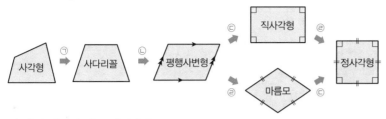

㉠ 한 쌍의 대변이 서로 평행하다.
㉡ 다른 한 쌍의 대변이 서로 평행하다.
㉢ 한 내각이 직각이거나 두 대각선의 길이가 서로 같다.
㉣ 이웃하는 두 변의 길이가 서로 같거나 두 대각선이 서로 수직이다.

2. 여러 가지 사각형의 대각선의 성질

(1) **평행사변형**: 두 대각선은 서로 다른 것을 이등분한다.
(2) **직사각형**: 두 대각선은 길이가 서로 같고, 서로 다른 것을 이등분한다.
(3) **마름모**: 두 대각선은 서로 다른 것을 수직이등분한다.
(4) **정사각형**: 두 대각선은 길이가 서로 같고, 서로 다른 것을 수직이등분한다.
(5) **등변사다리꼴**: 두 대각선은 길이가 서로 같다.

3. 평행선과 넓이

(1) 두 평행선 사이에 있고, 밑변의 길이가 같은 두 삼각형의 넓이는 같다.
➡ $l /\!/ m$이면 $\triangle ABC = \triangle DBC$

(2) 높이가 같은 두 삼각형의 넓이의 비는 두 삼각형의 밑변의 길이의 비와 같다.
➡ $\triangle ABC : \triangle ACD = \overline{BC} : \overline{CD}$

✚ 평행선과 삼각형의 넓이의 활용
① $\overline{AD} /\!/ \overline{BC}$이면
   $\triangle OAB = \triangle OCD$

② $\overline{AC} /\!/ l$이면
   $\square ABCD = \triangle ABE$

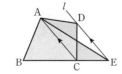

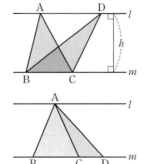

21 다음 그림과 같이 어떤 사각형에 변 또는 각에 대한 조건을 추가하면 다른 모양의 사각형이 된다. (가), (나)에 알맞은 조건을 〈보기〉에서 모두 골라라.

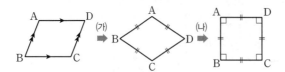

보기

㉠ ∠B=90°

㉡ $\overline{AC} \perp \overline{BD}$

㉢ $\overline{AD} = \overline{CD}$

㉣ $\overline{AC} = \overline{BD}$

22 다음 성질을 만족시키는 도형을 〈보기〉에서 모두 골라라.

보기

㉠ 평행사변형   ㉡ 직사각형   ㉢ 마름모

㉣ 정사각형   ㉤ 등변사다리꼴

(1) 두 대각선의 길이가 서로 같다.

(2) 두 대각선은 서로 다른 것을 이등분한다.

23 오른쪽 그림에서 $l /\!/ m$이고 $\overline{BC}=6$ cm, $\overline{AH}=5$ cm일 때, 다음 도형의 넓이를 구하여라.

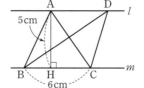

(1) △ABC

(2) △DBC

1 닮음의 뜻

정답과 해설 32쪽

1. **닮음:** 한 도형을 일정한 비율로 확대 또는 축소한 도형이 다른 도형과 합동일 때, 두 도형은 서로 닮음인 관계에 있다고 한다.

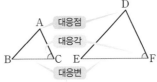

$\triangle ABC \backsim \triangle DEF$
대응점의 순서를 맞추어 쓴다.

✚ 서로 합동인 두 도형은 서로 닮은 도형이에요.

2. **닮은 도형:** 서로 닮음인 관계에 있는 두 도형

쏙쏙 이해 더하기

△ABC의 각 변의 길이를 2배 하여 △ABC를 2배로 확대하면 △DEF와 합동이 되므로 △ABC와 △DEF는 서로 닮은 도형이다.
이때 서로 닮은 두 삼각형 ABC와 DEF에서 점 A와 점 D, 점 B와 점 E, 점 C와 점 F를 각각 대응점, $\overline{AB}$와 $\overline{DE}$, $\overline{BC}$와 $\overline{EF}$, $\overline{CA}$와 $\overline{FD}$를 각각 대응변, ∠A와 ∠D, ∠B와 ∠E, ∠C와 ∠F를 각각 대응각이라고 한다.

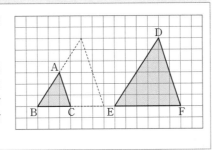

3. **닮음의 기호:** △ABC와 △DEF가 서로 닮은 도형일 때, 기호를 사용하여 △ABC∽△DEF로 나타낸다.

✚ 기호 ∽는 닮음을 뜻하는 영어 Similar의 첫 글자 S를 변형한 것이에요.

01 아래 그림에서 △ABC∽△DEF일 때, 다음을 구하여라.

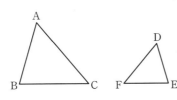

(1) 점 C의 대응점

(2) ∠B의 대응각

(3) $\overline{AC}$의 대응변

02 다음 중 항상 닮은 도형이라 할 수 있는 것에는 ○표를, 할 수 없는 것에는 ×표를 하여라.

(1) 중심각의 크기가 같은 두 부채꼴 (　　　)

(2) 이웃한 변의 길이가 같은 두 평행사변형 (　　　)

1. 평면도형에서의 닮음의 성질

서로 닮은 두 평면도형에서

☆(1) 대응변의 길이의 비는 일정하다.

➡ $\overline{AB} : \overline{A'B'} = \overline{BC} : \overline{B'C'}$
$= \overline{CA} : \overline{C'A'} = 1 : 2$

(2) 대응각의 크기는 각각 같다.

➡ $\angle A = \angle A'$, $\angle B = \angle B'$, $\angle C = \angle C'$

(3) 닮음비: 닮은 두 평면도형에서 대응변의 길이의 비

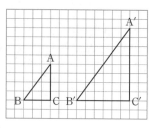

✚ 도형의 닮음

◔ 마트로시카

닮은 도형은 크기와 상관없이 모양이 서로 같은 도형이에요.

예시

오른쪽 그림에서 △ABC∽△DEF일 때
① $\overline{AB} : \overline{DE} = \overline{BC} : \overline{EF} = \overline{CA} : \overline{FD} = 2 : 3$
② $\angle A = \angle D$, $\angle B = \angle E$, $\angle C = \angle F$

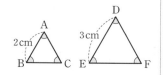

✚ 서로 합동인 두 도형의 닮음비는 1 : 1이에요.

---

2. 입체도형에서의 닮음의 성질

서로 닮은 두 입체도형에서

(1) 대응하는 모서리의 길이의 비는 일정하다.

➡ $\overline{AB} : \overline{A'B'} = \overline{BC} : \overline{B'C'} = \overline{BF} : \overline{B'F'}$
$= \cdots = 1 : 2$

(2) 대응하는 면은 서로 닮은 도형이다.

➡ $\square ABCD \infty \square A'B'C'D'$,
$\square ABFE \infty \square A'B'F'E'$, $\cdots$

(3) 닮음비: 닮은 두 입체도형에서 대응하는 모서리의 길이의 비

참고 항상 닮음인 입체도형: 면의 개수가 같은 두 정다면체, 두 구

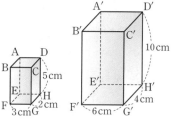

✚ 항상 닮음인 평면도형

두 원, 변의 개수가 같은 두 정다각형, 꼭지각의 크기가 같은 두 이등변삼각형, 한 각의 크기가 같은 두 마름모, 중심각의 크기가 같은 두 부채꼴, …

예시

오른쪽 그림에서 두 사면체가 서로 닮은 도형이고 $\overline{AB}$에 대응하는 모서리가 $\overline{A'B'}$일 때
① $\overline{AB} : \overline{A'B'} = \overline{AC} : \overline{A'C'} = \overline{AD} : \overline{A'D'}$
$= \overline{BC} : \overline{B'C'} = \overline{BD} : \overline{B'D'}$
$= \overline{CD} : \overline{C'D'} = 2 : 3$
② $\triangle ABC \infty \triangle A'B'C'$, $\triangle ACD \infty \triangle A'C'D'$,
$\triangle ABD \infty \triangle A'B'D'$, $\triangle BCD \infty \triangle B'C'D'$

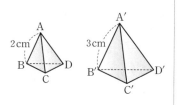

---

03 오른쪽 그림에서 □ABCD∽□EFGH일 때, 다음을 구하여라.

(1) □ABCD와 □EFGH의 닮음비

(2) $\overline{EF}$의 길이

(3) ∠D의 크기

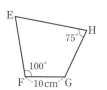

04 오른쪽 그림에서 △ABC∽△DEF일 때, 다음을 구하여라.

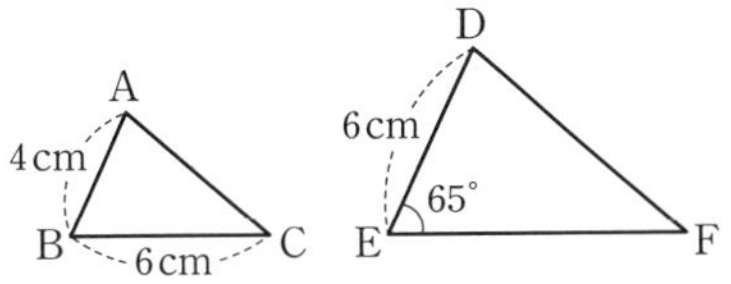

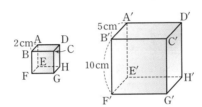

✚ 두 도형이 서로 닮으면 대응각의 크기는 각각 같아요.

(1) △ABC와 △DEF의 닮음비

(2) $\overline{\mathrm{EF}}$의 길이

(3) ∠B의 크기

05 오른쪽 그림의 두 직육면체는 서로 닮은 도형이다. 다음을 구하여라.

(1) 두 직육면체의 닮음비

(2) 면 BFGC에 대응하는 면

(3) $\overline{\mathrm{BF}}$의 길이

06 오른쪽 그림의 두 삼각기둥은 서로 닮은 도형이다. $\overline{\mathrm{AB}}$에 대응하는 모서리가 $\overline{\mathrm{PQ}}$일 때, 다음을 구하여라.

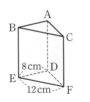 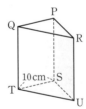

(1) 면 ADFC에 대응하는 면

(2) 두 삼각기둥의 닮음비

(3) $\overline{\mathrm{TU}}$의 길이

07 오른쪽 그림에서 두 삼각기둥은 닮은 도형이고, $\overline{\mathrm{AB}}$에 대응하는 모서리가 $\overline{\mathrm{GH}}$일 때, 두 삼각기둥의 닮음비는?

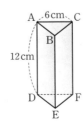 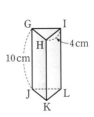

① 2 : 1   ② 3 : 1

③ 3 : 2   ④ 6 : 5

1. 닮은 두 평면도형의 둘레의 길이의 비와 넓이의 비

닮은 도형의 넓이의 비는 닮음비의 제곱과
같다. 즉, 서로 닮은 두 평면도형의 닮음비가
$m : n$이면

(1) 둘레의 길이의 비는 $m : n$

(2) 넓이의 비는 $m^2 : n^2$

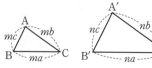

✚ 서로 닮은 두 평면도형의 닮음비가
$m : n$일 때, 대응변의 길이의 비는
모두 $m : n$이에요.
① 밑변의 길이의 비, 높이의 비
  ➡ $m : n$
② 반지름의 길이의 비, 지름의 길이
  의 비, 호의 길이의 비
  ➡ $m : n$

> **예시**
>
> 오른쪽 그림에서 두 직사각형 ABCD와 EFGH는 닮은
> 도형이고, 그 닮음비는 3 : 5이다.
> 또, 두 직사각형의 넓이는 각각
> □ABCD$=18$ cm², □EFGH$=50$ cm²
> 이므로 두 직사각형의 넓이의 비는 다음과 같다.
> □ABCD : □EFGH$=18 : 50 = 9 : 25 = 3^2 : 5^2$
> 즉, 닮음비가 3 : 5인 두 직사각형 ABCD와 EFGH의 넓
> 이의 비는 $3^2 : 5^2$임을 알 수 있다.
>
>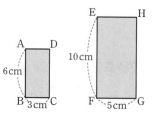

2. 닮은 두 입체도형의 겉넓이의 비와 부피의 비

닮은 도형의 부피의 비는 닮음비의 세제곱과 같
다. 즉, 서로 닮은 두 입체도형의 닮음비가
$m : n$이면

(1) 겉넓이의 비는 $m^2 : n^2$

(2) 부피의 비는 $m^3 : n^3$

✚ 서로 닮은 두 입체도형의 닮음비가
$m : n$일 때, 대응하는 두 면의 넓이
의 비는 모두 $m^2 : n^2$이에요.
즉, 밑넓이의 비, 옆넓이의 비는
$m^2 : n^2$이에요.

> **예시**
>
> 오른쪽 그림의 두 직육면체 ㉠, ㉡은 서로 닮은 도형이
> 고, 그 닮음비는 2 : 3이다.
> 이때 ㉠과 ㉡의 부피는 각각
> (㉠의 부피)$=4 \times 2 \times 6 = 48$(cm³),
> (㉡의 부피)$=6 \times 3 \times 9 = 162$(cm³)
> 이므로 ㉠과 ㉡의 부피의 비는
> (㉠의 부피) : (㉡의 부피)$=48 : 162 = 8 : 27 = 2^3 : 3^3$
> 이다. 즉, 닮음비가 2 : 3인 두 직육면체 ㉠, ㉡의 부피의 비는 $2^3 : 3^3$임을 알 수 있다.
>
>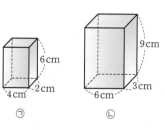

08 오른쪽 그림에서 △ABC∽△DEF일 때, 다음을 구하여라.

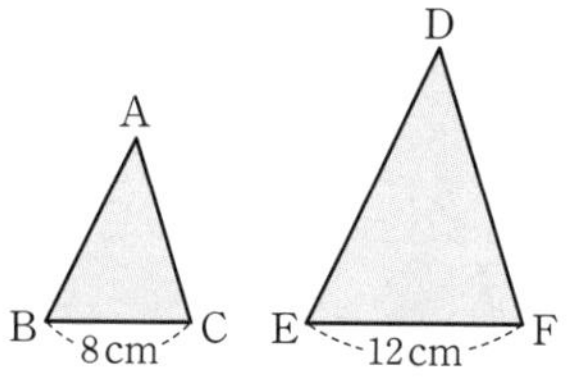

(1) △ABC와 △DEF의 닮음비

(2) △ABC와 △DEF의 둘레의 길이의 비

(3) △ABC와 △DEF의 넓이의 비

(4) △ABC의 둘레의 길이가 28 cm일 때, △DEF의 둘레의 길이

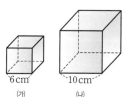

09 오른쪽 그림의 두 정육면체 ㈎, ㈏에 대하여 다음을 구하여라.

(1) 두 정육면체 ㈎, ㈏의 닮음비

(2) 두 정육면체 ㈎, ㈏의 겉넓이의 비

(3) 두 정육면체 ㈎, ㈏의 부피의 비

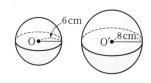

✚ 닮음비가 $m : n$이면
① 겉넓이의 비는 $m^2 : n^2$
② 부피의 비는 $m^3 : n^3$

10 오른쪽 그림의 두 구 O, O′에 대하여 다음을 구하여라.

(1) 두 구 O, O′의 닮음비

(2) 두 구 O, O′의 겉넓이의 비

(3) 두 구 O, O′의 부피의 비

11 다음 그림의 두 원기둥 ㈎, ㈏는 서로 닮은 도형이다. 원기둥 ㈏의 부피를 구하여라.

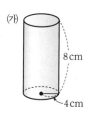
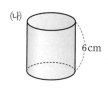

두 삼각형이 다음 조건 중 어느 하나를 만족시키면 서로 닮은 도형이다.

(1) **SSS 닮음**: 세 쌍의 대응변의 길이의 비가 일정하다.
→ $a : a' = b : b' = c : c'$
└→ 닮음비

(2) **SAS 닮음**: 두 쌍의 대응변의 길이의 비가 일정하고, 그 끼인각의 크기가 서로 같다.
→ $a : a' = c : c'$, $\angle B = \angle B'$
└→ 닮음비

(3) **AA 닮음**: 두 쌍의 대응각의 크기가 각각 서로 같다.
→ $\angle B = \angle B'$, $\angle C = \angle C'$

＋ 합동과 닮음

① 삼각형의 합동 조건

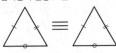

㉠ 완전히 포개어져요.
㉡ 대응변의 길이가 각각 같고, 대응각의 크기가 각각 같아요.
㉢ SSS 합동, SAS 합동, ASA 합동

② 삼각형의 닮음 조건

㉠ 확대하거나 축소해서 완전히 포개어져요.
㉡ 대응변의 길이의 비가 일정하고, 대응각의 크기가 각각 같아요.
㉢ SSS 닮음, SAS 닮음, AA 닮음

12 다음 그림에서 두 삼각형은 서로 닮은 도형일 때, □ 안에 알맞은 것을 써넣어라.

∠A = [　　] = 40°
∠B = [　　] = 75°
∴ △ABC∽[　　] ([　　] 닮음)

＋

① 항상 닮음인 경우

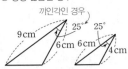

끼인각인 경우

② 닮음이 아닐 수도 있는 경우

끼인각이 아닌 경우

＋ 닮음 조건에 쓰이는 S는 변(Side), A는 각(Angle)의 첫 문자예요.

13 다음 〈보기〉에서 서로 닮은 삼각형을 찾아 기호로 나타내고, 그때의 닮음 조건을 말하여라.

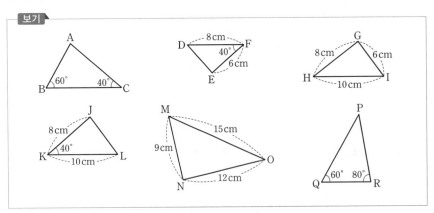

5 직각삼각형의 닮음

$\angle A = 90°$인 직각삼각형 ABC에서 $\overline{AH} \perp \overline{BC}$일 때

(1) 닮음인 직각삼각형

$\triangle ABC \backsim \triangle HBA \backsim \triangle HAC$ (AA 닮음)

★**(2) 직각삼각형의 닮음**

① $\triangle ABC \backsim \triangle HBA$에서 $\overline{AB} : \overline{HB} = \overline{BC} : \overline{BA}$

　　∴ $\overline{AB}^2 = \overline{BH} \times \overline{BC}$

② $\triangle ABC \backsim \triangle HAC$에서 $\overline{BC} : \overline{AC} = \overline{AC} : \overline{HC}$

　　∴ $\overline{AC}^2 = \overline{CH} \times \overline{CB}$

③ $\triangle HBA \backsim \triangle HAC$에서 $\overline{BH} : \overline{AH} = \overline{AH} : \overline{CH}$

　　∴ $\overline{AH}^2 = \overline{HB} \times \overline{HC}$

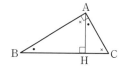

✚ 한 예각의 크기가 같은 두 직각삼각형은 AA 닮음이에요.

✚ 직각삼각형 ABC의 넓이에서

$\dfrac{1}{2} \times \overline{AB} \times \overline{AC}$

$= \dfrac{1}{2} \times \overline{BC} \times \overline{AH}$

∴ $\overline{AB} \times \overline{AC} = \overline{BC} \times \overline{AH}$

---

14 다음 그림에서 x의 값을 구하여라.

(1)

(2)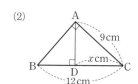

(3)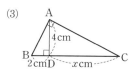

15 다음 그림에서 x의 값을 구하여라.

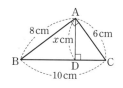

1. 삼각형에서 평행선과 선분의 길이의 비

(1) △ABC에서 변 BC에 평행한 직선이 두 변 AB, AC 또는 그 연장선과 만나는 점을 각각 D, E라고 할 때, $\overline{AB} : \overline{AD} = \overline{AC} : \overline{AE} = \overline{BC} : \overline{DE}$이다.

＋ $\overline{AB} : \overline{AD} = \overline{AC} : \overline{AE}$
$= \overline{BC} : \overline{DE}$
➡ $\overline{BC} \, /\!/ \, \overline{DE}$

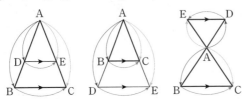

쏙쏙 이해 더하기

△ABC와 △ADE에서
∠B=∠ADE (동위각), ∠A는 공통
∴ △ABC∽△ADE (AA 닮음)
➡ $\overline{AB} : \overline{AD} = \overline{AC} : \overline{AE} = \overline{BC} : \overline{DE}$

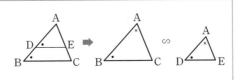

(2) △ABC에서 변 BC에 평행한 직선이 두 변 AB, AC 또는 그 연장선과 만나는 점을 각각 D, E라고 할 때, $\overline{AD} : \overline{DB} = \overline{AE} : \overline{EC}$이다.

＋ $\overline{AD} : \overline{DB} = \overline{AE} : \overline{EC}$
➡ $\overline{BC} \, /\!/ \, \overline{DE}$

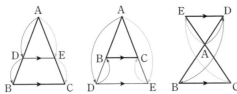

쏙쏙 이해 더하기

오른쪽 그림과 같이 점 E에서 $\overline{BD}$에 평행한 $\overline{EF}$를 그으면
△ADE와 △EFC에서
∠A=∠FEC (동위각), ∠AED=∠C (동위각)
∴ △ADE∽△EFC (AA 닮음)
➡ $\overline{AD} : \overline{DB} = \overline{AE} : \overline{EC}$
$\quad\hookrightarrow \overline{EF} = \overline{DB}$

2. 삼각형의 내각과 외각의 이등분선

(1) △ABC에서 $\overline{AD}$가 ∠A의 이등분선이면
$\overline{AB} : \overline{AC} = \overline{BD} : \overline{CD}$ $\hookrightarrow$ ∠BAD=∠CAD

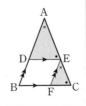

(2) △ABC에서 $\overline{AD}$가 ∠A의 외각의 이등분선이면
$\overline{AB} : \overline{AC} = \overline{BD} : \overline{CD}$ $\hookrightarrow$ ∠CAD=∠EAD

＋ $\overline{AB} : \overline{AC} \neq \overline{BC} : \overline{CD}$

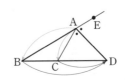

16 다음 그림에서 $\overline{BC} \parallel \overline{DE}$일 때, x의 값을 구하여라.

(1)

(2)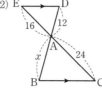

17 다음 그림에서 $\overline{BC} \parallel \overline{DE}$일 때, x의 값을 구하여라.

(1)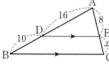

(2)

18 오른쪽 그림과 같은 △ABC에서 $\overline{AD}$가 ∠A의 이등분선일 때, x의 값을 구하여라.

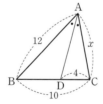

+ △ABC에서 $\overline{AD}$가 ∠A의 이등분선
➡ $\overline{AB} : \overline{AC} = \overline{BD} : \overline{CD}$

19 오른쪽 그림과 같은 △ABC에서 $\overline{AD}$가 ∠A의 외각의 이등분선일 때, x의 값을 구하여라.

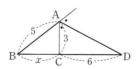

1. 평행선 사이의 선분의 길이의 비
세 개 이상의 평행선이 다른 두 직선과 만나서 생기는 선분의 길이의 비는 같다.

➡ $l \parallel m \parallel n$이면 $a : b = a' : b'$ 또는 $a : a' = b : b'$

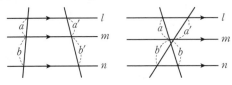

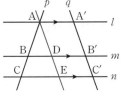

> **쏙쏙 이해 더하기**
>
> 오른쪽 그림과 같이 평행한 세 직선 l, m, n과 두 직선 p, q의 교점을 각각 A, B, C, A′, B′, C′라고 하면 점 A를 지나고 직선 q에 평행한 직선을 그어 직선 m, n과 만나는 점을 각각 D, E라고 할 때, △ACE에서 $\overline{BD} \parallel \overline{CE}$이므로 $\overline{AB} : \overline{BC} = \overline{AD} : \overline{DE}$이다. 또, □ADB′A′와 □DEC′B′는 평행사변형이므로 $\overline{AD} = \overline{A'B'}$, $\overline{DE} = \overline{B'C'}$이다. 따라서 $\overline{AB} : \overline{BC} = \overline{A'B'} : \overline{B'C'}$이다.

2. 삼각형의 두 변의 중점을 연결한 선분의 성질
(1) △ABC에서 $\overline{AM} = \overline{MB}$, $\overline{AN} = \overline{NC}$이면
$\overline{MN} \parallel \overline{BC}$, $\overline{MN} = \dfrac{1}{2}\overline{BC}$

(2) △ABC에서 $\overline{AM} = \overline{MB}$, $\overline{MN} \parallel \overline{BC}$이면
$\overline{AN} = \overline{NC}$

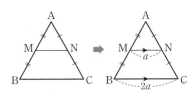

20 다음 그림에서 $l \parallel m \parallel n$일 때, x의 값을 구하여라.

(1)
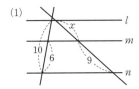

(2)
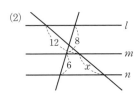

21 다음 그림과 같은 △ABC에서 x의 값을 구하여라.

(1)
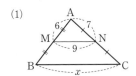

(2)
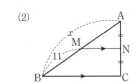

1. 삼각형의 중선

(1) 중선: 삼각형에서 한 꼭짓점과 그 대변의 중점을 이은
선분
(2) 삼각형의 중선의 성질
삼각형의 한 중선은 그 삼각형의 넓이를 이등분한다.

➡ $\triangle ABD = \triangle ACD = \dfrac{1}{2}\triangle ABC$

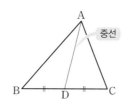

2. 삼각형의 무게중심

(1) 무게중심: 삼각형의 세 중선의 교점
(2) 삼각형의 무게중심의 성질
① 삼각형의 세 중선은 한 점(무게중심)에서 만난다.
② 삼각형의 무게중심은 세 중선의 길이를 꼭짓점으
로부터 각각 2 : 1로 나눈다.
➡ $\triangle ABC$의 무게중심을 G라 하면
$\overline{AG}:\overline{GD}=\overline{BG}:\overline{GE}=\overline{CG}:\overline{GF}=2:1$

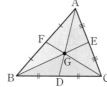

(3) 삼각형의 무게중심과 넓이
① 삼각형의 세 중선에 의해 삼각형의 넓이는 6등분된다.
➡ $\triangle GAF = \triangle GBF = \triangle GBD = \triangle GCD$

$= \triangle GCE = \triangle GAE = \dfrac{1}{6}\triangle ABC$

② 삼각형의 무게중심과 세 꼭짓점을 이어서 생기는 세
삼각형의 넓이는 같다.

$\triangle GAB = \triangle GBC = \triangle GCA = \dfrac{1}{3}\triangle ABC$

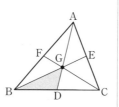

➕ 삼각형의 무게중심의 성질

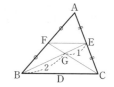

$\triangle ABC$에서 두 중선 BE, CF의 교
점을 G라고 하면 $\triangle ABC$와 $\triangle AFE$
에서
$\overline{AB}:\overline{AF}=\overline{AC}:\overline{AE}=2:1$
∠A는 공통이므로
$\triangle ABC \backsim \triangle AFE$(SAS닮음)이에요.
이때 ∠ABC=∠AFE이므로
$\overline{BC} \parallel \overline{FE}$, $\overline{BC}:\overline{FE}=2:1$
따라서 $\triangle GBC \backsim \triangle GEF$이고, 두 삼
각형의 닮음비가 2 : 1이므로
$\overline{BG}:\overline{GE}=2:1$

예시

오른쪽 그림에서 점 G는 $\triangle ABC$의 무게중심이고 $\triangle ABC$의
넓이가 12 cm²일 때, $\triangle GBD$의 넓이는

➡ 오른쪽 그림에서 점 D는 $\overline{BC}$의 중점이고,
$\triangle ABC$와 $\triangle ABD$는 높이가 같으므로

$\triangle ABD = \dfrac{1}{2}\triangle ABC = \dfrac{1}{2} \times 12$

$= 6(\text{cm}^2)$

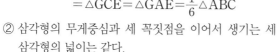

또, 오른쪽 그림에서 점 G는 $\triangle ABC$의 무게중심이므로 $\overline{AD}$를
점 A로부터 2 : 1로 나눈다.
이때 $\triangle GBD$와 $\triangle ABD$는 밑변의 길이가 같으므로

$\triangle GBD = \dfrac{1}{3}\triangle ABD = \dfrac{1}{3} \times 6$

$= 2(\text{cm}^2)$

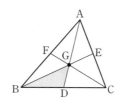

22 오른쪽 그림에서 $\overline{AD}$는 △ABC의 중선이고 △ABC의 넓이가 30 cm²일 때, △ADC의 넓이를 구하여라.

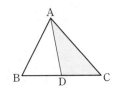

23 다음 그림에서 점 G가 △ABC의 무게중심일 때, x, y의 값을 각각 구하여라.

✚ 점 G가 무게중심이면 $\overline{AD}$와 $\overline{BE}$는 중선이에요.

(1)
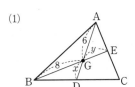

(2)
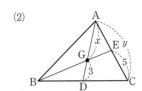

24 다음 그림에서 점 G가 △ABC의 무게중심일 때, x, y의 값을 각각 구하여라.

(1)
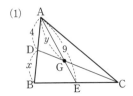

(2)
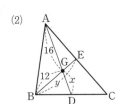

25 다음 그림에서 점 G는 △ABC의 무게중심이고 △ABC의 넓이가 54 cm²일 때, 색칠한 부분의 넓이를 구하여라.

(1)
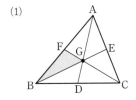

(2)
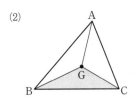

1. 피타고라스 정리

직각삼각형 ABC에서 직각을 낀 두 변의 길이를 각각 a, b 라 하고 빗변의 길이를 c라 하면

$$a^2 + b^2 = c^2$$ → 직각을 낀 두 변의 길이의 제곱의 합은 빗변의 길이의 제곱과 같다.

이 성립한다.

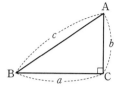

✚ 피타고라스 정리

(정사각형 ㉠의 넓이)
+(정사각형 ㉡의 넓이)
=(정사각형 ㉢의 넓이)
➡ $\overline{BC}^2 + \overline{AC}^2 = \overline{AB}^2$

2. 피타고라스 정리의 설명

설명 1 다음은 한 눈금의 길이가 1인 모눈종이 위에 ∠C=90°인 세 종류의 직각삼각형 ABC에 대하여 세 변을 각각 한 변으로 하는 정사각형 P, Q, R을 그린 것이다.

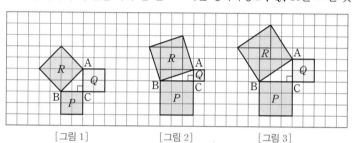

[그림 1]   [그림 2]   [그림 3]

정사각형 P, Q, R의 넓이를 각각 구하여 표로 나타내면 다음과 같다.

	P의 넓이	Q의 넓이	R의 넓이
[그림 1]	4	4	8
[그림 2]	9	1	10
[그림 3]	9	4	13

➡ (P의 넓이)+(Q의 넓이)=(R의 넓이)

예시

오른쪽 그림은 ∠C=90°인 직각삼각형 ABC의 각 변을 한 변으로 하는 세 정사각형을 그린 것이다. 두 정사각형의 넓이가 각각 100 cm²와 64 cm²일 때, $\overline{AC}$를 한 변으로 하는 정사각형의 넓이를 구하여라.

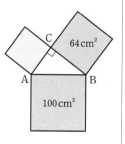

➡ $\overline{BC}^2 + \overline{AC}^2 = \overline{AB}^2$이므로

$64 + \overline{AC}^2 = 100$

∴ $\overline{AC}^2 = 36$ cm²

따라서 $\overline{AC}$를 한 변으로 하는 정사각형의 넓이는 36 cm²이다.

설명 2 오른쪽 그림에서 사각형 ABCD와 사각형 IJKL은 한 변의 길이가 $a+b$인 정사각형이다.

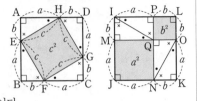

① 각 정사각형 안에 있는 직각삼각형 4개는 두 변의 길이가 a, b이고, 그 끼인각의 크기가 90°인 삼각형이므로 서로 합동이다.

② 사각형 ABCD와 사각형 IJKL에서 각각 합동인 직각삼각형 4개를 뺀 부분의 넓이는 서로 같으므로

□EFGH=□MJNQ+□PQOL

➡ c^2 = a^2 + b^2

+ 피타고라스의 수
피타고라스 정리 $a^2+b^2=c^2$을 만족하는 세 자연수 a, b, c를 피타고라스의 수라 해요. 피타고라스의 수를 (a, b, c)로 나타내면 다음과 같은 수들이 있어요.
$(3, 4, 5)$, $(5, 12, 13)$, $(6, 8, 10)$, $(7, 24, 25)$, $(8, 15, 17)$, …

설명 3 다음 그림과 같이 ∠C=90°인 직각삼각형 ABC에서 $\overline{BC}=a$, $\overline{AC}=b$, $\overline{AB}=c$라고 할 때, 세 변의 길이를 각각 a배, b배, c배 하여 닮은 삼각형 세 개를 만든 후(닮음비가 각각 $1:a$, $1:b$, $1:c$인 직각삼각형 3개를 만든다.) 세 직각삼각형을 길이가 bc인 변끼리, ac인 변끼리 맞붙이면 직사각형이 된다.
이때 직사각형의 대변의 길이는 서로 같으므로 $a^2+b^2=c^2$이 성립함을 알 수 있다.

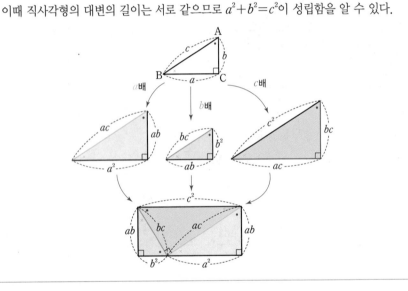

+ 피타고라스 정리를 연속적으로 이용해요.

$\overline{OA_2}$ ➡ $\overline{OA_3}$ ➡ $\overline{OA_4}$ ➡ …의 순서대로 빗변의 길이를 구해요.
$\overline{OA_2}=\sqrt{2}\,a$
$\overline{OA_3}=\sqrt{3}\,a$
$\overline{OA_4}=2a$
⋮

3. 직각삼각형이 될 조건

세 변의 길이가 각각 a, b, c인 ABC에서 $a^2+b^2=c^2$이면 이 삼각형은 빗변의 길이가 c인 직각삼각형이다.
└ c는 가장 긴 변의 길이

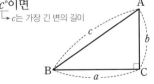

예시

① 세 변의 길이가 각각 9 cm, 40 cm, 41 cm인 삼각형에서 $9^2+40^2=41^2$이므로 이 삼각형은 빗변의 길이가 41 cm인 직각삼각형이다.
② 세 변의 길이가 각각 3 cm, 4.5 cm, 5 cm인 삼각형에서 $3^2+(4.5)^2\neq5^2$이므로 이 삼각형은 직각삼각형이 아니다.

26 다음 직각삼각형에서 x의 값을 구하여라.

(1)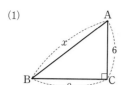

(2)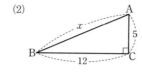

✚ 피타고라스 정리

$a^2 + b^2 = c^2$

27 오른쪽 그림은 $\angle C = 90°$인 직각삼각형 ABC의 세 변을 각각 한 변으로 하는 정사각형을 그린 것이다.
□ACDE $= 9\ \mathrm{cm}^2$, □BHIC $= 16\ \mathrm{cm}^2$일 때, □AFGB의 넓이를 구하여라.

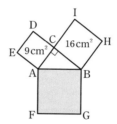

28 다음 그림은 직각삼각형 ABC의 각 변을 한 변으로 하는 세 정사각형을 그려 그 넓이를 나타낸 것이다. x의 값을 구하여라.

(1)

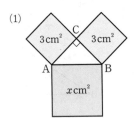

(2)

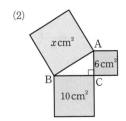

✚ 피타고라스 정리

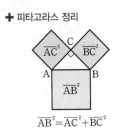

$$\overline{AB}^2 = \overline{AC}^2 + \overline{BC}^2$$

29 오른쪽 그림과 같이 넓이가 각각 $9\,\text{cm}^2$와 $81\,\text{cm}^2$인 두 개의 정사각형을 붙여 놓았을 때, x의 값은?

① 12   ② 13   ③ 14   ④ 15

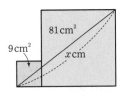

30 세 변의 길이가 각각 다음과 같은 삼각형은 어떤 삼각형인지 말하여라.

(1) 3, 4, 6   (2) 6, 9, 10   (3) 8, 15, 17

10 직각삼각형의 세 반원에서 피타고라스 정리의 활용

1. 직각삼각형 ABC에서 직각을 낀 두 변을 각각 지름으로 하는 반원의 넓이를 P, Q라 하고 빗변을 지름으로 하는 반원의 넓이를 R라 할 때
   ➡ $R = P + Q$

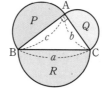

2. 직각삼각형 ABC의 세 변을 각각 지름으로 하는 반원에서
   ➡ (색칠한 부분의 넓이) $= \triangle ABC = \dfrac{1}{2}bc$

쏙쏙 이해 더하기

$\angle A = 90°$인 직각삼각형 ABC에서 $\overline{AB}$, $\overline{AC}$, $\overline{BC}$를 지름으로 하는 반원의 넓이를 각각 P, Q, R라 하면 $R = P + Q$이므로

(색칠한 부분의 넓이) $= P + Q + \triangle ABC - R$
$= R + \triangle ABC - R = \triangle ABC$

✚ 피타고라스 정리의 활용 ⑴

$P + Q = \dfrac{1}{2} \times \pi \times \left(\dfrac{c}{2}\right)^2$
$\qquad + \dfrac{1}{2} \times \pi \times \left(\dfrac{b}{2}\right)^2$
$\quad = \dfrac{1}{8}\pi(b^2 + c^2) = \dfrac{1}{8}\pi a^2$

$R = \dfrac{1}{2} \times \pi \times \left(\dfrac{a}{2}\right)^2 = \dfrac{1}{8}\pi a^2$

$\therefore R = P + Q$

✚ 피타고라스 정리의 활용 ⑵

➡ $S_1 + S_2 = \triangle ABC$
$\qquad = \dfrac{1}{2}bc$

---

31 다음 그림과 같이 $\angle A = 90°$인 직각삼각형 ABC에서 직각을 낀 두 변을 각각 지름으로 하는 반원을 그렸다. $\overline{BC} = 10$ cm일 때, 두 반원의 넓이의 합 $P + Q$를 구하여라.

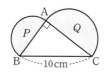

32 다음 그림과 같이 $\angle A = 90°$인 직각삼각형 ABC의 각 변을 지름으로 하는 반원을 그렸다. $\overline{AB} = 5$ cm, $\overline{AC} = 12$ cm일 때, 색칠한 부분의 넓이를 구하여라.

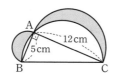

1 삼각비

정답과 해설 36쪽

1. 삼각비의 뜻
삼각비란 직각삼각형에서 두 변의 길이의 비를 뜻한다.

⭐2. 삼각비
∠B＝90°인 직각삼각형 ABC에서

(1) $\sin A = \dfrac{(높이)}{(빗변의\ 길이)} = \dfrac{a}{b}$ ➡ ∠A의 사인

(2) $\cos A = \dfrac{(밑변의\ 길이)}{(빗변의\ 길이)} = \dfrac{c}{b}$ ➡ ∠A의 코사인

(3) $\tan A = \dfrac{(높이)}{(밑변의\ 길이)} = \dfrac{a}{c}$ ➡ ∠A의 탄젠트

이때 sin A, cos A, tan A를 통틀어 ∠A의 삼각비라 한다.
└→ 기준각

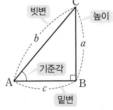

➕ 삼각비를 구할 때는 기준각의 대변을 직각삼각형의 높이로 생각해요.

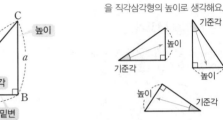

⭐ 오른쪽 직각삼각형 ABC에서 ∠A의 삼각비의 값은 다음과 같다.
$\sin A = \dfrac{5}{13}$, $\cos A = \dfrac{12}{13}$, $\tan A = \dfrac{5}{12}$

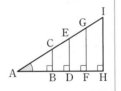

쏙쏙 이해 더하기

오른쪽 그림과 같이 ∠A가 공통인 직각삼각형 ABC, ADE, AFG,
AHI는 서로 닮은 도형이므로 대응하는 변의 길이의 비가 항상 일정하다.
따라서 ∠A의 크기가 정해지면 직각삼각형의 크기에 관계없이 삼각비의
값은 항상 일정하다.

---

3. 삼각비의 값 구하기
(1) 기준각의 위치가 다른 직각삼각형에서 삼각비의 값 구하기

다음 그림의 직각삼각형 ABC에서 ∠C의 삼각비를 구해 보면

기준각이 ∠C이므로
직각삼각형을 돌려 보면

∠C의 삼각비
$\sin C = \dfrac{4}{5}$
$\cos C = \dfrac{3}{5}$
$\tan C = \dfrac{4}{3}$

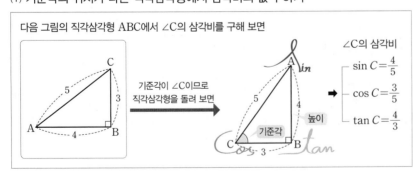

(2) 직각삼각형의 두 변의 길이를 알 때 삼각비의 값 구하기

> 직각삼각형 ABC에서 $\overline{AB}=3$, $\overline{BC}=6$일 때, ∠A의 삼각비를 구해 보면
>
>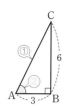
>
> | ① 피타고라스 정리 이용하기 | ② 삼각비의 값 구하기 |
> |---|---|
> | $\overline{AB}=3$, $\overline{BC}=6$이므로 피타고라스 정리에 의하여 $\overline{AC}=\sqrt{3^2+6^2}$ $=\sqrt{45}=3\sqrt{5}$ | $\sin A=\dfrac{\overline{BC}}{\overline{AC}}=\dfrac{6}{3\sqrt{5}}=\dfrac{2\sqrt{5}}{5}$ $\cos A=\dfrac{\overline{AB}}{\overline{AC}}=\dfrac{3}{3\sqrt{5}}=\dfrac{\sqrt{5}}{5}$ $\tan A=\dfrac{\overline{BC}}{\overline{AB}}=\dfrac{6}{3}=2$ |

★4. 30°, 45°, 60°의 삼각비의 값

삼각비 ＼ A	30°	45°	60°	
$\sin A$	$\dfrac{1}{2}$	$\dfrac{\sqrt{2}}{2}$	$\dfrac{\sqrt{3}}{2}$	커진다.
$\cos A$	$\dfrac{\sqrt{3}}{2}$	$\dfrac{\sqrt{2}}{2}$	$\dfrac{1}{2}$	작아진다.
$\tan A$	$\dfrac{\sqrt{3}}{3}$	1	$\sqrt{3}$	

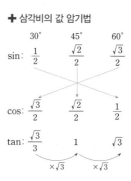

➕ 삼각비의 값 암기법

	30°	45°	60°
sin:	$\dfrac{1}{2}$	$\dfrac{\sqrt{2}}{2}$	$\dfrac{\sqrt{3}}{2}$
cos:	$\dfrac{\sqrt{3}}{2}$	$\dfrac{\sqrt{2}}{2}$	$\dfrac{1}{2}$
tan:	$\dfrac{\sqrt{3}}{3}$	1	$\sqrt{3}$

$\times\sqrt{3}$ $\times\sqrt{3}$

쏙쏙 이해 더하기

(1) 45°의 삼각비의 값

오른쪽 그림과 같이 한 변의 길이가 1인 정사각형의 대각선의 길이는 $\sqrt{1^2+1^2}=\sqrt{2}$이므로 직각삼각형 ABC에서

$\sin 45°=\dfrac{1}{\sqrt{2}}=\dfrac{\sqrt{2}}{2}$, $\cos 45°=\dfrac{1}{\sqrt{2}}=\dfrac{\sqrt{2}}{2}$, $\tan 45°=\dfrac{1}{1}=1$

(2) 30°, 60°의 삼각비의 값

오른쪽 그림과 같이 한 변의 길이가 2인 정삼각형의 높이는 $\sqrt{2^2-1^2}=\sqrt{3}$이므로 직각삼각형 ABC에서

$\sin 30°=\dfrac{1}{2}$, $\cos 30°=\dfrac{\sqrt{3}}{2}$, $\tan 30°=\dfrac{1}{\sqrt{3}}=\dfrac{\sqrt{3}}{3}$

$\sin 60°=\dfrac{\sqrt{3}}{2}$, $\cos 60°=\dfrac{1}{2}$, $\tan 60°=\dfrac{\sqrt{3}}{1}=\sqrt{3}$

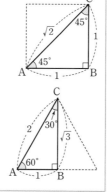

---

01 오른쪽 그림과 같은 직각삼각형 ABC에서 다음 삼각비의 값을 구하여라.

(1) $\sin A$　　　(2) $\cos A$　　　(3) $\tan A$

02 오른쪽 그림과 같은 직각삼각형 ABC에서 다음 삼각비의 값을 구하여라.

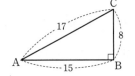

+ 삼각비의 값을 구할 때는 기준각의 대변을 높이로 보아야 해요.

(1) $\sin C$

(2) $\cos C$

(3) $\tan C$

03 오른쪽 그림과 같은 직각삼각형 ABC에서 다음을 구하여라.

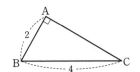

+ ∠A의 삼각비는 $\sin A$, $\cos A$, $\tan A$를 말해요.

(1) ∠B의 삼각비

(2) ∠C의 삼각비

04 오른쪽 그림과 같은 직각삼각형 ABC에서 $\overline{BC}=4$, $\tan A = \dfrac{1}{3}$일 때, 다음을 구하여라.

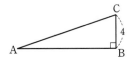

(1) $\overline{AB}$의 길이

(2) $\overline{AC}$의 길이

05　다음을 계산하여라.

(1) $\sin 60° - \cos 30°$

(2) $\tan 30° \times \tan 60°$

(3) $\cos 45° \times \sin 45° - \tan 45°$

06　다음 그림과 같은 직각삼각형에서 x, y의 값을 각각 구하여라.

(1)
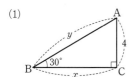

(2)
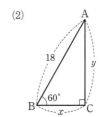

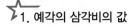

☆ 1. 예각의 삼각비의 값

점 O를 중심으로 하고 반지름의 길이가 1인 사분원을 그렸을 때, 임의의 예각 x에 대한 삼각비의 값은 다음과 같다.

(1) $\sin x = \dfrac{\overline{AB}}{\overline{AO}} = \dfrac{\overline{AB}}{1} = \overline{AB}$

(2) $\cos x = \dfrac{\overline{OB}}{\overline{OA}} = \dfrac{\overline{OB}}{1} = \overline{OB}$

(3) $\tan x = \dfrac{\overline{CD}}{\overline{OD}} = \dfrac{\overline{CD}}{1} = \overline{CD}$

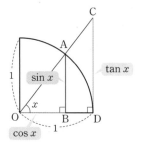

2. 0°, 90°의 삼각비의 값

(1) 0°, 90°의 삼각비의 값

① $\sin 0° = 0$, $\sin 90° = 1$

② $\cos 0° = 1$, $\cos 90° = 0$

③ $\tan 0° = 0$, $\tan 90°$의 값은 정할 수 없다.

(2) 각의 크기에 따른 삼각비의 값의 대소 관계

$0° \leq x \leq 90°$인 범위에서 x의 크기가 증가하면

① $\sin x$의 값은 0에서 1까지 증가한다.

② $\cos x$의 값은 1에서 0까지 감소한다.

③ $\tan x$의 값은 0에서 한없이 증가한다.

> **참고** 삼각비의 값의 대소 비교
> ① $0° \leq A < 45°$일 때, $\sin A < \cos A$
> ② $A = 45°$일 때, $\sin A = \cos A < \tan A$
> ③ $45° < A < 90°$일 때, $\cos A < \sin A < \tan A$

✚ 0°, 90°의 삼각비의 값

① a의 크기가 0°에 가까워지면 $\overline{AB}$와 $\overline{CD}$는 0에 가까워지고, $\overline{OB}$는 1에 가까워져요.

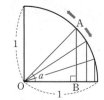

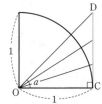

② $a°$의 크기가 90°에 가까워지면 $\overline{AB}$는 1에 가까워지고, $\overline{OA}$는 0에 가까워져요. 그러나 $a°$의 크기가 90°에 가까워지면 $\overline{CD}$는 한없이 길어지므로 $\tan 90°$의 값은 정할 수 없어요.

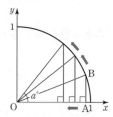

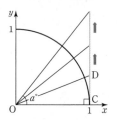

07 오른쪽 그림과 같이 반지름의 길이가 1인 사분원에서 다음 삼각비의 값을 구하여라.

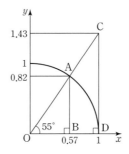

(1) $\sin 55°$ (2) $\cos 55°$

(3) $\tan 55°$ (4) $\sin 35°$

(5) $\cos 35°$

✚ 반지름의 길이가 1인 사분원을 이용하면 빗변 또는 밑변의 길이가 1인 직각삼각형을 그릴 수 있어요

08 다음을 계산하여라.

(1) $\sin 0° + \cos 90°$ (2) $\tan 0° - \cos 0°$

09 $0° \leq A \leq 90°$일 때, 옳으면 ○표를, 틀리면 ×표를 하여라.

(1) A의 크기가 커지면 $\sin A$의 값도 커진다. (   )

(2) A의 크기가 커지면 $\cos A$의 값도 커진다. (   )

(3) A의 크기가 커지면 $\tan A$의 값도 커진다. (   )

✚ 삼각비의 값

A 삼각비	$0°$	$30°$	$45°$	$60°$	$90°$
$\sin A$	0	$\dfrac{1}{2}$	$\dfrac{\sqrt{2}}{2}$	$\dfrac{\sqrt{3}}{2}$	1
$\cos A$	1	$\dfrac{\sqrt{3}}{2}$	$\dfrac{\sqrt{2}}{2}$	$\dfrac{1}{2}$	0
$\tan A$	0	$\dfrac{\sqrt{3}}{3}$	1	$\sqrt{3}$	알수 없다

1. 삼각비를 이용하여 길이 구하기

직각삼각형 ABC에서 ∠A의 크기와 c의 값을 알 때

$\sin A = \dfrac{\overline{BC}}{c}$ 이므로 $\overline{BC} = c \sin A$

$\cos A = \dfrac{\overline{AC}}{c}$ 이므로 $\overline{AC} = c \cos A$ 이다.

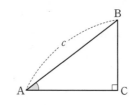

예 $\overline{CB} = 6 \sin 30° = 6 \times \dfrac{1}{2} = 3$

$\overline{AB} = 6 \cos 30° = 6 \times \dfrac{\sqrt{3}}{2} = 3\sqrt{3}$

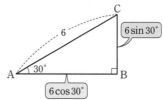

2. 삼각비를 이용하여 넓이 구하기

△ABC에서 두 변의 길이 b, c와 그 끼인각 ∠A의 크기를 알 때, △ABC의 넓이 S는 다음과 같다.

① ∠A가 예각인 경우

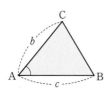

$$S = \frac{1}{2}bc \sin A$$

② ∠A가 둔각인 경우

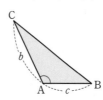

$$S = \frac{1}{2}bc \sin(180° - A)$$

✚ ∠A가 직각인 경우
$\sin A = 1$이므로 삼각형 ABC의 넓이는

$$\frac{1}{2}bc \sin A = \frac{1}{2}bc$$

예 다음 △ABC의 넓이를 구하시오.

(1)
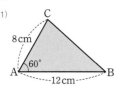

(2)
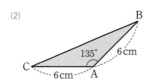

(1) ∠A는 예각이므로 △ABC의 넓이 S는 $S = \dfrac{1}{2} \times \overline{AB} \times \overline{AC} \times \sin 60°$

$= \dfrac{1}{2} \times 12 \times 8 \times \dfrac{\sqrt{3}}{2} = 24\sqrt{3}\ (\mathrm{cm}^2)$

(2) ∠A는 둔각이므로 △ABC의 넓이 S는 $S = \dfrac{1}{2} \times \overline{AB} \times \overline{AC} \times \sin(180° - 135°)$

$= \dfrac{1}{2} \times 6 \times 6 \times \dfrac{\sqrt{2}}{2} = 9\sqrt{2}\ (\mathrm{cm}^2)$

(1) $24\sqrt{3}\ \mathrm{cm}^2$ (2) $9\sqrt{2}\ \mathrm{cm}^2$

10 오른쪽 직각삼각형 ABC에서 ∠A=30°, $\overline{AB}$=6 cm일 때, $\overline{AC}$와 $\overline{BC}$의 길이를 각각 구하여라.

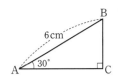

11 다음 △ABC의 넓이를 구하여라.

(1)
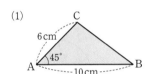

(2)
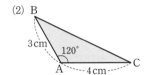

12 다음 사각형의 넓이를 구하여라.

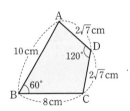

1 원의 현

정답과 해설 37쪽

1. 원의 중심각의 크기와 호, 현의 길이 사이의 관계

(1) 한 원에서 크기가 같은 두 중심각에 대한 호의 길이와 현의 길이는 같다.

(2) 한 원에서 길이가 같은 두 현에 대한 중심각의 크기는 같다.

➡ $\angle AOB = \angle COD$이면 $\overline{AB} = \overline{CD}$, $\overparen{AB} = \overparen{CD}$

2. 현의 수직이등분선

(1) 원의 중심에서 현에 내린 수선은 그 현을 이등분한다.

➡ $\overline{OH} \perp \overline{AB}$이면 $\overline{AH} = \overline{BH}$

(2) 현의 수직이등분선은 그 원의 중심을 지난다.

⭐ 3. 현의 길이

(1) 한 원에서 원의 중심으로부터 같은 거리에 있는 두 현의 길이는 같다.

➡ $\overline{OM} = \overline{ON}$이면 $\overline{AB} = \overline{CD}$

(2) 한 원에서 길이가 같은 두 현은 원의 중심으로부터 같은 거리에 있다.

➡ $\overline{AB} = \overline{CD}$이면 $\overline{OM} = \overline{ON}$

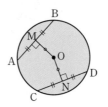

➕ 원의 중심에서 세 변까지의 거리가 같은 삼각형

$\overline{AB} = \overline{BC} = \overline{CA}$이므로
△ABC는 정삼각형
➡ $\angle A = \angle B = \angle C = 60°$

➕ 현의 길이와 삼각형

△ABC의 외접원 O에서
$\overline{OM} = \overline{ON}$이면 $\overline{AB} = \overline{AC}$이므로
△ABC는 이등변삼각형이에요.
➡ $\angle B = \angle C$

---

01 그림과 같은 원 O에서 $\angle AOB = 50°$, $\angle COD = 100°$, $\overparen{CD} = 8$ cm일 때, $\overparen{AB}$의 길이를 구하여라.

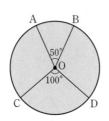

02 다음 그림에서 x의 값을 구하여라.

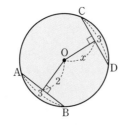

2 원의 접선

1. 원의 접선

(1) 원의 접선의 길이

① 원 O 밖의 한 점 P에서 원 O에 그을 수 있는 접선은 2개이다.

② 점 P에서 원 O의 접점까지의 거리를 점 P에서 원 O에 그은 접선의 길이라 한다.

☆(2) 원의 접선의 성질

원 O 밖의 한 점 P에서 그 원에 그은 두 접선의 길이는 서로 같다.

➡ $\overline{PA}=\overline{PB}$

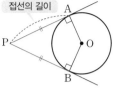

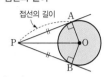

✚ 접선의 길이

$\overrightarrow{PA}$, $\overrightarrow{PB}$가 원 O의 접선일 때,
△PAO와 △PBO에서
∠PAO=∠PBO=90°
$\overline{PO}$는 공통, $\overline{OA}=\overline{OB}$(반지름)이므로
△PAO≡△PBO(RHS 합동)
∴ $\overline{PA}=\overline{PB}$

2. 삼각형의 내접원

반지름의 길이가 r인 원 O가 △ABC에 내접하고 세 점 D, E, F가 접점일 때

(1) $\overline{AD}=\overline{AF}$, $\overline{BD}=\overline{BE}$, $\overline{CE}=\overline{CF}$

(2) (△ABC의 둘레의 길이)$=a+b+c=2(x+y+z)$

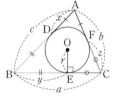

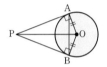

✚ 원의 접선의 성질

① △PAO≡△PBO
② ∠APB+∠AOB=180°
③ ∠PAB=∠PBA

> **쏙쏙 이해 더하기**
>
> $a=y+z$, $b=x+z$, $c=x+y$이므로
> (△ABC의 둘레의 길이)$=a+b+c=(y+z)+(x+z)+(x+y)$
> $=2(x+y+z)$

(3) (△ABC의 넓이)$=\dfrac{1}{2}r(a+b+c)=r(x+y+z)$

> **쏙쏙 이해 더하기**
>
> △ABC=△OAB+△OBC+△OCA
> $=\dfrac{1}{2}cr+\dfrac{1}{2}ar+\dfrac{1}{2}br=\dfrac{1}{2}r\underline{(a+b+c)}$ ┌→ △ABC의 둘레의 길이

3. 외접사각형의 성질

(1) 원에 외접하는 사각형의 두 쌍의 대변의 길이의 합은 서로 같다.

➡ $\overline{AB}+\overline{CD}=\overline{AD}+\overline{BC}$

(2) 두 쌍의 대변의 길이의 합이 같은 사각형은 원에 외접한다.

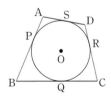

4. 외접삼각형의 성질

원 밖의 한 점에서 그 원에 그은 두 접선의 길이는 같으므로

(1) $\overline{AF}=\overline{AE}$, $\overline{BF}=\overline{BD}$, $\overline{CD}=\overline{CE}$

(2) $\overline{AF}+\overline{BD}+\overline{CE}=\dfrac{1}{2}(\overline{AB}+\overline{BC}+\overline{CA})$

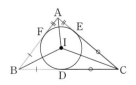

03 다음 그림에서 x의 값을 구하면?

① 2   ② 3

③ 4   ④ 5

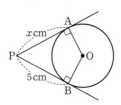

04 오른쪽 그림에서 원 O는 △ABC의 내접원이고 세 점 D, E, F는 접점이다. $\overline{AB}=8$ cm, $\overline{BE}=5$ cm, $\overline{AC}=7$ cm일 때, x의 값을 구하여라.

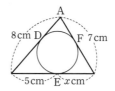

05 다음 그림에서 원 O는 □ABCD의 내접원이다. $\overline{AB}$의 길이를 구하여라.

✚ 원의 외접사각형의 두 쌍의 대변의 길이의 합은 서로 같아요.

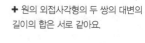

06 오른쪽 그림에서 원 O는 △ABC의 내접원이고, 세 점 D, E, F는 접점이다. $\overline{AB}=12$ cm, $\overline{BC}=14$ cm, $\overline{AC}=10$ cm일 때, $\overline{AD}+\overline{BE}+\overline{CF}$의 길이를 구하여라.

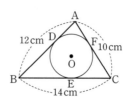

3 원주각

⭐ 1. 원주각과 중심각의 크기

(1) 원주각: 원 O에서 호 AB 위에 있지 않은 원 위의 한 점 P에 대하여 ∠APB를 호 AB에 대한 원주각이라 한다.

(2) 원에서 한 호에 대한 원주각의 크기는 그 호에 대한 중심각의 크기의 $\frac{1}{2}$이다.

➡ $\angle APB = \frac{1}{2}\angle AOB$

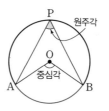

✚ 원 O에서 $\overarc{AB}$가 정해지면 그 호에 대한 중심각 ∠AOB는 하나로 정해지지만, 원주각 ∠APB는 점 P의 위치에 따라 무수히 많아요.

쏙쏙 이해 더하기

① 원의 중심 O가 △APB의 한 변 위에 있는 경우

∠OPA=∠OAP이므로
∠AOB
=∠OPA+∠OAP
=2∠OPA=2∠APB
∴ $\angle APB = \frac{1}{2}\angle AOB$

② 원의 중심 O가 △APB의 내부에 있는 경우

∠APB
=∠APQ+∠BPQ
=$\frac{1}{2}$(∠AOQ+∠BOQ)
=$\frac{1}{2}$∠AOB

③ 원의 중심 O가 △APB의 외부에 있는 경우

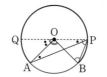

∠APB
=∠QPB−∠QPA
=$\frac{1}{2}$(∠QOB−∠QOA)
=$\frac{1}{2}$∠AOB

✚ 원주각과 중심각

① (원주각의 크기)
  =$\frac{1}{2}$×(중심각의 크기)

② (중심각의 크기)
  =2×(원주각의 크기)

✚ 원주각과 중심각의 활용

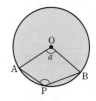

$\angle APB = \frac{1}{2}(360° - \angle a)$

$= 180° - \frac{1}{2}\angle a$

(3) 원에서 한 호에 대한 원주각의 크기는 모두 같다.
➡ ∠APB=∠AQB=∠ARB

(4) 반원에 대한 원주각의 크기는 90°이다.
➡ $\overline{AB}$가 원 O의 지름이면
$\angle APB = \frac{1}{2} \times 180° = 90°$

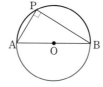

2. 원주각의 크기와 호의 길이

한 원 또는 합동인 두 원에서

(1) 길이가 같은 호에 대한 원주각의 크기는 서로 같다.
➡ $\overarc{AB}=\overarc{CD}$이면 ∠APB=∠CQD

(2) 크기가 같은 원주각에 대한 호의 길이는 서로 같다.
➡ ∠APB=∠CQD이면 $\overarc{AB}=\overarc{CD}$

(3) 호의 길이는 그 호에 대한 원주각의 크기에 정비례한다.

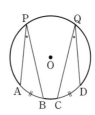

3. 원의 접선과 현이 이루는 각의 성질

(1) 원의 접선과 그 접점을 지나는 현이 이루는 각의 크기는 그 각의 내부에 있는 호에 대한 원주각의 크기와 같다.

➡ ∠BAT = ∠BCA

(2) 원 O에서 ∠BAT = ∠BCA이면 $\overrightarrow{AT}$는 원 O의 접선이다.

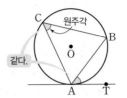

쏙쏙 이해 더하기

① ∠BAT가 직각인 경우	② ∠BAT가 예각인 경우	③ ∠BAT가 둔각인 경우
현 AB는 원 O의 지름이므로 ∠BCA = 90° ∴ ∠BAT = ∠BCA = 90°	원 O의 지름 AD를 그으면 ∠DAT = ∠DCA = 90° ∴ ∠BAT = 90° − ∠DAB ← $\widehat{BD}$에 대한 원주각 = 90° − ∠DCB = ∠BCA	원 O의 지름 AD를 그으면 ∠DAT = ∠DCA = 90° ∴ ∠BAT = 90° + ∠BAD ← $\widehat{BD}$에 대한 원주각 = 90° + ∠BCD = ∠BCA

---

07 다음 그림에서 ∠x의 크기를 구하여라.

✚ (원주각의 크기)
$= \dfrac{1}{2} \times$ (중심각의 크기)

(1)

(2)

(3)
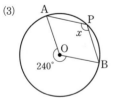

(4)
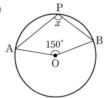

08 다음 그림에서 $\angle x$의 크기를 구하여라.

(1)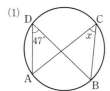

(2)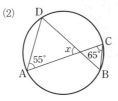

✚ 한 원에서 한 호에 대한 원주각의 크기는 모두 같아요.

09 다음 그림에서 x의 값을 구하여라.

(1)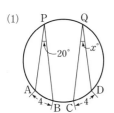

(2)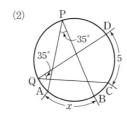

✚ 한 원 또는 합동인 두 원에서 (원주각의 크기가 같다.) ↔ (중심각의 크기가 같다.) ↔ (호의 길이가 같다.)

10 다음 그림에서 $\overleftrightarrow{\mathrm{AT}}$가 원 O의 접선이고 점 A는 접점일 때, $\angle x$의 크기를 구하여라.

(1)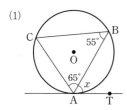

(2)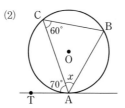

01 그림과 같이 평행한 두 직선 l, m이 다른 한 직선 n과 만날 때, ∠x의 크기는?　　　　2020년 1회

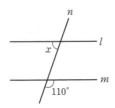

① 55°　　　　　　② 60°

③ 65°　　　　　　④ 70°

02 그림과 같이 두 직선 l과 m이 한 직선 n과 만날 때, ∠x의 동위각은?　　　　2017년 1회

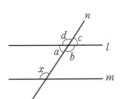

① ∠a　　　　　　② ∠b

③ ∠c　　　　　　④ ∠d

주목

03 다음 그림에서 $l /\!/ m$일 때, ∠x의 크기는?　　2020년 2회

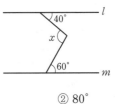

① 70°　　　　　　② 80°

③ 90°　　　　　　④ 100°

04 그림과 같은 삼각기둥에서 모서리 AB와 평행한 모서리는?　　　　2019년 1회

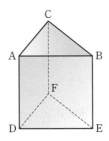

① 모서리 AC

② 모서리 BE

③ 모서리 DE

④ 모서리 EF

05 그림의 직육면체에서 $\overline{CD}$와 평행한 면을 모두 고른 것은?

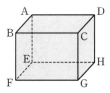

① 면 EFGH, 면 BFGC
② 면 ABFE, 면 EFGH
③ 면 BFGC, 면 ABCD
④ 면 CGHD, 면 AEHD

주목

07 오른쪽 그림과 같은 평면도형을 직선 l을 회전축으로 하여 1회전 시킬 때 생기는 입체도형은?

① 구
② 원뿔
③ 원뿔대
④ 사각기둥

06 그림과 같이 $\angle C = 90°$인 직각삼각형 ABC를 직선 l을 축으로 하여 1회전 시킬 때 생기는 입체도형은?

2019년 2회

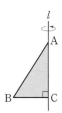

① 원뿔
② 원기둥
③ 삼각뿔
④ 사각기둥

08 그림의 삼각형 ABC에서 $\angle A = 50°$, $\angle B = 45°$일 때, $\angle x$의 크기는?

2020년 1회

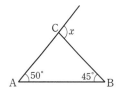

① 85°   ② 90°
③ 95°   ④ 100°

09 그림의 삼각형 ABC에서 ∠A=70°, ∠B=50°일 때, ∠x의 크기는?　2018년 1회

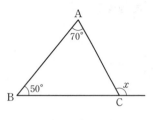

① 90°　　　　　② 100°

③ 110°　　　　④ 120°

주목

10 모든 면의 모양이 정사각형인 정다면체는?　2021년 1회

① 정사면체　　　② 정육면체

③ 정팔면체　　　④ 정십이면체

11 그림과 같이 $\overline{AB}=\overline{AC}$인 이등변삼각형 ABC에서 꼭지각 A의 이등분선과 밑변 BC와의 교점을 D라 하자. $\overline{BD}=4$ cm일 때, $\overline{CD}$의 길이는?　2019년 2회

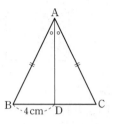

① 3 cm　　　　② 4 cm

③ 5 cm　　　　④ 6 cm

12 다음과 같이 ∠C=90°인 직각삼각형 ABC에서 $\overline{AC}=\overline{BC}$이다. ∠$x$의 크기는?　2016년 2회

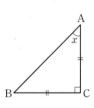

① 35°　　　　　② 40°

③ 45°　　　　　④ 50°

13 그림에서 △ABC∽△DEF일 때, x의 값은?

2020년 1회

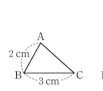 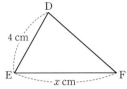

① 6

② 7

③ 8

④ 9

15 그림은 ∠B=90°인 직각삼각형 ABC의 세 변을 각각 한 변으로 하는 세 개의 정사각형을 그린 것이다.

□ADEB의 넓이는 16cm²이고 □BFGC의 넓이가 9cm²일 때, □ACHI의 넓이는? 2019년 2회

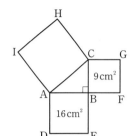

① 25 cm²

② 26 cm²

③ 27 cm²

④ 28 cm²

14 다음 삼각형과 합동인 삼각형은? 2018년 2회

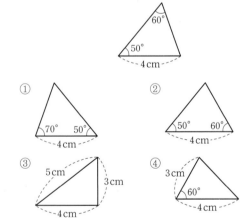

16 그림은 ∠B=90°인 직각삼각형 ABC의 세 변을 각각 한 변으로 하는 정사각형을 그린 것이다. □ADEB의 넓이는 9이고 □BFGC의 넓이가 4일 때, □ACHI의 넓이는?

2017년 2회

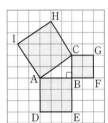

① 13

② 14

③ 15

④ 16

17 그림과 같이 가로의 길이가 8 cm, 세로의 길이가 6 cm인 직사각형이 있다. 이 직사각형의 대각선의 길이는?

2017년 1회

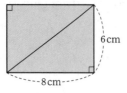

① 9 cm   ② 10 cm

③ 11 cm   ④ 12 cm

18 삼각형 ABC에서 $\overline{BC}=3$, $\overline{AC}=4$, $\angle C=90°$일 때, $\overline{AB}$의 길이는?

2019년 1회

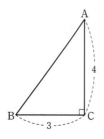

① 4   ② 5

③ 6   ④ 7

19 점 O는 △ABC의 외심이다. $\overline{OB}=2$일 때, $\overline{OA}$의 길이는?

2017년 2회

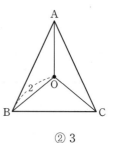

① 2   ② 3

③ 4   ④ 5

20 그림과 같이 사각형 ABCD에서 $\angle A=130°$, $\angle B=60°$, $\angle D=90°$일 때, $\angle x$의 크기는? 2019년 1회

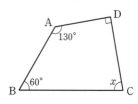

① 50°   ② 60°

③ 70°   ④ 80°

21 그림은 ∠A=130°, $\overline{\text{AD}}$=8 cm인 평행사변형 ABCD이다. x와 y의 값을 순서대로 나열한 것은?

2018년 2회

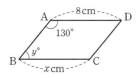

① 8, 50

② 8, 70

③ 9, 50

④ 9, 70

22 그림과 같이 평행사변형 ABCD에서 ∠A=110°, $\overline{\text{AD}}$=6이다. 이때, x의 값과 ∠y의 크기는? 2018년 1회

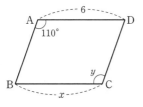

① $x=6$, ∠$y=110°$

② $x=6$, ∠$y=120°$

③ $x=7$, ∠$y=110°$

④ $x=7$, ∠$y=120°$

23 다음 중 평행사변형이 <u>아닌</u> 것은?

2017년 1회

①
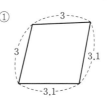

②

③
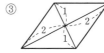

④
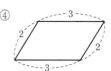

24 그림에서 △ABC∽△DEF이고, $\overline{\text{BC}}$=2 cm, $\overline{\text{EF}}$=3 cm일 때, △ABC와 △DEF의 닮음비는?

2019년 2회

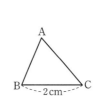
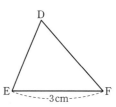

① 1 : 2

② 1 : 3

③ 2 : 3

④ 3 : 4

25 그림에서 △ABC∽△DEF이고 닮음비가 1 : 2이다. 이때 △DEF의 넓이는 △ABC의 넓이의 몇 배인가?

2018년 1회

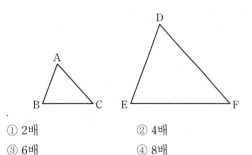

① 2배

② 4배

③ 6배

④ 8배

27 그림에서 두 직육면체 A, B는 서로 닮은 도형이다. 두 도형의 닮음비가 1 : 2일 때, x의 값은?

2017년 1회

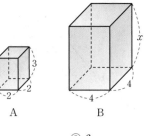

① 5

② 6

③ 7

④ 8

26 삼각형 ABC에서 두 변 AB, AC의 중점을 각각 M, N이라 하자. $\overline{MN}=5$ cm일 때, 변 BC의 길이는?

2018년 2회

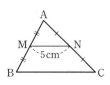

① 8 cm

② 10 cm

③ 12 cm

④ 14 cm

주목

28 서로 닮음인 두 삼각뿔 A, B의 닮음비가 1 : 2이다. 삼각뿔 A의 부피가 3 cm³일 때, 삼각뿔 B의 부피는?

2017년 2회

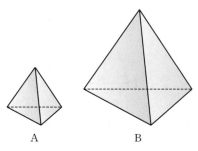

① 6 cm³

② 12 cm³

③ 24 cm³

④ 30 cm³

29 $\angle B = 90°$인 직각삼각형 ABC에서 $\overline{AB}=4$, $\overline{BC}=3$, $\overline{CA}=5$일 때, tan A의 값은? 　　　　2020년 1회

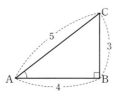

① $\dfrac{3}{4}$ 　　　　② $\dfrac{5}{4}$

③ $\dfrac{3}{5}$ 　　　　④ $\dfrac{4}{5}$

30 그림과 같이 $\angle C = 90°$인 직각삼각형 ABC에서 $\overline{AB}=2$, $\overline{BC}=1$, $\overline{AC}=\sqrt{3}$일 때, cos B의 값은?

2018년 1회

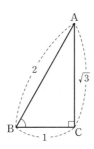

① $\dfrac{1}{3}$ 　　　　② $\dfrac{1}{2}$

③ $\dfrac{\sqrt{3}}{3}$ 　　　　④ $\dfrac{\sqrt{3}}{2}$

주목

31 그림과 같이 $\angle C = 90°$인 직각삼각형 ABC에서 $\overline{AB}=4$, $\overline{AC}=\overline{BC}=2\sqrt{2}$일 때, sin B의 값은?

2018년 2회

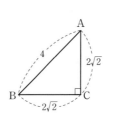

① $\dfrac{1}{4}$

② $\dfrac{1}{2}$

③ $\dfrac{\sqrt{2}}{2}$

④ $\sqrt{2}$

32 그림과 같이 $\angle C = 90°$인 직각삼각형 ABC에서 tan B의 값은? 　　　　2016년 2회

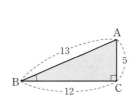

① $\dfrac{5}{12}$

② $\dfrac{13}{12}$

③ $\dfrac{12}{5}$

④ $\dfrac{13}{5}$

33 그림에서 두 점 A, B는 점 P에서 원 O에 그은 두 접선의 접점이다. $\overline{PA}=8$ cm일 때, $\overline{PB}$의 길이는?

2019년 2회

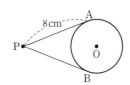

① 5 cm

② 6 cm

③ 7 cm

④ 8 cm

34 원 O에서 ∠AOB=20°, ∠COD=100°,
$\widehat{AB}$=4 cm이다. x의 값은?   2017년 2회

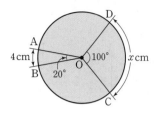

① 12   ② 16
③ 20   ④ 24

주목
35 원 O에서 ∠AOB=30°, $\widehat{AB}$=6 cm, $\widehat{CD}$=24 cm일
때, ∠x의 크기는?   2016년 2회

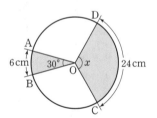

① 120°   ② 130°
③ 140°   ④ 150°

36 원 O에서 ∠APB와 ∠AQB는 호 AB에 대한 원주각
이다. ∠APB=30°일 때, ∠x의 크기는?   2017년 2회

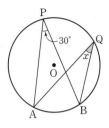

① 30°   ② 40°
③ 50°   ④ 60°

37 그림의 원 O에서 ∠APB는 호 AB에 대한 원주각
이고, ∠CQD는 호 CD에 대한 원주각이다.
$\widehat{AB}=\widehat{CD}$=6 cm이고 ∠APB=40°일 때, ∠CQD
의 크기는?   2018년 2회

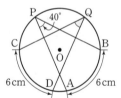

① 25°   ② 30°
③ 35°   ④ 40°

38 그림과 같이 원 O에서 호 AB에 대한 원주각 ∠APB의 크기가 30°일 때, 그 호에 대한 중심각 ∠AOB의 크기는?   2020년 1회

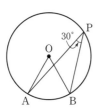

① 50°   ② 55°
③ 60°   ④ 65°

39 그림과 같이 원 O에서 호 AB에 대한 중심각 ∠AOB의 크기가 100°일 때, 원주각 ∠APB의 크기는?   2019년 1회

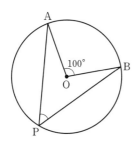

① 50°   ② 60°
③ 70°   ④ 80°

40 그림과 같이 현 AB는 원 O의 지름이다. 호 AB에 대한 원주각 ∠ACB의 크기는?   2016년 2회

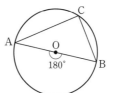

① 80°
② 90°
③ 100°
④ 110°

주목

41 그림과 같이 원 O에서 호 AB에 대한 중심각 ∠AOB의 크기가 120°일 때, 원주각 ∠APB의 크기는?   2018년 1회

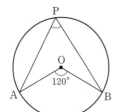

① 40°
② 50°
③ 60°
④ 70°

42 그림과 같이 $\overline{AP}$가 지름인 원 O에서 ∠AOB=80°일 때, ∠x의 크기는?   2017년 1회

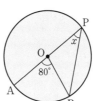

① 30°
② 40°
③ 50°
④ 60°

작은 문제를 해결해 나가면
큰 문제는 저절로 해결될 것이다.

– 디어도어 루빈

05

확률과 통계

1 자료의 정리와 해석

2 경우의 수와 확률

3 대푯값과 산포도

4 상관관계

05 확률과 통계

술술 유형 다지기 **1. 자료의 정리와 해석**

1 줄기와 잎 그림

정답과 해설 **39쪽**

✚ 변량이 두 자리의 자연수이면 십의 자리 숫자를 줄기, 일의 자리의 숫자는 잎으로 해요.

1. 줄기와 잎 그림

(1) **변량**: 점수, 키, 몸무게 등의 자료를 수량으로 나타낸 것
(2) **줄기와 잎 그림**: 줄기와 잎을 이용하여 자료를 나타낸 그림

2. 줄기와 잎 그림을 그리는 순서

① 주어진 자료에서 가장 작은 변량과 가장 큰 변량을 찾는다.
② 변량을 줄기와 잎으로 구분한다.
③ 세로선을 긋고, 세로선의 왼쪽에 줄기를 작은 수부터 크기순으로 세로로 쓴다.
④ 세로선의 오른쪽에 각 줄기에 해당하는 잎을 작은 값에서부터 차례로 가로로 쓴다.

주의 줄기는 중복되는 수를 한 번만 쓰고, 잎은 중복되는 수를 모두 쓴다.

예   〈자료〉   〈줄기와 잎 그림〉

(단위: 점)   (7|0은 70점)

줄기	잎
7	0 4 4 8 9
8	0 3 7
9	2 5

자료: 70 83 92 74 87 / 78 74 80 95 79

↑ 세로선

---

01 다음은 어느 농장에서 수확한 귤의 무게를 조사하여 줄기와 잎 그림으로 나타낸 것이다. 물음에 답하여라.

(단위: g)

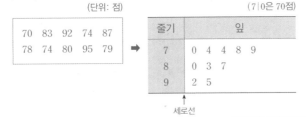

62	75	81	92	70	72	82	77
66	88	62	74	75	73	75	98

↓

귤의 무게   (6|2는 62 g)

줄기	잎
6	2
7	
8	
9	

226 05 확률과 통계

(1) 위의 줄기와 잎 그림을 완성하여라.

(2) 가장 작은 변량과 가장 큰 변량을 각각 구하여라.

(3) 줄기가 8인 잎을 모두 구하여라.

(4) 무게가 75 g 미만인 귤의 개수를 구하여라.

(5) 무게가 무거운 쪽에서 3번째인 귤의 무게를 구하여라.

02 다음은 세희네 반 학생들의 키를 조사하여 나타낸 줄기와 잎 그림이다. 물음에 답하여라.

키 (13|0은 130 cm)

줄기	잎
13	0 5
14	0 2 4 6 9
15	3 3 4 5 5 6 7 9
16	0 4 4 7

(1) 잎이 가장 많은 줄기를 구하여라.

(2) 세희의 키가 156 cm일 때, 세희보다 키가 큰 학생의 수를 구하여라.

(3) 키가 5번째로 큰 학생의 키를 구하여라.

✚ 줄기와 잎 그림에서 줄기가 a, 잎이 b인 변량 ➡ $10a+b$

예 • 줄기가 3, 잎이 7인 변량
➡ $10\times3+7=37$
• 줄기가 24, 잎이 3인 변량
➡ $10\times24+3=243$

03 다음은 원준이네 반 학생들의 사회 성적을 조사하여 나타낸 줄기와 잎 그림이다. 물음에 답하여라.

사회 성적 (6|3은 63점)

줄기	잎
6	3 7
7	0 1 2 5 8
8	2 4 4 6 6 7
9	2 8 9 9

(1) 전체 학생 수를 구하여라.

(2) 성적이 가장 좋은 학생과 가장 나쁜 학생의 점수의 차를 구하여라.

1. 도수분포표

(1) **계급**: 변량을 일정한 간격으로 나눈 구간

(2) **계급의 크기**: 구간의 너비

　　　　　　　　　　　　→ 구간의 간격

　참고 계급값: 각 계급의 가운뎃 값

　　　　　(계급값)$=\dfrac{(계급의 \ 양 \ 끝 \ 값의 \ 합)}{2}$

(3) **도수**: 각 계급에 속하는 자료의 수

(4) **도수분포표**: 변량을 몇 개의 계급으로 나누고 각 계급의 도수를 조사하여 나타낸 표

　주의 계급, 계급의 크기, 계급값, 도수는 항상 단위를 포함하여 쓴다.

＋ 도수분포표를 보면 계급, 계급의 크기, 도수의 총합을 한눈에 볼 수 있어요.

2. 도수분포표를 만드는 순서

① 주어진 자료에서 가장 작은 변량과 가장 큰 변량을 찾는다.

② ①의 두 변량이 포함되는 구간을 일정한 간격으로 나누어 계급을 정한다.

③ 각 계급에 속하는 변량의 개수를 세어 계급의 도수를 구한다.

예　　　〈자료〉　　　　　　　　　　〈도수분포표〉

(단위: 점)

| 70 | 83 | 92 | 74 | 87 |
| 78 | 74 | 80 | 95 | 79 |

➡

수학 성적(점)	학생 수(명)
$70^{이상} \sim 80^{미만}$	5
80 　$\sim$ 90	3
90 　$\sim$ 100	2
합계	10

---

04 다음은 어느 볼링 동아리 학생들의 볼링 점수를 조사하여 도수분포표로 나타낸 것이다. 물음에 답하여라.

(단위 : 점)

68	75	63	69	74	88	99	80
70	72	86	90	68	85	71	82
78	101	73	89	103	85	96	72

↓

볼링 점수(점)	학생 수(명)
$60^{이상} \sim 70^{미만}$	
$\sim$	
$\sim$	
$\sim$	
$\sim$	
합계	24

(1) 위의 도수분포표를 완성하여라.

(2) 계급의 크기를 구하여라.

(3) 도수가 가장 큰 계급을 구하여라.

(4) 도수가 가장 작은 계급의 도수를 구하여라.

05 오른쪽 표는 지은이네 반 학생들의 방학 중 봉사활동 시간을 조사하여 나타낸 도수분포표이다. 봉사활동 시간이 9시간 미만인 학생은 전체의 몇 %인가?

① 10%   ② 20%
③ 30%   ④ 40%

봉사활동 시간(시간)	학생 수(명)
$0^{이상}$ ~ $3^{미만}$	2
3 ~ 6	4
6 ~ 9	8
9 ~ 12	12
12 ~ 15	9
합계	35

06 학생 30명의 수학 성적에 대한 도수분포표이다. A에 들어갈 알맞은 수는?

수학 성적(점)	도수(명)
$50^{이상}$ ~ $60^{미만}$	4
60 ~ 70	3
70 ~ 80	13
80 ~ 90	A
90 ~ 100	3
합계	30

① 7   ② 8   ③ 9   ④ 10

✚ 한 계급의 도수가 주어지지 않으면 도수의 총합에서 나머지 도수의 합을 빼서 주어지지 않은 도수를 구해요.

07 다음 표는 어느 반 학생 20명의 수학 성적을 나타낸 도수분포표이다. 점수가 80점 미만인 학생은 모두 몇 명인가?

수학 성적(점)	학생 수(명)
$60^{이상}$ ~ $70^{미만}$	5
70 ~ 80	8
80 ~ 90	4
90 ~ 100	3
합계	20

① 13명   ② 8명   ③ 7명   ④ 5명

1. **히스토그램**: 가로축에는 계급을, 세로축에는 도수를 차례로 표시하여 도수분포표를 직사각형 모양으로 나타낸 그래프

2. **히스토그램을 그리는 순서**
   ① 가로축에 각 계급의 양 끝 값을 차례로 써넣는다.
   ② 세로축에 도수를 차례로 써넣는다.
   ③ 각 계급의 크기를 가로로 하고, 그 계급의 도수를 세로로 하는 직사각형을 차례로 그린다.

3. **히스토그램의 특징**
   (1) 자료의 전체적인 분포 상태를 한눈에 쉽게 알아볼 수 있다.
   (2) 각 직사각형의 넓이는 각 계급의 도수에 정비례한다.
   ⭐(3) (히스토그램의 직사각형의 넓이의 합)
   = {(각 계급의 크기) × (그 계급의 도수)}의 총합
   = (계급의 크기) × (도수의 총합) → 각 직사각형의 넓이

   참고 (직사각형의 가로의 길이)=(계급의 크기), (직사각형의 세로의 길이)=(도수),
   (직사각형의 개수)=(계급의 개수)

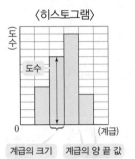

〈히스토그램〉

+ 히스토그램과 막대그래프의 차이는 히스토그램은 변량이 연속하는 값을 갖고, 막대그래프는 변량이 연속하지 않는다는 것이에요.

+ 히스토그램의 각 직사각형의 가로의 길이는 일정하므로 직사각형의 넓이는 세로의 길이, 즉 계급의 도수에 정비례해요.

---

08 오른쪽 그림은 어느 중학교 학생들이 주말 동안 인터넷을 사용한 시간을 조사하여 나타낸 히스토그램이다. 다음을 구하여라.

(1) 계급의 크기

(2) 전체 학생 수

(3) 도수가 가장 작은 계급

(4) 사용 시간이 3시간 이상 5시간 미만인 학생 수

(5) 직사각형의 넓이의 합

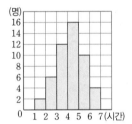

---

09 오른쪽 그림은 극장에서 상영 중인 영화의 상영 시간을 조사하여 나타낸 히스토그램이다. 상영 시간이 100분 미만인 영화의 편수는?

① 10편　　　② 12편
③ 18편　　　④ 22편

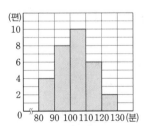

4 도수분포다각형

1. **도수분포다각형:** 히스토그램에서 각 직사각형의 윗변의 중앙에 점을 찍어 차례로 선분으로 연결하고, 양 끝에 도수가 0인 계급을 하나씩 추가하여 그 중앙의 점과 선분으로 연결하여 만든 그래프

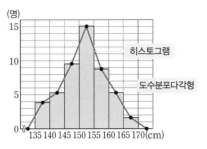

✦ 히스토그램의 각 직사각형의 중점의 좌표는 (계급값, 도수)이다. 이 점들을 차례대로 선분으로 연결하면 히스토그램을 그리지 않고 도수분포다각형을 그릴 수도 있어요.

2. **도수분포다각형을 그리는 순서**
   ① 히스토그램에서 각 직사각형의 윗변의 중앙에 점을 찍는다.
   ② 양 끝에 도수가 0이고, 크기가 같은 계급이 하나씩 더 있는 것으로 생각하고 그 중앙에 점을 찍는다.
   ③ ①, ②에서 찍은 점을 차례로 선분으로 연결한다.

   > **주의** 도수분포다각형에서 계급의 개수를 셀 때, 양 끝의 도수가 0인 계급은 세지 않는다.

   > **참고** 도수분포다각형의 각 직사각형의 윗변의 중앙에 있는 점의 좌표는 (계급값, 도수)이므로 히스토그램을 그리지 않고 도수분포표를 보고 바로 그릴 수도 있다.

3. **도수분포다각형의 특징**
   (1) 자료의 전체적인 분포 상태를 연속적으로 관찰할 수 있다.
   (2) 두 개 이상의 자료의 분포 상태를 동시에 나타내어 비교하는 데 편리하다.
   ☆(3) (도수분포다각형과 가로축으로 둘러싸인 부분의 넓이)
   ＝(히스토그램의 직사각형의 넓이의 합)

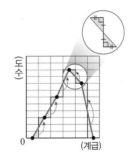

---

10 아래 그림은 재현이네 반 학생들의 몸무게를 조사하여 나타낸 도수분포다각형이다. 다음을 구하여라.

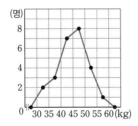

(1) 계급의 크기

(2) 계급의 개수

(3) 전체 학생 수

(4) 몸무게가 50 kg 이상인 학생 수

(5) 도수가 7명인 계급

(6) 도수분포다각형과 가로축으로 둘러싸인 부분의 넓이

11 오른쪽 그림은 선화네 반 학생들이 여름 방학에
실시한 봉사활동 시간을 조사하여 나타낸 도수
분포다각형이다. 봉사활동 시간이 17시간인 학
생이 속하는 계급의 도수를 구하여라.

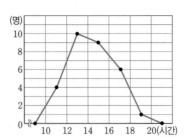

12 오른쪽 그림은 지민이네 반 학생들이 1분 동안
한 줄넘기 횟수를 조사하여 나타낸 도수분포다각
형이다. 도수분포다각형과 가로축으로 둘러싸인
부분의 넓이를 구하여라.

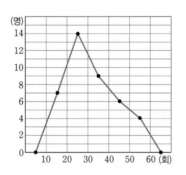

13 오른쪽 그림은 유미네 반 학생들이 물로켓을 쏘
았을 때 물로켓이 날아간 거리를 조사하여 나타
낸 도수분포다각형이다. 다음 물음에 답하여라.

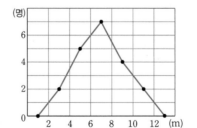

✚ 계급값의 단위는 변량의 단위와 같
아요.

(1) 계급의 크기를 구하여라.

(2) 도수가 가장 큰 계급의 계급값을 구하여라.

(3) 전체 학생 수를 구하여라.

(4) 물로켓이 날아간 거리가 짧은 쪽에서 3번째인 학생이 속하는 계급을 구하여라.

(5) 물로켓이 날아간 거리가 8 m 이상인 학생은 전체의 몇 %인지 구하여라.

5 상대도수

1. 상대도수: 도수의 총합에 대한 각 계급의 도수의 비율

$$(어떤\ 계급의\ 상대도수)=\frac{(그\ 계급의\ 도수)}{(전체\ 도수)}$$

✦ (상대도수)×100 %=(백분율)

2. 상대도수의 분포표: 각 계급의 상대도수를 나타낸 표

⑩ 학생 40명의 몸무게에 대한 상대도수

몸무게(kg)	학생 수(명)	상대도수
$40^{이상} \sim 45^{미만}$	4	$\frac{4}{40}=0.1$
$45\ \ \sim 50$	12	$\frac{12}{40}=0.3$
$50\ \ \sim 55$	2	$\frac{2}{40}=0.05$
$55\ \ \sim 60$	8	$\frac{8}{40}=0.2$
$60\ \ \sim 65$	14	$\frac{14}{40}=0.35$
합계	40	1

✦ (도수의 총합)
$$=\frac{(그\ 계급의\ 도수)}{(어떤\ 계급의\ 상대도수)}$$

✦ (어떤 계급의 도수)
=(도수의 총합)
×(그 계급의 상대도수)

☆3. 상대도수의 특징

(1) 상대도수의 총합은 항상 1이다.

(2) 각 계급의 상대도수는 그 계급의 도수에 정비례한다.

(3) 도수의 총합이 다른 두 집단의 분포 상태를 비교할 때 편리하다.

---

14 다음은 수영이네 반 학생들의 체육 수행평가 성적을 조사하여 나타낸 상대도수의 분포표이다. 물음에 답하여라.

체육 수행평가 성적(점)	도수(명)	상대도수
$50^{이상} \sim 60^{미만}$	4	
$60\ \ \sim 70$		0.24
$70\ \ \sim 80$	8	
$80\ \ \sim 90$		0.2
$90\ \ \sim 100$	2	
합계	25	

(1) 위의 상대도수의 분포표를 완성하여라.

(2) 상대도수가 가장 큰 계급을 구하여라.

(3) 상대도수가 가장 작은 계급의 도수를 구하여라.

(4) 성적이 90점 이상인 학생은 전체의 몇 %인지 구하여라.

(5) 성적이 70점 미만인 학생은 전체의 몇 %인지 구하여라.

1. 상대도수의 분포를 나타낸 그래프: 상대도수의 분포표를 히스토그램이나 도수분포다각형 모양으로 나타낸 그래프

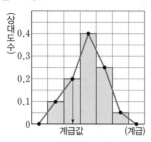

✚ 상대도수의 분포를 나타낸 그래프에서
(그래프와 가로축으로 둘러싸인 부분의 넓이)
=(계급의 크기)×(상대도수의 총합)
=(계급의 크기)×1
=(계급의 크기)

2. 상대도수의 분포를 나타낸 그래프를 그리는 순서
　① 가로축에는 각 계급의 양 끝 값을 차례대로 써넣는다.
　② 세로축에는 상대도수를 차례대로 써넣는다.
　③ 히스토그램이나 도수분포다각형을 그릴 때와 같은 방법으로 그린다.

---

15 다음 그림은 어느 동아리 학생 50명의 하루 평균 스마트폰 사용 시간에 대한 상대도수의 분포를 나타낸 그래프이다. 물음에 답하여라.

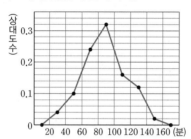

(1) 상대도수가 가장 큰 계급을 구하여라.

(2) 도수가 가장 작은 계급을 구하여라.

(3) 스마트폰 사용 시간이 60분 이상 120분 미만인 학생은 전체의 몇 %인지 구하여라.

(4) 스마트폰 사용 시간이 100분 이상인 학생 수를 구하여라.

1 경우의 수

정답과 해설 **41**쪽

1. 사건과 경우의 수

(1) **사건**: 같은 조건에서 반복할 수 있는 실험이나 관찰의 결과

(2) **경우의 수**: 사건이 일어나는 가짓수

실험·관찰	한 개의 주사위를 던진다.	
사건	홀수의 눈이 나온다.	3의 배수의 눈이 나온다.
경우	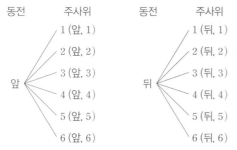	
경우의 수	3	2

참고 경우의 수를 구할 때는 모든 경우를 빠짐없이 구해야 하므로 복잡한 경우의 수를 구할 때는 나뭇가지 모양의 그림(수형도)이나 표를 이용한다.

☆2. 사건 A 또는 사건 B가 일어나는 경우의 수

두 사건 A, B가 동시에 일어나지 않을 때, 사건 A가 일어나는 경우의 수가 m이고, 사건 B가 일어나는 경우의 수가 n이면

$$(\text{사건 } A \text{ 또는 사건 } B \text{가 일어나는 경우의 수})=m+n$$

└─ 일반적으로 '또는', '∼이거나'와 같은 표현이 있으면 경우의 수의 합을 이용한다.

예 한 개의 주사위를 던질 때

• 3 이하의 눈이 나오는 경우 ➡ 1, 2, 3의 3가지

• 6 이상의 눈이 나오는 경우 ➡ 6의 1가지

• 3 이하 또는 6 이상의 눈이 나오는 경우의 수 ➡ 3+1=4

└─ 동시에 일어날 수 없다.

참고 두 사건 A, B가 동시에 일어나지 않는다.'는 것은 사건 A가 일어나면 사건 B가 일어날 수 없고, 사건 B가 일어나면 사건 A가 일어날 수 없다는 뜻이다.

☆3. 사건 A와 사건 B가 동시에 일어나는 경우의 수

사건 A가 일어나는 경우의 수가 m이고, 그 각각의 경우에 대하여 사건 B가 일어나는 경우의 수가 n이면

$$(\text{사건 } A \text{와 사건 } B \text{가 동시에 일어나는 경우의 수})=m \times n$$

└─ 일반적으로 '∼와', '동시에', '∼이고'와 같은 표현이 있으면 경우의 수의 곱을 이용한다.

예 동전 1개와 주사위 1개를 동시에 던질 때

동전　　주사위　　　　동전　　주사위

앞 ─┬─ 1 (앞, 1)　　　뒤 ─┬─ 1 (뒤, 1)
　　├─ 2 (앞, 2)　　　　　├─ 2 (뒤, 2)
　　├─ 3 (앞, 3)　　　　　├─ 3 (뒤, 3)
　　├─ 4 (앞, 4)　　　　　├─ 4 (뒤, 4)
　　├─ 5 (앞, 5)　　　　　├─ 5 (뒤, 5)
　　└─ 6 (앞, 6)　　　　　└─ 6 (뒤, 6)

따라서 구하는 경우의 수는 $2 \times 6 = 12$

• 동전 한 개를 던질 때 나오는 경우 ➡ 앞면, 뒷면의 2가지

• 주사위 한 개를 던질 때 나오는 경우 ➡ 1, 2, 3, 4, 5, 6의 6가지

• 동전과 주사위를 동시에 던질 때, 일어나는 모든 경우의 수 ➡ $2 \times 6 = 12$

＋ 두 사건이 동시에 일어나는지, 일어나지 않는지를 판단하여 경우의 수를 더하는 사건과 곱하는 사건으로 구분해요.

01 1부터 10까지의 자연수가 각각 하나씩 적힌 10장의 카드가 있다. 이 중에서 한 장의 카드를 뽑을 때, 다음 사건이 일어나는 경우의 수를 구하여라.

(1) 홀수가 적힌 카드가 나온다.

(2) 3 이하의 수가 적힌 카드가 나온다.

(3) 10의 약수가 적힌 카드가 나온다.

02 서로 다른 두 개의 주사위를 동시에 던질 때, 두 눈의 수의 합이 3 또는 8이 되는 경우의 수를 구하여라.

03 각 면에 1부터 20까지의 자연수가 각각 적힌 정이십면체 모양의 주사위를 한 번 던져서 윗면에 적혀 있는 수를 조사할 때, 다음을 구하여라.

(1) 3 이하의 수가 나오는 경우의 수

(2) 4의 배수가 나오는 경우의 수

(3) 3 이하의 수 또는 4의 배수가 나오는 경우의 수

04 매표소에서 산 정상 사이에는 길이 3가지, 산 정상에서 폭포 사이에는 길이 4가지 있을 때, 매표소에서 산 정상을 거쳐 폭포까지 내려오는 모든 경우의 수를 구하여라.
(단, 한 번 지나간 곳은 다시 지나가지 않는다.)

산 정상
매표소   폭포

✚ A 지점에서 B 지점까지 가는 방법이 m가지, B 지점에서 C 지점까지 가는 방법이 n가지일 때, A 지점에서 B 지점을 거쳐 C 지점까지 가는 경우의 수는 $m \times n$

05 오른쪽 그림과 같이 A, B, C 세 마을을 연결하는 도로가 있다. 이때 A 마을에서 출발하여 C 마을까지 가는 경우의 수를 구하여라.
(단, 한 번 지나간 마을은 다시 지나가지 않는다.)

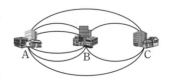
A   B   C

2 여러 가지 경우의 수

1. 한 줄로 세우는 경우의 수

(1) n명을 한 줄로 세우는 경우의 수

➡ $n \times (n-1) \times (n-2) \times \cdots \times 3 \times 2 \times 1$

(2) n명 중에서 2명을 뽑아 한 줄로 세우는 경우의 수

➡ $n \times (n-1)$

(3) n명 중에서 3명을 뽑아 한 줄로 세우는 경우의 수

➡ $n \times (n-1) \times (n-2)$

예 • 3명을 한 줄로 세우는 경우의 수: $3 \times 2 \times 1 = 6$
   • 4명 중에서 2명을 뽑아 한 줄로 세우는 경우의 수: $4 \times 3 = 12$
   • 4명 중에서 3명을 뽑아 한 줄로 세우는 경우의 수: $4 \times 3 \times 2 = 24$

★ 2. 한 줄로 세울 때, 이웃하여 세우는 경우의 수

① 이웃하는 것을 하나로 묶어서 한 줄로 세우는 경우의 수를 구한다.

② 묶음 안에서 자리를 바꾸는 경우의 수를 구한다.
   ↳ 묶음 안에서 한 줄로 세우는 경우의 수

③ ①에서 구한 경우의 수와 ②에서 구한 경우의 수를 곱한다.

3. 정수를 만드는 경우의 수

서로 다른 한 자리의 숫자가 각각 하나씩 적힌 n장의 카드 중에서

(1) 0을 포함하지 않는 경우

① 2장을 뽑아 만들 수 있는 두 자리 정수의 개수

➡ $n \times (n-1)$

② 3장을 뽑아 만들 수 있는 세 자리 정수의 개수

➡ $n \times (n-1) \times (n-2)$

(2) 0을 포함하는 경우

① 2장을 뽑아 만들 수 있는 두 자리 정수의 개수

➡ $(n-1) \times (n-1)$
   ↳ 정수의 맨 앞자리에는 0이 올 수 없으므로 0을 제외한 $(n-1)$가지이다.

② 3장을 뽑아 만들 수 있는 세 자리 정수의 개수

➡ $(n-1) \times (n-1) \times (n-2)$

예 (1) 1부터 9까지의 숫자 중에서 서로 다른 2개의 숫자를 택하여 만들 수 있는 두 자리의 정수의 개수를 구하여라.

➡ 십의 자리에 올 수 있는 숫자는 9개, 일의 자리에 올 수 있는 숫자는 8개이므로 구하는 정수의 개수는 $9 \times 8 = 72$(개)

(2) 0에서 5까지의 숫자가 각각 적힌 6장의 카드 중에서 2장을 뽑아 만들 수 있는 두 자리의 정수의 개수를 구하여라.

➡ 십의 자리에 올 수 있는 숫자는 0을 제외한 5개, 일의 자리에 올 수 있는 숫자는 십의 자리에 온 숫자를 제외한 5개이므로 구하는 정수의 개수는 $5 \times 5 = 25$(개)

4. 대표를 뽑는 경우의 수

(1) 뽑는 순서가 있는 경우

① n명 중에서 반장, 부반장을 뽑는 경우의 수는

➡ $n \times (n-1)$

② n명 중에서 반장, 부반장, 총무를 뽑는 경우의 수는

➡ $n \times (n-1) \times (n-2)$

+ 0이 포함될 때 두 자리의 정수를 만드는 경우의 수

$$\underset{\substack{\uparrow \\ \text{0을 제외한} \\ (n-1)\text{장 중 1장} \\ \text{을 뽑는 경우의 수}}}{(n-1)} \times \underset{\substack{\uparrow \\ (n-1)\text{장 중 1장} \\ \text{을 뽑고 남은} \\ (n-2)\text{장과 0을} \\ \text{포함하여} (n-1) \\ \text{장 중 1장을 뽑는} \\ \text{경우의 수}}}{(n-1)}$$

+ ① 4명 중에서 반장, 부반장을 뽑는 경우의 수 ➡ $4 \times 3 = 12$
② 4명 중에서 대표 2명을 뽑는 경우의 수 ➡ $\dfrac{4 \times 3}{2} = 6$

(2) 뽑는 순서가 상관 없는 경우
　① n명 중에서 2명의 대표를 뽑는 경우의 수는

➡ $\dfrac{n \times (n-1)}{2}$

　② n명 중에서 3명의 대표를 뽑는 경우의 수는

➡ $\dfrac{n \times (n-1) \times (n-2)}{3 \times 2 \times 1}$

---

06 성재, 민희, 태영, 보라 4명이 한 줄로 서서 사진을 찍으려고 할 때, 다음을 구하여라.

(1) 한 줄로 서는 경우의 수

(2) 성재가 가장 오른쪽에, 민희가 가장 왼쪽에 서는 경우의 수

(3) 민희가 가장 오른쪽에, 성재가 가장 왼쪽에 서는 경우의 수

(4) 성재와 민희가 양 끝에 서는 경우의 수

07 남학생 4명과 여학생 2명이 한 줄로 설 때, 여학생 2명이 이웃하여 서는 경우의 수를 구하여라.

✚ $n(n \geq 3)$명을 일렬로 세울 때 특정한 2명을 이웃하게 세우는 경우의 수
➡ $(n-1)$명을 세우는 경우의 수 × 2
　　특정한 2명을 일렬로 세우는 경우의 수

08 1, 2, 3, 4, 5, 6의 숫자가 각각 하나씩 적힌 6장의 카드가 있을 때, 다음을 구하여라.

(1) 2장을 뽑아 만들 수 있는 두 자리 정수의 개수

(2) 3장을 뽑아 만들 수 있는 세 자리 정수의 개수

09 0, 1, 2, 3, 4, 5의 숫자가 각각 하나씩 적힌 6장의 카드가 있을 때, 다음을 구하여라.

(1) 2장을 뽑아 만들 수 있는 두 자리 정수의 개수

(2) 3장을 뽑아 만들 수 있는 세 자리 정수의 개수

10 A, B, C, D, E 5명의 학생 중에서 대표를 뽑을 때, 다음을 구하여라.

(1) 회장 1명, 부회장 1명을 뽑는 경우의 수

(2) 임원 2명을 뽑는 경우의 수

1. 확률의 뜻

(1) **확률**: 같은 조건에서 실험이나 관찰을 여러 번 반복할 때, 어떤 사건이 일어나는 상대도수가 일정한 값에 가까워지면 이 일정한 값을 그 사건이 일어날 확률이라 한다.

(2) **사건 A가 일어날 확률**: 어떤 실험이나 관찰에서 각 경우가 일어날 가능성이 같을 때, 일어나는 모든 경우의 수를 n, 사건 A가 일어나는 경우의 수를 a라 하면 사건 A가 일어날 확률 p는

$$p = \frac{(\text{사건 } A\text{가 일어나는 경우의 수})}{(\text{일어나는 모든 경우의 수})} = \frac{a}{n}$$

예 한 개의 주사위를 던질 때, 홀수의 눈이 나올 확률은
$$\frac{(\text{홀수의 눈이 나오는 경우의 수})}{(\text{일어나는 모든 경우의 수})} = \frac{3}{6} = \frac{1}{2}$$

참고 • 경우의 수를 이용하여 확률을 구할 때는 각 사건이 일어날 가능성이 모두 같다고 생각한다.
• 확률은 보통 영어 단어 probability(확률)의 첫 글자 p로 나타낸다.

➕ 확률을 구하는 순서
① 일어나는 모든 경우의 수 n을 구해요.
② 사건 A가 일어나는 경우의 수 a를 구해요.
③ (A가 일어날 확률)$=\dfrac{a}{n}$

2. 확률의 성질

☆(1) 어떤 사건이 일어날 확률을 p라 하면 $0 \leq p \leq 1$

(2) 반드시 일어날 사건의 확률은 1

예 흰 공 5개가 들어 있는 주머니에서 한 개의 공을 꺼낼 때, 그 공이 흰 공일 확률은 1

(3) 절대로 일어날 수 없는 사건의 확률은 0

예 흰 공 5개가 들어 있는 주머니에서 한 개의 공을 꺼낼 때, 그 공이 검은 공일 확률은 0

(4) 사건 A가 일어날 확률이 p이면 사건 A가 일어나지 않을 확률은 $1-p$

예 주사위 한 개를 던질 때
① 짝수가 나올 확률 ➡ $\dfrac{1}{2}$
② 홀수가 나올 확률 ➡ $1 - \dfrac{1}{2} = \dfrac{1}{2}$

➕ ① $p=0$: 가능성 0 %, 절대로 일어나지 않는 사건의 확률
② $p=1$: 가능성 100 %, 반드시 일어나는 사건의 확률

☆ 3. 어떤 사건이 일어나지 않을 확률

사건 A가 일어날 확률을 p라 하면
$$(\text{사건 } A\text{가 일어나지 않을 확률}) = 1 - p$$

예 한 개의 주사위를 던질 때, 4의 눈이 나오지 않을 확률은
$$1 - (\text{4의 눈이 나올 확률}) = 1 - \frac{1}{6} = \frac{5}{6}$$

참고 • 사건 A가 일어날 확률을 p, 사건 A가 일어나지 않을 확률을 q라 하면
➡ $p+q=1$
• '적어도 ~일 확률'은 어떤 사건이 일어나지 않을 확률을 이용하여 구하면 편리하다.
➡ (적어도 하나는 A일 확률)$=1-$(모두 A가 아닐 확률)

➕ 문제에 '적어도 ~', '~가 아닐', '~하지 않을' 등의 표현이 있을 때는 어떤 사건이 일어나지 않을 확률을 이용해요.

11 1부터 5까지의 자연수가 각각 하나씩 적힌 5장의 카드 중에서 한 장을 선택할 때, 다음을 구하여라.

(1) 일어나는 모든 경우의 수

(2) 홀수가 적힌 카드가 나오는 경우의 수

(3) 홀수가 적힌 카드가 나올 확률

12 1부터 9까지의 자연수가 각각 하나씩 적힌 9개의 공이 들어 있는 주머니에서 한 개의 공을 꺼낼 때, 다음을 구하여라.

(1) 홀수 또는 짝수가 적힌 공이 나올 확률

(2) 0이 적힌 공이 나올 확률

13 다음을 구하여라.

(1) 복권에 당첨될 확률이 $\frac{1}{15}$일 때, 복권에 당첨되지 않을 확률

(2) 민수가 학교에 지각할 확률이 $\frac{1}{7}$일 때, 지각하지 않을 확률

(3) 당첨 제비가 3개 포함된 100개의 제비 중에서 한 개를 뽑을 때, 당첨 제비를 뽑지 못할 확률

14 서로 다른 세 개의 동전을 동시에 던질 때, 다음을 구하여라.

(1) 모두 뒷면이 나올 확률

(2) 적어도 한 개는 앞면이 나올 확률

+ 적어도 하나는 A일 확률은
1−(모두 A가 아닐 확률)
을 이용해서 구해요.

4 확률의 계산

☆ 1. 사건 A 또는 사건 B가 일어날 확률

<u>두 사건 A, B가 동시에 일어나지 않을 때</u>
   → 한 사건이 일어나면 다른 사건은 절대로 일어나지 않는다는 것을 뜻한다.

사건 A가 일어날 확률을 p, 사건 B가 일어날 확률을 q라 하면

(사건 A 또는 사건 B가 일어날 확률)$=p+q$

참고 두 사건에 대하여 '또는', '~이거나' 등의 표현이 있으면 두 확률을 더한다.

☆ 2. 사건 A와 사건 B가 동시에 일어날 확률

두 사건 A, B가 서로 영향을 끼치지 않을 때

사건 A가 일어날 확률을 p, 사건 B가 일어날 확률을 q라 하면

(사건 A와 사건 B가 동시에 일어날 확률)$=p\times q$

참고 • '사건 A와 사건 B가 동시에 일어난다.'는 것은 반드시 같은 시간에 두 사건 A, B가 일어난다는 것이 아니라 사건 A가 일어나는 각각의 경우에 대하여 사건 B가 일어난다는 것을 의미한다.
   • 서로 영향을 끼치지 않는 두 사건에 대하여 '동시에', '그리고', '~와', '~하고 나서' 등의 표현이 있으면 두 확률을 곱한다.

3. 연속하여 뽑는 경우의 확률

(1) 꺼낸 것을 다시 넣고 연속하여 뽑는 경우의 확률

  ➡ 처음에 뽑을 때와 나중에 뽑을 때의 조건이 같다.

    (처음에 뽑을 때의 전체 개수)$=$(나중에 뽑을 때의 전체 개수) → 처음에 일어난 사건이 나중에 일어나는 사건에 영향을 주지 않는다.

(2) 꺼낸 것을 다시 넣지 않고 연속하여 뽑는 경우의 확률

  ➡ 처음에 뽑을 때와 나중에 뽑을 때의 조건이 다르다.

    (처음에 뽑을 때의 전체 개수)$\neq$(나중에 뽑을 때의 전체 개수) → 처음에 일어난 사건이 나중에 일어나는 사건에 영향을 준다.

예 모양과 크기가 같은 흰 공 3개, 검은 공 2개가 들어 있는 주머니에서 연속하여 2개의 공을 꺼낼 때, 2개 모두 흰 공일 확률은

① 꺼낸 공을 다시 넣는 경우 ➡ $\dfrac{3}{5}\times\dfrac{3}{5}=\dfrac{9}{25}$

② 꺼낸 공을 다시 넣지 않는 경우 ➡ $\dfrac{3}{5}\times\dfrac{2}{4}=\dfrac{3}{10}$

4. 도형에서의 확률

일어날 수 있는 모든 경우의 수는 도형 전체의 넓이로, 어떤 사건이 일어나는 경우의 수는 도형에서 해당하는 부분의 넓이로 생각하여 확률을 구한다. 즉,

$$(\text{도형에서의 확률})=\dfrac{(\text{사건에 해당하는 부분의 넓이})}{(\text{도형 전체의 넓이})}$$

예 오른쪽 그림과 같이 4등분된 원판에 화살을 쏠 때

  ① 1이 적힌 부분을 맞힐 확률 ➡ $\dfrac{1}{4}$

  ② 홀수가 적힌 부분을 맞힐 확률 ➡ $\dfrac{2}{4}=\dfrac{1}{2}$

➕ $p+q$의 예시

주사위 2개를 동시에 던질 때 나온 눈의 수의 합이 3 또는 8이 될 확률 구하기

➡ 일어날 수 있는 모든 경우의 수는
$6\times6=36$(가지)

눈의 수의 합이 3인 경우는
$(1, 2)$, $(2, 1)$로 2(가지)

눈의 수의 합이 8인 경우는
$(2, 6)$, $(3, 5)$, $(4, 4)$, $(5, 3)$, $(6, 2)$로 5(가지)

따라서 눈의 수의 합이 3 또는 8이 될 확률은

$\dfrac{2}{36}+\dfrac{5}{36}=\dfrac{7}{36}$

➕ $p\times q$의 예시

동전 한 개와 주사위 한 개를 동시에 던질 때, 동전의 앞면과 주사위의 짝수의 눈이 나올 확률 구하기

➡ 동전의 앞면이 나올 확률: $\dfrac{1}{2}$

주사위의 짝수의 눈이 나올 확률: $\dfrac{1}{2}$

따라서 구하는 확률은

$\dfrac{1}{2}\times\dfrac{1}{2}=\dfrac{1}{4}$

15 1부터 10까지의 자연수가 각각 하나씩 적힌 10장의 카드에서 한 장을 뽑을 때, 다음을 구하여라.

(1) 홀수가 적힌 카드가 나올 확률

(2) 4의 배수가 적힌 카드가 나올 확률

(3) 홀수 또는 4의 배수가 적힌 카드가 나올 확률

16 두 개의 주사위 A, B를 동시에 던질 때, 다음을 구하여라.

(1) 주사위 A에서 4 이상의 눈이 나올 확률

(2) 주사위 B에서 6의 약수의 눈이 나올 확률

(3) 주사위 A는 4 이상의 눈이 나오고 주사위 B는 6의 약수의 눈이 나올 확률

✚ 서로 영향을 미치지 않는 두 사건 A와 B가 동시에 일어날 확률은
(사건 A가 일어날 확률)×
(사건 B가 일어날 확률)

17 20개의 제비 중 4개의 당첨 제비가 들어 있는 주머니에서 연속하여 제비를 두 번 뽑을 때, 다음을 구하여라.

(1) 첫 번째에 뽑은 제비를 다시 넣을 때, 두 번 모두 당첨 제비를 뽑을 확률

(2) 첫 번째에 뽑은 제비를 다시 넣지 않을 때, 두 번 모두 당첨 제비를 뽑을 확률

18 오른쪽 그림과 같이 8등분된 원판 위에 1부터 8까지의 자연수가 각각 적혀 있다. 이 원판에 다트를 한 번 던질 때, 소수가 적힌 부분을 맞힐 확률을 구하여라. (단, 다트가 원판을 벗어나거나 경계선을 맞히는 경우는 생각하지 않는다.)

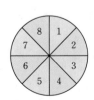

1 대푯값

정답과 해설 43쪽

1. 대푯값

(1) 대푯값: 자료 전체의 특징을 대표적인 하나의 수로 나타낸 값

(2) 대푯값에는 평균, 중앙값, 최빈값 등이 있으며 평균을 주로 사용한다.

✚ 변량
자료를 수량으로 나타낸 값

☆ 2. **평균**: 변량의 총합을 변량의 개수로 나눈 값 ➡ $(평균) = \dfrac{(변량)의\ 총합}{(변량)의\ 개수}$

3. 중앙값

(1) 변량을 작은 값부터 크기순으로 나열하였을 때, 한가운데 있는 값

(2) n개의 변량을 작은 값부터 크기순으로 나열하였을 때,

① n이 홀수이면 $\dfrac{n+1}{2}$번째 변량이 중앙값 → 중앙에 있는 변량

② n이 짝수이면 $\dfrac{n}{2}$번째와 $\left(\dfrac{n}{2}+1\right)$번째 변량의 평균이 중앙값 → 한가운데 있는 두 변량의 평균

예 ⑴ 자료가 5, 4, 5, 7, 6, 9, 10, 9, 9일 때, 이 자료를 작은 값부터 크기순으로 나열하면
4, 5, 5, 6, 7, 9, 9, 9, 10
이때 자료의 개수는 9개이므로 중앙값은 $\dfrac{9+1}{2}=5$번째 자료의 값인 7이다.

⑵ 자료가 12, 5, 9, 8, 6, 3일 때, 이 자료를 작은 값부터 크기순으로 나열하면
3, 5, 6, 8, 9, 12
이때 자료의 개수는 6개이므로 중앙값은 $\dfrac{6}{2}=3$번째와 $\dfrac{6}{2}+1=4$번째 자료의 값인 6과 8
의 평균인 $\dfrac{6+8}{2}=7$

4. 최빈값

(1) 자료에서 가장 많이 나타나는 값, 즉 도수가 가장 큰 값

(2) 자료에서 도수가 가장 큰 값이 한 개 이상 있으면 그 값이 모두 최빈값이다.

예 자료 '5, 8, 7, 2, 7, 9, 8'에서 7과 8이 각각 두 번씩 가장 많이 나타나므로, 이 자료의 최빈값은 7과 8이다.

✚ 변량의 개수가 많고 중복된 값이 많은 경우, 예를 들어 개인의 선호도를 조사할 때 대푯값으로 최빈값이 적절해요.

> **쏙쏙 이해 더하기** **평균, 중앙값, 최빈값의 특징**
>
> ⑴ 평균
> 자료 중에 극단적인 변량이 있는 경우에는 자료 전체의 특징을 잘 반영하지 못한다.
> ⑵ 중앙값
> 자료 중에 극단적인 변량이 있는 경우에는 평균에 비해 자료 전체의 특징을 더 잘 나타낼 수 있다.
> ⑶ 최빈값
> • 자료가 문자나 기호인 경우에도 사용할 수 있다.
> • 변량의 개수가 적은 경우에는 자료 전체의 특징을 잘 나타내지 못할 수도 있다.

01 다음 자료의 평균을 구하여라.

(1) 2, 5, 6, 8, 9

(2) 13, 14, 18, 18, 19, 20

02 다음 자료의 중앙값을 구하여라.

(1) 3, 7, 1, 9, 6

(2) 24, 29, 22, 28, 24, 21, 27

03 다음 자료의 최빈값을 구하여라.

(1) 8, 7, 9, 5, 4, 10, 7, 6

(2) 100, 101, 105, 101, 100, 103, 100

04 다음은 7월 어느 날 주요 도시의 불쾌지수를 조사하여 나타낸 표이다. 불쾌지수의 중앙값을 구하여라.

도시	서울	부산	대전	광주	대구
불쾌지수	81	83	85	84	84

05 다음은 학생 8명의 지난 한 달 동안 읽은 책의 권수를 조사한 자료이다. 읽은 책의 권수의 평균, 중앙값, 최빈값을 각각 구하여라.

책의 권수   (단위: 권)

| 1 | 6 | 2 | 1 | 7 | 1 | 9 | 5 |

1. 산포도

(1) 변량들이 흩어져 있는 정도를 하나의 수로 나타낸 값

(2) 변량들이 대푯값으로부터 멀리 떨어져 있으면 산포도가 크고, 대푯값 주위에 모여 있으면 산포도가 작다.

(3) 산포도에는 분산, 표준편차 등이 있다.

✚ 산포도

변량이 자료의 중심으로부터 흩어져 있는 정도

☆2. 편차

(1) 각 변량에서 평균을 뺀 값을 그 변량의 편차라 한다.

➡ (편차)＝(변량)－(평균) → 빼는 순서에 주의한다.

(2) 편차의 성질

① 편차의 총합은 항상 0이다.

② 변량이 평균보다 크면 편차는 양수, 변량이 평균보다 작으면 편차는 음수이다.

③ 편차의 절댓값이 클수록 변량은 평균에서 멀리 떨어져 있고, 절댓값이 작을수록 변량은 평균 가까이에 있다.

📵 다음은 학생 6명의 운동 시간에 대한 편차를 나타낸 것이다. 이때 x의 값을 구하여라.

학생	A	B	C	D	E	F
편차(시간)	-3	4	2	1	x	-2

편차의 총합은 항상 0이므로 $-3+4+2+1+x-2=0$ ∴ $x=-2$

✚ 분산(표준편차) 구하는 순서

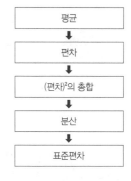

3. 분산: 각 편차의 제곱의 총합을 변량의 개수로 나눈 값, 즉 편차의 제곱의 평균

➡ $(분산)=\dfrac{(편차)^2의\ 총합}{(변량)의\ 개수}$

4. 표준편차: 분산의 음이 아닌 제곱근

➡ $(표준편차)=\sqrt{(분산)}$

➡ 분산과 표준편차가 작을수록 자료의 분포 상태가 고르다.

예시

변량 4, 7, 10의 분산과 표준편차를 각각 구하면

① 평균 구하기 $\qquad\qquad (평균)=\dfrac{4+7+10}{3}=7$ → $(평균)=\dfrac{(변량)의\ 총합}{(변량)의\ 개수}$

② 각 변량의 편차 구하기 $\qquad -3,\ 0,\ 3$ → $(편차)=(변량)-(평균)$

③ (편차)²의 총합 구하기 $\qquad (-3)^2+0^2+3^2=18$

④ 분산 구하기 $\qquad\qquad (분산)=\dfrac{18}{3}=6$ → $(분산)=\dfrac{(편차)^2의\ 총합}{(변량)의\ 개수}$

⑤ 표준편차 구하기 $\qquad (표준편차)=\sqrt{6}$

06 다음 자료의 평균을 구하고, 표를 완성하여라.

변량	13	18	10	15	17	11
편차						

✚ (편차)＝(변량)－(평균)

07 다음은 어느 동네의 5가구에 대한 자녀 수의 편차를 나타낸 표이다. 이 자료의 평균이 2명일 때, 5가구의 자녀 수를 차례대로 구하여라.

가구	A	B	C	D	E
편차(명)	-1	-1	1	2	-1

08 아래는 민재네 반 학생들의 윗몸일으키기 기록을 조사하여 나타낸 것이다. 다음 순서로 분산과 표준편차를 각각 구하여라.

(단위: 회)

9, 12, 15, 13, 10, 7

① 평균	
② 각 변량의 편차	
③ (편차)²의 총합	
④ 분산	
⑤ 표준편차	

09 다음은 학생 5명의 한 달 동안의 하루 수면 시간의 평균과 표준편차를 나타낸 표이다. 물음에 답하여라.

학생	A	B	C	D	E
평균(시간)	7.2	6.5	8	7.9	6.8
표준편차(시간)	2	$\sqrt{0.5}$	$\sqrt{3}$	$\sqrt{2}$	1

(1) 수면 시간이 가장 고른 학생을 말하여라.

(2) 수면 시간이 가장 불규칙한 학생을 말하여라.

✚ 분산과 표준편차가 작을수록 자료가 평균에 가까이 모여 있는 것이므로 자료의 분포 상태가 고르다고 할 수 있어요.

1 산점도

정답과 해설 44쪽

✚ 산점도

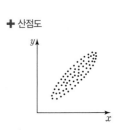

두 변량 x, y 사이의 관계를 알아보기 위하여 순서쌍 (x, y)를 좌표로 하는 점을 좌표 평면 위에 나타낸 그래프

예시

야구 선수 10명의 이번 시즌 홈런과 도루의 수가 다음과 같을 때, 홈런을 x개, 도루를 y개라 하고 산점도로 나타내면 다음과 같다.

선수	A	B	C	D	E	F	G	H	I	J
홈런(개)	15	10	8	9	11	13	12	16	13	9
도루(개)	8	12	13	12	9	10	15	13	16	11

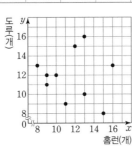

01 다음은 최근에 개봉한 10개의 영화에 대한 전문가 평점과 관객 평점을 조사하여 나타낸 표이다. 전문가 평점을 x점, 관객 평점을 y점이라 할 때, x와 y에 대한 산점도를 그려라.

영화	A	B	C	D	E
전문가 평점(점)	7	8	7	9	10
관객 평점(점)	7	9	8	10	9

영화	F	G	H	I	J
전문가 평점(점)	5	6	3	5	10
관객 평점(점)	7	9	5	6	10

⬇

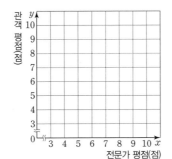

1. **상관관계:** 산점도의 두 변량 x와 y 중 한쪽이 증가함에 따라 다른 한쪽이 대체로 증가 또는 감소할 때, x와 y 사이에 상관관계가 있다고 한다.

☆2. 상관관계의 종류

(1) 양의 상관관계	(2) 음의 상관관계
두 변량 x와 y 중 한쪽이 증가할 때 다른 한쪽도 대체로 증가하는 관계	두 변량 x와 y 중 한쪽이 증가할 때 다른 한쪽은 대체로 감소하는 관계

약해진다 [양의 상관관계] 강해진다   약해진다 [음의 상관관계] 강해진다

+ 양 또는 음의 상관관계가 있는 산점도에서 점들이 한 직선에 가까이 분포되어 있을수록 '상관관계가 강하다'고 하고, 흩어져 있을수록 '상관관계가 약하다'고 한다.

(3) 상관관계가 없다

    x와 y 중 한쪽이 증가할 때 다른 한쪽의 증가와 감소가 분명하지 않은 관계

예시

일상생활에서 상관관계
① 양의 상관관계: 발의 길이와 신발의 크기, 여름철 기온과 전기 소비량
② 음의 상관관계: 자동차 속력과 소요 시간, 불을 켠 시간과 초의 길이
③ 상관관계가 없다: 등교 시간과 영어 성적, 손의 길이와 시력

예시

오른쪽 산점도는 학생 50명의 용돈과 저축액을 조사하여 나타낸 것이다.
① 용돈과 저축액 사이의 상관관계 ➡ 양의 상관관계
② A, B, C, D, E에 해당하는 학생 중에서 특별히 용돈에 비하여 저축액이 많은 학생 ➡ C

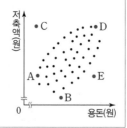

02 〈보기〉의 산점도를 보고, 다음 물음에 답하여라.

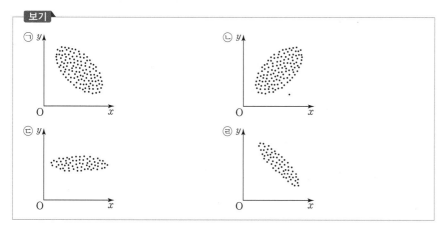

(1) x의 값이 증가함에 따라 y의 값도 대체로 증가하는 관계가 있는 것을 골라라.

(2) x의 값이 증가함에 따라 y의 값은 대체로 감소하는 관계가 있는 것을 모두 골라라.

(3) 상관관계가 없는 것을 골라라.

(4) 도시의 인구수와 교통량 사이의 관계를 나타내는 산점도를 골라라.

03 다음의 〈그림 1〉은 어느 반 학생들의 가족 수와 물 사용량을 조사하여 나타낸 산점도이고, 〈그림 2〉는 산의 높이와 기온을 조사하여 나타낸 산점도이다. 다음 물음에 답하여라.

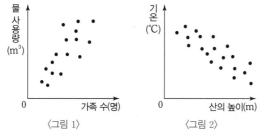

(1) 가족 수와 물 사용량 사이에는 어떤 상관관계가 있는지 말하여라.

(2) 산의 높이와 기온 사이에는 어떤 상관관계가 있는지 말하여라.

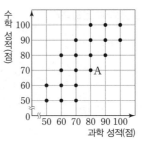

04 오른쪽은 민주네 반 학생 20명의 과학 성적과 수학 성적을 조사하여 나타낸 산점도이다. 물음에 답하여라.

(1) 과학 성적이 80점인 학생 수를 구하여라.

(2) 두 과목의 성적이 같은 학생 수를 구하여라.

(3) 학생 A보다 수학 성적이 낮은 학생 수를 구하여라.

(4) 두 과목 성적이 모두 90점 이상인 학생은 전체의 몇 %인지 구하여라.

05 겨울철 기온이 내려갈수록 감기 환자 수가 증가한다고 한다. 겨울철 기온을 x °C, 감기 환자 수를 y명이라고 할 때, 다음 ㉠~㉢ 중에서 x와 y 사이의 상관관계를 나타낸 산점도로 알맞은 것을 찾아라.

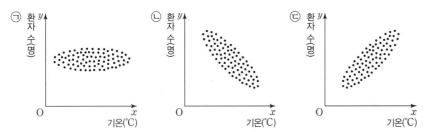

06 오른쪽은 자동차 70대의 중량과 연료 효율에 대한 산점도이다. 자동차의 중량과 연료 효율 사이의 상관관계를 말하여라.

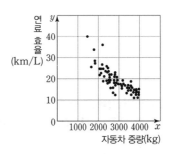

07 오른쪽은 전기기사 시험에 응시한 학생 10명의 필기 점수와 실기 점수에 대한 산점도이다. 물음에 답하여라.

(1) 필기 점수와 실기 점수가 같은 학생은 전체의 몇 %인지 구하여라.

(2) 필기 점수와 실기 점수 사이의 상관관계를 말하여라.

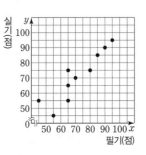

08 다음 그래프는 민서네 반 학생들의 키와 몸무게 사이의 관계를 나타낸 산점도이다. 다음 물음에 답하여라.

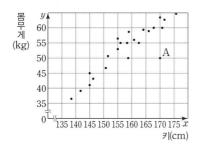

(1) 키와 몸무게 사이의 상관관계를 말하여라.

(2) 점 A는 민서의 키와 몸무게에 대한 것이다. 민서의 몸무게는 키가 비슷한 다른 학생의 몸무게와 비교하여 어떠한지 말하여라.

09 오른쪽 그래프와 같은 산점도로 나타낼 수 있는 것은?

① 시력과 팔 길이
② 학습 시간과 여가 시간
③ 영어 듣기 점수와 몸무게
④ 운동량과 칼로리 소모량

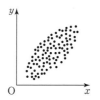

10 다음은 특정 도로 20개 지점에서 두 자동차 A, B의 제동 거리와 그때의 속력 사이의 관계를 나타낸 산점도이다. 상관관계가 더 강한 것을 말하여라.

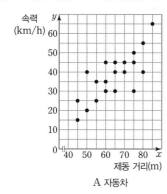

A 자동차

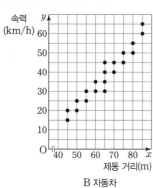

B 자동차

탄탄 실력 다지기

01 다음은 어느 반 학생 13명의 봉사활동 시간을 조사하여 줄기와 잎 그림으로 나타낸 것이다. 봉사활동 시간이 25시간 이상인 학생의 수는?   2019년 2회

봉사활동 시간   (1|2는 12시간)

줄기	잎
1	2 3 8
2	0 3 3 6 7 8
3	1 2 5 6

① 7   ② 8
③ 9   ④ 10

02 다음은 학생 20명의 윗몸일으키기 횟수를 조사하여 줄기와 잎 그림으로 나타낸 것이다. 윗몸일으키기 횟수가 6번째로 많은 학생의 횟수는?   2018년 2회

윗몸일으키기 횟수   (2|3은 23회)

줄기	잎
2	3 4 5 6 7 9
3	1 4 5 8
4	0 2 7 8 9
5	3 5 7
6	4 6

① 29   ② 38
③ 49   ④ 53

03 1분 동안의 줄넘기 횟수를 조사하여 줄기와 잎 그림으로 나타낸 것이다. 잎이 가장 많은 줄기는?   2017년 1회

줄넘기 횟수   (2|3은 23회)

줄기	잎
2	3 4 5 9
3	1 1 3 4 5 7 7
4	3 4 5 8 8
5	2 5 6 9

① 2   ② 3
③ 4   ④ 5

주목

04 표는 어느 학급 학생 20명의 하루 휴대전화 통화 시간을 조사하여 만든 도수분포표이다. 통화 시간이 30분 이상 90분 미만인 학생의 수는?   2020년 1회

통화 시간(분)	도수(명)
0^{이상} ~ 30^{미만}	5
30 ~ 60	8
60 ~ 90	5
90 ~ 120	2
합계	20

① 11명   ② 12명
③ 13명   ④ 14명

05 표는 어느 반 학생 20명이 1학기 동안 실시한 봉사활동 시간을 조사하여 나타낸 도수분포표이다. A의 값은?

2019년 1회

봉사활동(시간)	도수(명)
$0^{이상} \sim 3^{미만}$	3
3 ~ 6	7
6 ~ 9	A
9 ~ 12	5
합계	20

① 3 　　　　　② 4
③ 5 　　　　　④ 6

06 표는 평창 동계올림픽대회에서 획득한 메달의 개수에 따른 상위 20개국(선수단)을 조사하여 나타낸 도수분포표이다. 이 대회에서 대한민국은 17개의 메달을 획득하였다. 17개의 메달 수가 속하는 계급의 도수는?

2018년 1회

메달 수(개)	국가(선수단) 수
$0^{이상} \sim 8^{미만}$	6
8 ~ 16	7
16 ~ 24	4
24 ~ 32	2
32 ~ 40	1
합계	20

① 1 　　　　　② 2
③ 4 　　　　　④ 7

07 표는 30명의 학생이 하루 동안 스마트폰을 사용한 시간을 조사하여 나타낸 도수분포표이다. A의 값은?

2017년 2회

시간(분)	학생 수(명)
$0^{이상} \sim 30^{미만}$	5
30 ~ 60	7
60 ~ 90	A
90 ~ 120	6
120 ~ 150	4
합계	30

① 7 　　　　　② 8
③ 9 　　　　　④ 10

08 그림은 20개 도시에서 미세 먼지 농도를 조사하여 나타낸 히스토그램이다. 미세 먼지 농도가 $40\mu g/m^3$ 이상인 도시의 개수는?

2016년 1회

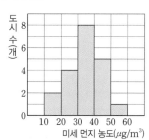

① 1 　　　　　② 3
③ 5 　　　　　④ 6

09 그림은 방학 동안 학생들이 실시한 봉사활동 시간을 조사하여 히스토그램으로 나타낸 것이다. 봉사활동을 15시간 이상 18시간 미만으로 실시한 학생 수는?

2015년 1회

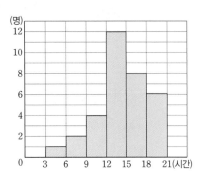

① 4명   ② 6명
③ 8명   ④ 12명

10 한 개의 주사위를 한 번 던질 때, 홀수의 눈이 나오는 경우의 수는?

2020년 1회

① 1   ② 2
③ 3   ④ 4

11 어느 제과점에서는 간식으로 먹을 수 있는 서로 다른 4개의 빵과 서로 다른 2개의 쿠키를 판매하고 있다. 이 제과점에서 간식 한 개를 사는 모든 경우의 수는?

2019년 1회

① 3   ② 4
③ 5   ④ 6

12 어느 분식점의 메뉴판을 보고 식사와 음료를 한 가지씩 주문할 때, 선택할 수 있는 모든 경우의 수는?

2018년 1회

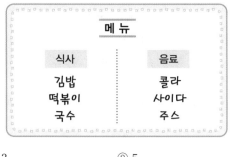

① 3   ② 5
③ 7   ④ 9

13 A에서 B까지 가는 방법은 3가지, B에서 C까지 가는 방법은 2가지일 때, A에서 B를 거쳐 C까지 가는 방법은 모두 몇 가지인가?

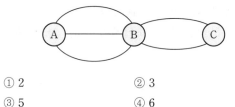

① 2   ② 3
③ 5   ④ 6

주목

14 100원짜리 동전 1개와 주사위 1개를 동시에 던질 때, 나오는 모든 경우의 수는?

① 6   ② 8
③ 10   ④ 12

15 그림과 같이 주머니 안에 1에서 5까지의 자연수가 각각 적힌 5개의 크기가 같은 구슬이 들어 있다. 주머니에서 임의로 한 개의 구슬을 꺼낼 때, 홀수가 적힌 구슬이 나올 확률은?   2019년 2회

① $\dfrac{1}{5}$ ② $\dfrac{2}{5}$

③ $\dfrac{3}{5}$ ④ $\dfrac{4}{5}$

16 주머니 안에 1에서 7까지의 자연수가 각각 적힌 일곱 개의 크기가 같은 구슬이 들어 있다. 주머니에서 한 개의 구슬을 꺼낼 때, 3의 배수가 나올 확률은?   2018년 2회

① $\dfrac{2}{7}$ ② $\dfrac{3}{7}$

③ $\dfrac{4}{7}$ ④ $\dfrac{5}{7}$

17 주머니 속에 검은 공 5개, 흰 공 2개가 들어 있다. 이 주머니에서 임의로 한 개의 공을 꺼낼 때, 검은 공이 나올 확률은?   2017년 2회

① $\dfrac{1}{7}$ ② $\dfrac{2}{7}$

③ $\dfrac{5}{7}$ ④ $\dfrac{6}{7}$

주목

18 정육면체 모양의 주사위를 한 번 던질 때, 1의 눈이 나올 확률은?   2017년 1회

① $\dfrac{1}{2}$ ② $\dfrac{1}{3}$

③ $\dfrac{1}{4}$ ④ $\dfrac{1}{6}$

19 상자 안에 1에서 9까지의 자연수가 각각 적힌 아홉 개의 크기가 같은 구슬이 들어 있다. 이 중에서 임의로 한 개의 구슬을 꺼낼 때, 4의 배수가 나올 확률은?   2016년 2회

① $\dfrac{1}{9}$ ② $\dfrac{2}{9}$

③ $\dfrac{4}{9}$ ④ $\dfrac{5}{9}$

20 남자 4명, 여자 5명으로 이루어진 동아리가 있다. 이 동아리의 대표 1명을 정할 때, 여자가 뽑힐 확률은?

① $\dfrac{1}{4}$ ② $\dfrac{1}{5}$

③ $\dfrac{4}{9}$ ④ $\dfrac{5}{9}$

21 한 개의 주사위를 던질 때, 소수의 눈이 나올 확률은?

① $\dfrac{1}{6}$ ② $\dfrac{1}{5}$

③ $\dfrac{1}{3}$ ④ $\dfrac{1}{2}$

22 주머니 안에 1에서 9까지의 숫자가 각각 적힌 9개의 구슬이 있다. 이 중에서 임의로 하나의 구슬을 꺼낼 때, 3의 배수가 나올 확률은?

① $\dfrac{2}{9}$ ② $\dfrac{1}{3}$

③ $\dfrac{4}{9}$ ④ $\dfrac{2}{3}$

주목

23 한 개의 주사위를 한 번 던질 때, 4의 약수의 눈이 나올 확률은?

① $\dfrac{1}{2}$ ② $\dfrac{1}{3}$

③ $\dfrac{1}{6}$ ④ $\dfrac{5}{6}$

24 남자 2명, 여자 3명으로 이루어진 모임이 있다. 이 모임에서 대표 1명을 정할 때, 남자가 뽑힐 확률은?

① 1 ② $\dfrac{4}{5}$

③ $\dfrac{3}{5}$ ④ $\dfrac{2}{5}$

25 다음 자료는 어느 반 학생 12명의 태어난 달을 조사하여 나타낸 것이다. 자료의 최빈값은? 2019년 2회

2월	5월	5월	10월	5월	10월
5월	10월	2월	5월	7월	5월

① 2월 ② 5월

③ 7월 ④ 10월

26 다음 자료는 어느 양궁 선수가 화살을 10회 쏜 점수를 나타낸 것이다. 이 자료의 최빈값은? 2018년 1회

| 8, 7, 7, 9, 7, 8, 8, 10, 9, 8 |

① 7 　　　　　　② 8
③ 9 　　　　　　④ 10

27 다음은 학생 20명의 수학 점수를 조사하여 나타낸 줄기와 잎 그림이다. 수학 점수의 최빈값은? 2019년 1회

수학 점수 　　(5|1은 51점)

줄기	잎
5	1 4 5 7 7 9
7	0 3 3 3 3 4 7
8	1 5 6 8
9	2 6 6

① 54 　　　　　　② 73
③ 88 　　　　　　④ 96

28 다음은 어느 학생 5명이 여름 방학 동안 봉사활동을 한 시간을 나타낸 것이다. 이 자료의 중앙값은? 2020년 1회

(단위: 시간)

| 4, 8, 10, 7, 6 |

① 4시간 　　　　　② 6시간
③ 7시간 　　　　　④ 8시간

주목
29 다음은 7명의 제기차기 기록을 작은 값부터 순서대로 나열한 자료이다. 이 자료의 중앙값은? 2017년 1회

| 16, 16, 17, 24, 31, 37, 45 |

① 16 　　　　　　② 17
③ 24 　　　　　　④ 45

30 다음 자료의 중앙값과 최빈값의 합은? 2018년 2회

| 5, 3, 4, 4, 17, 1, 4 |

① 7 　　　　　　② 8
③ 9 　　　　　　④ 10

주목
31 다음 중 양의 상관관계를 나타내는 산점도는?

2021년 1회

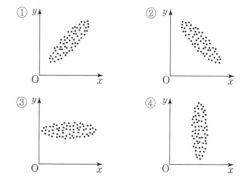

모바일 OMR
채점 & 성적 분석

QR 코드를 활용하여, 쉽고 빠른
응시 – 채점 – 성적 분석을 해 보세요!

STEP 1	QR 코드 스캔

STEP 2	모바일 OMR 작성

STEP 3	채점 결과 & 성적 분석 확인

해당 서비스는 2025. 08. 31까지만 이용하실 수 있습니다.

▶ **QR 코드는 어떻게 스캔하나요?**

① 네이버앱 ⇨ 그린닷 ⇨ 렌즈

② 카카오톡 ⇨ 더보기 ⇨ 코드 스캔(우측 상단 ⋮⋮ 모양)

③ 스마트폰 내장 카메라 사용(촬영 버튼을 누르지 않고 카메라
   화면에 **QR** 코드를 비추면 **URL**이 자동으로 뜬답니다.)

최종
실력점검

실전 모의고사 **1** 회   260

실전 모의고사 **2** 회   263

🕐 제한시간: 40분

정답과 해설 **60쪽**

01 다음은 두 수 12와 40을 소인수분해하여 최소공배수를 구하는 과정이다. ㉠에 알맞은 수는?

$$12 = 2^2 \times 3$$
$$\underline{40 = 2^3 \quad \times 5}$$
$$㉠ \times 3 \times 5$$

① 2^2
② 2^3
③ 2^4
④ 2^5

02 $(+6) + (-2)$의 값은?

① -8
② -4
③ 4
④ 8

03 두 수의 대소 관계가 옳은 것은?

① $2 > 3$
② $-2 < 0$
③ $-3 > -2$
④ $-3 > 2$

04 $x = -1$, $y = 2$일 때, $2x + y$의 값은?

① 4
② 1
③ 0
④ -1

05 다음을 문자를 사용한 식으로 나타내면?

한 변의 길이가 a인 정삼각형의 둘레의 길이

① $3a$
② a^3
③ $2a$
④ a^2

06 일차방정식 $5x + 1 = 2x - 2$를 풀면?

① $x = -1$
② $x = 0$
③ $x = 1$
④ $x = 2$

07 학생 25명의 국어 성적에 대한 도수분포표이다. 도수가 가장 큰 계급은?

국어 성적(점)	도수(명)
$50^{이상} \sim 60^{미만}$	1
60 ~ 70	5
70 ~ 80	9
80 ~ 90	6
90 ~ 100	4
합계	25

① 50점 이상 60점 미만
② 60점 이상 70점 미만
③ 70점 이상 80점 미만
④ 80점 이상 90점 미만

08 분수를 소수로 나타낼 때, 유한소수로 나타낼 수 있는 것은?

① $\dfrac{1}{10}$ ② $\dfrac{1}{7}$

③ $\dfrac{1}{6}$ ④ $\dfrac{1}{3}$

09 일차부등식 $x+2<3$의 해를 수직선 위에 나타내면?

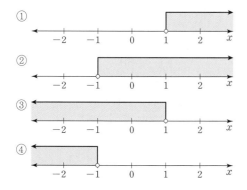

10 좌표평면에서 점 $(-5, -2)$의 위치는?

① 제1사분면

② 제2사분면

③ 제3사분면

④ 제4사분면

11 일차함수 $y=\dfrac{1}{2}x$의 그래프를 이용하여 $y=\dfrac{1}{2}x+2$의 그래프를 바르게 그린 것은?

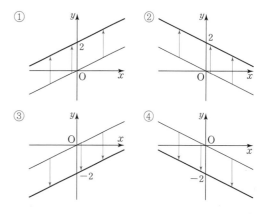

12 한 개의 주사위를 던질 때, 2보다 큰 눈이 나오는 경우의 수는?

① 6가지   ② 5가지

③ 4가지   ④ 3가지

13 다음 그림에서 △ABC∽△DEF일 때, $x+y$의 값은?

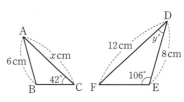

① 38   ② 39

③ 40   ④ 41

14 $2\sqrt{5}=\sqrt{a}$일 때, a의 값은?

① 5 　　　　　② 10
③ 15 　　　　④ 20

15 x^2-9를 인수분해하면?

① $(x-3)^2$
② $(x+3)^2$
③ $(x-1)(x+9)$
④ $(x+3)(x-3)$

16 이차방정식 $x^2+3x+a=0$의 한 근이 2일 때, a의 값은?

① -4 　　　　② -6
③ -10 　　　④ -12

17 다음 자료의 최빈값은?

2, 2, 4, 3, 5, 6, 5, 5

① 2 　　　　　② 3
③ 4 　　　　　④ 5

18 직각삼각형 ABC에서 $\cos B$의 값은?

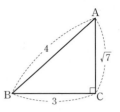

① $\dfrac{\sqrt{7}}{4}$ 　　　　② $\dfrac{\sqrt{7}}{3}$
③ $\dfrac{3}{4}$ 　　　　④ $\dfrac{4}{3}$

19 다음 그림에서 x의 값은?

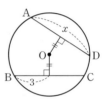

① 4 　　　　　② 5
③ 6 　　　　　④ 7

20 다음 중 도시의 인구와 교통량 사이의 상관관계를 잘 나타낸 상관도를 찾으면?

①

②

③

④

01 28을 소인수분해하면 $2^a \times 7$이다. 이때 a의 값은?

① 2　　　　　　　② 3

③ 4　　　　　　　④ 5

02 $3-(-2)$의 값은?

① 5　　　　　　　② 1

③ -1　　　　　　④ -5

03 〈보기〉의 수에서 양의 정수는 몇 개인가?

> **보기**
>
> $$-7, \quad 5, \quad 0, \quad -3, \quad 4$$

① 2개　　　　　　② 3개

③ 4개　　　　　　④ 5개

04 오른쪽 그림에서 세 직선 l, m, n이 서로 평행할 때, $\angle x - \angle y$의 크기는?

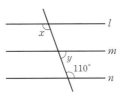

① 25°　　② 30°

③ 35°　　④ 40°

05 다음 중 오른쪽 좌표평면 위의 점의 좌표를 나타낸 것으로 옳은 것은?

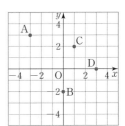

① A$(3, -4)$

② B$(-2, 0)$

③ C$(2, 1)$

④ D$(3, 0)$

06 지혜는 강수량을 알아보기 위해 통을 밖에 놓고 빗물을 받아 물의 높이를 측정하였다. 비가 오기 시작한 지 x분 후의 물의 높이를 y mm라고 할 때, x와 y 사이의 관계를 그래프로 나타내면 다음과 같다. 비가 오기 시작한 지 30분 후의 물의 높이는?

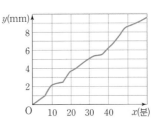

① 5 mm　　　　　② 6 mm

③ 7 mm　　　　　④ 8 mm

07 모든 면의 모양이 정오각형인 정다면체는?

① 정사면체　　　　② 정육면체

③ 정팔면체　　　　④ 정십이면체

08 오른쪽 그림과 같은 직각삼각형을 직선 l 을 회전축으로 하여 1회전 시킬 때 만들어지는 회전체는?

① 구 ② 원뿔
③ 반구 ④ 원기둥

09 연립방정식 $\begin{cases} 2x-y=5 \\ x+2y=5 \end{cases}$ 를 풀면?

① $x=3$, $y=1$
② $x=2$, $y=0$
③ $x=1$, $y=-3$
④ $x=-1$, $y=-7$

10 한 개의 주사위를 던질 때, 소수의 눈이 나올 확률은?

① $\dfrac{1}{6}$ ② $\dfrac{1}{5}$
③ $\dfrac{1}{3}$ ④ $\dfrac{1}{2}$

11 다음 일차함수에서 그래프의 기울기가 3이고, y절편이 -1인 것은?

① $y=x-3$
② $y=-x+3$
③ $y=3x-1$
④ $y=3x+1$

12 오른쪽 그림에서 $\angle x$의 크기는?

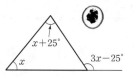

① $30°$ ② $40°$
③ $50°$ ④ $60°$

13 오른쪽 그림과 같은 $\triangle ABC$에서 $\overline{AM}=\overline{MB}$, $\overline{MN} /\!/ \overline{BC}$이고 $\overline{AC}=10\,cm$, $\overline{BC}=12\,cm$일 때, $x+y$의 값은?

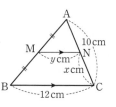

① 11 ② 12
③ 13 ④ 14

14 오른쪽 그림은 $\angle A=90°$인 직각삼각형 ABC의 각 변을 한 변으로 하는 세 정사각형을 그린 것이다. 두 정사각형의 넓이가 각각 $100\,cm^2$와 $64\,cm^2$일 때, $\overline{AC}$를 한 변으로 하는 정사각형의 넓이는?

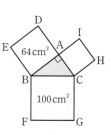

① $24\,cm^2$ ② $36\,cm^2$
③ $42\,cm^2$ ④ $50\,cm^2$

15
$3\sqrt{2}+6\sqrt{2}-\sqrt{2}$을 간단히 하면?

① $5\sqrt{2}$

② $6\sqrt{2}$

③ $8\sqrt{2}$

④ $10\sqrt{2}$

16
x^2+4x+3을 인수분해하면?

① $(x+1)(x+3)$

② $(x-1)(x+3)$

③ $(x+1)(x-3)$

④ $(x-1)(x-3)$

17
다음 자료의 중앙값과 최빈값의 합은?

1, 2, 3, 4, 4, 8, 5, 2, 4, 5, 6

① 7

② 8

③ 9

④ 11

18
다음 중 이차함수 $y=-2(x-3)^2+1$의 그래프가 될 수 있는 것은?

①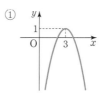

②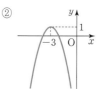

③

④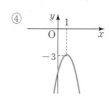

19
다음 그림과 같은 원 O에서 $\angle x$의 크기는?

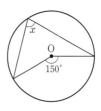

① $35°$

② $55°$

③ $65°$

④ $75°$

20
다음 산점도 중에서 음의 상관관계를 나타내는 것은 어느 것인가?

①

②

③

④

memo

memo

memo

memo

끝이 좋아야 시작이 빛난다.

– 마리아노 리베라(Mariano Rivera)

2025 중졸 검정고시 기본서 수학

발 행 일	2024년 7월 26일 초판
저 자	최주연
펴 낸 이	양형남
개 발	정상욱, 김민서, 최승철
펴 낸 곳	(주)에듀윌
등록번호	제25100-2002-000052호
주 소	08378 서울특별시 구로구 디지털로34길 55
	코오롱싸이언스밸리 2차 3층

www.eduwill.net

대표전화 1600-6700

여러분의 작은 소리
에듀윌은 크게 듣겠습니다.

본 교재에 대한 여러분의 목소리를 들려주세요.
공부하시면서 어려웠던 점, 궁금한 점,
칭찬하고 싶은 점, 개선할 점, 어떤 것이라도 좋습니다.

에듀윌은 여러분께서 나누어 주신 의견을
통해 끊임없이 발전하고 있습니다.

중졸 · 고졸 검정고시 답안지

문번	답 란	문번	답 란	문번	답 란
1	① ② ③ ④	11	① ② ③ ④	21	① ② ③ ④
2	① ② ③ ④	12	① ② ③ ④	22	① ② ③ ④
3	① ② ③ ④	13	① ② ③ ④	23	① ② ③ ④
4	① ② ③ ④	14	① ② ③ ④	24	① ② ③ ④
5	① ② ③ ④	15	① ② ③ ④	25	① ② ③ ④
6	① ② ③ ④	16	① ② ③ ④		
7	① ② ③ ④	17	① ② ③ ④		
8	① ② ③ ④	18	① ② ③ ④		
9	① ② ③ ④	19	① ② ③ ④		
10	① ② ③ ④	20	① ② ③ ④		

※ 수학 과목은 20문항임.

응시자 유의사항

1. 답안지는 지정된 필기도구(컴퓨터용 수성사인펜)만을 사용하여 아래 예시와 같이 표기해야 합니다.
   ("예시" ① 정답일 경우 : ● ② ③ ④)
2. 수험번호 (1)란에는 아라비아 숫자를 쓰고, (2)란은 해당 숫자란에 까맣게 표기(●)해야 합니다.
3. 응시회차, 학력구분 및 교시란에는 반드시 까맣게 표기(●)해야 하고, 과목명란에는 해당 응시과목명("예시" 국어)을 기재해야 합니다.
4. 답안지를 긁거나 구기면 안 되며 수정하거나 두개 이상 표기한 문항은 무효처리됩니다.

학력구분	
중졸	○
고졸	○

교시	표기란	과목 명
1	○	
2	○	
3	○	
4	○	
5	○	
6	○	
7	○	

※ 중졸 검정고시는 6과목임.

성 명 (한 글)						

수 험 번 호						
(1)						
(2)	⓪ ① ② ③ ④ ⑤ ⑥ ⑦ ⑧ ⑨	⓪ ① ② ③ ④ ⑤ ⑥ ⑦ ⑧ ⑨	⓪ ① ② ③ ④ ⑤ ⑥ ⑦ ⑧ ⑨	⓪ ① ② ③ ④ ⑤ ⑥ ⑦ ⑧ ⑨	⓪ ① ② ③ ④ ⑤ ⑥ ⑦ ⑧ ⑨	⓪ ① ② ③ ④ ⑤ ⑥ ⑦ ⑧ ⑨

※ 응시자는 표기하지 마시오.

결시자표기란
○

감독관확인란

※ 응시회차, 학력, 교시 확인 후 감독관 날인.

중졸 · 고졸 검정고시 답안지

문번	답 란
21	① ② ③ ④
22	① ② ③ ④
23	① ② ③ ④
24	① ② ③ ④
25	① ② ③ ④

문번	답 란
11	① ② ③ ④
12	① ② ③ ④
13	① ② ③ ④
14	① ② ③ ④
15	① ② ③ ④
16	① ② ③ ④
17	① ② ③ ④
18	① ② ③ ④
19	① ② ③ ④
20	① ② ③ ④

문번	답 란
1	① ② ③ ④
2	① ② ③ ④
3	① ② ③ ④
4	① ② ③ ④
5	① ② ③ ④
6	① ② ③ ④
7	① ② ③ ④
8	① ② ③ ④
9	① ② ③ ④
10	① ② ③ ④

※ 수학 과목은 20문항임.

응 시 자 유 의 사 항

1. 답안지는 지정된 필기도구(컴퓨터용 수성사인펜)만을 사용하여 아래 예시와 같이 표기해야 합니다.
("예시" ① 정답일 경우 : ● ② ③ ④)
2. 수험번호 (1)란에는 아라비아 숫자를 쓰고, (2)란은 해당 숫자란에 까맣게 표기(●)해야 합니다.
3. 응시회차, 학력구분 및 교시란에는 반드시 까맣게 표기(●)해야 하고, 과목명란에는 해당 응시과목명("예시" 국어)을 기재해야 합니다.
4. 답안지를 긁거나 구기면 안 되며 수정하거나 두개 이상 표기한 문항은 무효처리됩니다.

학력구분	
중졸	○
고졸	○

교시	표기란	과목명
1	○	
2	○	
3	○	
4	○	
5	○	
6	○	
7	○	

※ 중졸 검정고시는 6과목임.

성 명 (한 글)	

수 험 번 호

(1)

(2)

⓪	⓪	⓪	⓪	⓪	⓪
①	①	①	①	①	①
②	②	②	②	②	②
③	③	③	③	③	③
④	④	④	④	④	④
⑤	⑤	⑤	⑤	⑤	⑤
⑥	⑥	⑥	⑥	⑥	⑥
⑦	⑦	⑦	⑦	⑦	⑦
⑧	⑧	⑧	⑧	⑧	⑧
⑨	⑨	⑨	⑨	⑨	⑨

※ 응시자는 표기하지 마시오.

결시자표기란
○

감독관확인란

※ 응시회차, 학력, 교시 확인 후 감독관 날인.

중졸 · 고졸 검정고시 답안지

문번	답 란			
1	①	②	③	④
2	①	②	③	④
3	①	②	③	④
4	①	②	③	④
5	①	②	③	④
6	①	②	③	④
7	①	②	③	④
8	①	②	③	④
9	①	②	③	④
10	①	②	③	④

문번	답 란			
11	①	②	③	④
12	①	②	③	④
13	①	②	③	④
14	①	②	③	④
15	①	②	③	④
16	①	②	③	④
17	①	②	③	④
18	①	②	③	④
19	①	②	③	④
20	①	②	③	④

문번	답 란			
21	①	②	③	④
22	①	②	③	④
23	①	②	③	④
24	①	②	③	④
25	①	②	③	④

※ 수학 과목은 20문항임.

응시자 유의사항

1. 답안지는 지정된 필기도구(컴퓨터용 수성사인펜)만을 사용하여 아래 예시와 같이 표기해야 합니다.
   ("예시" ① 정답일 경우 : ● ② ③ ④)
2. 수험번호 (1)란에는 아라비아 숫자를 쓰고, (2)란은 해당 숫자란에 까맣게 표기(●)해야 합니다.
3. 응시회차, 학력구분 및 교시란에는 반드시 까맣게 표기(●)해야 하고, 과목명란에는 해당 응시과목("예시" 국어)을 기재해야 합니다.
4. 답안지를 긁거나 구기면 안 되며 수정하거나 두 개 이상 표기한 문항은 무효처리됩니다.

학력구분	
중졸	○
고졸	○

교시	표기란	과목명
1	○	
2	○	
3	○	
4	○	
5	○	
6	○	
7	○	

※ 중졸 검정고시는 6과목임.

성 명 (한 글)	

수 험 번 호						
(1)						
(2)	⓪ ① ② ③ ④ ⑤ ⑥ ⑦ ⑧ ⑨	⓪ ① ② ③ ④ ⑤ ⑥ ⑦ ⑧ ⑨	⓪ ① ② ③ ④ ⑤ ⑥ ⑦ ⑧ ⑨	⓪ ① ② ③ ④ ⑤ ⑥ ⑦ ⑧ ⑨	⓪ ① ② ③ ④ ⑤ ⑥ ⑦ ⑧ ⑨	⓪ ① ② ③ ④ ⑤ ⑥ ⑦ ⑧ ⑨

※ 응시자는 표기하지 마시오.

결시자표기란
○

감독관확인란

※ 응시회차, 학력, 교시 확인한 후 감독관 날인

이제 국비무료 교육도
에듀윌

수강생을 반겨주는 에듀윌의 환한 복도 (구로)

언제나 전문 학습 매니저와 상담이 가능한 안내데스크 (부평)

고품질 영상 및 음향 장비를 갖춘 최고의 강의실 (구로)

재충전을 위한 카페 분위기의 아늑한 휴게실 (부평)

다용도로 활용이 가능한 휴게실 (성남)

전기/소방/건축/쇼핑몰/회계/컴활 자격증 취득
국민내일배움카드제

에듀윌 국비교육원 대표전화

서울 구로	02)6482-0600	구로디지털단지역 2번 출구	
경기 성남	031)604-0600	모란역 5번 출구	

인천 부평	032)262-0600	부평역 5번 출구	
인천 부평2관	032)263-2900	부평역 5번 출구	

국비교육원
바로가기

2025 최신판

에듀윌
중졸 검정고시
기본서 수학

정답과 해설

eduwill

2025 최신판

에듀윌
중졸 검정고시
기본서 수학

2025 최신판

에듀윌
중졸 검정고시
기본서 수학

정답과 해설

술술 유형 다지기

01 수와 연산

1. 자연수의 성질　　　　　　　　　　　14쪽

01	(1) 소수 (2) 합성수 (3) 합성수 (4) 소수 (5) 소수 (6) 합성수
02	(1) × (2) × (3) ○ (4) × (5) ×
03	(1) 3^4　　　　　　　　(2) $5^2 \times 7^3$ (3) $2^2 \times 3^2 \times 5$　　　(4) $\left(\dfrac{1}{2}\right)^3$
04	(1) 2^5　　　　　　　　(2) $3^3 \times 7^3$ (3) $2 \times 5^3 \times 7$　　　(4) $\left(\dfrac{1}{4}\right)^2 \times \left(\dfrac{1}{5}\right)^3$
05	(1) 2, 2 / $2^2 \times 13$ / 2, 13 (2) 2, 5, 25 / $2 \times 3 \times 5^2$ / 2, 3, 5 (3) 2, 6, 3 / $2^3 \times 3$ / 2, 3 (4) 70, 35, 5 / $2^2 \times 5 \times 7$ / 2, 5, 7
06	(1) (위에서부터) 1, 3, 5, 15, 25, 75 / 1, 3, 5, 15, 25, 75 (2) (위에서부터) 1, 2, 4, 3, 6, 12, 9, 18, 36 / 　　　1, 2, 3, 4, 6, 9, 12, 18, 36
07	(1) 6 (2) 8 (3) 12 (4) 5 (5) 9 (6) 16
08	(1) 2×3^2 (2) $2^2 \times 3$
09	(1) 4 (2) 20
10	②
11	(1) $2^3 \times 3^2$　　　　　　(2) $3^2 \times 5^3 \times 7$
12	(1) 36 (2) 90
13	①

01

| 정답 | (1) 소수 (2) 합성수 (3) 합성수
(4) 소수 (5) 소수 (6) 합성수
| 풀이 | (1) 5의 약수는 1, 5이므로 소수이다.
(2) 12의 약수는 1, 2, 3, 4, 6, 12의 6개이므로 합성수이다.
(3) 21의 약수는 1, 3, 7, 21의 4개이므로 합성수이다.
(4) 29의 약수는 1, 29의 2개이므로 소수이다.
(5) 37의 약수는 1, 37의 2개이므로 소수이다.
(6) 51의 약수는 1, 3, 17, 51의 4개이므로 합성수이다.

02

| 정답 | (1) × (2) × (3) ○ (4) × (5) ×
| 풀이 | (1) 9는 홀수이지만 합성수이다.
(2) 한 자리의 자연수 중 합성수는 4, 6, 8, 9의 4개이다.
(4) 가장 작은 합성수는 4이다.
(5) $2 \times 3 = 6$과 같이 두 소수의 곱은 짝수일 수도 있다.

07

| 정답 | (1) 6 (2) 8 (3) 12 (4) 5 (5) 9 (6) 16
| 풀이 | (1) $(2+1) \times (1+1) = 6$
(2) $(1+1) \times (3+1) = 8$
(3) $(2+1) \times (3+1) = 12$
(4) $81 = 3^4$이므로 약수의 개수는 $4+1 = 5$
(5) $100 = 2^2 \times 5^2$이므로 약수의 개수는
　　$(2+1) \times (2+1) = 9$
(6) $216 = 2^3 \times 3^3$이므로 약수의 개수는
　　$(3+1) \times (3+1) = 16$

09

| 정답 | (1) 4 (2) 20
| 풀이 |

(1)
```
2) 12  20
2)  6  10
    3   5
```
∴ $2 \times 2 = 4$

(2)
```
2) 40  60
2) 20  30
5) 10  15
    2   3
```
∴ $2 \times 2 \times 5 = 20$

10

| 정답 | ②

| 풀이 |

$$2^3 \times 3^2 \times 5$$
$$2^2 \times 3^3 \times 5$$
$$2^3 \times 3^4 \times 5^2$$

$$(\text{최대공약수}) = 2^2 \times 3^2 \times 5$$

12

| 정답 | (1) 36 (2) 90

| 풀이 |

(1)
$$\begin{array}{r} 2\,)\,\underline{12\quad 18} \\ 3\,)\,\underline{6\quad9} \\ 2\quad3 \end{array}$$
$$\therefore 2 \times 3 \times 2 \times 3 = 36$$

(2)
$$\begin{array}{r} 3\,)\,\underline{30\quad 45} \\ 5\,)\,\underline{10\quad 15} \\ 2\quad3 \end{array}$$
$$\therefore 3 \times 5 \times 2 \times 3 = 90$$

13

| 정답 | ①

| 풀이 |

$$2^2 \times 3 \times 5 \times 7$$
$$2 \times 3^2 \times 5 \times 11$$
$$2 \times 3^2 \times \times 7^2 \times 11$$

$$(\text{최소공배수}) = 2^2 \times 3^2 \times 5 \times 7^2 \times 11$$

01	(1) $-7\,℃$ (2) -600 m
02	(1) $+3,\ \dfrac{10}{5}$ (2) $+3,\ 0,\ -5,\ \dfrac{10}{5}$ (3) $-2.1,\ -5,\ -\dfrac{11}{3}$ (4) $-2.1,\ \dfrac{1}{7},\ -\dfrac{11}{3}$
03	(1) $+6,\ -6$ (2) 6 (3) 6 (4) $+6,\ -6$
04	(1) $<$ (2) $>$ (3) $>$ (4) $<$
05	(1) $+10$ (2) -15 (3) $-\dfrac{5}{21}$ (4) $+0.7$
06	(1) $+23$ (2) -16 (3) $+\dfrac{2}{15}$ (4) -2
07	(1) $+9$ (2) -6
08	(1) $+28$ (2) $+39$ (3) -30 (4) $+3$
09	(1) $+700$ (2) $+72$ (3) -120 (4) $+3$
10	(1) $+16$ (2) -16 (3) $-\dfrac{1}{27}$ (4) $+\dfrac{1}{81}$ (5) $+27$ (6) $+1$
11	(1) -900 (2) 1 (3) 25
12	(1) $+4$ (2) -7 (3) -5 (4) 0
13	(1) -6 (2) $\dfrac{2}{11}$ (3) $-\dfrac{10}{7}$
14	(1) -4 (2) -3
15	(1) $\dfrac{1}{6}$ (2) -2 (3) $-\dfrac{1}{8}$ (4) -3
16	(1) 8 (2) 1 (3) 7 (4) 4

02

| 정답 | (1) $+3,\ \dfrac{10}{5}$ (2) $+3,\ 0,\ -5,\ \dfrac{10}{5}$

(3) $-2.1,\ -5,\ -\dfrac{11}{3}$ (4) $-2.1,\ \dfrac{1}{7},\ -\dfrac{11}{3}$

| 풀이 | (1) $\dfrac{10}{5} = 2$이므로 양의 정수이다.

04

| 정답 | (1) $<$ (2) $>$ (3) $>$ (4) $<$

| 풀이 | (4) $-0.5 = -\dfrac{1}{2} = -\dfrac{2}{4}$이므로 $-0.5 < -\dfrac{1}{4}$

06

| 정답 | (1) $+23$ (2) -16 (3) $+\dfrac{2}{15}$ (4) -2

| 풀이 | (1) (주어진 식) $=(+15)+(+8)$
$$=+(15+8)=+23$$
(2) (주어진 식) $=(-9)+(-7)$
$$=-(9+7)=-16$$
(3) (주어진 식) $=\left(+\dfrac{5}{15}\right)+\left(-\dfrac{3}{15}\right)$
$$=+\left(\dfrac{5}{15}-\dfrac{3}{15}\right)=+\dfrac{2}{15}$$
(4) (주어진 식) $=(-3.9)+(+1.9)$
$$=-(3.9-1.9)=-2$$

07

| 정답 | (1) $+9$ (2) -6

| 풀이 | (1) (주어진 식) $=(+5)+(+7)+(-3)$
$$=\{(+5)+(+7)\}+(-3)$$
$$=(+12)+(-3)=+9$$
(2) (주어진 식) $=(-7)+(-3)+(+4)$
$$=\{(-7)+(-3)\}+(+4)$$
$$=(-10)+(+4)=-6$$

08

| 정답 | (1) $+28$ (2) $+39$ (3) -30 (4) $+3$

| 풀이 | (1) (주어진 식) $=+(4\times7)=+28$
(2) (주어진 식) $=+(13\times3)=+39$
(3) (주어진 식) $=-(3\times10)=-30$
(4) (주어진 식) $=+\left(\dfrac{5}{2}\times\dfrac{6}{5}\right)=+3$

09

| 정답 | (1) $+700$ (2) $+72$ (3) -120 (4) $+3$

| 풀이 | (1) (주어진 식) $=(-7)\times(+5)\times(-20)$
$$=(-7)\times\{(+5)\times(-20)\}$$
$$=(-7)\times(-100)=+700$$
(2) (주어진 식) $=+(4\times3\times6)=+72$
(3) (주어진 식) $=-(8\times5\times3)=-120$
(4) (주어진 식) $=+\left(\dfrac{12}{5}\times\dfrac{7}{2}\times\dfrac{5}{14}\right)=+3$

10

| 정답 | (1) $+16$ (2) -16 (3) $-\dfrac{1}{27}$

(4) $+\dfrac{1}{81}$ (5) $+27$ (6) $+1$

| 풀이 | (5) $-(-3)^3=-(-27)=+27$
(6) $-(-1)^5=-(-1)=+1$

11

| 정답 | (1) -900 (2) 1 (3) 25

| 풀이 | (1) (주어진 식) $=9\times\{(-82)+(-18)\}$
$$=9\times(-100)=-900$$
(2) (주어진 식) $=(-12)\times\dfrac{2}{3}+(-12)\times\left(-\dfrac{3}{4}\right)$
$$=(-8)+(+9)=1$$
(3) (주어진 식) $=\left\{\left(-\dfrac{1}{4}\right)+\dfrac{5}{4}\right\}\times25=1\times25=25$

12

| 정답 | (1) $+4$ (2) -7 (3) -5 (4) 0

| 풀이 | (1) (주어진 식) $=+(16\div4)=+4$
(2) (주어진 식) $=-(56\div8)=-7$
(3) (주어진 식) $=-(60\div12)=-5$

13

| 정답 | (1) -6 (2) $\dfrac{2}{11}$ (3) $-\dfrac{10}{7}$

| 풀이 | (1) $-\dfrac{1}{6}$의 역수는 $-\dfrac{6}{1}=-6$
(2) $5\dfrac{1}{2}=\dfrac{11}{2}$의 역수는 $\dfrac{2}{11}$
(3) $-0.7=-\dfrac{7}{10}$의 역수는 $-\dfrac{10}{7}$

14

|정답| (1) -4 (2) -3

|풀이| (1) (주어진 식)$=(+14)\times\left(-\dfrac{2}{7}\right)=-4$

(2) (주어진 식)$=\left(-\dfrac{6}{5}\right)\div\left(+\dfrac{2}{5}\right)$

$=\left(-\dfrac{6}{5}\right)\times\left(+\dfrac{5}{2}\right)=-3$

15

|정답| (1) $\dfrac{1}{6}$ (2) -2 (3) $-\dfrac{1}{8}$ (4) -3

|풀이| (1) (주어진 식)$=(-2)\times\dfrac{1}{3}\times\left(-\dfrac{1}{4}\right)$

$=+\left(2\times\dfrac{1}{3}\times\dfrac{1}{4}\right)=\dfrac{1}{6}$

(2) (주어진 식)$=\left(+\dfrac{4}{5}\right)\times\left(-\dfrac{15}{4}\right)\times\left(+\dfrac{2}{3}\right)$

$=-\left(\dfrac{4}{5}\times\dfrac{15}{4}\times\dfrac{2}{3}\right)=-2$

(3) (주어진 식)$=\left(+\dfrac{3}{4}\right)\times\left(+\dfrac{1}{15}\right)\times\left(-\dfrac{5}{2}\right)$

$=-\left(\dfrac{3}{4}\times\dfrac{1}{15}\times\dfrac{5}{2}\right)=-\dfrac{1}{8}$

(4) (주어진 식)$=\left(-\dfrac{1}{2}\right)\times(-10)\times\left(-\dfrac{3}{5}\right)$

$=-\left(\dfrac{1}{2}\times10\times\dfrac{3}{5}\right)=-3$

16

|정답| (1) 8 (2) 1 (3) 7 (4) 4

|풀이| (1) (주어진 식)$=3+4\times\dfrac{5}{4}=3+5=8$

(2) (주어진 식)$=\dfrac{6}{5}-\left(-\dfrac{1}{8}\right)\times\left(-\dfrac{8}{5}\right)$

$=\dfrac{6}{5}-\dfrac{1}{5}=1$

(3) (주어진 식)$=4\times\left(\dfrac{5}{8}-\dfrac{1}{8}\right)+5$

$=4\times\dfrac{1}{2}+5$

$=2+5=7$

(4) (주어진 식)$=10-8\div\left\{\left(-\dfrac{8}{27}\right)\times\left(-\dfrac{9}{2}\right)\right\}$

$=10-8\div\dfrac{4}{3}$

$=10-8\times\dfrac{3}{4}$

$=10-6=4$

01	(1) 0.6, 유한소수	(2) 0.333⋯, 무한소수
	(3) 1.75, 유한소수	(4) 1.111⋯, 무한소수
02	(1) 유 (2) 유 (3) 유 (4) 무	
03	(1) 2, 0.$\dot{2}$ (2) 32, 1.$\dot{3}\dot{2}$ (3) 14, 0.3$\dot{1}\dot{4}$	
04	(1) 10, 9, 8, $\dfrac{8}{9}$ (2) 100, 99, $\dfrac{202}{99}$	

02

|정답| (1) 유 (2) 유 (3) 유 (4) 무

|풀이| (1) $\dfrac{5}{2\times5^2}=\dfrac{1}{2\times5}$로 분모의 소인수가 2 또는 5뿐이므로 유한소수로 나타낼 수 있다.

(2) $\dfrac{18}{2^2\times3\times5}=\dfrac{3}{2\times5}$으로 분모의 소인수가 2 또는 5뿐이므로 유한소수로 나타낼 수 있다.

(3) $\dfrac{7}{16}=\dfrac{7}{2^4}$로 분모의 소인수가 2뿐이므로 유한소수로 나타낼 수 있다.

(4) $\dfrac{6}{84}=\dfrac{1}{14}=\dfrac{1}{2\times7}$로 분모의 소인수 중에 2 또는 5 이외의 7이 있으므로 무한소수로 나타낼 수 있다.

01 (1) ± 1 (2) ± 8 (3) $\pm \dfrac{2}{5}$ (4) ± 0.6

02 (1) $\pm\sqrt{5}$ (2) $\pm\sqrt{23}$ (3) $\pm\sqrt{\dfrac{1}{2}}$ (4) $\pm\sqrt{0.8}$

03 (1) 2 (2) -5 (3) 0.3 (4) $-\dfrac{7}{10}$

04 (1) 8 (2) $-\dfrac{1}{6}$ (3) $\dfrac{3}{4}$ (4) 3.4

    (5) 100 (6) $\dfrac{2}{5}$ (7) -0.3 (8) $-\dfrac{2}{3}$

05 (1) $2x$, $-2x$ (2) $3x$, $-3x$

06 (1) x (2) $-4x$ (3) $x+2$ (4) $-x-2$

07 (1) $<$ (2) $>$ (3) $<$ (4) $<$ (5) $<$ (6) $>$

08 (1) 무 (2) 유 (3) 유 (4) 무 (5) 유 (6) 유

09 $\sqrt{3}$, π

10 ④

11 (1) $\sqrt{2}$ (2) $1+\sqrt{2}$ (3) $1-\sqrt{2}$

12 (1) $\sqrt{5}$ (2) $-2+\sqrt{5}$ (3) $-2-\sqrt{5}$

13 (1) × (2) × (3) ○ (4) ○ (5) ○ (6) ○

14 (1) $>$ (2) $<$ (3) $>$ (4) $<$

01

| 정답 | (1) ± 1 (2) ± 8 (3) $\pm \dfrac{2}{5}$ (4) ± 0.6

| 풀이 | (3) $\left(\dfrac{2}{5}\right)^2=\left(-\dfrac{2}{5}\right)^2=\dfrac{4}{25}$ ➡ $\dfrac{4}{25}$의 제곱근: $\pm\dfrac{2}{5}$

(4) $0.6^2=(-0.6)^2=0.36$ ➡ 0.36의 제곱근: ± 0.6

03

| 정답 | (1) 2 (2) -5 (3) 0.3 (4) $-\dfrac{7}{10}$

| 풀이 | (1) $\sqrt{4}$는 4의 양의 제곱근이므로 2

(2) $-\sqrt{25}$는 25의 음의 제곱근이므로 -5

(3) $\sqrt{0.09}$는 0.09의 양의 제곱근이므로 0.3

(4) $-\sqrt{\dfrac{49}{100}}$는 $\dfrac{49}{100}$의 음의 제곱근이므로 $-\dfrac{7}{10}$

06

| 정답 | (1) x (2) $-4x$ (3) $x+2$ (4) $-x-2$

| 풀이 | (1) $x>0$이면 $-x<0$이므로 $\sqrt{(-x)^2}=-(-x)=x$

(2) $x<0$이면 $4x<0$이므로 $\sqrt{(4x)^2}=-4x$

(3) $x>-2$이면 $x+2>0$이므로 $\sqrt{(x+2)^2}=x+2$

(4) $x<-2$이면 $x+2<0$이므로
$$\sqrt{(x+2)^2}=-(x+2)=-x-2$$

07

| 정답 | (1) $<$ (2) $>$ (3) $<$ (4) $<$ (5) $<$ (6) $>$

| 풀이 | (1) $3<5$이므로 $\sqrt{3}<\sqrt{5}$

(2) $5<7$이므로 $\sqrt{5}<\sqrt{7}$ $\therefore -\sqrt{5}>-\sqrt{7}$

(3) $4=\sqrt{16}$이고 $\sqrt{15}<\sqrt{16}$이므로 $\sqrt{15}<4$

(4) $\dfrac{1}{2}=\sqrt{\dfrac{1}{4}}$이고 $\sqrt{\dfrac{1}{4}}<\sqrt{\dfrac{1}{3}}$이므로 $\dfrac{1}{2}<\sqrt{\dfrac{1}{3}}$

(5) $2<3$이므로 $\sqrt{2}<\sqrt{3}$

(6) $9<11$이므로 $\sqrt{9}<\sqrt{11}$ $\therefore -\sqrt{9}>-\sqrt{11}$

09

| 정답 | $\sqrt{3}$, π

| 풀이 | $\sqrt{4}=2$, $0=\dfrac{0}{1}$, $0.\dot{6}=\dfrac{6}{9}=\dfrac{2}{3}$, $-\sqrt{\dfrac{25}{4}}=-\dfrac{5}{2}$이므로 유리수이다.

따라서 무리수는 $\sqrt{3}$, π이다.

10

| 정답 | ④

| 풀이 | ① $\sqrt{0.16}=\sqrt{(0.4)^2}=0.4$

② $\sqrt{\dfrac{25}{9}}=\sqrt{\left(\dfrac{5}{3}\right)^2}=\dfrac{5}{3}$

③ $-\dfrac{2}{\sqrt{9}}=-\dfrac{2}{3}$

11

| 정답 | (1) $\sqrt{2}$ (2) $1+\sqrt{2}$ (3) $1-\sqrt{2}$

| 풀이 | (1) $\overline{AP}^2=1^2+1^2=2$

$\therefore \overline{AP}=\sqrt{2}\,(\because \overline{AP}>0)$

(2) $\overline{AB}=\overline{AP}=\sqrt{2}$이므로 $B(1+\sqrt{2}\,)$

(3) $\overline{AC}=\overline{AP}=\sqrt{2}$이므로 $C(1-\sqrt{2}\,)$

12

| 정답 | (1) $\sqrt{5}$ (2) $-2+\sqrt{5}$ (3) $-2-\sqrt{5}$

| 풀이 | (1) $\overline{AP}^2=2^2+1^2=5$

$\therefore \overline{AP}=\sqrt{5}\,(\because \overline{AP}>0)$

(2) $\overline{AB}=\overline{AP}=\sqrt{5}$이므로 $B(-2+\sqrt{5}\,)$

(3) $\overline{AC}=\overline{AP}=\sqrt{5}$이므로 $C(-2-\sqrt{5}\,)$

13

| 정답 | (1) × (2) × (3) ○ (4) ○ (5) ○ (6) ○

| 풀이 | (1) 1과 2 사이에는 무수히 많은 유리수와 무리수가 있다.

(2) 수직선을 완전히 메우려면 유리수 뿐 아니라 무리수도 있어야 한다.

14

| 정답 | (1) > (2) < (3) > (4) <

| 풀이 | (1) 양변에서 1을 빼면 $\sqrt{2}>1$ $\therefore 1+\sqrt{2}>2$

(2) 양변에서 3을 빼면 $-2<-\sqrt{2}$ $\therefore 1<3-\sqrt{2}$

(3) 양변에 1을 더하면 $3>\sqrt{5}$ $\therefore 2>\sqrt{5}-1$

(4) 양변에서 1을 빼면 $\sqrt{3}<2$ $\therefore 1+\sqrt{3}<3$

| 다른풀이 |

(1) $\sqrt{2}=1.\times\times\times$이므로 $1+\sqrt{2}=2.\times\times\times$ $\therefore 1+\sqrt{2}>2$

(2) $\sqrt{2}=1.\times\times\times$이므로 $3-\sqrt{2}=1.\times\times\times$ $\therefore 1<3-\sqrt{2}$

(3) $\sqrt{5}=2.\times\times\times$이므로 $\sqrt{5}-1=1.\times\times\times$ $\therefore 2>\sqrt{5}-1$

(4) $\sqrt{3}=1.\times\times\times$이므로 $1+\sqrt{3}=2.\times\times\times$ $\therefore 1+\sqrt{3}<3$

01	(1) $\sqrt{21}$ (2) $-\sqrt{22}$ (3) $3\sqrt{6}$ (4) $-8\sqrt{6}$
02	(1) $3\sqrt{6}$ (2) $2\sqrt{7}$ (3) $2\sqrt{2}$ (4) $7\sqrt{2}$
03	(1) $\sqrt{32}$ (2) $-\sqrt{45}$ (3) $\sqrt{40}$ (4) $\sqrt{75}$
04	(1) $\sqrt{5}$ (2) $-\sqrt{2}$ (3) $2\sqrt{2}$ (4) $-2\sqrt{5}$
05	(1) $\dfrac{\sqrt{2}}{3}$ (2) $\dfrac{\sqrt{5}}{10}$ (3) $\dfrac{\sqrt{3}}{7}$ (4) $-\dfrac{\sqrt{3}}{5}$
06	(1) $\sqrt{\dfrac{5}{4}}$ (2) $\sqrt{\dfrac{12}{25}}$ (3) $-\sqrt{\dfrac{2}{3}}$ (4) $-\sqrt{\dfrac{75}{16}}$
07	(1) $\dfrac{\sqrt{2}}{2}$ (2) $\dfrac{\sqrt{15}}{5}$ (3) $\dfrac{\sqrt{6}}{6}$ (4) $\dfrac{3\sqrt{5}}{5}$
08	(1) $3\sqrt{5}$ (2) $5\sqrt{6}$ (3) $9\sqrt{2}+\sqrt{3}$ (4) $-\sqrt{2}-2\sqrt{3}$
09	(1) $\sqrt{6}-\sqrt{5}$ (2) $-3\sqrt{2}+5\sqrt{3}$

03

| 정답 | (1) $\sqrt{32}$ (2) $-\sqrt{45}$ (3) $\sqrt{40}$ (4) $\sqrt{75}$

| 풀이 | (1) $4\sqrt{2}=\sqrt{4^2\times2}=\sqrt{32}$

(2) $-3\sqrt{5}=-\sqrt{3^2\times5}=-\sqrt{45}$

(3) $2\sqrt{10}=\sqrt{2^2\times10}=\sqrt{40}$

(4) $5\sqrt{3}=\sqrt{5^2\times3}=\sqrt{75}$

04

| 정답 | (1) $\sqrt{5}$ (2) $-\sqrt{2}$ (3) $2\sqrt{2}$ (4) $-2\sqrt{5}$

| 풀이 | (3) $4\sqrt{6}\div2\sqrt{3}=\dfrac{4\sqrt{6}}{2\sqrt{3}}=2\sqrt{\dfrac{6}{3}}=2\sqrt{2}$

(4) $2\sqrt{15}\div(-\sqrt{3})=\dfrac{2\sqrt{15}}{-\sqrt{3}}=-2\sqrt{\dfrac{15}{3}}=-2\sqrt{5}$

05

| 정답 | (1) $\dfrac{\sqrt{2}}{3}$ (2) $\dfrac{\sqrt{5}}{10}$ (3) $\dfrac{\sqrt{3}}{7}$ (4) $-\dfrac{\sqrt{3}}{5}$

| 풀이 | (1) $\sqrt{\dfrac{2}{9}}=\sqrt{\dfrac{2}{3^2}}=\dfrac{\sqrt{2}}{3}$

(2) $\sqrt{0.05}=\sqrt{\dfrac{5}{100}}=\sqrt{\dfrac{5}{10^2}}=\dfrac{\sqrt{5}}{10}$

(3) $\sqrt{\dfrac{6}{98}}=\sqrt{\dfrac{3}{49}}=\sqrt{\dfrac{3}{7^2}}=\dfrac{\sqrt{3}}{7}$

(4) $-\sqrt{0.12}=-\sqrt{\dfrac{12}{100}}=-\sqrt{\dfrac{3}{25}}=-\sqrt{\dfrac{3}{5^2}}=-\dfrac{\sqrt{3}}{5}$

06

| 정답 | (1) $\sqrt{\dfrac{5}{4}}$ (2) $\sqrt{\dfrac{12}{25}}$ (3) $-\sqrt{\dfrac{2}{3}}$ (4) $-\sqrt{\dfrac{75}{16}}$

| 풀이 | (1) $\dfrac{\sqrt{5}}{2}=\sqrt{\dfrac{5}{2^2}}=\sqrt{\dfrac{5}{4}}$

(2) $\dfrac{2\sqrt{3}}{5}=\sqrt{\dfrac{2^2\times3}{5^2}}=\sqrt{\dfrac{12}{25}}$

(3) $-\dfrac{\sqrt{6}}{3}=-\sqrt{\dfrac{6}{3^2}}=-\sqrt{\dfrac{6}{9}}=-\sqrt{\dfrac{2}{3}}$

(4) $-\dfrac{5\sqrt{3}}{4}=-\sqrt{\dfrac{5^2\times3}{4^2}}=-\sqrt{\dfrac{75}{16}}$

07

| 정답 | (1) $\dfrac{\sqrt{2}}{2}$ (2) $\dfrac{\sqrt{15}}{5}$ (3) $\dfrac{\sqrt{6}}{6}$ (4) $\dfrac{3\sqrt{5}}{5}$

| 풀이 | (1) $\dfrac{1}{\sqrt{2}}=\dfrac{1\times\sqrt{2}}{\sqrt{2}\times\sqrt{2}}=\dfrac{\sqrt{2}}{2}$

(2) $\dfrac{\sqrt{3}}{\sqrt{5}}=\dfrac{\sqrt{3}\times\sqrt{5}}{\sqrt{5}\times\sqrt{5}}=\dfrac{\sqrt{15}}{5}$

(3) $\dfrac{\sqrt{2}}{2\sqrt{3}}=\dfrac{\sqrt{2}\times\sqrt{3}}{2\sqrt{3}\times\sqrt{3}}=\dfrac{\sqrt{6}}{6}$

(4) $\dfrac{6}{\sqrt{20}}=\dfrac{6}{2\sqrt{5}}=\dfrac{3}{\sqrt{5}}=\dfrac{3\times\sqrt{5}}{\sqrt{5}\times\sqrt{5}}=\dfrac{3\sqrt{5}}{5}$

08

| 정답 | (1) $3\sqrt{5}$ (2) $5\sqrt{6}$
(3) $9\sqrt{2}+\sqrt{3}$ (4) $-\sqrt{2}-2\sqrt{3}$
| 풀이 | (3) $2\sqrt{3}+4\sqrt{2}-\sqrt{3}+5\sqrt{2}=(4+5)\sqrt{2}+(2-1)\sqrt{3}$
$=9\sqrt{2}+\sqrt{3}$
(4) $\sqrt{8}+\sqrt{12}-\sqrt{18}-4\sqrt{3}=2\sqrt{2}+2\sqrt{3}-3\sqrt{2}-4\sqrt{3}$
$=(2-3)\sqrt{2}+(2-4)\sqrt{3}$
$=-\sqrt{2}-2\sqrt{3}$

09

| 정답 | (1) $\sqrt{6}-\sqrt{5}$ (2) $-3\sqrt{2}+5\sqrt{3}$
| 풀이 | (1) (주어진 식)$=\sqrt{6}+\sqrt{20}-\sqrt{45}$
$=\sqrt{6}+2\sqrt{5}-3\sqrt{5}=\sqrt{6}-\sqrt{5}$
(2) (주어진 식)$=\dfrac{\sqrt{6}}{\sqrt{2}}+\dfrac{\sqrt{6}}{\sqrt{3}}+2\sqrt{12}-2\sqrt{8}$
$=\sqrt{3}+\sqrt{2}+4\sqrt{3}-4\sqrt{2}$
$=-3\sqrt{2}+5\sqrt{3}$

02 문자와 식

<table>
<tr><td colspan="2">1. 문자와 식</td><td style="text-align:right">48쪽</td></tr>
<tr><td>01</td><td colspan="2">(1) $(x\times3)$원 (2) $(x\div4)$L</td></tr>
<tr><td>02</td><td colspan="2">(1) $5xy$ (2) $-xy$ (3) $-\dfrac{2}{3}x$ (4) $\dfrac{x+y}{2}$</td></tr>
<tr><td>03</td><td colspan="2">(1) -8 (2) 2 (3) 2 (4) -4</td></tr>
<tr><td>04</td><td colspan="2">(1) 10 (2) 3 (3) 8 (4) -2</td></tr>
<tr><td>05</td><td colspan="2">(1) $-x^2$, $6y$, -2 (2) -2 (3) -1 (4) 6</td></tr>
<tr><td>06</td><td colspan="2">(1) ○ (2) × (3) ○ (4) ×</td></tr>
<tr><td>07</td><td colspan="2">(1) $8x$ (2) $-15x$ (3) $-3x$ (4) $12x$
(5) $-14x$ (6) $2x$ (7) $-4x$ (8) $16x$</td></tr>
<tr><td>08</td><td colspan="2">(1) $6x+3$ (2) $5x-10$ (3) $2x-5$ (4) $2x+3$
(5) $-3x+4$ (6) $15x-6$ (7) $-4x+5$ (8) $-2x+6$</td></tr>
<tr><td>09</td><td colspan="2">(1) × (2) ○ (3) ○</td></tr>
<tr><td>10</td><td colspan="2">(1) $4x-1$ (2) $-2x-10$</td></tr>
<tr><td>11</td><td colspan="2">(1) $\dfrac{11x-7}{6}$ (2) $\dfrac{3}{4}x+\dfrac{1}{12}$</td></tr>
</table>

02

| 정답 | (1) $5xy$ (2) $-xy$ (3) $-\dfrac{2}{3}x$ (4) $\dfrac{x+y}{2}$

| 풀이 | (3) $(-x)\div\dfrac{3}{2}=(-x)\times\dfrac{2}{3}=-\dfrac{2}{3}x$

(4) $(x+y)\div2=(x+y)\times\dfrac{1}{2}=\dfrac{x+y}{2}$

03

| 정답 | (1) -8 (2) 2 (3) 2 (4) -4
| 풀이 | (1) $4x=4\times(-2)=-8$
(2) $-x=-(-2)=2$
(3) $6-x^2=6-(-2)^2=6-4=2$
(4) $\dfrac{8}{x}=\dfrac{8}{-2}=-4$

04

| 정답 | (1) 10 (2) 3 (3) 8 (4) -2
| 풀이 | (1) $3x-y=3\times2-(-4)=6+4=10$
(2) $2x+\dfrac{1}{4}y=2\times2+\dfrac{1}{4}\times(-4)=4-1=3$

(3) $xy+y^2=2\times(-4)+(-4)^2=-8+16=8$

(4) $\dfrac{y}{x}=\dfrac{-4}{2}=-2$

07

| 정답 | (1) $8x$ (2) $-15x$ (3) $-3x$ (4) $12x$

(5) $-14x$ (6) $2x$ (7) $-4x$ (8) $16x$

| 풀이 | (3) $9x\div(-3)=9x\times\left(-\dfrac{1}{3}\right)=-3x$

(4) $(-8x)\div\left(-\dfrac{2}{3}\right)=(-8x)\times\left(-\dfrac{3}{2}\right)=12x$

(7) $28x\div(-7)=28x\times\left(-\dfrac{1}{7}\right)=-4x$

(8) $(-12x)\div\left(-\dfrac{3}{4}\right)=(-12x)\times\left(-\dfrac{4}{3}\right)=16x$

08

| 정답 | (1) $6x+3$ (2) $5x-10$ (3) $2x-5$ (4) $2x+3$

(5) $-3x+4$ (6) $15x-6$ (7) $-4x+5$ (8) $-2x+6$

| 풀이 | (4) $(14x+21)\div7=(14x+21)\times\dfrac{1}{7}=2x+3$

(5) $(6x-8)\div(-2)=(6x-8)\times\left(-\dfrac{1}{2}\right)=-3x+4$

(6) $(5x-2)\div\dfrac{1}{3}=(5x-2)\times3=15x-6$

10

| 정답 | (1) $4x-1$ (2) $-2x-10$

| 풀이 | (1) $(x-7)+3(x+2)=x-7+3x+6=4x-1$

(2) $\dfrac{1}{2}(2x+4)-3(x+4)=x+2-3x-12=-2x-10$

11

| 정답 | (1) $\dfrac{11x-7}{6}$ (2) $\dfrac{3}{4}x+\dfrac{1}{12}$

| 풀이 | (1) $\dfrac{3x+1}{2}+\dfrac{x-5}{3}=\dfrac{3(3x+1)+2(x-5)}{6}$

$=\dfrac{9x+3+2x-10}{6}=\dfrac{11x-7}{6}$

(2) $\dfrac{x-1}{4}+\dfrac{3x+2}{6}=\dfrac{3(x-1)+2(3x+2)}{12}$

$=\dfrac{3x-3+6x+4}{12}$

$=\dfrac{9x+1}{12}=\dfrac{3}{4}x+\dfrac{1}{12}$

---

2. 일차방정식

01	(1) ○ (2) × (3) ○ (4) ×
02	(1) × (2) ○ (3) ○
03	(1) $x=0$ (2) $x=-1$ (3) $x=1$
04	(1) $1, 1, -4, -4, 2, -2$ / ㉠ 등식의 양변에서 같은 수를 빼어도 등식은 성립한다. ㉡ 등식의 양변을 0이 아닌 같은 수로 나누어도 등식은 성립한다. (2) $2, 2, 6, 3, 3, 18$ / ㉠ 등식의 양변에 같은 수를 더하여도 등식은 성립한다. ㉡ 등식의 양변에 같은 수를 곱하여도 등식은 성립한다.
05	(1) $4x=1+3$ (2) $-x=2-6$ (3) $-2x-3x=1$ (4) $2x+4x=9-3$
06	(1) $x=7$ (2) $x=-1$ (3) $x=-2$ (4) $x=2$
07	(1) $x=-4$ (2) $x=4$ (3) $x=3$ (4) $x=1$
08	(1) 10 (2) $2x$ (3) $2x$ (4) $2x$ (5) 3 (6) 3 (7) 10
09	(1) $x=2$ (2) $x=\dfrac{1}{6}$
10	(1) $(x-1)+x+(x+1)=48$ (2) $15, 16, 17$
11	(1) $52=2(x+10)$ (2) 16살
12	(1) $\dfrac{1}{2}\times\{x+(x+4)\}\times5=25$ (2) $3\,\text{cm}$
13	(1) $10, 0.1x$ (2) $5, 0.05x$
14	(1) $8, \dfrac{x}{8}, 10, \dfrac{x}{10}$ / $\dfrac{x}{8}-\dfrac{x}{10}=\dfrac{1}{2}$ (2) $20\,\text{km}$

01

| 정답 | (1) ○ (2) × (3) ○ (4) ×

| 풀이 | (1), (3) 등호를 사용하여 나타내었으므로 등식이다.

02

| 정답 | (1) × (2) ○ (3) ○

| 풀이 | (2) (우변)$=2x-1$

즉, x의 값에 상관없이 (좌변)$=$(우변)이므로 항등식이다.

(3) (좌변)$=3x-6$

즉, x의 값에 상관없이 (좌변)$=$(우변)이므로 항등식이다.

03

| 정답 | (1) $x=0$ (2) $x=-1$ (3) $x=1$

| 풀이 | (1) $x=-1$일 때, $1\neq-1+1$

$x=0$일 때, $1=0+1$

$x=1$일 때, $1\neq1+1$

따라서 주어진 방정식의 해는 $x=0$이다.

(2) $x=-1$일 때, $2\times(-1)-3=-5$

$x=0$일 때, $2\times0-3\neq-5$

$x=1$일 때, $2\times1-3\neq-5$

따라서 주어진 방정식의 해는 $x=-1$이다.

(3) $x=-1$일 때, $3\times(-1)+4\neq7$

$x=0$일 때, $3\times0+4\neq7$

$x=1$일 때, $3\times1+4=7$

따라서 주어진 방정식의 해는 $x=1$이다.

06

| 정답 | (1) $x=7$ (2) $x=-1$ (3) $x=-2$ (4) $x=2$

| 풀이 | (1) $x-5=2$에서 $x=2+5=7$

(2) $4x=x-3$에서 $4x-x=-3$, $3x=-3$ ∴ $x=-1$

(3) $x+4=-3x-4$에서 $x+3x=-4-4$

$4x=-8$ ∴ $x=-2$

(4) $5x-7=-x+5$에서 $5x+x=5+7$

$6x=12$ ∴ $x=2$

07

| 정답 | (1) $x=-4$ (2) $x=4$ (3) $x=3$ (4) $x=1$

| 풀이 | (1) 괄호를 풀면

$3x+6=-6$, $3x=-6-6$

$3x=-12$ ∴ $x=-4$

(2) 괄호를 풀면

$6x-10-1=13$, $6x-11=13$

$6x=13+11$, $6x=24$ ∴ $x=4$

(3) 괄호를 풀면

$2x-3=-3x+12$, $2x+3x=12+3$

$5x=15$ ∴ $x=3$

(4) 괄호를 풀면

$5x+5=2x+8$, $5x-2x=8-5$

$3x=3$ ∴ $x=1$

09

| 정답 | (1) $x=2$ (2) $x=\dfrac{1}{6}$

| 풀이 | (1) 양변에 10을 곱하면

$2x-30=-13x$, $15x=30$ ∴ $x=2$

(2) 양변에 4를 곱하면

$8x-2(x-1)=3$, $8x-2x+2=3$

$6x=1$ ∴ $x=\dfrac{1}{6}$

10

| 정답 | (1) $(x-1)+x+(x+1)=48$ (2) 15, 16, 17

| 풀이 | (2) $(x-1)+x+(x+1)=48$에서

$3x=48$

∴ $x=16$

따라서 연속하는 세 정수는 15, 16, 17이다.

11

| 정답 | (1) $52=2(x+10)$ (2) 16살

| 풀이 | (1) 10년 후의 아버지의 나이는 $42+10=52$(살),

아들의 나이는 $(x+10)$살이므로 방정식을 세우면

$52=2(x+10)$

(2) 괄호를 풀면 $52=2x+20$

$-2x=-32$

∴ $x=16$

따라서 올해 아들의 나이는 16살이다.

12

| 정답 | (1) $\dfrac{1}{2}\times\{x+(x+4)\}\times5=25$ (2) 3 cm

| 풀이 | (1) 아랫변의 길이는 $(x+4)$ cm이므로

방정식을 세우면

$\dfrac{1}{2}\times\{x+(x+4)\}\times5=25$

(2) $\dfrac{5}{2}(2x+4)=25$, $5x+10=25$

$5x=15$

∴ $x=3$

따라서 사다리꼴의 윗변의 길이는 3 cm이다.

14

| 정답 | (1) 8, $\dfrac{x}{8}$, 10, $\dfrac{x}{10}$ / $\dfrac{x}{8}-\dfrac{x}{10}=\dfrac{1}{2}$ (2) $20\ \mathrm{km}$

| 풀이 | (1) 시간$=\dfrac{(거리)}{(속력)}$이므로 시속 8 km로 갈 때 걸린 시간

은 $\dfrac{x}{8}$시간이고, 시속 10 km로 올 때 걸린 시간은 $\dfrac{x}{10}$시간

이다.

이때 갈 때가 올 때보다 30분, 즉 $\dfrac{1}{2}$시간 더 걸렸으므로 방

정식을 세우면

$\dfrac{x}{8}-\dfrac{x}{10}=\dfrac{1}{2}$

(2) $\dfrac{x}{8}-\dfrac{x}{10}=\dfrac{1}{2}$의 양변에 40을 곱하면

$5x-4x=20$ $\qquad \therefore x=20$

따라서 집에서 도서관까지의 거리는 20 km이다.

3. 식의 계산
59쪽

01	(1) 3^8 (2) x^{17} (3) a^6 (4) $x^{12}y^9$
02	(1) 3^{10} (2) x^{24} (3) a^{11} (4) x^{21}
03	(1) x^6 (2) $\dfrac{1}{y^4}$ (3) 2 (4) $\dfrac{1}{x^3}$ (5) 1 (6) y^3
04	(1) $27a^3$ (2) $\dfrac{y^6}{64}$ (3) $-x^7$ (4) $x^{16}y^{12}$ (5) $\dfrac{4a^6}{b^{10}}$ (6) $\dfrac{x^3y^6}{z^9}$
05	②
06	(1) $35a^4$ (2) $-12x^3y^7$
07	(1) $4a^2b$ (2) $20xy^2$
08	(1) $3ab^2$ (2) $-\dfrac{a^3b^2}{2}$
09	(1) $-13x-4y+2$ (2) $3x-11y$
10	(1) $4x^2+5x-10$ (2) $-2a^2+4ab-8a$ (3) $2x^2-4xy+6x$ (4) $14x-4y+6$

05

| 정답 | ②

| 풀이 | ② $a^3 \div a^3 = 1$

07

| 정답 | (1) $4a^2b$ (2) $20xy^2$

| 풀이 | (2) (주어진 식)$=10x^2y^4 \times \dfrac{2}{xy^2}=20xy^2$

08

| 정답 | (1) $3ab^2$ (2) $-\dfrac{a^3b^2}{2}$

| 풀이 | (1) (주어진 식)$=9a^2b \times b \times \dfrac{1}{3a}=3ab^2$

(2) (주어진 식)$=a^4b^2 \times (-ab) \times \dfrac{1}{2a^2b}=-\dfrac{a^3b^2}{2}$

09

| 정답 | (1) $-13x-4y+2$ (2) $3x-11y$

| 풀이 | (1) (주어진 식)$=-6x+y-2-7x-5y+4$

$\qquad\qquad\quad =-6x-7x+y-5y-2+4$

$\qquad\qquad\quad =-13x-4y+2$

(2) (주어진 식)$=5x-3y-2x-8y$

$\qquad\qquad\quad =5x-2x-3y-8y$

$\qquad\qquad\quad =3x-11y$

10

| 정답 | (1) $4x^2+5x-10$　　　(2) $-2a^2+4ab-8a$

(3) $2x^2-4xy+6x$　　　(4) $14x-4y+6$

| 풀이 | (1) (주어진 식)$=6x^2+4x-3-2x^2+x-7$

$\qquad\qquad\quad =4x^2+5x-10$

(2) (주어진 식)$=2a \times (-a)+2a \times 2b+2a \times (-4)$

$\qquad\qquad\quad =-2a^2+4ab-8a$

(3) (주어진 식)$=5x \times \dfrac{2}{5}x-10y \times \dfrac{2}{5}x+15 \times \dfrac{2}{5}x$

$\qquad\qquad\quad =2x^2-4xy+6x$

(4) (주어진 식)$=(7x^2-2xy+3x) \times \dfrac{2}{x}$

$\qquad\qquad\quad =7x^2 \times \dfrac{2}{x}-2xy \times \dfrac{2}{x}+3x \times \dfrac{2}{x}$

$\qquad\qquad\quad =14x-4y+6$

01	(1) > (2) <
02	(1) 1, 2, 3 (2) 3, 4
03	(1) ≤ (2) ≤ (3) ≥ (4) ≤
04	≥, ≥, ≥
05	(1) ○ (2) × (3) ○ (4) ○
06	(1) $x<7$,  (2) $x≥1$,
07	(1) $x>-2$ (2) $x≤2$ (3) $x>-5$ (4) $x≤-3$
08	(1) $x≥2$ (2) $x<4$
09	(1) $x≤2$ (2) $x>-1$
10	(1) 표는 풀이 참조, $900x+300(16-x)<9000$ (2) 6장
11	표는 풀이 참조, $\dfrac{15}{2}$ km

02

| 정답 | (1) 1, 2, 3   (2) 3, 4

| 풀이 | (1) $x=1$일 때, $1+5≤8$ ➡ 참

$x=2$일 때, $2+5≤8$ ➡ 참

$x=3$일 때, $3+5≤8$ ➡ 참

$x=4$일 때, $4+5≤8$ ➡ 거짓

따라서 부등식 $x+5≤8$의 해는 1, 2, 3이다.

(2) $x=1$일 때, $3×1-1≥8$ ➡ 거짓

$x=2$일 때, $3×2-1≥8$ ➡ 거짓

$x=3$일 때, $3×3-1≥8$ ➡ 참

$x=4$일 때, $3×4-1≥8$ ➡ 참

따라서 부등식 $3x-1≥8$의 해는 3, 4이다.

05

| 정답 | (1) ○   (2) ×   (3) ○   (4) ○

| 풀이 | (3) $-2x+4≤0$ ➡ 일차부등식

(4) $x^2+x≥x^2$, $x≥0$ ➡ 일차부등식

06

| 정답 | (1) $x<7$,

(2) $x≥1$,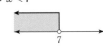

| 풀이 | (1) $x-2<5$에서 $x<5+2$ ∴ $x<7$

이 부등식의 해를 수직선 위에

나타내면 오른쪽 그림과 같다.

(2) $2x+3≥5$에서 $2x≥5-3$, $2x≥2$

∴ $x≥1$

이 부등식의 해를 수직선 위에

나타내면 오른쪽 그림과 같다.

07

| 정답 | (1) $x>-2$ (2) $x≤2$ (3) $x>-5$ (4) $x≤-3$

| 풀이 | (1) $3x-1>2x-3$에서 $3x-2x>-3+1$

∴ $x>-2$

(2) $4x-2≤8-x$에서 $4x+x≤8+2$

$5x≤10$ ∴ $x≤2$

(3) $2x-1<3x+4$에서 $2x-3x<4+1$

$-x<5$ ∴ $x>-5$

(4) $2x-4≥5x+5$에서 $2x-5x≥5+4$

$-3x≥9$ ∴ $x≤-3$

08

| 정답 | (1) $x≥2$ (2) $x<4$

| 풀이 | (1) $2(x-3)≥-2$에서 $2x-6≥-2$

$2x≥4$ ∴ $x≥2$

(2) $3(x+1)-6<x+5$에서 $3x+3-6<x+5$

$2x<8$ ∴ $x<4$

09

| 정답 | (1) $x≤2$ (2) $x>-1$

| 풀이 | (1) $\dfrac{x}{4}-\dfrac{3}{2}≤-\dfrac{x}{2}$의 양변에 4를 곱하면

$x-6≤-2x$, $3x≤6$ ∴ $x≤2$

(2) $0.2x+0.62>-0.4x+0.02$의 양변에 100을 곱하면

$20x+62>-40x+2$, $60x>-60$ ∴ $x>-1$

10

| 정답 | (1) 표는 풀이 참조, $900x + 300(16-x) < 9000$
(2) 6장

| 풀이 | (1)

	장수(장)	금액(원)
엽서	x	$900x$
우표	$16-x$	$300(16-x)$

엽서와 우표를 모두 9000원 미만으로 사야하므로
$900x + 300(16-x) < 9000$

(2) $900x + 300(16-x) < 9000$에서
$900x + 4800 - 300x < 9000$, $600x < 4200$ ∴ $x < 7$
따라서 엽서는 최대 6장까지 살 수 있다.

11

| 정답 | 표는 풀이 참조, $\dfrac{15}{2}$ km

| 풀이 |

	거리(km)	속력(km/h)	시간(시간)
갈 때	x	3	$\dfrac{x}{3}$
올 때	x	5	$\dfrac{x}{5}$

$\dfrac{x}{3} + \dfrac{x}{5} \leq 4$에서 $5x + 3x \leq 60$, $8x \leq 60$ ∴ $x \leq \dfrac{15}{2}$

따라서 최대 $\dfrac{15}{2}$ km 떨어진 곳까지 갔다 올 수 있다.

5. 연립방정식
67쪽

01	(1) × (2) ○ (3) ○ (4) ×
02	㉠ 5, 4, 3, 2, 1 ㉡ 8, 6, 4, 2, 0 / $x=4$, $y=2$ (또는 $(4, 2)$)
03	$2x$, 5, 2, 2, 4
04	(1) $x=-3$, $y=3$ (2) $x=4$, $y=7$
05	$+$, 5, 2, 2, 2, 3
06	(1) $x=-2$, $y=1$ (2) $x=2$, $y=1$ (3) $x=2$, $y=6$ (4) $x=1$, $y=2$
07	(1) $x=6$, $y=3$ (2) $x=2$, $y=2$ (3) $x=1$, $y=-2$
08	(1) $x=3$, $y=1$ (2) $x=-4$, $y=3$
09	(1) 해가 무수히 많다. (2) 해가 없다.
10	(1) $\begin{cases} x-y=5 \\ 2y-x=15 \end{cases}$ (2) $x=25$, $y=20$ / 20

04

| 정답 | (1) $x=-3$, $y=3$ (2) $x=4$, $y=7$

| 풀이 | (1) $\begin{cases} x=-y & \cdots ㉠ \\ x+4y=9 & \cdots ㉡ \end{cases}$

㉠을 ㉡에 대입하면
$-y+4y=9$, $3y=9$ ∴ $y=3$
$y=3$을 ㉠에 대입하면 $x=-3$

(2) $\begin{cases} y=x+3 & \cdots ㉠ \\ 3x-y=5 & \cdots ㉡ \end{cases}$

㉠을 ㉡에 대입하면
$3x-(x+3)=5$, $2x=8$ ∴ $x=4$
$x=4$를 ㉠에 대입하면 $y=4+3=7$

06

| 정답 | (1) $x=-2$, $y=1$ (2) $x=2$, $y=1$
(3) $x=2$, $y=6$ (4) $x=1$, $y=2$

| 풀이 | (1) $\begin{cases} x-5y=-7 & \cdots ㉠ \\ -x+3y=5 & \cdots ㉡ \end{cases}$

㉠+㉡을 하면 $-2y=-2$ ∴ $y=1$
$y=1$을 ㉠에 대입하면 $x-5=-7$ ∴ $x=-2$

(2) $\begin{cases} 3x-2y=4 & \cdots ㉠ \\ 3x-y=5 & \cdots ㉡ \end{cases}$

㉠-㉡을 하면 $-y=-1$ ∴ $y=1$
$y=1$을 ㉡에 대입하면 $3x-1=5$, $3x=6$ ∴ $x=2$

(3) $\begin{cases} 2x+y=10 & \cdots ㉠ \\ 3x-2y=-6 & \cdots ㉡ \end{cases}$

㉠×2+㉡을 하면 $7x=14$ ∴ $x=2$
$x=2$를 ㉠에 대입하면 $4+y=10$ ∴ $y=6$

(4) $\begin{cases} 4x+5y=14 & \cdots ㉠ \\ 5x+2y=9 & \cdots ㉡ \end{cases}$

㉠×5-㉡×4를 하면 $17y=34$ ∴ $y=2$
$y=2$를 ㉠에 대입하면 $4x+10=14$
$4x=4$ ∴ $x=1$

07

| 정답 | (1) $x=6$, $y=3$ (2) $x=2$, $y=2$
(3) $x=1$, $y=-2$

| 풀이 | (1) $\begin{cases} -2(x-y)+3y=3 \\ 5x-4(x+y)=-6 \end{cases}$, 즉 $\begin{cases} -2x+5y=3 & \cdots ㉠ \\ x-4y=-6 & \cdots ㉡ \end{cases}$

㉠+㉡×2를 하면 $-3y=-9$ ∴ $y=3$
$y=3$을 ㉡에 대입하면 $x-12=-6$ ∴ $x=6$

(2) $\begin{cases} \dfrac{x}{3}+\dfrac{y}{4}=\dfrac{7}{6} & \cdots \text{㉠} \\ \dfrac{x}{2}-\dfrac{y}{3}=\dfrac{1}{3} & \cdots \text{㉡} \end{cases}$

㉠×12, ㉡×6을 하면 $\begin{cases} 4x+3y=14 & \cdots \text{㉢} \\ 3x-2y=2 & \cdots \text{㉣} \end{cases}$

㉢×2+㉣×3을 하면 $17x=34$ $\therefore x=2$

$x=2$를 ㉢에 대입하면

$8+3y=14$, $3y=6$ $\therefore y=2$

(3) $\begin{cases} 0.1x+0.09y=-0.08 & \cdots \text{㉠} \\ 0.1x+0.2y=-0.3 & \cdots \text{㉡} \end{cases}$

㉠×100, ㉡×10을 하면 $\begin{cases} 10x+9y=-8 & \cdots \text{㉢} \\ x+2y=-3 & \cdots \text{㉣} \end{cases}$

㉢−㉣×10을 하면 $-11y=22$ $\therefore y=-2$

$y=-2$를 ㉣에 대입하면 $x-4=-3$ $\therefore x=1$

08

| 정답 | (1) $x=3$, $y=1$ (2) $x=-4$, $y=3$

| 풀이 | (1) $\begin{cases} 2x-y=5 & \cdots \text{㉠} \\ x+2y=5 & \cdots \text{㉡} \end{cases}$

㉠×2+㉡을 하면 $5x=15$ $\therefore x=3$

$x=3$을 ㉠에 대입하면 $6-y=5$ $\therefore y=1$

(2) $\begin{cases} x-2y+1=3x+y \\ 3x+y=2x-y+2 \end{cases}$, 즉 $\begin{cases} -2x-3y=-1 & \cdots \text{㉠} \\ x+2y=2 & \cdots \text{㉡} \end{cases}$

㉠+㉡×2를 하면 $y=3$

$y=3$을 ㉡에 대입하면 $x+6=2$ $\therefore x=-4$

09

| 정답 | (1) 해가 무수히 많다. (2) 해가 없다.

| 풀이 | (1) $\begin{cases} 3x-2y=4 & \cdots \text{㉠} \\ 6x-4y=8 & \cdots \text{㉡} \end{cases}$

㉠×2를 하면 $\begin{cases} 6x-4y=8 \\ 6x-4y=8 \end{cases}$

즉, 두 일차방정식이 일치하므로 해가 무수히 많다.

(2) $\begin{cases} x-y=4 & \cdots \text{㉠} \\ 3x-3y=8 & \cdots \text{㉡} \end{cases}$

㉠×3을 하면 $\begin{cases} 3x-3y=12 \\ 3x-3y=8 \end{cases}$

즉, 두 일차방정식이 x, y의 계수는 각각 같고 상수항이 다르므로 해가 없다.

10

| 정답 | (1) $\begin{cases} x-y=5 \\ 2y-x=15 \end{cases}$ (2) $x=25$, $y=20$ / 20

| 풀이 | (1) 큰 수에서 작은 수를 빼면 5이고

➡ $x-y=5$ $\cdots$ ㉠

작은 수의 2배에서 큰 수를 빼면 15이다.

➡ $2y-x=15$ $\cdots$ ㉡

$\therefore \begin{cases} x-y=5 \\ 2y-x=15 \end{cases}$

(2) $\begin{cases} x-y=5 & \cdots \text{㉠} \\ -x+2y=15 & \cdots \text{㉡} \end{cases}$에서 ㉠+㉡을 하면 $y=20$

$y=20$을 ㉠에 대입하면 $x-20=5$ $\therefore x=25$

따라서 두 수 중 작은 수는 20이다.

6. 다항식의 곱셈과 인수분해

01	(1) $3a^2-7ab-6b^2$ (2) $-2x^2+11xy-15y^2$
02	(1) $a^2+12a+36$ (2) $4x^2+28xy+49y^2$ (3) $4+16y+16y^2$ (4) $36x^2+12x+1$
03	(1) $a^2-14a+49$ (2) $9a^2-12a+4$ (3) $4x^2-24xy+36y^2$ (4) $\dfrac{1}{4}x^2-3xy+9y^2$
04	(1) x^2-49 (2) x^2-9y^2 (3) $-25x^2+16y^2$ (4) $\dfrac{4}{9}x^2-\dfrac{1}{4}y^2$
05	(1) $b^2+4b-21$ (2) $x^2-9x+20$ (3) $y^2+6y-16$ (4) $a^2+9a-10$
06	(1) $6x^2-7x-20$ (2) $16y^2+8y-3$ (3) $6a^2-25a+14$ (4) $-12k^2+22k+4$
07	(1) 40 (2) 44
08	(1) $\dfrac{\sqrt{7}-\sqrt{2}}{5}$ (2) $3+\sqrt{2}$
09	(1) $2x(x+2y)$ (2) $-x(2a+3b)$
10	(1) $(x-7)^2$ (2) $(3x+2)^2$ (3) $(5x-y)^2$ (4) $2a(x+4)^2$
11	(1) 16, $(x-4)^2$ (2) 4, $(x\pm2y)^2$
12	(1) $(a+4)(a-4)$ (2) $(3a+7b)(3a-7b)$ (3) $(11a+1)(11a-1)$ (4) $(3a+5b)(3a-5b)$

13	(1) $\left(x+\dfrac{1}{10}\right)\left(x-\dfrac{1}{10}\right)$ (2) $\left(5x+\dfrac{1}{9}\right)\left(5x-\dfrac{1}{9}\right)$
	(3) $4(2a+b)(2a-b)$ (4) $-2(5x+2y)(5x-2y)$
14	(위에서부터) 4, 4, 4, 6
15	(1) $(x+1)(x+7)$ (2) $(x-6)(x-7)$
	(3) $(x-2)(x+5)$ (4) $(x+3)(x-5)$
16	(1) $(x+2)(2x+1)$ (2) $(x-2)(3x+8)$
	(3) $(2x-1)(2x-3)$ (4) $(x+4y)(3x+y)$

02

| 정답 | (1) $a^2+12a+36$ (2) $4x^2+28xy+49y^2$
(3) $4+16y+16y^2$ (4) $36x^2+12x+1$

| 풀이 | (4) $(-6x-1)^2=\{-(6x+1)\}^2=(6x+1)^2$
$\qquad\qquad\qquad =(6x)^2+2\times 6x\times 1+1^2$
$\qquad\qquad\qquad =36x^2+12x+1$

04

| 정답 | (1) x^2-49 (2) x^2-9y^2
(3) $-25x^2+16y^2$ (4) $\dfrac{4}{9}x^2-\dfrac{1}{4}y^2$

| 풀이 | (3) $(-5x+4y)(5x+4y)$
$\qquad =(4y-5x)(4y+5x)$
$\qquad =(4y)^2-(5x)^2=16y^2-25x^2=-25x^2+16y^2$

07

| 정답 | (1) 40 (2) 44

| 풀이 | (1) $a^2+b^2=(a-b)^2+2ab$
$\qquad\qquad\quad =6^2+2\times 2=40$
(2) $(a+b)^2=(a-b)^2+4ab$
$\qquad\qquad =6^2+4\times 2=44$

08

| 정답 | (1) $\dfrac{\sqrt{7}-\sqrt{2}}{5}$ (2) $3+\sqrt{2}$

| 풀이 | (1) $\dfrac{1}{\sqrt{7}+\sqrt{2}}=\dfrac{\sqrt{7}-\sqrt{2}}{(\sqrt{7}+\sqrt{2})(\sqrt{7}-\sqrt{2})}$
$\qquad\qquad\quad =\dfrac{\sqrt{7}-\sqrt{2}}{7-2}=\dfrac{\sqrt{7}-\sqrt{2}}{5}$

(2) $\dfrac{7}{3-\sqrt{2}}=\dfrac{7(3+\sqrt{2})}{(3-\sqrt{2})(3+\sqrt{2})}=\dfrac{7(3+\sqrt{2})}{9-2}=3+\sqrt{2}$

10

| 정답 | (1) $(x-7)^2$ (2) $(3x+2)^2$
(3) $(5x-y)^2$ (4) $2a(x+4)^2$

| 풀이 | (1) $x^2-14x+49=x^2-2\times x\times 7+7^2=(x-7)^2$
(2) $9x^2+12x+4=(3x)^2+2\times 3x\times 2+2^2=(3x+2)^2$
(3) $25x^2-10xy+y^2=(5x)^2-2\times 5x\times y+y^2=(5x-y)^2$
(4) $2ax^2+16ax+32a=2a(x^2+8x+16)=2a(x+4)^2$

11

| 정답 | (1) 16, $(x-4)^2$ (2) 4, $(x\pm 2y)^2$

| 풀이 | (1) $\square=\left(\dfrac{-8}{2}\right)^2=16$
$\qquad \therefore\ x^2-8x+16=(x-4)^2$
(2) $\square=2\times 1\times 2=4$
$\qquad \therefore\ x^2\pm 4xy+4y^2=(x\pm 2y)^2$

12

| 정답 | (1) $(a+4)(a-4)$ (2) $(3a+7b)(3a-7b)$
(3) $(11a+1)(11a-1)$ (4) $(3a+5b)(3a-5b)$

| 풀이 | (2) $9a^2-49b^2=(3a)^2-(7b)^2=(3a+7b)(3a-7b)$
(3) $121a^2-1=121a^2-1^2=(11a)^2-1^2=(11a+1)(11a-1)$
(4) $-25b^2+9a^2=9a^2-25b^2=(3a)^2-(5b)^2$
$\qquad\qquad\qquad\quad =(3a+5b)(3a-5b)$

13

| 정답 | (1) $\left(x+\dfrac{1}{10}\right)\left(x-\dfrac{1}{10}\right)$ (2) $\left(5x+\dfrac{1}{9}\right)\left(5x-\dfrac{1}{9}\right)$
(3) $4(2a+b)(2a-b)$ (4) $-2(5x+2y)(5x-2y)$

| 풀이 | (1) $x^2-\dfrac{1}{100}=x^2-\left(\dfrac{1}{10}\right)^2=\left(x+\dfrac{1}{10}\right)\left(x-\dfrac{1}{10}\right)$

(2) $25x^2-\dfrac{1}{81}=(5x)^2-\left(\dfrac{1}{9}\right)^2=\left(5x+\dfrac{1}{9}\right)\left(5x-\dfrac{1}{9}\right)$

(3) $16a^2-4b^2=4(4a^2-b^2)=4(2a+b)(2a-b)$
(4) $-50x^2+8y^2=-2(25x^2-4y^2)$
$\qquad\qquad\qquad\ =-2(5x+2y)(5x-2y)$

14

| 정답 | (위에서부터) 4, 4, 4, 6

| 풀이 | $x^2+10x+24=(x+4)(x+6)$

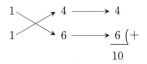

$$\begin{array}{ccc} 1 & \nearrow & 4 \longrightarrow 4 \\ 1 & \nearrow & 6 \longrightarrow \underline{6}(+ \\ & & 10 \end{array}$$

15

| 정답 | (1) $(x+1)(x+7)$ (2) $(x-6)(x-7)$

(3) $(x-2)(x+5)$ (4) $(x+3)(x-5)$

| 풀이 | (1) 곱이 7, 합이 8인 두 정수는 1, 7이므로

$x^2+8x+7=(x+1)(x+7)$

(2) 곱이 42, 합이 -13인 두 정수는 -6, -7이므로

$x^2-13x+42=(x-6)(x-7)$

(3) 곱이 -10, 합이 3인 두 정수는 -2, 5이므로

$x^2+3x-10=(x-2)(x+5)$

(4) 곱이 -15, 합이 -2인 두 정수는 -5, 3이므로

$x^2-2x-15=(x+3)(x-5)$

16

| 정답 | (1) $(x+2)(2x+1)$ (2) $(x-2)(3x+8)$

(3) $(2x-1)(2x-3)$ (4) $(x+4y)(3x+y)$

| 풀이 | (1) $2x^2+5x+2=(x+2)(2x+1)$

$$\begin{array}{ccc} 1 & \searrow\nearrow & 2 \longrightarrow 4 \\ 2 & \nearrow\searrow & 1 \longrightarrow \underline{1}(+ \\ & & 5 \end{array}$$

(2) $3x^2+2x-16=(x-2)(3x+8)$

$$\begin{array}{ccc} 1 & \searrow\nearrow & -2 \longrightarrow -6 \\ 3 & \nearrow\searrow & 8 \longrightarrow \underline{8}(+ \\ & & 2 \end{array}$$

(3) $4x^2-8x+3=(2x-1)(2x-3)$

$$\begin{array}{ccc} 2 & \searrow\nearrow & -1 \longrightarrow -2 \\ 2 & \nearrow\searrow & -3 \longrightarrow \underline{-6}(+ \\ & & -8 \end{array}$$

(4) $3x^2+13xy+4y^2=(x+4y)(3x+y)$

$$\begin{array}{ccc} 1 & \searrow\nearrow & 4 \longrightarrow 12 \\ 3 & \nearrow\searrow & 1 \longrightarrow \underline{1}(+ \\ & & 13 \end{array}$$

01   (1) × (2) ○ (3) ○ (4) ×

02   (1) × (2) ○ (3) ○ (4) ○

03   (1) $x=5$ 또는 $x=-6$ (2) $x=\dfrac{3}{5}$ 또는 $x=-\dfrac{2}{3}$

04   (1) $x=0$ 또는 $x=1$ (2) $x=-5$ 또는 $x=5$

(3) $x=-1$ 또는 $x=6$ (4) $x=\dfrac{1}{3}$ 또는 $x=\dfrac{1}{2}$

05   (1) $x=-9$ (2) $x=6$ (3) $x=\dfrac{2}{3}$ (4) $x=-2$ (모두 중근)

06   (1) $x=2\pm2\sqrt{2}$ (2) $x=5$ 또는 $x=1$

(3) $x=2\pm\sqrt{6}$ (4) $x=\dfrac{-1\pm\sqrt{3}}{2}$

07   (1) $x=-3\pm\sqrt{5}$ (2) $x=2\pm\sqrt{3}$

(3) $x=\dfrac{-3\pm\sqrt{13}}{2}$ (4) $x=1\pm\sqrt{11}$

08   (1) $x=\dfrac{-7\pm\sqrt{57}}{2}$ (2) $x=\dfrac{-5\pm\sqrt{17}}{4}$

09   (1) $x=\dfrac{1\pm\sqrt{19}}{3}$ (2) $x=-\dfrac{1}{5}$ 또는 $x=\dfrac{1}{2}$

(3) $x=2\pm\sqrt{11}$ (4) $x=-2$ 또는 $x=5$

10   (1) $2x^2+2x-12=0$ (2) $6x^2-5x+1=0$

(3) $-x^2-10x-25=0$ (4) $2x^2-16x+32=0$

11   (1) 0 (2) 2 (3) 1

12   (1) $x+1$ (2) $x^2+x-132=0$ (3) 11, 12

13   4 m

01

| 정답 | (1) × (2) ○ (3) ○ (4) ×

| 풀이 | (1) 등호가 없으므로 이차식이다.

(2) $x^2+4x+4=0$ ➡ 이차방정식

(4) $x^2-1=x^2+3x$, $-3x-1=0$ ➡ 일차방정식

02

| 정답 | (1) × (2) ○ (3) ○ (4) ○

| 풀이 | [ ] 안의 수를 주어진 이차방정식에 대입해 보면

(1) $3^2-3\times3-7=-7\ne0$

(2) $2\times(-1)^2-5\times(-1)-7=0$

(3) $(2\times2-1)\times(2-2)=0$

(4) $2\times(-6)^2-3=69=(-6)^2-3\times(-6)+15$

03

| 정답 | (1) $x=5$ 또는 $x=-6$ (2) $x=\dfrac{3}{5}$ 또는 $x=-\dfrac{2}{3}$

| 풀이 | (1) $x-5=0$ 또는 $x+6=0$이므로

$x=5$ 또는 $x=-6$

(2) $5x-3=0$ 또는 $3x+2=0$이므로

$x=\dfrac{3}{5}$ 또는 $x=-\dfrac{2}{3}$

04

| 정답 | (1) $x=0$ 또는 $x=1$ (2) $x=-5$ 또는 $x=5$

(3) $x=-1$ 또는 $x=6$ (4) $x=\dfrac{1}{3}$ 또는 $x=\dfrac{1}{2}$

| 풀이 | (1) $x(x-1)=0$ ∴ $x=0$ 또는 $x=1$

(2) $(x+5)(x-5)=0$ ∴ $x=-5$ 또는 $x=5$

(3) $x^2-5x-6=0$, $(x+1)(x-6)=0$

∴ $x=-1$ 또는 $x=6$

(4) $6x^2-5x+1=0$, $(3x-1)(2x-1)=0$

∴ $x=\dfrac{1}{3}$ 또는 $x=\dfrac{1}{2}$

05

| 정답 | (1) $x=-9$ (2) $x=6$ (3) $x=\dfrac{2}{3}$ (4) $x=-2$ (모두 중근)

| 풀이 | (1) $(x+9)^2=0$ ∴ $x=-9$ (중근)

(2) $(x-6)^2=0$ ∴ $x=6$ (중근)

(3) $(3x-2)^2=0$ ∴ $x=\dfrac{2}{3}$ (중근)

(4) 양변을 3으로 나누면 $x^2+4x+4=0$

$(x+2)^2=0$ ∴ $x=-2$ (중근)

06

| 정답 | (1) $x=2\pm2\sqrt{2}$ (2) $x=5$ 또는 $x=1$

(3) $x=2\pm\sqrt{6}$ (4) $x=\dfrac{-1\pm\sqrt{3}}{2}$

| 풀이 | (1) $x-2=\pm2\sqrt{2}$ ∴ $x=2\pm2\sqrt{2}$

(2) $(x-3)^2=4$, $x-3=\pm2$

$x=3\pm2$ ∴ $x=5$ 또는 $x=1$

(3) $(2-x)^2=6$, $2-x=\pm\sqrt{6}$ ∴ $x=2\pm\sqrt{6}$

(4) $2x+1=\pm\sqrt{3}$, $2x=-1\pm\sqrt{3}$ ∴ $x=\dfrac{-1\pm\sqrt{3}}{2}$

07

| 정답 | (1) $x=-3\pm\sqrt{5}$ (2) $x=2\pm\sqrt{3}$

(3) $x=\dfrac{-3\pm\sqrt{13}}{2}$ (4) $x=1\pm\sqrt{11}$

| 풀이 | (1) $x^2+6x+4=0$에서 $x^2+6x=-4$

$x^2+6x+9=-4+9$, $(x+3)^2=5$

$x+3=\pm\sqrt{5}$ ∴ $x=-3\pm\sqrt{5}$

(2) $x^2-4x+1=0$에서 $x^2-4x=-1$

$x^2-4x+4=-1+4$, $(x-2)^2=3$

$x-2=\pm\sqrt{3}$ ∴ $x=2\pm\sqrt{3}$

(3) $x^2+3x-1=0$에서 $x^2+3x=1$

$x^2+3x+\dfrac{9}{4}=1+\dfrac{9}{4}$, $\left(x+\dfrac{3}{2}\right)^2=\dfrac{13}{4}$

$x+\dfrac{3}{2}=\pm\dfrac{\sqrt{13}}{2}$ ∴ $x=\dfrac{-3\pm\sqrt{13}}{2}$

(4) $\dfrac{1}{2}x^2-x-5=0$에서 $x^2-2x-10=0$

$x^2-2x=10$, $x^2-2x+1=10+1$

$(x-1)^2=11$, $x-1=\pm\sqrt{11}$ ∴ $x=1\pm\sqrt{11}$

08

| 정답 | (1) $x=\dfrac{-7\pm\sqrt{57}}{2}$ (2) $x=\dfrac{-5\pm\sqrt{17}}{4}$

| 풀이 | (1) $a=1$, $b=7$, $c=-2$이므로

$x=\dfrac{-7\pm\sqrt{7^2-4\times1\times(-2)}}{2\times1}=\dfrac{-7\pm\sqrt{57}}{2}$

(2) $a=2$, $b=5$, $c=1$이므로

$x=\dfrac{-5\pm\sqrt{5^2-4\times2\times1}}{2\times2}=\dfrac{-5\pm\sqrt{17}}{4}$

09

| 정답 | (1) $x=\dfrac{1\pm\sqrt{19}}{3}$ (2) $x=-\dfrac{1}{5}$ 또는 $x=\dfrac{1}{2}$

(3) $x=2\pm\sqrt{11}$ (4) $x=-2$ 또는 $x=5$

| 풀이 | (1) 양변에 6을 곱하면

$3x^2-2x-6=0$

∴ $x=\dfrac{-(-1)\pm\sqrt{(-1)^2-3\times(-6)}}{3}=\dfrac{1\pm\sqrt{19}}{3}$

(2) 양변에 10을 곱하면 $10x^2-3x-1=0$

$(5x+1)(2x-1)=0$ ∴ $x=-\dfrac{1}{5}$ 또는 $x=\dfrac{1}{2}$

(3) $(x-1)(x-3)=10$에서

$x^2-4x+3=10$, $x^2-4x-7=0$

∴ $x=\dfrac{-(-2)\pm\sqrt{(-2)^2-1\times(-7)}}{1}=2\pm\sqrt{11}$

(4) $x^2+2x=5x+10$

$x^2+2x-5x-10=0$

$x^2-3x-10=0$

$(x+2)(x-5)=0$

$\therefore x=-2$ 또는 $x=5$

10

| 정답 | (1) $2x^2+2x-12=0$ (2) $6x^2-5x+1=0$

(3) $-x^2-10x-25=0$ (4) $2x^2-16x+32=0$

| 풀이 | (1) $2(x-2)(x+3)=0$이므로 $2x^2+2x-12=0$

(2) $6\left(x-\dfrac{1}{2}\right)\left(x-\dfrac{1}{3}\right)=0$이므로

$6\left(x^2-\dfrac{5}{6}x+\dfrac{1}{6}\right)=0$ $\therefore 6x^2-5x+1=0$

(3) $-(x+5)^2=0$이므로 $-x^2-10x-25=0$

(4) $2(x-4)^2=0$이므로 $2x^2-16x+32=0$

11

| 정답 | (1) 0 (2) 2 (3) 1

| 풀이 | (1) $a=1$, $b=-2$, $c=5$이므로

$b^2-4ac=(-2)^2-4\times1\times5=-16<0$ ➡ 0개

(2) 주어진 식을 정리하면 $x^2-6x+2=0$

$a=1$, $b=-6$, $c=2$이므로

$b^2-4ac=(-6)^2-4\times1\times2=28>0$ ➡ 2개

(3) 주어진 식을 정리하면 $x^2+6x+9=0$

$a=1$, $b=6$, $c=9$이므로

$b^2-4ac=6^2-4\times1\times9=0$ ➡ 1개

12

| 정답 | (1) $x+1$ (2) $x^2+x-132=0$ (3) 11, 12

| 풀이 | (2) $x^2+(x+1)^2=265$에서 $2x^2+2x-264=0$

$\therefore x^2+x-132=0$

(3) $(x+12)(x-11)=0$ $\therefore x=-12$ 또는 $x=11$

그런데 x는 자연수이므로 $x=11$

따라서 두 자연수는 11, 12이다.

13

| 정답 | 4 m

| 풀이 | $(30-x)(20-x)=416$에서 $x^2-50x+184=0$

$(x-4)(x-46)=0$ $\therefore x=4$ 또는 $x=46$

그런데 $0<x<20$이므로 $x=4$

따라서 도로의 폭은 4 m이다.

03 함수

01
$$\begin{array}{c}\xleftrightarrow{\quad\overset{A}{\bullet}\quad\quad\overset{B}{\bullet}\quad\overset{C}{\bullet}\quad\quad\overset{D}{\bullet}\quad}\\ -4\ -3\ -2\ -1\ \ 0\ \ 1\ \ 2\ \ 3\ \ 4\end{array}$$

02 풀이 참조

03
$$\begin{array}{c}\bullet\kern-1pt\diagdown\kern-6pt\diagup\kern-1pt\bullet\\ \bullet\kern-1pt\diagup\kern-6pt\diagdown\kern-1pt\bullet\\ \bullet\kern-10pt\kern-10pt\bullet\\ \bullet\kern-1pt\diagdown\kern-6pt\diagup\kern-1pt\bullet\end{array}$$

04 (1) ㅂ (2) ㅁ (3) ㄱ, ㄹ

05 풀이 참조

06 (1) 60 % (2) 9시

07 ㄷ

08 (1) 100 m (2) 5분

09 (1) 2번 (2) 19시 (3) 13시간

10 (1) 10 m (2) 10초

11 표는 풀이 참조, $y=3x$

12 풀이 참조

13 표는 풀이 참조, $y=\dfrac{120}{x}$

14 풀이 참조

15 (1) 풀이 참조 (2) 풀이 참조

16 ㄴ, ㄹ

17 (1) ◯ (2) × (3) ◯

18 (1) $y=\dfrac{1}{3}x$ (2) $y=-\dfrac{12}{x}$

02

| 정답 | 풀이 참조

| 풀이 |

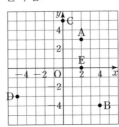

04

| 정답 | (1) ㅂ (2) ㅁ (3) ㄱ, ㄹ
| 풀이 | (3) ㄱ 점 A(−2, 0)은 x축 위의 점이므로 어느 사분면에도 속하지 않는다.

ㄹ 점 D(0, 5)는 y축 위의 점이므로 어느 사분면에도 속하지 않는다.

05

| 정답 | 풀이 참조
| 풀이 |

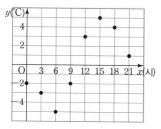

06

| 정답 | (1) 60 % (2) 9시
| 풀이 | (1) x좌표가 6일 때 y좌표가 60이므로 6시의 습도는 60 %이다.
(2) 그래프의 곡선의 y의 값이 증가하다가 x의 값이 9일 때 y의 값이 감소하기 시작한다.

따라서 습도가 감소하는 것은 9시부터이다.

07

| 정답 | ㄷ
| 풀이 | 일정한 속력으로 걸어갈 때에는 시간에 따른 거리의 그래프는 오른쪽 위로 향하는 직선이 되고, 휴식을 취할 때에는 거리가 변하지 않는다.

08

| 정답 | (1) 100 m (2) 5분
| 풀이 | (1) 그래프가 점 (5, 100)을 지나므로 5분 동안 이동한 거리는 100 m이다.
(2) 집에서 출발한 지 15분 후부터 20분 후까지 20−15=5(분) 동안 편의점에 머물렀다.

10

| 정답 | (1) 10 m (2) 10초
| 풀이 | (1) 그래프에서 가장 큰 y의 값이 10이므로 A 지점과 B 지점 사이의 거리는 10 m이다.

(2) 로봇이 움직이기 시작한 지 10초 후에 다시 y의 값이 처음과 같아지므로 한 번 왕복하는 데 걸리는 시간은 10초이다.

11

| 정답 | 표는 풀이 참조, $y=3x$
| 풀이 |

x	1	2	3	4	⋯
y	3	6	9	12	⋯

$\therefore y=3x$

12

| 정답 | 풀이 참조
| 풀이 |

x	−2	−1	0	1	2
y	4	2	0	−2	−4

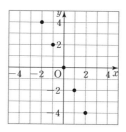

13

| 정답 | 표는 풀이 참조, $y=\dfrac{120}{x}$
| 풀이 |

x	1	2	3	4	⋯
y	120	60	40	30	⋯

$\therefore y=\dfrac{120}{x}$

14

| 정답 | 풀이 참조
| 풀이 |

x	−4	−2	−1	1	2	4
y	1	2	4	−4	−2	−1

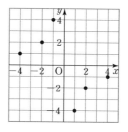

15

| 정답 | (1) 풀이 참조 (2) 풀이 참조

| 풀이 | (1)

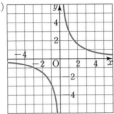

(2)

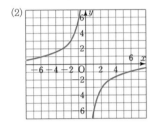

16

| 정답 | ㉡, ㉢

| 풀이 | ㉠ 좌표축에 점점 가까워지면서 한없이 뻗어 나가는 한 쌍의 매끄러운 곡선이다.

㉢ x의 값이 2배, 3배, 4배, …가 되면 y의 값은 $\frac{1}{2}$배, $\frac{1}{3}$배, $\frac{1}{4}$배, …가 된다.

따라서 옳은 것은 ㉡, ㉢이다.

17

| 정답 | (1) ○ (2) × (3) ○

| 풀이 | (1) $y=3x$에 $x=1$, $y=3$을 대입하면 $3=3\times1$

(2) $y=3x$에 $x=-3$, $y=-1$을 대입하면 $-1\neq3\times(-3)$

(3) $y=3x$에 $x=-4$, $y=-12$를 대입하면 $-12=3\times(-4)$

18

| 정답 | (1) $y=\frac{1}{3}x$ (2) $y=-\frac{12}{x}$

| 풀이 | (1) 그래프가 원점을 지나는 직선이므로 $y=ax\,(a\neq0)$로 놓고 $x=3$, $y=1$을 대입하면

$1=3a$ ∴ $a=\frac{1}{3}$

따라서 구하는 식은 $y=\frac{1}{3}x$

(2) 그래프가 좌표축에 가까워지면서 한없이 뻗어 나가는 한 쌍의 매끄러운 곡선이므로 $y=\frac{a}{x}\,(a\neq0)$로 놓고

$x=3$, $y=-4$를 대입하면

$-4=\frac{a}{3}$ ∴ $a=-12$

따라서 구하는 식은 $y=-\frac{12}{x}$

01	(1) 표는 풀이 참조, ○ (2) 표는 풀이 참조, ×
02	(1) 8 (2) -12
03	(1) 1 (2) $\frac{1}{2}$
04	(1) 1 (2) 0 (3) -8
05	(1) ○ (2) × (3) ○ (4) ×
06	풀이 참조
07	(1) $y=\frac{1}{2}x+3$ (2) $y=-2x-4$ (3) $y=5x-\frac{1}{2}$ (4) $y=-3x+\frac{1}{3}$
08	(1) $(-4,\,0)$ (2) -4 (3) $(0,\,-3)$ (4) -3
09	(1) x절편: -4, y절편: 8 (2) x절편: 2, y절편: 6 (3) x절편: 6, y절편: -4 (4) x절편: -10, y절편: -2
10	(1) 1 (2) $-\frac{2}{3}$
11	(1) 3 (2) -4 (3) -2
12	(1) $-\frac{1}{2}$ (2) 2 (3) -1
13	(1) 2, 3, 2 (2) 3, -1, $-\frac{2}{5}$
14	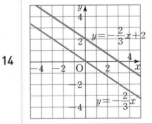
15	0, 5, 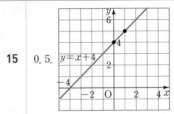
16	(1) 풀이 참조 (2) 풀이 참조

17	(1) x절편: 4, y절편: -2 (2) 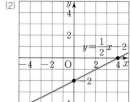
18	(1) 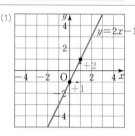 (2) 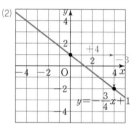
19	(1) ⓛ, ⓔ (2) ⓖ, ⓒ
20	(1) ⓖ, ⓒ (2) ⓛ, ⓔ
21	ⓖ과 ⓔ, ⓒ과 ⓗ
22	(1) $y=3x-4$ (2) $y=-5x+3$ (3) $y=-2x-6$ (4) $y=-\dfrac{1}{2}x+2$
23	(1) $y=3x+8$ (2) $y=-\dfrac{1}{2}x+2$ (3) $y=2x-4$
24	(1) $y=\dfrac{3}{2}x+1$ (2) $y=-\dfrac{5}{4}x-\dfrac{3}{4}$
25	(1) $y=-2x+4$ (2) $y=\dfrac{1}{3}x+2$
26	(1) $y=10-\dfrac{1}{10}x\,(0\le x\le100)$ (2) 3.2 L
27	(1) $y=5x+10$ (2) 45 ℃ (3) 15분
28	(1) $y=3x-4$ (2) $y=-5x+3$ (3) $y=-2x-6$ (4) $y=-\dfrac{1}{2}x+2$
29	(1) 풀이 참조 (2) 풀이 참조
30	①
31	②
32	④

01

| 정답 | (1) 표는 풀이 참조, ◯ (2) 표는 풀이 참조, ×
| 풀이 | (1)

x	1	2	3	4	⋯
y	500	1000	1500	2000	⋯

x의 값 하나에 y의 값이 하나씩 정해지므로 y는 x의 함수이다.

(2)

x	1	2	3	4	⋯
y	$-1, 1$	$-2, 2$	$-3, 3$	$-4, 4$	⋯

x의 값 하나에 y의 값이 하나씩 정해지지 않으므로 y는 x의 함수가 아니다.

02

| 정답 | (1) 8 (2) -12
| 풀이 | (1) $f(2)=4\times2=8$
(2) $f(-3)=4\times(-3)=-12$

03

| 정답 | (1) 1 (2) $\dfrac{1}{2}$
| 풀이 | (1) $f(3)=\dfrac{3}{3}=1$

(2) $f(6)=\dfrac{3}{6}=\dfrac{1}{2}$

04

| 정답 | (1) 1 (2) 0 (3) -8
| 풀이 | (1) $f(-2)=-2\times(-2)-3=4-3=1$
(2) $f\left(-\dfrac{3}{2}\right)=-2\times\left(-\dfrac{3}{2}\right)-3=3-3=0$
(3) $f(0)=-2\times0-3=-3$
$f(-4)=-2\times(-4)-3=8-3=5$
$\therefore f(0)-f(-4)=-3-5=-8$

06

| 정답 | 풀이 참조
| 풀이 |

x	⋯	-2	-1	0	1	2	⋯
y	⋯	-3	-1	1	3	5	⋯

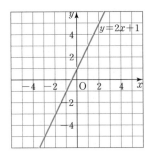

09

| 정답 | (1) x절편: -4, y절편: 8 (2) x절편: 2, y절편: 6
(3) x절편: 6, y절편: -4 (4) x절편: -10, y절편: -2

| 풀이 | (1) $y=0$일 때, $0=2x+8$, $x=-4$이므로 x절편은 -4

$x=0$일 때, $y=8$이므로 y절편은 8

(2) $y=0$일 때, $0=-3x+6$, $x=2$이므로 x절편은 2

$x=0$일 때, $y=6$이므로 y절편은 6

(3) $y=0$일 때, $0=\dfrac{2}{3}x-4$, $x=6$이므로 x절편은 6

$x=0$일 때, $y=-4$이므로 y절편은 -4

(4) $y=0$일 때, $0=-\dfrac{1}{5}x-2$, $x=-10$이므로 x절편은 -10

$x=0$일 때, $y=-2$이므로 y절편은 -2

10

| 정답 | (1) 1 (2) $-\dfrac{2}{3}$

| 풀이 | (1) x의 값이 0에서 2까지 2만큼 증가할 때, y의 값은 1에서 3까지 2만큼 증가하므로

$$(기울기)=\dfrac{(y의\ 값의\ 증가량)}{(x의\ 값의\ 증가량)}=\dfrac{2}{2}=1$$

(2) x의 값이 0에서 3까지 3만큼 증가할 때, y의 값은 2에서 0까지 2만큼 감소하므로

$$(기울기)=\dfrac{(y의\ 값의\ 증가량)}{(x의\ 값의\ 증가량)}=\dfrac{-2}{3}=-\dfrac{2}{3}$$

12

| 정답 | (1) $-\dfrac{1}{2}$ (2) 2 (3) -1

| 풀이 | (2) $0-(-2)=2$

(3) $(기울기)=\dfrac{(y의\ 값의\ 증가량)}{2}=-\dfrac{1}{2}$

$\therefore (y의\ 값의\ 증가량)=-1$

16

| 정답 | (1) 풀이 참조 (2) 풀이 참조

| 풀이 | (1) 두 점 $(0, -2)$, $(1, 1)$을 지나는 직선을 그린다.

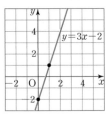

(2) 두 점 $(0, 2)$, $(4, 1)$을 지나는 직선을 그린다.

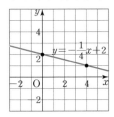

23

| 정답 | (1) $y=3x+8$ (2) $y=-\dfrac{1}{2}x+2$ (3) $y=2x-4$

| 풀이 | (1) $y=3x+b$로 놓으면 이 그래프가 점 $(-1, 5)$를 지나므로

$5=-3+b$, $b=8$ $\quad \therefore y=3x+8$

(2) $y=-\dfrac{1}{2}x+b$로 놓으면 이 그래프가 점 $(-2, 3)$을 지나므로

$3=1+b$, $b=2$ $\quad \therefore y=-\dfrac{1}{2}x+2$

(3) $y=2x+b$로 놓으면 이 그래프가 점 $(1, -2)$를 지나므로

$-2=2+b$, $b=-4$ $\quad \therefore y=2x-4$

24

| 정답 | (1) $y=\dfrac{3}{2}x+1$ (2) $y=-\dfrac{5}{4}x-\dfrac{3}{4}$

| 풀이 | (1) 두 점 $(-2, -2)$, $(2, 4)$를 지나므로

$$(기울기)=\dfrac{4-(-2)}{2-(-2)}=\dfrac{6}{4}=\dfrac{3}{2}$$

$y=\dfrac{3}{2}x+b$로 놓으면 이 그래프가 점 $(2, 4)$를 지나므로

$4=3+b$, $b=1$ $\quad \therefore y=\dfrac{3}{2}x+1$

(2) 두 점 $(-3, 3)$, $(1, -2)$를 지나므로

$$(기울기) = \frac{-2-3}{1-(-3)} = -\frac{5}{4}$$

$y = -\frac{5}{4}x + b$로 놓으면 이 그래프가 점 $(-3, 3)$을 지나므로

$$3 = \frac{15}{4} + b, \quad b = -\frac{3}{4} \qquad \therefore y = -\frac{5}{4}x - \frac{3}{4}$$

25

| 정답 | (1) $y = -2x + 4$ (2) $y = \frac{1}{3}x + 2$

| 풀이 | (1) x절편이 2, y절편이 4이므로

$$(기울기) = \frac{4-0}{0-2} = -2 \qquad \therefore y = -2x + 4$$

(2) x절편이 -6, y절편이 2이므로

$$(기울기) = \frac{2-0}{0-(-6)} = \frac{1}{3} \qquad \therefore y = \frac{1}{3}x + 2$$

26

| 정답 | (1) $y = 10 - \frac{1}{10}x\,(0 \leq x \leq 100)$ (2) 3.2 L

| 풀이 | (1) 1 km를 달리는 데 $\frac{1}{10}$ L의 휘발유가 필요하므로

$$y = 10 - \frac{1}{10}x\,(0 \leq x \leq 100)$$

(2) $x = 68$이면 $y = 10 - \frac{1}{10} \times 68 = 3.2\,(\text{L})$

27

| 정답 | (1) $y = 5x + 10$ (2) 45 ℃ (3) 15분

| 풀이 | (1) 1분마다 5 ℃씩 올라가므로 $y = 5x + 10$

(2) $x = 7$일 때

$y = 5 \times 7 + 10 = 45$

따라서 물의 온도는 45 ℃이다.

(3) $y = 85$일 때

$85 = 5x + 10,\ 5x = 75$

$\therefore x = 15$

따라서 걸린 시간은 15분이다.

29

| 정답 | (1) 풀이 참조 (2) 풀이 참조

| 풀이 | (1) $3x - y - 2 = 0$에서

$\therefore y = 3x - 2$

(2) $4x + 3y - 12 = 0$에서

$3y = -4x + 12$

$\therefore y = -\frac{4}{3}x + 4$

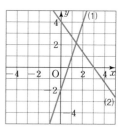

30

| 정답 | ①

| 풀이 | 두 그래프의 교점의 x좌표가 2이므로

$2 + y = 4 \qquad \therefore y = 2$

즉, 교점의 좌표가 $(2, 2)$이므로

$2a - 2 = -1 \qquad \therefore a = \frac{1}{2}$

31

| 정답 | ②

| 풀이 | $\frac{1}{3} = \frac{a}{2} = \frac{2}{b}$이므로 $a = \frac{2}{3}$, $b = 6$

$\therefore b - a = 6 - \frac{2}{3} = \frac{16}{3}$

32

| 정답 | ④

| 풀이 | $\frac{2}{a} = \frac{-1}{-2} \neq \frac{2}{1}$이므로

$a = 4$

01	(1) × (2) ○ (3) × (4) ○
02	㉠, ㉢
03	(1) ㉡, ㉣ (2) ㉣ (3) ㉡과 ㉢
04	-8
05	7
06	$a<0, p>0, q>0$
07	8
08	(1) $y=\dfrac{1}{2}(x+2)^2-5$ ① $(-2, -5)$ ② $x=-2$ ③ $(0, -3)$ ④ 풀이 참조 (2) $y=-2(x-1)^2+3$ ① $(1, 3)$ ② $x=1$ ③ $(0, 1)$ ④ 풀이 참조
09	$y=2x^2-4x+3$
10	③
11	$a=1, b=-2$
12	$y=-\dfrac{1}{2}x^2+8$

01

| 정답 | (1) × (2) ○ (3) × (4) ○

| 풀이 | (1) (x에 대한 이차식)$=0$ 꼴이므로 이차방정식이다.
(3) $y=5x+2$에서 $5x+2$가 일차식이므로 일차함수이다.

02

| 정답 | ㉠, ㉢

| 풀이 | ㉡ y축에 대칭이다.

03

| 정답 | (1) ㉡, ㉣ (2) ㉣ (3) ㉡과 ㉢

| 풀이 | (1) 이차함수 $y=ax^2$의 그래프는 $a>0$일 때 아래로 볼록하므로 ㉡, ㉣이다.
(2) 이차함수 $y=ax^2$의 그래프의 폭은 a의 절댓값이 작을수록 넓어지므로 그래프의 폭이 가장 넓은 것은 ㉣이다.
(3) 두 이차함수 $y=ax^2$과 $y=-ax^2$의 그래프가 x축에 서로 대칭이므로 ㉡과 ㉢이다.

04

| 정답 | -8

| 풀이 | 이차함수 $y=3x^2$의 그래프를 y축의 방향으로 k만큼 평행이동한 그래프를 나타내는 이차함수의 식은 $y=3x^2+k$
이 그래프가 점 $(2, 4)$를 지나므로
$4=3\times2^2+k$, $4=12+k$
$\therefore k=-8$

05

| 정답 | 7

| 풀이 | 이차함수 $y=-3(x-1)^2+6$의 그래프는 이차함수 $y=-3x^2$의 그래프를 x축의 방향으로 1만큼, y축의 방향으로 6만큼 평행이동한 것이므로 $p=1, q=6$
$\therefore p+q=1+6=7$

06

| 정답 | $a<0, p>0, q>0$

| 풀이 | 이차함수 $y=a(x-p)^2+q$의 그래프가 위로 볼록하므로 $a<0$
꼭짓점이 제1사분면 위에 있으므로 $p>0, q>0$

07

| 정답 | 8

| 풀이 | 이차함수 $y=3(x+2)^2-6$의 그래프의 꼭짓점의 좌표는 $(-2, -6)$이고, 이차함수 $y=3x^2$의 그래프의 꼭짓점의 좌표는 $(0, 0)$이므로

$(-2, -6) \xrightarrow[\substack{y\text{축의 방향으로 }q\text{만큼 평행이동}}]{x\text{축의 방향으로 }p\text{만큼}} \begin{array}{l}(-2+p, -6+q)\\ =(0, 0)\end{array}$

즉, $-2+p=0$, $-6+q=0$이므로 $p=2, q=6$
$\therefore p+q=2+6=8$

08

| 정답 | (1) $y=\dfrac{1}{2}(x+2)^2-5$

① $(-2, -5)$ ② $x=-2$ ③ $(0, -3)$ ④ 풀이 참조

(2) $y=-2(x-1)^2+3$

① $(1, 3)$ ② $x=1$ ③ $(0, 1)$ ④ 풀이 참조

| 풀이 | (1) ④

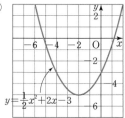

(2) ④

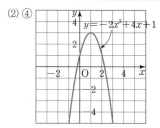

09

| 정답 | $y=2x^2-4x+3$

| 풀이 | 꼭짓점의 좌표가 $(1, 1)$이므로 구하는 이차함수의 식은

$y=a(x-1)^2+1$ ...... ①

로 놓을 수 있다.

이 이차함수의 그래프가 점 $(-1, 9)$를 지나므로 $x=-1$과 $y=9$를 ①에 대입하면

$9=4a+1$, $a=2$

따라서 구하는 이차함수의 식은

$y=2(x-1)^2+1$, 즉 $y=2x^2-4x+3$

10

| 정답 | ③

| 풀이 | 축의 방정식이 $x=2$이므로 구하는 이차함수의 식을 $y=a(x-2)^2+q$로 놓을 수 있다.

이 그래프가 두 점 $(0, 5)$, $(3, -4)$를 지나므로

$5=4a+q$, $-4=a+q$ ∴ $a=3$, $q=-7$

따라서 구하는 이차함수의 식은

$y=3(x-2)^2-7=3x^2-12x+5$

11

| 정답 | $a=1$, $b=-2$

| 풀이 | 이차함수의 그래프가 두 점 $(-1, 8)$과 $(1, 4)$를 지나므로 $y=ax^2+bx+5$에 두 점의 좌표를 각각 대입한다.

$x=-1$, $y=8$을 대입하면 $8=a-b+5$ ...... ㉠

$x=1$, $y=4$를 대입하면 $4=a+b+5$ ...... ㉡

따라서 ㉠과 ㉡을 연립하여 풀면

$a=1$, $b=-2$

12

| 정답 | $y=-\dfrac{1}{2}x^2+8$

| 풀이 | 주어진 이차함수의 그래프가 y축을 축으로 하고, 꼭짓점의 좌표가 $(0, 8)$이므로 구하는 이차함수의 식은

$y=ax^2+8$

로 놓을 수 있다.

이때 이 그래프가 점 $(4, 0)$을 지나므로

$0=16a+8$, 즉 $a=-\dfrac{1}{2}$

따라서 구하는 이차함수의 식은 $y=-\dfrac{1}{2}x^2+8$

1. 기본 도형 138쪽

01	8
02	(1) 8 (2) 12
03	(1) $\overrightarrow{PQ}$ (2) $\overrightarrow{QP}$ (3) $\overleftrightarrow{PQ}$ (4) $\overline{PQ}$
04	(1) $\overrightarrow{CA}$, $\overrightarrow{BC}$ (2) $\overleftrightarrow{AC}$ (3) $\overline{CA}$ (4) $\overrightarrow{CA}$
05	(1) 6 cm (2) 11 cm
06	(1) 직각 (2) 둔각 (3) 평각 (4) 예각
07	(1) 45°, 75° (2) 90° (3) 105°, 135° (4) 180°
08	(1) $\angle x = 40°$, $\angle y = 140°$ (2) $\angle x = 50°$, $\angle y = 100°$
09	(1) 점 D (2) 3 cm
10	(1) 점 B, 점 C (2) 점 B, 점 D (3) 점 C
11	(1) $\overline{AB}$, $\overline{DC}$ (2) $\overline{AD}$
12	(1) $\overline{AB}$, $\overline{AE}$, $\overline{CD}$, $\overline{DH}$ (2) $\overline{BC}$, $\overline{FG}$, $\overline{EH}$ (3) $\overline{BF}$, $\overline{CG}$, $\overline{EF}$, $\overline{HG}$
13	(1) $\overline{BC}$ (2) $\overline{AB}$, $\overline{AC}$
14	(1) 면 AFJE, 면 ABGF, 면 BGHC (2) 면 BGHC, 면 CHID (3) $\overline{AF}$, $\overline{BG}$, $\overline{CH}$, $\overline{DI}$, $\overline{EJ}$
15	(1) 100° (2) 100° (3) 120° (4) 60°
16	(1) 55° (2) 125° (3) 55° (4) 55°
17	$\angle a = 70°$, $\angle b = 70°$, $\angle c = 95°$, $\angle d = 85°$
18	(1) 90° (2) 60°

01

| 정답 | 8
| 풀이 | 평면도형에서 교점의 개수는 꼭짓점의 개수와 같으므로 팔각형의 교점의 개수는 8이다.

02

| 정답 | (1) 8 (2) 12
| 풀이 | (1) 입체도형에서 교점의 개수는 꼭짓점의 개수와 같으므로 8이다.
(2) 입체도형에서 교선의 개수는 모서리의 개수와 같으므로 12 이다.

08

| 정답 | (1) $\angle x = 40°$, $\angle y = 140°$ (2) $\angle x = 50°$, $\angle y = 100°$
| 풀이 | (1) $\angle x = 40°$(맞꼭지각)
$$\angle y = 180° - 40° = 140°$$
(2) $\angle x = 50°$(맞꼭지각)
$$\angle y = 180° - (30° + 50°) = 100°$$

09

| 정답 | (1) 점 D (2) 3 cm
| 풀이 | (2) 점 B와 $\overline{AD}$ 사이의 거리는 점 B에서 $\overline{AD}$에 내린 수선의 발 A까지의 거리와 같다.
∴ $\overline{BA} = 3$ cm

15

| 정답 | (1) 100° (2) 100° (3) 120° (4) 60°
| 풀이 | (1) $\angle a$의 동위각은 $\angle e$이므로 $\angle e = 180° - 80° = 100°$
(2) $\angle c$의 동위각은 $\angle f$이므로 $\angle f = 180° - 80° = 100°$
(3) $\angle d$의 엇각은 $\angle b$이므로 $\angle b = 120°$ (맞꼭지각)
(4) $\angle e$의 엇각은 $\angle c$이므로 $\angle c = 180° - 120° = 60°$

16

| 정답 | (1) 55° (2) 125° (3) 55° (4) 55°
| 풀이 | (1) $\angle a = 180° - 125° = 55°$
(2) $\angle b = 125°$(동위각)
(3) $\angle c = \angle a = 55°$(동위각)
(4) $\angle d = \angle a = 55°$(엇각)

17

| 정답 | $\angle a = 70°$, $\angle b = 70°$, $\angle c = 95°$, $\angle d = 85°$
| 풀이 | $\angle a = 70°$(맞꼭지각)
$\angle b = 70°$(동위각)
$\angle c = 95°$(동위각)
$\angle d = 180° - 95°(\angle c) = 85°$

18

| 정답 | (1) 90° (2) 60°

| 풀이 | (1)

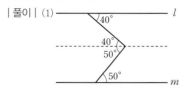

$$\therefore \angle x = 40° + 50° = 90°$$

(2)

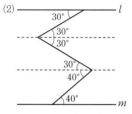

$$\therefore \angle x = 30° + 30° = 60°$$

---

2. 작도와 합동 〈147쪽〉

01	㉢ → ㉠ → ㉡
02	(1) 8 cm (2) 120°
03	(1) ○ (2) ○ (3) ×
04	a, b, A
05	∠XBY, a, A
06	(1) 점 H (2) $\overline{EF}$ (3) ∠G
07	(1) 7 cm (2) 75° (3) 140°
08	(1) △RPQ, SSS (2) △NMO, SAS (3) △JLK, ASA

03

| 정답 | (1) ○ (2) ○ (3) ×

| 풀이 | (1) 5<2+4이므로 삼각형을 만들 수 있다.

(2) 6<6+6이므로 삼각형을 만들 수 있다.

(3) 8>3+4이므로 삼각형을 만들 수 없다.

07

| 정답 | (1) 7 cm (2) 75° (3) 140°

| 풀이 | (1) $\overline{AB} = \overline{EF} = 7$ cm

(2) ∠C = ∠G = 75°

(3) ∠C = 75°이므로

$$\angle H = \angle D = 360° - (80° + 65° + 75°) = 140°$$

08

| 정답 | (1) △RPQ, SSS (2) △NMO, SAS

(3) △JLK, ASA

| 풀이 | (1) △ABC와 △RPQ에서

$\overline{AB} = \overline{RP} = 5$ cm

$\overline{BC} = \overline{PQ} = 4$ cm

$\overline{CA} = \overline{QR} = 6$ cm

∴ △ABC≡△RPQ (SSS 합동)

(2) △DEF와 △NMO에서

$\overline{EF} = \overline{MO} = 6$ cm

∠F = ∠O = 30°

$\overline{DF} = \overline{NO} = 5$ cm

∴ △DEF≡△NMO (SAS 합동)

(3) △GHI와 △JLK에서

∠L = 180° − (70° + 80°) = 30°이므로

∠H = ∠L = 30°

∠I = ∠K = 80°

$\overline{HI} = \overline{LK} = 6$ cm

∴ △GHI≡△JLK (ASA 합동)

---

3. 평면도형의 성질 〈152쪽〉

01	(1) 70° (2) 90°
02	(1) ○ (2) ○ (3) ×
03	65°
04	(1) 30° (2) 25°
05	(1) 145° (2) 130°
06	(1) 10 (2) 1800°
07	100°
08	(1) 1080° (2) 135°
09	40°
10	(1) 360° (2) 30°
11	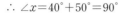
12	㉠ $\overparen{AB}$, ㉡ 할선, ㉢ 부채꼴 AOB, ㉣ 활꼴

13	(1) 8 (2) 45
14	(1) 18 (2) 12
15	(1) 둘레의 길이: 6π cm, 넓이: 9π cm² (2) 둘레의 길이: 12π cm, 넓이: 36π cm²
16	(1) 2π cm (2) 3π cm²
17	27π cm²

01

| 정답 | (1) $70°$ (2) $90°$

| 풀이 | $\angle$B와 $\angle$E의 외각은 각각
오른쪽 그림과 같다.

(1) ($\angle$B의 외각의 크기)
  $=180°-\angle$B
  $=180°-110°=70°$

(2) ($\angle$E의 외각의 크기)
  $=180°-\angle$E
  $=180°-90°=90°$

02

| 정답 | (1) ○ (2) ○ (3) ×

| 풀이 | (3) 모든 내각의 크기가 같고 모든 변의 길이도 같은 다
각형이 정다각형이다.

03

| 정답 | $65°$

| 풀이 | $\angle x=180°-(55°+60°)=65°$

04

| 정답 | (1) $30°$ (2) $25°$

| 풀이 | (1) $\angle x=180°-(35°+115°)=30°$

(2) $\angle x=180°-(65°+90°)=25°$

05

| 정답 | (1) $145°$ (2) $130°$

| 풀이 | (1) $\angle x=\angle$B$+\angle$C$=80°+65°=145°$

(2) $\angle$BAC$=180°-100°=80°$

∴ $\angle x=\angle$C$+\angle$BAC
  $=50°+80°=130°$

06

| 정답 | (1) 10 (2) $1800°$

| 풀이 | (1) $12-2=10$

(2) $180°\times10=1800°$

07

| 정답 | $100°$

| 풀이 | 오각형의 내각의 크기의 합은
$180°\times(5-2)=540°$이므로
$\angle x=540°-(100°+125°+105°+110°)$
  $=540°-440°=100°$

08

| 정답 | (1) $1080°$ (2) $135°$

| 풀이 | (1) $180°\times(8-2)=180°\times6=1080°$

(2) $\dfrac{1080°}{8}=135°$

09

| 정답 | $40°$

| 풀이 | 다각형의 외각의 크기의 합은 $360°$이므로
$\angle x=360°-(60°+55°+65°+70°+70°)$
  $=360°-320°=40°$

10

| 정답 | (1) $360°$ (2) $30°$

| 풀이 | (2) $\dfrac{360°}{12}=30°$

13

| 정답 | (1) 8 (2) 45

| 풀이 | (1) 호의 길이는 중심각의 크기에 정비례하므로

$40^\circ : 120^\circ = x : 24$

$1 : 3 = x : 24$, $3x = 24$ $\therefore x = 8$

(2) 길이가 같은 호에 대한 중심각의 크기는 같으므로 $x=45$

14

| 정답 | (1) 18 (2) 12

| 풀이 | (1) 부채꼴의 넓이는 중심각의 크기에 정비례하므로

$30^\circ : 90^\circ = 6 : x$

$1 : 3 = 6 : x$ $\therefore x = 18$

(2) 크기가 같은 중심각에 대한 부채꼴의 넓이는 같으므로

$x=12$

15

| 정답 | (1) 둘레의 길이: 6π cm, 넓이: 9π cm^2

(2) 둘레의 길이: 12π cm, 넓이: 36π cm^2

| 풀이 | (1) 원의 둘레의 길이를 l, 넓이를 S라 하면

$l = 2\pi \times 3 = 6\pi(\text{cm})$

$S = \pi \times 3^2 = 9\pi(\text{cm}^2)$

(2) 지름의 길이가 12 cm이므로 반지름의 길이는 6 cm이다.

원의 둘레의 길이를 l, 넓이를 S라 하면

$l = 2\pi \times 6 = 12\pi(\text{cm})$

$S = \pi \times 6^2 = 36\pi(\text{cm}^2)$

16

| 정답 | (1) 2π cm (2) 3π cm^2

| 풀이 | (1) (호의 길이)$= 2\pi \times 3 \times \frac{120}{360} = 2\pi(\text{cm})$

(2) (넓이)$= \pi \times 3^2 \times \frac{120}{360} = 3\pi(\text{cm}^2)$

17

| 정답 | 27π cm^2

| 풀이 | $\frac{1}{2} \times 9 \times 6\pi = 27\pi(\text{cm}^2)$

4. 입체도형의 성질

160쪽

01	(1) 육각형 (2) 직사각형
02	(1) 6, 육 (2) 7, 칠 (3) 5, 오
03	(1) ㉠, ㉢, ㉤ (2) ㉡ (3) ㉣ (4) ㉠, ㉡, ㉣ (5) ㉢ (6) ㉤
04	㉢
05	(1) ○ (2) × (3) ○
06	㉠, ㉢, ㉥
07	풀이 참조
08	$a=5$, $b=3$
09	$a=2$, $b=4$, $c=3$
10	(1) 30 cm^2 (2) 66 cm^2 (3) 126 cm^2
11	(1) 16π cm^2 (2) 6 cm (3) 96π cm^3
12	(1) 144 cm^2 (2) 240 cm^2 (3) 384 cm^2
13	(1) 16π cm^2 (2) 36π cm^2 (3) 52π cm^2
14	(1) 25π cm^2 (2) 9 cm (3) 75π cm^3
15	100π cm^2
16	288π cm^3

01

| 정답 | (1) 육각형 (2) 직사각형

| 풀이 | (2) 각기둥의 옆면의 모양은 직사각형이다.

05

| 정답 | (1) ○ (2) × (3) ○

| 풀이 | (2) 원뿔대는 원뿔을 밑면에 평행한 평면으로 자를 때 생기는 두 입체도형 중 원뿔이 아닌 쪽의 입체도형이므로 꼭짓점은 없다.

07

| 정답 | 풀이 참조

| 풀이 |

	회전축에 수직인 평면으로 자른 단면의 모양	회전축을 포함하는 평면으로 자른 단면의 모양
원기둥	원	직사각형
원뿔	원	이등변삼각형
원뿔대	원	사다리꼴
구	원	원

10

| 정답 | (1) 30 cm² (2) 66 cm² (3) 126 cm²

| 풀이 | (1) $6 \times 5 = 30 (cm^2)$

(2) $(6+5+6+5) \times 3 = 66 (cm^2)$

(3) (겉넓이)=(밑넓이)×2+(옆넓이)
$$= 30 \times 2 + 66 = 126 (cm^2)$$

11

| 정답 | (1) 16π cm² (2) 6 cm (3) 96π cm³

| 풀이 | (1) $\pi \times 4^2 = 16\pi (cm^2)$

(3) (부피)=(밑넓이)×(높이)
$$= 16\pi \times 6 = 96\pi (cm^3)$$

12

| 정답 | (1) 144 cm² (2) 240 cm² (3) 384 cm²

| 풀이 | (1) $12 \times 12 = 144 (cm^2)$

(2) $\left(\dfrac{1}{2} \times 12 \times 10\right) \times 4 = 240 (cm^2)$

(3) (겉넓이)=(밑넓이)+(옆넓이)
$$= 144 + 240 = 384 (cm^2)$$

13

| 정답 | (1) 16π cm² (2) 36π cm² (3) 52π cm²

| 풀이 | (1) $\pi \times 4^2 = 16\pi (cm^2)$

(2) $\dfrac{1}{2} \times 9 \times (2\pi \times 4) = 36\pi (cm^2)$

(3) $16\pi + 36\pi = 52\pi (cm^2)$

14

| 정답 | (1) 25π cm² (2) 9 cm (3) 75π cm³

| 풀이 | (1) $\pi \times 5^2 = 25\pi (cm^2)$

(3) $\dfrac{1}{3} \times 25\pi \times 9 = 75\pi (cm^3)$

15

| 정답 | 100π cm²

| 풀이 | (겉넓이)=$4\pi \times 5^2 = 100\pi (cm^2)$

16

| 정답 | 288π cm³

| 풀이 | (부피)=$\dfrac{4}{3}\pi \times 6^3 = 288\pi (cm^3)$

01	(1) 65° (2) 100°
02	(1) 8 (2) 44
03	(1) ∠F, $\overline{ED}$, $\overline{DF}$, △EDF, RHS (2) 15 cm
04	△ABC≡△HGI, RHS 합동
05	90°, $\overline{PB}$, △AOP, RHS, ∠BOP
06	(1) $x=5$, $y=7$ (2) $x=5$, $y=140$
07	(1) 16 cm (2) 60°
08	(1) 35° (2) 15° (3) 20° (4) 30°
09	(1) 100° (2) 108° (3) 55° (4) 100°
10	(1) $x=60$, $y=28$ (2) $x=30$, $y=3$
11	(1) 34° (2) 55°
12	(1) 115° (2) 20°
13	(1) $x=4$, $y=7$ (2) $x=3$, $y=6$
14	(1) $\angle x=65°$, $\angle y=115°$ (2) $\angle x=60°$, $\angle y=120°$
15	(1) $x=10$, $y=6$ (2) $x=60$, $y=7$
16	16 cm²
17	(1) $x=16$, $y=20$ (2) $x=35$, $y=70$
18	(1) $x=12$, $y=13$ (2) $x=110$, $y=35$
19	(1) 6 cm (2) 45°
20	(1) 12 (2) 110
21	(개) ㉡, ㉢ (내) ㉠, ㉣
22	(1) ㉡, ㉣, ㉢ (2) ㉠, ㉡, ㉢, ㉣
23	(1) 15 cm² (2) 15 cm²

01

| 정답 | (1) 65° (2) 100°

| 풀이 | (1) $\angle x = \dfrac{1}{2} \times (180° - 50°) = 65°$

(2) $\angle x = 180° - 2 \times 40° = 100°$

02

| 정답 | (1) 8 (2) 44

| 풀이 | (1) $\overline{BC} = 2\overline{BD} = 2 \times 4 = 8 (cm)$이므로 $x=8$

(2) ∠BDA=∠CDA=90°이므로

∠BAD=180°−(90°+46°)=44°

∴ $x=44$

| 다른풀이 |

∠BAC=180°−2×46°=88°이고 ∠BAD=∠CAD이므로

∠BAD=$\frac{1}{2}$∠BAC=$\frac{1}{2}$×88°=44°   ∴ $x=44$

04

| 정답 | △ABC≡△HGI, RHS 합동

| 풀이 | △ABC와 △HGI에서

∠C=∠I=90°, $\overline{AB}=\overline{HG}=7$ cm, $\overline{AC}=\overline{HI}=5$ cm

∴ △ABC≡△HGI(RHS 합동)

06

| 정답 | (1) $x=5$, $y=7$ (2) $x=5$, $y=140$

| 풀이 | (2) $\overline{OB}=\overline{OA}=5$ cm이므로 $x=5$

△OCA는 $\overline{OA}=\overline{OC}$인 이등변삼각형이므로

∠AOC=180°−2×20°=140°   ∴ $y=140$

07

| 정답 | (1) 16 cm (2) 60°

| 풀이 | (1) 점 D가 직각삼각형 ABC의 외심이므로

$\overline{AB}=2\overline{CD}=2×8=16$(cm)

(2) △DBC는 이등변삼각형이므로 ∠DCB=∠DBC=30°

∴ ∠ADC=∠DBC+∠DCB=30°+30°=60°

08

| 정답 | (1) 35° (2) 15° (3) 20° (4) 30°

| 풀이 | (1) ∠x+30°+25°=90°이므로 ∠x=35°

(2) ∠x+40°+35°=90°이므로 ∠x=15°

(3) 38°+∠x+32°=90°이므로 ∠x=20°

(4) ∠x+36°+24°=90°이므로 ∠x=30°

09

| 정답 | (1) 100° (2) 108° (3) 55° (4) 100°

| 풀이 | (1) ∠BOC=2∠A이므로 ∠x=2×50°=100°

(2) ∠A=22°+32°=54°   ∴ ∠x=2×54°=108°

(3) ∠A=$\frac{1}{2}$∠BOC이므로 ∠x=$\frac{1}{2}$×110°=55°

(4) ∠OBC=∠OCB=20°이므로

∠B=30°+20°=50°   ∴ ∠x=2×50°=100°

10

| 정답 | (1) $x=60$, $y=28$ (2) $x=30$, $y=3$

| 풀이 | (2) ∠ABC=180°−(70°+50°)=60°이므로

∠IBD=$\frac{1}{2}$×60°=30°   ∴ $x=30$

또한, $\overline{IE}=\overline{ID}=3$ cm이므로 $y=3$

11

| 정답 | (1) 34° (2) 55°

| 풀이 | (1) ∠x+32°+24°=90°이므로 ∠x=34°

(2) ∠x+15°+20°=90°이므로 ∠x=55°

12

| 정답 | (1) 115° (2) 20°

| 풀이 | (1) ∠x=90°+$\frac{1}{2}$×50°=115°

(2) 100°=90°+$\frac{1}{2}$∠x이므로 $\frac{1}{2}$∠x=10°   ∴ ∠x=20°

13

| 정답 | (1) $x=4$, $y=7$ (2) $x=3$, $y=6$

| 풀이 | (1) $x=4$이므로 $y=x+3=4+3=7$

(2) $x=3$이므로 $y=2x=2×3=6$

14

| 정답 | (1) ∠x=65°, ∠y=115° (2) ∠x=60°, ∠y=120°

| 풀이 | (1) ∠y=115°이므로 ∠x=180°−115°=65°

(2) 2∠x+∠x=180°, 3∠x=180°   ∴ ∠x=60°

∴ ∠y=2∠x=2×60°=120°

15

| 정답 | (1) $x=10$, $y=6$ (2) $x=60$, $y=7$

| 풀이 | (1) $x=2×5=10$, $y=6$

(2) ∠B=180°−120°=60°이므로 $x=60$

$\overline{AD}=\overline{BC}=7$ cm이므로 $y=7$

16

| 정답 | $16\ \mathrm{cm}^2$

| 풀이 | $\triangle \mathrm{PBC} + \triangle \mathrm{PDA} = \dfrac{1}{2}\square \mathrm{ABCD}$이므로

$\triangle \mathrm{PBC} + 12 = \dfrac{1}{2} \times 56 = 28(\mathrm{cm}^2)$

$\therefore\ \triangle \mathrm{PBC} = 28 - 12 = 16(\mathrm{cm}^2)$

17

| 정답 | (1) $x = 16$, $y = 20$ (2) $x = 35$, $y = 70$

| 풀이 | (2) $\triangle \mathrm{OBC}$는 이등변삼각형이므로 $x = 35$

이때 $\angle \mathrm{DOC} = 35° + 35° = 70°$이므로 $y = 70$

18

| 정답 | (1) $x = 12$, $y = 13$ (2) $x = 110$, $y = 35$

| 풀이 | (2) $\angle \mathrm{BAD} = 180° - 2 \times 35° = 110°$이므로 $x = 110$

$\angle \mathrm{CDB} = \angle \mathrm{ABD} = 35°$(엇각)이므로 $y = 35$

23

| 정답 | (1) $15\ \mathrm{cm}^2$ (2) $15\ \mathrm{cm}^2$

| 풀이 | (1) $\triangle \mathrm{ABC} = \dfrac{1}{2} \times 6 \times 5 = 15(\mathrm{cm}^2)$

(2) $\triangle \mathrm{DBC} = \triangle \mathrm{ABC} = 15\ \mathrm{cm}^2$

01	(1) 점 F (2) $\angle \mathrm{E}$ (3) $\overline{\mathrm{DF}}$
02	(1) ◯ (2) ×
03	(1) $3 : 5$ (2) $15\ \mathrm{cm}$ (3) $75°$
04	(1) $2 : 3$ (2) $9\ \mathrm{cm}$ (3) $65°$
05	(1) $2 : 5$ (2) 면 $\mathrm{B'F'G'C'}$ (3) $4\ \mathrm{cm}$
06	(1) 면 PSUR (2) $4 : 5$ (3) $15\ \mathrm{cm}$
07	④
08	(1) $2 : 3$ (2) $2 : 3$ (3) $4 : 9$ (4) $42\ \mathrm{cm}$
09	(1) $3 : 5$ (2) $9 : 25$ (3) $27 : 125$
10	(1) $3 : 4$ (2) $9 : 16$ (3) $27 : 64$
11	$54\pi\ \mathrm{cm}^3$
12	$\angle \mathrm{F}$, $\angle \mathrm{D}$, $\triangle \mathrm{FDE}$, AA
13	$\triangle \mathrm{ABC} \backsim \triangle \mathrm{RQP}$(AA 닮음), $\triangle \mathrm{GHI} \backsim \triangle \mathrm{NOM}$(SSS 닮음)
14	(1) 6 (2) $\dfrac{27}{4}$ (3) 8
15	$\dfrac{24}{5}$
16	(1) 15 (2) 18
17	(1) 5 (2) $\dfrac{80}{3}$
18	8
19	4
20	(1) 6 (2) 9
21	(1) 18 (2) 22
22	$15\ \mathrm{cm}^2$
23	(1) $x = 3$, $y = 4$ (2) $x = 6$, $y = 10$
24	(1) $x = 4$, $y = 6$ (2) $x = 8$, $y = 18$
25	(1) $9\ \mathrm{cm}^2$ (2) $18\ \mathrm{cm}^2$
26	(1) 10 (2) 13
27	$25\ \mathrm{cm}^2$
28	(1) 6 (2) 16
29	④
30	(1) 둔각삼각형 (2) 예각삼각형 (3) 직각삼각형
31	$\dfrac{25}{2}\pi\ \mathrm{cm}^2$
32	$30\ \mathrm{cm}^2$

02

| 정답 | (1) ○ (2) ×
| 풀이 | (2) 이웃한 변의 길이가 같은 평행사변형은 마름모이고, 두 마름모는 항상 닮은 도형이라 할 수 없다.

03

| 정답 | (1) $3:5$ (2) $15\,\mathrm{cm}$ (3) $75°$
| 풀이 | (1) $\overline{BC}$의 대응변은 $\overline{FG}$이고
$\overline{BC}=6\,\mathrm{cm}$, $\overline{FG}=10\,\mathrm{cm}$이므로 닮음비는
$\overline{BC}:\overline{FG}=6:10=3:5$
(2) 닮음비가 $3:5$이고 $\overline{EF}$의 대응변은 $\overline{AB}$이므로
$\overline{AB}:\overline{EF}=3:5$, $9:\overline{EF}=3:5$ $\therefore \overline{EF}=15(\mathrm{cm})$
(3) $\angle D$의 대응각은 $\angle H$이므로 $\angle D=\angle H=75°$

04

| 정답 | (1) $2:3$ (2) $9\,\mathrm{cm}$ (3) $65°$
| 풀이 | (1) $\overline{AB}$에 대응하는 변은 $\overline{DE}$이고,
$\overline{AB}=4\,\mathrm{cm}$, $\overline{DE}=6\,\mathrm{cm}$이므로
$\overline{AB}:\overline{DE}=4:6=2:3$
따라서 $\triangle ABC$와 $\triangle DEF$의 닮음비는 $2:3$이다.
(2) $\overline{EF}$에 대응하는 변은 $\overline{BC}$이고, $\overline{BC}=6\,\mathrm{cm}$,
두 삼각형의 닮음비는 $2:3$이므로
$6:\overline{EF}=2:3$, $2\overline{EF}=18$ $\therefore \overline{EF}=9$
따라서 $\overline{EF}$의 길이는 $9\,\mathrm{cm}$이다.
(3) $\angle B$에 대응하는 각은 $\angle E$이므로 $\angle B=\angle E=65°$

05

| 정답 | (1) $2:5$ (2) 면 B′F′G′C′ (3) $4\,\mathrm{cm}$
| 풀이 | (1) $\overline{AB}:\overline{A'B'}=2:5$이므로 두 직육면체의 닮음비는 $2:5$이다.
(2) 면 BFGC에 대응하는 면은 면 B′F′G′C′이다.
(3) $\overline{BF}:\overline{B'F'}=2:5$, $\overline{BF}:10=2:5$
$\therefore \overline{BF}=4(\mathrm{cm})$

06

| 정답 | (1) 면 PSUR (2) $4:5$ (3) $15\,\mathrm{cm}$
| 풀이 | (2) 닮음비는 $\overline{DE}:\overline{ST}=8:10=4:5$
(3) $\overline{EF}:\overline{TU}=4:5$이므로
$12:\overline{TU}=4:5$ $\therefore \overline{TU}=15(\mathrm{cm})$

07

| 정답 | ④
| 풀이 | $\overline{AD}$에 대응하는 모서리는 $\overline{GJ}$이므로 두 삼각기둥의 닮음비는
$12:10=6:5$

08

| 정답 | (1) $2:3$ (2) $2:3$ (3) $4:9$ (4) $42\,\mathrm{cm}$
| 풀이 | (3) 닮음비가 $2:3$이므로 넓이의 비는 $2^2:3^2=4:9$
(4) $\triangle DEF$의 둘레의 길이를 $x\,\mathrm{cm}$라 하면
$28:x=2:3$ $\therefore x=42$
따라서 $\triangle DEF$의 둘레의 길이는 $42\,\mathrm{cm}$이다.

09

| 정답 | (1) $3:5$ (2) $9:25$ (3) $27:125$
| 풀이 | (1) 닮음비는 대응하는 모서리의 길이의 비와 같으므로
$6:10=3:5$
(2) 닮음비가 $3:5$이므로 겉넓이의 비는 $3^2:5^2=9:25$
(3) 닮음비가 $3:5$이므로 부피의 비는 $3^3:5^3=27:125$

10

| 정답 | (1) $3:4$ (2) $9:16$ (3) $27:64$
| 풀이 | (1) 닮음비는 반지름의 길이의 비와 같으므로
$6:8=3:4$
(2) 닮음비가 $3:4$이므로 겉넓이의 비는 $3^2:4^2=9:16$
(3) 닮음비가 $3:4$이므로 부피의 비는 $3^3:4^3=27:64$

11

| 정답 | $54\pi\,\mathrm{cm}^3$
| 풀이 | 닮음비가 $8:6$, 즉 $4:3$이므로
두 원기둥의 부피의 비는 $4^3:3^3=64:27$
(㉮ 원기둥의 부피)$=\pi\times4^2\times8=128\pi(\mathrm{cm}^3)$
㉯ 원기둥의 부피를 $x\,\mathrm{cm}^3$라 하면
$128\pi:x=64:27$ $\therefore x=54\pi(\mathrm{cm}^3)$
따라서 ㉯ 원기둥의 부피는 $54\pi\,\mathrm{cm}^3$이다.

13

| 정답 | $\triangle ABC$∽$\triangle RQP$(AA 닮음)
$\triangle GHI$∽$\triangle NOM$(SSS 닮음)

| 풀이 | △ABC와 △RQP에서

$\angle A = 180° - (60° + 40°) = 80° = \angle R$, $\angle B = \angle Q$

$\therefore \triangle ABC \backsim \triangle RQP$ (AA 닮음)

△GHI와 △NOM에서

$\overline{GH} : \overline{NO} = 8 : 12 = 2 : 3$

$\overline{GI} : \overline{NM} = 6 : 9 = 2 : 3$

$\overline{HI} : \overline{OM} = 10 : 15 = 2 : 3$

$\therefore \triangle GHI \backsim \triangle NOM$ (SSS 닮음)

14

| 정답 | (1) 6 (2) $\dfrac{27}{4}$ (3) 8

| 풀이 | (1) △ABC∽△DBA이므로

$\overline{AB} : \overline{DB} = \overline{BC} : \overline{BA}$

$x : 3 = 12 : x$, $x^2 = 36 = 6^2$ $\therefore x = 6 (\because x > 0)$

| 다른풀이 |

$\overline{AB}^2 = \overline{BD} \times \overline{BC}$이므로 $x^2 = 3 \times (3 + 9)$

$x^2 = 36 = 6^2$ $\therefore x = 6 (\because x > 0)$

(2) △ABC∽△DAC이므로

$\overline{BC} : \overline{AC} = \overline{AC} : \overline{DC}$

$12 : 9 = 9 : x$, $12x = 81$ $\therefore x = \dfrac{27}{4}$

| 다른풀이 |

$\overline{AC}^2 = \overline{CD} \times \overline{CB}$이므로 $9^2 = x \times 12$ $\therefore x = \dfrac{27}{4}$

(3) △DAC∽△DBA이므로

$\overline{DC} : \overline{DA} = \overline{DA} : \overline{DB}$

$x : 4 = 4 : 2$, $2x = 16$ $\therefore x = 8$

| 다른풀이 |

$\overline{AD}^2 = \overline{DB} \times \overline{DC}$이므로 $4^2 = 2 \times x$ $\therefore x = 8$

15

| 정답 | $\dfrac{24}{5}$

| 풀이 | $\overline{AB} \times \overline{AC} = \overline{BC} \times \overline{AD}$이므로 $8 \times 6 = 10 \times x$

$48 = 10x$ $\therefore x = \dfrac{24}{5}$

16

| 정답 | (1) 15 (2) 18

| 풀이 | (1) $\overline{AB} : \overline{AD} = \overline{BC} : \overline{DE}$에서

$x : 10 = 12 : 8$이므로

$x : 10 = 3 : 2$, $2x = 30$

$\therefore x = 15$

(2) $\overline{AB} : \overline{AD} = \overline{AC} : \overline{AE}$에서

$x : 12 = 24 : 16$이므로

$x : 12 = 3 : 2$, $2x = 36$

$\therefore x = 18$

17

| 정답 | (1) 5 (2) $\dfrac{80}{3}$

| 풀이 | (1) $\overline{AD} : \overline{DB} = \overline{AE} : \overline{EC}$에서

$16 : 10 = 8 : x$이므로

$8 : 5 = 8 : x$ $\therefore x = 5$

(2) $\overline{AD} : \overline{AB} = \overline{AE} : \overline{AC}$에서 $\overline{AC} = 32 - 20 = 12$

$x : 16 = 20 : 12$이므로

$x : 16 = 5 : 3$, $3x = 80$

$\therefore x = \dfrac{80}{3}$

18

| 정답 | 8

| 풀이 | $\overline{AB} : \overline{AC} = \overline{BD} : \overline{CD}$에서 $\overline{BD} = 10 - 4 = 6$

$12 : x = 6 : 4$이므로

$12 : x = 3 : 2$, $3x = 24$

$\therefore x = 8$

19

| 정답 | 4

| 풀이 | $\overline{AB} : \overline{AC} = \overline{BD} : \overline{CD}$에서

$5 : 3 = (x + 6) : 6$이므로

$3x + 18 = 30$, $3x = 12$

$\therefore x = 4$

20

| 정답 | (1) 6 (2) 9

| 풀이 | (1) $(10 - 6) : 6 = x : 9$이므로

$4 : 6 = x : 9$, $2 : 3 = x : 9$

$3x = 18$ $\therefore x = 6$

(2) $8 : 6 = 12 : x$이므로 $4 : 3 = 12 : x$

$4x = 36$ $\therefore x = 9$

21

| 정답 | (1) 18 (2) 22

| 풀이 | (1) $\overline{AM}=\overline{MB}$, $\overline{AN}=\overline{NC}$이므로

$\overline{BC}=2\overline{MN}=2\times9=18$ $\therefore x=18$

(2) $\overline{AN}=\overline{NC}$, $\overline{MN}/\!/\overline{BC}$이므로 $\overline{AM}=\overline{MB}$

$\therefore x=2\overline{MB}=2\times11=22$

22

| 정답 | 15 cm^2

| 풀이 | $\triangle ADC=\dfrac{1}{2}\triangle ABC=\dfrac{1}{2}\times30=15(cm^2)$

23

| 정답 | (1) $x=3$, $y=4$ (2) $x=6$, $y=10$

| 풀이 | (1) $6:x=2:1$이므로 $2x=6$ $\therefore x=3$

$8:y=2:1$이므로 $2y=8$ $\therefore y=4$

(2) $x:3=2:1$ $\therefore x=6$

또, $\overline{AC}=2\overline{EC}$이므로 $y=2\times5=10$

24

| 정답 | (1) $x=4$, $y=6$ (2) $x=8$, $y=18$

| 풀이 | (1) $x=\overline{AD}=4$

$y:9=2:3$이므로 $3y=18$ $\therefore y=6$

(2) $16:x=2:1$이므로 $2x=16$ $\therefore x=8$

$12:y=2:3$이므로 $2y=36$ $\therefore y=18$

25

| 정답 | (1) 9 cm^2 (2) 18 cm^2

| 풀이 | (1) $\triangle GFB=\dfrac{1}{6}\triangle ABC=\dfrac{1}{6}\times54=9(cm^2)$

(2) $\triangle GBC=\dfrac{1}{3}\triangle ABC=\dfrac{1}{3}\times54=18(cm^2)$

26

| 정답 | (1) 10 (2) 13

| 풀이 | (1) $x^2=8^2+6^2$, $x^2=100$

$x>0$이므로 $x=10$

(2) $x^2=12^2+5^2$, $x^2=169$

$x>0$이므로 $x=13$

27

| 정답 | 25 cm^2

| 풀이 | $\square AFGB=9+16=25(cm^2)$

28

| 정답 | (1) 6 (2) 16

| 풀이 | (1) $\overline{BC}^2+\overline{AC}^2=\overline{AB}^2$이므로 $\overline{AB}^2=3+3=6$

$\overline{AB}^2=6$ cm^2

$\therefore$ ($\overline{AB}$를 한 변으로 하는 정사각형의 넓이 x)$=6$ cm^2

(2) $\overline{BC}^2+\overline{AC}^2=\overline{AB}^2$이므로 $\overline{AB}^2=10+6=16$

$\overline{AB}^2=16$ cm^2

$\therefore$ ($\overline{AB}$를 한 변으로 하는 정사각형의 넓이 x)$=16$ cm^2

29

| 정답 | ④

| 풀이 | 작은 정사각형과 큰 정사각형의 한 변의 길이가 각각 3 cm, 9 cm이므로 x cm는 가로의 길이가 $(3+9)$cm, 세로의 길이가 9 cm인 직사각형의 대각선의 길이와 같다. 즉,

$x^2=12^2+9^2=225$

$x>0$이므로 $x=15$

30

| 정답 | (1) 둔각삼각형 (2) 예각삼각형 (3) 직각삼각형

| 풀이 | (1) $6^2>3^2+4^2$이므로 둔각삼각형이다.

(2) $10^2<6^2+9^2$이므로 예각삼각형이다.

(3) $17^2=8^2+15^2$이므로 직각삼각형이다.

31

| 정답 | $\dfrac{25}{2}\pi$ cm^2

| 풀이 | $P+Q$는 $\overline{BC}$를 지름으로 하는 반원의 넓이와 같으므로

$\dfrac{1}{2}\times\pi\times5^2=\dfrac{25}{2}\pi(cm^2)$

32

| 정답 | 30 cm²

| 풀이 | 색칠한 부분의 넓이는 △ABC의 넓이와 같으므로

$$\frac{1}{2} \times 12 \times 5 = 30(\text{cm}^2)$$

---

7. 삼각비   198쪽

01	(1) $\frac{8}{17}$ (2) $\frac{15}{17}$ (3) $\frac{8}{15}$
02	(1) $\frac{15}{17}$ (2) $\frac{8}{17}$ (3) $\frac{15}{8}$
03	(1) $\sin B = \frac{\sqrt{3}}{2}$, $\cos B = \frac{1}{2}$, $\tan B = \sqrt{3}$ (2) $\sin C = \frac{1}{2}$, $\cos C = \frac{\sqrt{3}}{2}$, $\tan C = \frac{\sqrt{3}}{3}$
04	(1) 12 (2) $4\sqrt{10}$
05	(1) 0 (2) 1 (3) $-\frac{1}{2}$
06	(1) $x = 4\sqrt{3}$, $y = 8$ (2) $x = 9$, $y = 9\sqrt{3}$
07	(1) 0.82 (2) 0.57 (3) 1.43 (4) 0.57 (5) 0.82
08	(1) 0 (2) -1
09	(1) ○ (2) × (3) ○
10	$\overline{AC} = 3\sqrt{3}$ cm, $\overline{BC} = 3$ cm
11	(1) $15\sqrt{2}$ cm² (2) $3\sqrt{3}$ cm²
12	$27\sqrt{3}$ cm²

03

| 정답 | (1) $\sin B = \frac{\sqrt{3}}{2}$, $\cos B = \frac{1}{2}$, $\tan B = \sqrt{3}$

(2) $\sin C = \frac{1}{2}$, $\cos C = \frac{\sqrt{3}}{2}$, $\tan C = \frac{\sqrt{3}}{3}$

| 풀이 | $\overline{AC} = \sqrt{\overline{BC}^2 - \overline{AB}^2} = \sqrt{4^2 - 2^2} = \sqrt{12} = 2\sqrt{3}$

(1) $\sin B = \dfrac{\overline{AC}}{\overline{BC}} = \dfrac{2\sqrt{3}}{4} = \dfrac{\sqrt{3}}{2}$

$\cos B = \dfrac{\overline{AB}}{\overline{BC}} = \dfrac{2}{4} = \dfrac{1}{2}$

$\tan B = \dfrac{\overline{AC}}{\overline{AB}} = \dfrac{2\sqrt{3}}{2} = \sqrt{3}$

(2) $\sin C = \dfrac{\overline{AB}}{\overline{BC}} = \dfrac{2}{4} = \dfrac{1}{2}$

$\cos C = \dfrac{\overline{AC}}{\overline{BC}} = \dfrac{2\sqrt{3}}{4} = \dfrac{\sqrt{3}}{2}$

$\tan C = \dfrac{\overline{AB}}{\overline{AC}} = \dfrac{2}{2\sqrt{3}} = \dfrac{\sqrt{3}}{3}$

04

| 정답 | (1) 12 (2) $4\sqrt{10}$

| 풀이 | (1) $\tan A = \dfrac{\overline{BC}}{\overline{AB}} = \dfrac{4}{\overline{AB}} = \dfrac{1}{3}$이므로 $\overline{AB} = 12$

(2) $\overline{AC} = \sqrt{\overline{AB}^2 + \overline{BC}^2} = \sqrt{12^2 + 4^2} = \sqrt{160} = 4\sqrt{10}$

05

| 정답 | (1) 0 (2) 1 (3) $-\dfrac{1}{2}$

| 풀이 | (1) $\sin 60° - \cos 30° = \dfrac{\sqrt{3}}{2} - \dfrac{\sqrt{3}}{2} = 0$

(2) $\tan 30° \times \tan 60° = \dfrac{\sqrt{3}}{3} \times \sqrt{3} = 1$

(3) $\cos 45° \times \sin 45° - \tan 45° = \dfrac{\sqrt{2}}{2} \times \dfrac{\sqrt{2}}{2} - 1 = -\dfrac{1}{2}$

06

| 정답 | (1) $x = 4\sqrt{3}$, $y = 8$ (2) $x = 9$, $y = 9\sqrt{3}$

| 풀이 | (1) $\tan 30° = \dfrac{4}{x} = \dfrac{\sqrt{3}}{3}$ ∴ $x = 4\sqrt{3}$

$\sin 30° = \dfrac{4}{y} = \dfrac{1}{2}$ ∴ $y = 8$

(2) $\cos 60° = \dfrac{x}{18} = \dfrac{1}{2}$ ∴ $x = 9$

$\sin 60° = \dfrac{y}{18} = \dfrac{\sqrt{3}}{2}$ ∴ $y = 9\sqrt{3}$

07

| 정답 | (1) 0.82 (2) 0.57 (3) 1.43 (4) 0.57 (5) 0.82

| 풀이 | (1) $\sin 55° = \dfrac{\overline{AB}}{\overline{OA}} = \dfrac{\overline{AB}}{1} = \overline{AB} = 0.82$

(2) $\cos 55° = \dfrac{\overline{OB}}{\overline{OA}} = \dfrac{\overline{OB}}{1} = \overline{OB} = 0.57$

(3) $\tan 55°=\dfrac{\overline{\text{CD}}}{\overline{\text{OD}}}=\dfrac{\overline{\text{CD}}}{1}=\overline{\text{CD}}=1.43$

(4) $\sin 35°=\dfrac{\overline{\text{OB}}}{\overline{\text{OA}}}=\dfrac{\overline{\text{OB}}}{1}=\overline{\text{OB}}=0.57$

(5) $\cos 35°=\dfrac{\overline{\text{AB}}}{\overline{\text{OA}}}=\dfrac{\overline{\text{AB}}}{1}=\overline{\text{AB}}=0.82$

08

| 정답 | (1) 0 (2) −1

| 풀이 | (1) $\sin 0°+\cos 90°=0+0=0$

(2) $\tan 0°-\cos 0°=0-1=-1$

09

| 정답 | (1) ○ (2) × (3) ○

| 풀이 | (2) A의 크기가 커지면 $\cos A$의 값은 작아진다.

10

| 정답 | $\overline{\text{AC}}=3\sqrt{3}$cm, $\overline{\text{BC}}=3$ cm

| 풀이 | $\cos 30°=\dfrac{\overline{\text{AC}}}{6}$이므로

$\overline{\text{AC}}=6\cos 30°=6\times\dfrac{\sqrt{3}}{2}=3\sqrt{3}$ (cm)

$\sin 30°=\dfrac{\overline{\text{BC}}}{6}$이므로

$\overline{\text{BC}}=6\sin 30°=6\times\dfrac{1}{2}=3$ (cm)

11

| 정답 | (1) $15\sqrt{2}\,\text{cm}^2$ (2) $3\sqrt{3}\,\text{cm}^2$

| 풀이 | (1) ∠A는 예각이므로

$$\triangle\text{ABC}=\dfrac{1}{2}\times 6\times 10\times\sin 45°$$
$$=\dfrac{1}{2}\times 6\times 10\times\dfrac{\sqrt{2}}{2}=15\sqrt{2}\,(\text{cm}^2)$$

(2) ∠A는 둔각이므로

$$\triangle\text{ABC}=\dfrac{1}{2}\times 3\times 4\times\sin(180°-120°)$$
$$=\dfrac{1}{2}\times 3\times 4\times\sin 60°$$
$$=\dfrac{1}{2}\times 3\times 4\times\dfrac{\sqrt{3}}{2}=3\sqrt{3}\,(\text{cm}^2)$$

12

| 정답 | $27\sqrt{3}\,\text{cm}^2$

| 풀이 | 오른쪽 그림과 같이 대각선 AC를 그으면 □ABCD의 넓이 S 는

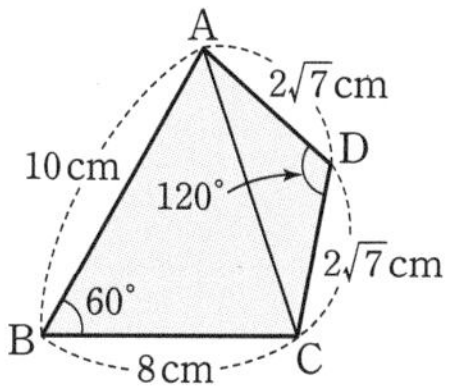

$S=(\triangle\text{ABC}의 넓이)$
$\qquad+(\triangle\text{ACD}의 넓이)$

$$=\dfrac{1}{2}\times 10\times 8\times\sin 60°$$
$$\qquad+\dfrac{1}{2}\times 2\sqrt{7}\times 2\sqrt{7}\times\sin(180°-120°)$$
$$=\dfrac{1}{2}\times 10\times 8\times\dfrac{\sqrt{3}}{2}+\dfrac{1}{2}\times 2\sqrt{7}\times 2\sqrt{7}\times\dfrac{\sqrt{3}}{2}$$
$$=20\sqrt{3}+7\sqrt{3}=27\sqrt{3}\,(\text{cm}^2)$$

8. 원과 직선
206쪽

01	4 cm
02	2
03	④
04	4
05	6
06	18 cm
07	(1) 35° (2) 40° (3) 120° (4) 105°
08	(1) 47° (2) 60°
09	(1) 20 (2) 5
10	(1) 60° (2) 50°

01

| 정답 | 4 cm

| 풀이 | $\overset{\frown}{\text{AB}}:8=50°:100°$

$100°\times\overset{\frown}{\text{AB}}=8\times 50°$

$\therefore\ \overset{\frown}{\text{AB}}=4(\text{cm})$

02

| 정답 | 2

| 풀이 | 길이가 같은 현은 원의 중심에서 같은 거리에 있으므로
$x=2$

03

| 정답 | ④

| 풀이 | 오른쪽 그림과 같이 원 O 밖
의 한 점 P에서 이 원에 그은 두 접선
의 길이 $\overline{PA}$와 $\overline{PB}$는 같으므로
$\overline{PA}=\overline{PB}=5$ cm
이다. 따라서 $x=5$이다.

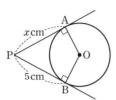

04

| 정답 | 4

| 풀이 | $\overline{AB}$, $\overline{BC}$, $\overline{CA}$가 원 O의 접선이므로
$\overline{BD}=\overline{BE}=5$ cm
$\overline{AD}=\overline{AB}-\overline{BD}=8-5=3$ (cm)이므로
$\overline{AF}=\overline{AD}=3$ cm
또 $\overline{CF}=\overline{CE}=x$ cm이고 $\overline{AC}=\overline{AF}+\overline{CF}$이므로
$3+x=7$
따라서 $x=4$

05

| 정답 | 6

| 풀이 | $x+8=5+9$
$\therefore x=6$

06

| 정답 | 18 cm

| 풀이 | $\overline{AD}=\overline{AF}$, $\overline{BD}=\overline{BE}$, $\overline{CE}=\overline{CF}$이므로
$\overline{AB}+\overline{BC}+\overline{AC}=2(\overline{AD}+\overline{BE}+\overline{CF})$
$\therefore \overline{AD}+\overline{BE}+\overline{CF}=\dfrac{1}{2}(\overline{AB}+\overline{BC}+\overline{AC})$
$\qquad\qquad\qquad\qquad =\dfrac{1}{2}\times(12+14+10)=18(\text{cm})$

07

| 정답 | (1) 35° (2) 40° (3) 120° (4) 105°

| 풀이 | (1) $\angle x=\dfrac{1}{2}\times70°=35°$

(2) $\angle x=2\times20°=40°$

(3) $\angle x=\dfrac{1}{2}\times240°=120°$

(4) $\angle x=\dfrac{1}{2}\times(360°-150°)=105°$

08

| 정답 | (1) 47° (2) 60°

| 풀이 | (2) $\angle ADB=\angle ACB=65°$
$\therefore \angle x=180°-(65°+55°)=60°$

09

| 정답 | (1) 20 (2) 5

| 풀이 | (1) $\overset{\frown}{AB}=\overset{\frown}{CD}=4$이므로 $\angle CQD=\angle APB=20°$
$\therefore x=20$

(2) $\angle APB=\angle CQD=35°$이므로 $\overset{\frown}{AB}=\overset{\frown}{CD}=5$
$\therefore x=5$

10

| 정답 | (1) 60° (2) 50°

| 풀이 | (1) $\angle x=\angle BCA=180°-(65°+55°)=60°$

(2) $\angle CBA=\angle CAT=70°$이므로 $\triangle ABC$에서
$\angle x=180°-(60°+70°)=50°$

05 확률과 통계

1. 자료의 정리와 해석

226쪽

01	(1) 풀이 참조 (2) 가장 작은 변량: 62 g, 가장 큰 변량: 98 g (3) 1, 2, 8 (4) 7개 (5) 88 g
02	(1) 15 (2) 6명 (3) 159 cm
03	(1) 17명 (2) 36점
04	(1) 풀이 참조 (2) 10점 (3) 70점 이상 80점 미만 (4) 2
05	④
06	①
07	①
08	(1) 1시간 (2) 50명 (3) 1시간 이상 2시간 미만 (4) 28명 (5) 50
09	②
10	(1) 5 kg (2) 6 (3) 25명 (4) 5명 (5) 40 kg 이상 45 kg 미만 (6) 125
11	6
12	400
13	(1) 2 m (2) 7 m (3) 20명 (4) 4 m 이상 6 m 미만 (5) 30 %
14	(1) 풀이 참조 (2) 70점 이상 80점 미만 (3) 2 (4) 8 % (5) 40 %
15	(1) 80분 이상 100분 미만 (2) 140분 이상 160분 미만 (3) 72 % (4) 15명

01

| 정답 | (1) 풀이 참조
(2) 가장 작은 변량: 62 g, 가장 큰 변량: 98 g
(3) 1, 2, 8 (4) 7개 (5) 88 g
| 풀이 | (1)

귤의 무게 (6|2는 62 g)

줄기	잎
6	2 2 6
7	0 2 3 4 5 5 5 7
8	1 2 8
9	2 8

02

| 정답 | (1) 15 (2) 6명 (3) 159 cm

| 풀이 | (2) 세희보다 키가 큰 학생은 150 cm대에는 2명,
160 cm대에는 4명이므로 2+4=6(명)
(3) 마지막 줄기의 잎부터 차례대로 세면 5번째는 줄기가 15이
고, 잎이 9이므로 구하는 학생의 키는 159 cm이다.

03

| 정답 | (1) 17명 (2) 36점
| 풀이 | (1) 줄기가 6, 7, 8, 9인 잎의 개수는 순서대로
2개, 5개, 6개, 4개이므로 원준이네 반 전체 학생 수는
2+5+6+4=17(명)이다.
(2) 성적이 가장 좋은 학생의 점수는 99점,
가장 나쁜 학생의 점수는 63점이므로
점수의 차는 99−63=36(점)이다.

04

| 정답 | (1) 풀이 참조 (2) 10점 (3) 70점 이상 80점 미만 (4) 2
| 풀이 | (1)

볼링 점수(점)	학생 수(명)
$60^{이상}$ ~ $70^{미만}$	4
70 ~ 80	8
80 ~ 90	7
90 ~ 100	3
100 ~ 110	2
합계	24

(4) 도수가 가장 작은 계급은 100점 이상 110점 미만이므로 도
수는 2이다.

05

| 정답 | ④
| 풀이 | 봉사활동 시간이 9시간 미만인 학생은
2+4+8=14(명)
이므로 전체의 $\dfrac{14}{35} \times 100 = 40(\%)$이다.

06

| 정답 | ①
| 풀이 | 도수의 합이 30이므로
$4+3+13+A+3=30$
$\therefore A=7$

07

| 정답 | ①

| 풀이 | 60점 이상 70점 미만인 계급의 도수와 70점 이상 80점 미만인 계급의 도수의 합을 구하면

$5+8=13$

08

| 정답 | (1) 1시간 (2) 50명 (3) 1시간 이상 2시간 미만
(4) 28명 (5) 50

| 풀이 | (1) $2-1=3-2=\cdots=7-6=1$(시간)
(2) $2+6+12+16+10+4=50$(명)
(3) 히스토그램에서 직사각형의 높이는 도수를 나타내므로 도수가 가장 작은 계급은 1시간 이상 2시간 미만이다.
(4) $12+16=28$(명)
(5) (직사각형의 넓이의 합)
　　$=$(계급의 크기)$\times$(도수의 총합)
　　$=1\times50=50$

09

| 정답 | ②

| 풀이 | 80분 이상 90분 미만: 4편
90분 이상 100분 미만: 8편
따라서 상영 시간이 100분 미만인 영화의 편수는
$4+8=12$(편)

10

| 정답 | (1) 5 kg (2) 6 (3) 25명 (4) 5명
(5) 40 kg 이상 45 kg 미만 (6) 125

| 풀이 | (1) $35-30=40-35=\cdots=60-55=5$(kg)
(3) $2+3+7+8+4+1=25$(명)
(4) $4+1=5$(명)
(6) (도수분포다각형과 가로축으로 둘러싸인 부분의 넓이)
　　$=$(계급의 크기)$\times$(도수의 총합)
　　$=5\times25=125$

11

| 정답 | 6

| 풀이 | 봉사활동 시간이 17시간인 학생이 속하는 계급은 16시간 이상 18시간 미만이므로 계급의 도수는 6이다.

12

| 정답 | 400

| 풀이 | (전체 도수)$=7+14+9+6+4=40$이므로
(도수분포다각형과 가로축으로 둘러싸인 부분의 넓이)
$=$(계급의 크기)$\times$(전체 도수)
$=10\times40=400$

13

| 정답 | (1) 2 m (2) 7 m (3) 20명
(4) 4 m 이상 6 m 미만 (5) 30 %

| 풀이 | (1) $4-2=6-4=\cdots=12-10=2$(m)
(2) 도수가 가장 큰 계급은 6 m 이상 8 m 미만이므로

　　(계급값)$=\dfrac{6+8}{2}=7$(m)

(3) $2+5+7+4+2=20$(명)
(4) 물로켓이 날아간 거리가 짧은 계급부터 도수를 차례로 더해 그 합이 처음으로 3이 되는 계급을 찾으면 4 m 이상 6 m 미만이다.
(5) 물로켓이 날아간 거리가 8 m 이상인 학생 수는
　　$4+2=6$(명)
　　$\therefore \dfrac{6}{20}\times100=30(\%)$

14

| 정답 | (1) 풀이 참조 (2) 70점 이상 80점 미만
(3) 2 (4) 8 % (5) 40 %

| 풀이 | (1)

체육 수행평가 성적(점)	도수(명)	상대도수
50^{이상} ～ 60^{미만}	4	0.16
60 ～ 70	6	0.24
70 ～ 80	8	0.32
80 ～ 90	5	0.2
90 ～ 100	2	0.08
합계	25	1

(3) 상대도수가 가장 작은 계급은 90점 이상 100점 미만이므로 도수는 2이다.
(4) $0.08\times100=8(\%)$
(5) $(0.16+0.24)\times100=40(\%)$

15

| 정답 | (1) 80분 이상 100분 미만 (2) 140분 이상 160분 미만
(3) 72% (4) 15명

| 풀이 | (2) 도수는 상대도수에 정비례하므로 도수가 가장 작은 계급은 상대도수가 가장 작은 계급으로 140분 이상 160분 미만이다.

(3) $(0.24+0.32+0.16)\times100=0.72\times100=72(\%)$

(4) $50\times(0.16+0.12+0.02)=50\times0.3=15$(명)

2. 경우의 수와 확률

235쪽

01	(1) 5 (2) 3 (3) 4
02	7
03	(1) 3 (2) 5 (3) 8
04	12
05	10
06	(1) 24 (2) 2 (3) 2 (4) 4
07	240
08	(1) 30 (2) 120
09	(1) 25 (2) 100
10	(1) 20 (2) 10
11	(1) 5 (2) 3 (3) $\dfrac{3}{5}$
12	(1) 1 (2) 0
13	(1) $\dfrac{14}{15}$ (2) $\dfrac{6}{7}$ (3) $\dfrac{97}{100}$
14	(1) $\dfrac{1}{8}$ (2) $\dfrac{7}{8}$
15	(1) $\dfrac{1}{2}$ (2) $\dfrac{1}{5}$ (3) $\dfrac{7}{10}$
16	(1) $\dfrac{1}{2}$ (2) $\dfrac{2}{3}$ (3) $\dfrac{1}{3}$
17	(1) $\dfrac{1}{25}$ (2) $\dfrac{3}{95}$
18	$\dfrac{1}{2}$

01

| 정답 | (1) 5 (2) 3 (3) 4

| 풀이 | (1) 1, 3, 5, 7, 9의 5가지이다.

(2) 1, 2, 3의 3가지이다.

(3) 1, 2, 5, 10의 4가지이다.

02

| 정답 | 7

| 풀이 | 두 주사위에서 나오는 눈의 수를 순서쌍으로 나타내면 눈의 수의 합이 3이 되는 경우는 (1, 2), (2, 1)의 2가지

눈의 수의 합이 8이 되는 경우는

(2, 6), (3, 5), (4, 4), (5, 3), (6, 2)의 5가지

눈의 수의 합이 3인 동시에 8일 수는 없으므로 구하는 경우의 수는

$2+5=7$

03

| 정답 | (1) 3 (2) 5 (3) 8

| 풀이 | (1) 1, 2, 3의 3가지이다.

(2) 4, 8, 12, 16, 20의 5가지이다.

(3) 3 이하의 수인 동시에 4의 배수인 수는 없으므로 구하는 경우의 수는 $3+5=8$

04

| 정답 | 12

| 풀이 | 매표소에서 산 정상 사이에는 길이 3가지가 있고, 산 정상에서 폭포 사이에는 길이 4가지가 있다.

따라서 구하는 경우의 수는 $3\times4=12$

05

| 정답 | 10

| 풀이 | A 마을에서 B 마을을 거쳐 C 마을로 가는 경우의 수는 $4\times2=8$

A 마을에서 곧바로 C 마을로 가는 경우의 수는 2

따라서 구하는 경우의 수는 $8+2=10$

06

| 정답 | (1) 24 (2) 2 (3) 2 (4) 4

| 풀이 | (1) $4\times3\times2\times1=24$

(2) 성재를 가장 오른쪽에, 민희를 가장 왼쪽에 세우고, 그 사이에 태영이와 보라를 한 줄로 세우는 경우의 수는 $2\times1=2$

(3) $2\times1=2$

(4) 성재와 민희가 양 끝에 서는 경우는 2가지이고, 그 사이에 나머지 2명이 한 줄로 서는 경우의 수는 $2\times1=2$

따라서 구하는 경우의 수는 $2\times2=4$

07

| 정답 | 240

| 풀이 | 여학생 2명을 한 묶음으로 생각하고 5명을 한 줄로 세우는 경우의 수는 $5 \times 4 \times 3 \times 2 \times 1 = 120$

이때 묶음 안에서 여학생 2명을 한 줄로 세우는 경우의 수는 $2 \times 1 = 2$

따라서 구하는 경우의 수는 $120 \times 2 = 240$

08

| 정답 | (1) 30 (2) 120

| 풀이 | (1) 십의 자리에 올 수 있는 숫자는 1, 2, 3, 4, 5, 6의 6개, 일의 자리에 올 수 있는 숫자는 십의 자리에 놓인 숫자를 제외한 5개이다.

따라서 구하는 정수의 개수는 $6 \times 5 = 30$

(2) 백의 자리에 올 수 있는 숫자는 1, 2, 3, 4, 5, 6의 6개, 십의 자리에 올 수 있는 숫자는 백의 자리에 놓인 숫자를 제외한 5개, 일의 자리에 올 수 있는 숫자는 백의 자리와 십의 자리에 놓인 숫자를 제외한 4개이다.

따라서 구하는 정수의 개수는 $6 \times 5 \times 4 = 120$

09

| 정답 | (1) 25 (2) 100

| 풀이 | (1) 십의 자리에 올 수 있는 숫자는 0을 제외한 1, 2, 3, 4, 5의 5개, 일의 자리에 올 수 있는 숫자는 십의 자리에 놓인 숫자를 제외하고 0을 포함한 5개이다.

따라서 구하는 정수의 개수는 $5 \times 5 = 25$

(2) 백의 자리에 올 수 있는 숫자는 0을 제외한 1, 2, 3, 4, 5의 5개, 십의 자리에 올 수 있는 숫자는 백의 자리에 놓인 숫자를 제외하고 0을 포함한 5개, 일의 자리에 올 수 있는 숫자는 백의 자리와 십의 자리에 놓인 숫자를 제외한 4개이다.

따라서 구하는 정수의 개수는 $5 \times 5 \times 4 = 100$

10

| 정답 | (1) 20 (2) 10

| 풀이 | (1) 회장 1명을 뽑을 수 있는 경우는 5가지, 회장을 뽑고 난 후 부회장 1명을 뽑을 수 있는 경우는 4가지이므로 구하는 경우의 수는 $5 \times 4 = 20$

(2) 5명 중에서 자격이 같은 대표 2명을 뽑는 경우의 수는

$$\frac{5 \times 4}{2} = 10$$

11

| 정답 | (1) 5 (2) 3 (3) $\frac{3}{5}$

| 풀이 | (1) 일어나는 모든 경우는 1, 2, 3, 4, 5의 5가지

(2) 홀수가 적힌 카드가 나오는 경우는 1, 3, 5의 3가지

(3) 홀수가 적힌 카드가 나올 확률은

$$\frac{(홀수가 \ 적힌 \ 카드가 \ 나오는 \ 경우의 \ 수)}{(일어나는 \ 모든 \ 경우의 \ 수)} = \frac{3}{5}$$

12

| 정답 | (1) 1 (2) 0

| 풀이 | (1) 주머니 속의 공은 모두 홀수 또는 짝수가 적힌 공이므로 구하는 확률은 1

(2) 주머니 속에 0이 적힌 공은 없으므로 구하는 확률은 0

13

| 정답 | (1) $\frac{14}{15}$ (2) $\frac{6}{7}$ (3) $\frac{97}{100}$

| 풀이 | (1) (복권에 당첨되지 않을 확률)

$= 1 -$ (복권에 당첨될 확률)

$= 1 - \dfrac{1}{15} = \dfrac{14}{15}$

(2) (지각하지 않을 확률) $= 1 -$ (지각할 확률) $= 1 - \dfrac{1}{7} = \dfrac{6}{7}$

(3) (당첨 제비를 뽑지 못할 확률) $= 1 -$ (당첨 제비를 뽑을 확률)

$$= 1 - \frac{3}{100} = \frac{97}{100}$$

14

| 정답 | (1) $\frac{1}{8}$ (2) $\frac{7}{8}$

| 풀이 | (1) 모든 경우의 수는 $2 \times 2 \times 2 = 8$이고, 세 개 모두 뒷면이 나오는 경우를 순서쌍으로 나타내면 (뒤, 뒤, 뒤)의 1가지이므로 구하는 확률은 $\dfrac{1}{8}$

(2) (적어도 한 개는 앞면이 나올 확률)

$= 1 -$ (모두 뒷면이 나올 확률) $= 1 - \dfrac{1}{8} = \dfrac{7}{8}$

15

| 정답 | (1) $\frac{1}{2}$ (2) $\frac{1}{5}$ (3) $\frac{7}{10}$

| 풀이 | (1) 홀수가 나오는 경우는 1, 3, 5, 7, 9의 5가지이므로 구하는 확률은 $\dfrac{5}{10} = \dfrac{1}{2}$

(2) 4의 배수가 나오는 경우는 4, 8의 2가지이므로 구하는 확률

은 $\dfrac{2}{10}=\dfrac{1}{5}$

(3) 홀수 또는 4의 배수가 적힌 카드가 동시에 나오지 않으므로

구하는 확률은 $\dfrac{1}{2}+\dfrac{1}{5}=\dfrac{7}{10}$

16

| 정답 | (1) $\dfrac{1}{2}$ (2) $\dfrac{2}{3}$ (3) $\dfrac{1}{3}$

| 풀이 | (1) 주사위 A에서 4 이상의 눈이 나오는 경우는 4, 5, 6

의 3가지이므로 구하는 확률은 $\dfrac{3}{6}=\dfrac{1}{2}$

(2) 주사위 B에서 6의 약수의 눈이 나오는 경우는 1, 2, 3, 6의

4가지이므로 구하는 확률은 $\dfrac{4}{6}=\dfrac{2}{3}$

(3) 두 사건이 동시에 일어날 확률은 $\dfrac{1}{2}\times\dfrac{2}{3}=\dfrac{1}{3}$

17

| 정답 | (1) $\dfrac{1}{25}$ (2) $\dfrac{3}{95}$

| 풀이 | (1) 첫 번째에 당첨 제비를 뽑을 확률은 $\dfrac{4}{20}=\dfrac{1}{5}$이고,

뽑은 제비를 다시 넣으므로 두 번째에 당첨 제비를 뽑을 확

률은 $\dfrac{4}{20}=\dfrac{1}{5}$

따라서 구하는 확률은 $\dfrac{1}{5}\times\dfrac{1}{5}=\dfrac{1}{25}$

(2) 첫 번째에 당첨 제비를 뽑을 확률은 $\dfrac{4}{20}=\dfrac{1}{5}$이고, 뽑은 제비

를 다시 넣지 않으므로 두 번째에 당첨 제비를 뽑을 확률은

$\dfrac{3}{19}$

따라서 구하는 확률은 $\dfrac{1}{5}\times\dfrac{3}{19}=\dfrac{3}{95}$

18

| 정답 | $\dfrac{1}{2}$

| 풀이 | 소수는 2, 3, 5, 7로 전체 8칸 중에서 4칸을 차지하므로

소수가 적힌 부분을 맞힐 확률은 $\dfrac{4}{8}=\dfrac{1}{2}$

01	(1) 6 (2) 17
02	(1) 6 (2) 24
03	(1) 7 (2) 100
04	84
05	평균: 4권, 중앙값: 3.5권, 최빈값: 1권
06	평균: 14, 풀이 참조
07	1명, 1명, 3명, 4명, 1명
08	① 11회 ② −2회, 1회, 4회, 2회, −1회, −4회 ③ 42 ④ 7 ⑤ $\sqrt{7}$회
09	(1) B (2) A

01

| 정답 | (1) 6 (2) 17

| 풀이 | (1) (평균)$=\dfrac{2+5+6+8+9}{5}=\dfrac{30}{5}=6$

(2) (평균)$=\dfrac{13+14+18+18+19+20}{6}=\dfrac{102}{6}=17$

02

| 정답 | (1) 6 (2) 24

| 풀이 | (1) 변량을 크기순으로 나열하면 1, 3, 6, 7, 9

변량의 개수가 5로 홀수이므로 중앙값은 3번째 변량인 6

이다.

(2) 변량을 크기순으로 나열하면 21, 22, 24, 24, 27, 28, 29

변량의 개수가 7로 홀수이므로 중앙값은 4번째 변량인 24

이다.

03

| 정답 | (1) 7 (2) 100

| 풀이 | (1) 7이 2개로 가장 많이 나타나므로 최빈값은 7이다.

(2) 100이 3개로 가장 많이 나타나므로 최빈값은 100이다.

04

| 정답 | 84

| 풀이 | 주어진 변량을 크기순으로 나열하면 81, 83, 84, 84, 85

이 자료에서 중앙값은 한가운데 놓인 값이므로 (중앙값)$=84$

05

| 정답 | 평균: 4권, 중앙값: 3.5권, 최빈값: 1권

| 풀이 | 주어진 자료의 평균을 구하면

$$(평균)=\frac{1+6+2+1+7+1+9+5}{8}=\frac{32}{8}=4(권)$$

주어진 변량을 크기순으로 나열하면 1, 1, 1, 2, 5, 6, 7, 9

이 자료에서 중앙값은 한가운데 놓인 두 값의 평균이므로

$$(중앙값)=\frac{2+5}{2}=3.5(권)$$

또, 이 자료에서 1권이 가장 많이 나왔으므로

(최빈값)=1(권)

06

| 정답 | 평균: 14, 풀이 참조

| 풀이 | $(평균)=\dfrac{13+18+10+15+17+11}{6}=\dfrac{84}{6}=14$이므로

편차는 다음 표와 같다.

변량	13	18	10	15	17	11
편차	−1	4	−4	1	3	−3

07

| 정답 | 1명, 1명, 3명, 4명, 1명

| 풀이 | (편차)=(변량)−(평균)에서

(변량)=(평균)+(편차)이므로

가구	A	B	C	D	E
자녀 수(명)	1	1	3	4	1

08

| 정답 | ① 11회 ② −2회, 1회, 4회, 2회, −1회, −4회
③ 42 ④ 7 ⑤ $\sqrt{7}$회

| 풀이 | ① $(평균)=\dfrac{9+12+15+13+10+7}{6}=\dfrac{66}{6}=11(회)$

③ 각 변량의 편차는 −2회, 1회, 4회, 2회, −1회, −4회이므로

$\{(편차)^2의 총합\}=(-2)^2+1^2+4^2+2^2+(-1)^2+(-4)^2$
$\qquad\qquad\qquad\qquad =42$

④ $(분산)=\dfrac{42}{6}=7$

⑤ $(표준편차)=\sqrt{7}\ (회)$

09

| 정답 | (1) B (2) A

| 풀이 | (1) B 학생의 표준편차가 가장 작다.

따라서 수면 시간이 가장 고른 학생은 B이다.

(2) A 학생의 표준편차가 가장 크다.

따라서 수면 시간이 가장 불규칙한 학생은 A이다.

4. 상관관계　　　　　　　　　　　247쪽

01	풀이 참조
02	(1) ㉡ (2) ㉠, ㉣ (3) ㉢ (4) ㉡
03	(1) 양의 상관관계 (2) 음의 상관관계
04	(1) 4명 (2) 6명 (3) 6명 (4) 20 %
05	㉡
06	음의 상관관계
07	(1) 50 % (2) 양의 상관관계
08	(1) 양의 상관관계 (2) 민서의 몸무게는 키가 비슷한 다른 학생의 몸무게보다 적은 편이다.
09	④
10	B 자동차

01

| 정답 | 풀이 참조

| 풀이 |

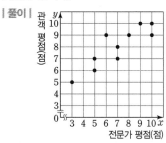

02

| 정답 | (1) ㉡ (2) ㉠, ㉣ (3) ㉢ (4) ㉡

| 풀이 | (4) 도시의 인구가 증가할수록 교통량은 증가한다. 즉, 도시의 인구수와 교통량 사이에는 양의 상관관계가 있으므로 ㉡이다.

03

| 정답 | (1) 양의 상관관계 (2) 음의 상관관계
| 풀이 | (1) 대체로 가족 수가 많을수록 물 사용량이 증가하고 있으므로 양의 상관관계가 있다.
(2) 대체로 산의 높이가 높을수록 기온은 감소하고 있으므로 음의 상관관계가 있다.

04

| 정답 | (1) 4명 (2) 6명 (3) 6명 (4) 20 %
| 풀이 | (과학 성적, 수학 성적)으로 나타낼 때
(1) 과학 성적이 80점인 학생은 $(80, 70)$, $(80, 80)$, $(80, 90)$, $(80, 100)$의 4명이다.
(2) 두 과목의 성적이 같은 학생은 $(50, 50)$, $(60, 60)$, $(70, 70)$, $(80, 80)$, $(90, 90)$, $(100, 100)$의 6명이다.
(3) 학생 A보다 수학 성적이 낮은 학생은 60점이 3명, 50점이 3명이므로 모두 6명이다.
(4) 두 과목 성적이 모두 90점 이상인 학생은 $(90, 90)$, $(90, 100)$, $(100, 90)$, $(100, 100)$의 4명이므로
$$\frac{4}{20} \times 100 = 20 \,(\%)$$

05

| 정답 | ㉡
| 풀이 | 두 변량 사이에 음의 상관관계가 있으므로 산점도는 ㉡이다.

06

| 정답 | 음의 상관관계
| 풀이 | 자동차의 중량이 커짐에 따라 연료 효율이 대체로 낮아지므로 두 변량 사이에는 음의 상관관계가 있다.

07

| 정답 | (1) 50 % (2) 양의 상관관계
| 풀이 | (1) 필기 점수와 실기 점수가 같은 학생은 모두 5명이므로 $\frac{5}{10} \times 100 = 50(\%)$
따라서 전체의 50 %이다.
(2) 필기 점수가 높아짐에 따라 실기 점수도 대체로 높아지므로 두 변량 사이에는 양의 상관관계가 있다.

08

| 정답 | (1) 양의 상관관계
(2) 민서의 몸무게는 키가 비슷한 다른 학생의 몸무게보다 적은 편이다.
| 풀이 | (1) 키와 몸무게 중 한쪽이 증가함에 따라 다른 한쪽도 대체로 증가하는 관계이므로 양의 상관관계이다.

09

| 정답 | ④
| 풀이 | 주어진 산점도는 양의 상관관계를 나타내므로 ④이다.

10

| 정답 | B 자동차
| 풀이 | 직선 형태에 가까이 있는 B 자동차의 산점도가 A 자동차의 산점도보다 양의 상관관계가 강하다.

탄탄 실력 다지기

01 수와 연산

38쪽

01	④	02	①	03	③	04	④	05	④
06	④	07	③	08	④	09	③	10	④
11	①	12	③	13	③	14	②	15	①
16	④	17	③	18	②	19	②	20	③
21	③	22	②	23	③	24	③	25	②
26	④	27	③	28	②	29	②	30	②
31	②	32	②	33	②	34	③	35	③
36	①	37	③	38	②	39	④	40	②
41	①	42	②	43	②	44	①	45	②
46	②	47	④	48	③				

01 ④

| 풀이 | ④ $72 = 2^3 \times 3^2$

02 ①

| 풀이 | 24와 90의 공통 소인수 중 지수가 작은 것의 곱이 최대 공약수이다.

즉, 2^3과 2 중에서 작은 수는 2, 3과 3^2 중에서 작은 수는 3이므로 최대공약수는 2×3

따라서 ㉠에 알맞은 수는 2이다.

03 ③

| 풀이 | 12를 소인수분해하면 $12 = 2^2 \times 3$이므로 $a = 3$

04 ④

| 풀이 | 90을 소인수분해하면

$90 = 2 \times 3^2 \times 5$

$$\begin{array}{r} 2\,)\underline{90} \\ 3\,)\underline{45} \\ 3\,)\underline{15} \\ 5 \end{array}$$

05 ④

| 풀이 |

$$140 < \begin{array}{c} 2 \\ 70 < \begin{array}{c} 2 \\ 35 < \begin{array}{c} 5 \\ 7 \end{array} \end{array} \end{array}$$

140을 소인수분해하면 $140 = 2^2 \times 5 \times 7$

06 ④

| 풀이 | $48 = 2^4 \times 3 = 2^a \times 3$

∴ $a = 4$

07 ③

| 풀이 | $54 = 2 \times 3^3 = 2 \times 3^a$

∴ $a = 3$

08 ④

| 풀이 | $|-5| = 5$, $|-1| = 1$, $|3| = 3$, $|7| = 7$

$1 < 3 < 5 < 7$

따라서 절댓값이 가장 큰 수는 7이다.

09 ③

| 풀이 | 절댓값이 큰 수부터 차례로 나열하면

$|-7| > |6| > |-5| > |3| > |-1|$

이므로 절댓값이 세 번째로 큰 수는 -5이다.

10 ④

| 풀이 | $(+7) + (-5) = +(7-5) = +2$

11 ①

| 풀이 | $(-2) \times (+3) = -(2 \times 3) = -6$

12 ③

| 풀이 | ① $(-5)+(+10)=+(10-5)=5$
② $(+2)+(+3)=+(2+3)=5$
③ $(-4)+(-1)=-(4+1)=-5$
④ $(+7)+(-2)=+(7-2)=5$

13 ③

| 풀이 | ① $(-7)\times(+2)=-(7\times2)=-14$
② $(-2)\times(-4)=+(2\times4)=8$
③ $(+8)\times(+6)=+(8\times6)=48$
④ $(-7)\times(+10)=-(7\times10)=-70$

14 ②

| 풀이 | 주어진 수를 작은 수부터 순서대로 나타내면
$-6<-3<1<2<5$
따라서 왼쪽에서 세 번째에 있는 수는 1이다.

15 ①

| 풀이 | 주어진 수를 작은 수부터 순서대로 나타내면
$-4<-3<-2<0<1<5$
따라서 수직선 위에 나타낼 때, 가장 왼쪽에 있는 점에 대응하는 수는 -4이다.

16 ④

| 풀이 | 주어진 수를 작은 수부터 순서대로 나타내면
$-9<-3<-1<0<2$
따라서 왼쪽에서 네 번째에 있는 수는 0이다.

17 ③

| 풀이 | 음수는 절댓값이 클수록 작다.
따라서 $-3<-2$이다.

18 ②

| 풀이 | ① $-2<0$
③ $-\dfrac{1}{3}<-\dfrac{1}{10}$
④ $\dfrac{1}{5}<0.5$

19 ②

| 풀이 | 음의 정수는 -3, -5의 2개다.

20 ③

| 풀이 | 정수가 아닌 유리수에는 분수, 소수와 같은 것들이 속한다.
따라서 분수인 ③은 정수가 아니다.

21 ③

| 풀이 | 정수가 아닌 유리수는 0과 양의 정수와 음의 정수를 제외한, 즉 1, -3, $-\dfrac{12}{3}(=-4)$를 제외한 $-1\dfrac{2}{5}$, $\dfrac{1}{3}$, $\dfrac{3}{2}$의 3개다.

22 ②

| 풀이 | 자연수가 아닌 정수는 0과 음의 정수이다.

23 ③

| 풀이 | 가장 작은 수는 -4, 가장 큰 수는 6이므로
$(-4)+(+6)=+(6-4)=2$

24 ③

| 풀이 | 가장 작은 수는 -5, 가장 큰 수는 7이므로
$(-5)+(+7)=+(7-5)=2$

25 ②

| 풀이 | $-7<-3<0<4<5$
따라서 두 번째 수와 네 번째 수를 합하면
$(-3)+(+4)=1$

26 ④

| 풀이 | 주어진 수 중에서 가장 작은 수는 -5이다.
또, 주어진 수의 절댓값이 큰 순서대로 나타냈을 때
$|+11|>|-5|>|+3|>|-2|>|-1|$
이므로 절댓값이 가장 큰 수는 $+11$이다.
따라서 구하는 합은
$(-5)+(+11)=+(11-5)=6$

27   ③

| 풀이 | $\dfrac{314}{999}=0.314314314\cdots=0.\dot{3}1\dot{4}$

따라서 순환마디는 314이다.

28   ②

| 풀이 | 순환마디가 653이므로 $3.\dot{6}5\dot{3}$

29   ②

| 풀이 | 순환소수는 소수점 아래의 어떤 자리에서부터 일정한 숫자의 배열이 한없이 되풀이되는 무한소수를 말한다.

① $a=2$를 대입하면 $\dfrac{1}{4}=0.25$로 유한소수이다.

② $a=3$을 대입하면 $\dfrac{1}{6}=0.166666\cdots=0.1\dot{6}$으로 순환소수이다.

③ $a=4$를 대입하면 $\dfrac{1}{8}=0.125$로 유한소수이다.

④ $a=5$를 대입하면 $\dfrac{1}{10}=0.1$로 유한소수이다.

30   ②

| 풀이 | 순환마디는 같은 숫자가 소수점 밑에서 반복될 때, 그 반복되는 구절을 말한다.
$2.353535\cdots$에서 35가 반복되므로 순환마디는 35이다.

31   ②

| 풀이 | ① $\dfrac{1}{2}=0.5$로 유한소수이다.

② $\dfrac{1}{3}=0.3333\cdots=0.\dot{3}$으로 순환소수이다.

③ $\dfrac{1}{4}=0.25$로 유한소수이다.

④ $\dfrac{1}{5}=0.2$로 유한소수이다.

| 다른풀이 |
유한소수는 분모의 소인수가 2 또는 5뿐이어야 하므로 유한소수로 나타낼 수 없는 것은 ② $\dfrac{1}{3}$이다.

32   ②

| 풀이 | ① $\dfrac{1}{3}=0.3333\cdots=0.\dot{3}$으로 순환소수이다.

② $\dfrac{1}{5}=0.2$로 유한소수이다.

③ $\dfrac{1}{7}=0.142857142857\cdots=0.\dot{1}4285\dot{7}$로 순환소수이다.

④ $\dfrac{1}{9}=0.1111\cdots=0.\dot{1}$로 순환소수이다.

| 다른풀이 |
유한소수는 분모의 소인수가 2 또는 5뿐이어야 하므로 유한소수로 나타낼 수 있는 것은 ② $\dfrac{1}{5}$이다.

33   ②

| 풀이 | ① $\dfrac{21}{14}=\dfrac{3}{2}=1.5$로 유한소수이다.

② $\dfrac{3}{18}=\dfrac{1}{6}=0.16666\cdots$로 무한소수이다.

③ $\dfrac{27}{24}=\dfrac{9}{8}=1.125$로 유한소수이다.

④ $\dfrac{7}{35}=\dfrac{1}{5}=0.2$로 유한소수이다.

| 다른풀이 |
무한소수는 분모의 소인수가 2와 5 외의 다른 수가 있어야 한다.
① $\dfrac{21}{14}=\dfrac{3}{2}$, ② $\dfrac{3}{18}=\dfrac{1}{6}=\dfrac{1}{2\times3}$, ③ $\dfrac{27}{24}=\dfrac{9}{8}=\dfrac{9}{2^3}$, ④ $\dfrac{7}{35}=\dfrac{1}{5}$
이므로 무한소수는 ② $\dfrac{3}{18}$이다.

34   ③

| 풀이 | 제곱을 해서 10이 되는 두 수를 찾아보면 $\pm\sqrt{10}$이다.
따라서 10의 제곱근은 $\pm\sqrt{10}$이다.

35   ③

| 풀이 | $x^2=9$
$\therefore x=\pm\sqrt{9}=\pm\sqrt{3^2}=\pm3$

36   ①

| 풀이 | (직사각형의 넓이)=(가로)×(세로)
$2\times1=2$
(정사각형의 넓이)=(한 변의 길이)×(한 변의 길이)=2가 되므로 한 변의 길이를 x라 가정하면
(정사각형의 넓이)=$x\times x=2$

$x^2=2$ $\quad\therefore x=\sqrt{2}\,(\because x>0)$
따라서 구하는 정사각형의 한 변의 길이는 $\sqrt{2}$이다.

37 ②

| 풀이 | (직사각형의 넓이)=(가로)×(세로)
$5\times 3=15(\text{cm}^2)$
(정사각형의 넓이)=(한 변의 길이)×(한 변의 길이)=$15(\text{cm}^2)$
가 되므로 한 변의 길이를 x cm라 가정하면
(정사각형의 넓이)$=x\times x=15$
$x^2=15$ $\quad\therefore x=\sqrt{15}\,(\because x>0)$
따라서 구하는 정사각형의 한 변의 길이는 $\sqrt{15}$ cm이다.

38 ②

| 풀이 | (정사각형 넓이)=(한 변의 길이)²이므로 한 변의 길이를 x cm라 하면 $x^2=8$
$\therefore x=\sqrt{8}=2\sqrt{2}\,(\because x>0)$
따라서 구하는 정사각형의 한 변의 길이는 $2\sqrt{2}$ cm이다.

39 ④

| 풀이 | $(\sqrt{3}\,)^2=3$, $\sqrt{(-2)^2}=2$
$\therefore$ (주어진 식)$=3+2=5$

40 ③

| 풀이 | $\sqrt{(-13)^2}=13$, $(-\sqrt{7}\,)^2=7$
$\therefore$ (주어진 식)$=13-7=6$

41 ①

| 풀이 | $\sqrt{24}=\sqrt{2^2\times 6}=2\sqrt{6}$
$\therefore a=2$

42 ②

| 풀이 | $\sqrt{40}=\sqrt{2^2\times 10}=2\sqrt{10}$
$\therefore k=2$

43 ②

| 풀이 | $\sqrt{12}\times\sqrt{3}=\sqrt{12\times 3}=\sqrt{36}=6$

44 ①

| 풀이 | $\sqrt{15}\times\sqrt{6}=\sqrt{15\times 6}=\sqrt{90}=3\sqrt{10}$

45 ②

| 풀이 | $4\sqrt{3}\times 5\sqrt{10}=(4\times 5)\times\sqrt{3\times 10}=20\sqrt{30}$

46 ②

| 풀이 | $5\sqrt{2}-3\sqrt{2}=(5-3)\sqrt{2}=2\sqrt{2}$

47 ④

| 풀이 | $2\sqrt{5}+3\sqrt{5}=(2+3)\sqrt{5}=5\sqrt{5}$

48 ③

| 풀이 | 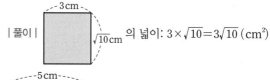 의 넓이: $3\times\sqrt{10}=3\sqrt{10}\,(\text{cm}^2)$

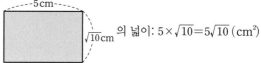 의 넓이: $5\times\sqrt{10}=5\sqrt{10}\,(\text{cm}^2)$

$\therefore$ 두 직사각형의 넓이의 합: $3\sqrt{10}+5\sqrt{10}=(3+5)\sqrt{10}$
$=8\sqrt{10}\,(\text{cm}^2)$

02 문자와 식									84쪽
01	②	02	②	03	①	04	①	05	④
06	①	07	④	08	①	09	②	10	②
11	①	12	②	13	④	14	④	15	①
16	①	17	②	18	①	19	③	20	④
21	①	22	③	23	②	24	③	25	④
26	③	27	①	28	③	29	①	30	④
31	③	32	④	33	④	34	④	35	③
36	④								

01 ②

| 풀이 | 형의 나이에서 -3을 하면 동생의 나이이므로 동생의 나이는 $(a-3)$살이다.

02 ②

| 풀이 | 장미 5송이의 가격은 한 송이의 가격에 5배를 하면 구할 수 있으므로 $5 \times a$(원)이다.

03 ①

| 풀이 | 10자루에 a원인 연필 한 자루의 가격은 10자루의 가격을 10으로 나누면 구할 수 있으므로

$a \div 10 = \dfrac{a}{10}$(원)

04 ①

| 풀이 | $x = -1$을 $5x+2$에 대입하면

$5 \times (-1) + 2 = -5 + 2 = -3$

05 ④

| 풀이 | $x = -2$를 $-2x+1$에 대입하면

$-2 \times (-2) + 1 = 4 + 1 = 5$

06 ①

| 풀이 | $x = 2$를 $3x-1$에 대입하면

$3 \times 2 - 1 = 6 - 1 = 5$

07 ④

| 풀이 | $2x = 7 + (+1)$

$2x = 8$

$\therefore x = 4$

08 ①

| 풀이 | $2x = x - 4$

$2x - x = -4$

$\therefore x = -4$

09 ②

| 풀이 | $3x = 2x + 4$

$3x - 2x = 4$

$\therefore x = 4$

10 ②

| 풀이 | $2x + 3 = x + 2$

$2x - x = 2 - 3$

$\therefore x = -1$

11 ①

| 풀이 | $x^7 \div x^2 = x^{7-2} = x^5$

12 ②

| 풀이 | $7^3 \times 7^4 \div 7^2 = 7^{3+4} \div 7^2 = 7^7 \div 7^2 = 7^{7-2} = 7^5$

13 ④

| 풀이 | $a^2 \times b^3 \times a^4 \times b^5 = a^{2+4} \times b^{3+5} = a^6 b^8$

14 ④

| 풀이 | $2x^2 \times 3x^2 = (2 \times 3) \times x^2 \times x^2 = 6x^4$

15 ①

| 풀이 | $2x^3 \times (-x^4) = 2 \times (-1) \times x^3 \times x^4 = -2x^7$

16 ①

| 풀이 | $-2x^3 \times 3x^5 = (-2) \times 3 \times x^3 \times x^5 = -6x^8$

17 ②

| 풀이 | $x + 3 > 5$에서

$x > 5 - 3$ $\quad \therefore x > 2$

수직선 위에 나타내면

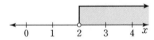

18 ①

| 풀이 | $5x \leq 25$에서 양변을 5로 나누면

$x \leq 5$

수직선 위에 나타내면

19 ③

| 풀이 | $x-1\leq2$에서 -1을 우변으로 이항하면

$x\leq2+1$　　$\therefore x\leq3$

수직선 위에 나타내면

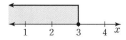

20 ④

| 풀이 | $\begin{cases} x+y=8 & \cdots \bigcirc \\ 2x-y=7 & \cdots \bigcirc\bigcirc \end{cases}$

$\bigcirc+\bigcirc\bigcirc$을 하면

$3x+15$　　$\therefore x=5$

$x=5$를 $\bigcirc$에 대입하면

$5+y=8$　　$\therefore y=3$

$\therefore x=5,\ y=3$

21 ①

| 풀이 | $\begin{cases} 2x+3y=7 & \cdots \bigcirc \\ -2x+y=13 & \cdots \bigcirc\bigcirc \end{cases}$

$\bigcirc+\bigcirc\bigcirc$을 하면

$4y=20$　　$\therefore y=5$

$y=5$를 $\bigcirc\bigcirc$에 대입하면

$-2x+5=13$

$-2x=8$　　$\therefore x=-4$

$\therefore x=-4,\ y=5$

22 ③

| 풀이 | 피자 1판의 가격을 x원, 치킨 1마리의 가격을 y원이라고 하면

$\begin{cases} x=2y & \cdots \bigcirc \\ 3x+2y=80000 & \cdots \bigcirc\bigcirc \end{cases}$

$\bigcirc$을 $\bigcirc\bigcirc$에 대입하면

$3x+x=80000$

$4x=80000$

$\therefore x=20000$

따라서 피자 1판의 가격은 20000원이다.

23 ②

| 풀이 | 어른 1명의 입장료를 x원, 청소년 1명의 입장료를 y원이라고 하면

$\begin{cases} x=2y & \cdots \bigcirc \\ 2x+y=5000 & \cdots \bigcirc\bigcirc \end{cases}$

$\bigcirc$을 $\bigcirc\bigcirc$에 대입하면

$2\times2y+y=5000$

$5y=5000$

$\therefore y=1000$

따라서 청소년 1명의 입장료는 1000원이다.

24 ③

| 풀이 | $(x+2)(x-2)=x^2-2x+2x-4=x^2-4$

25 ④

| 풀이 | $x^2-9=x^2-(3)^2=(x+3)(x-3)$

26 ③

| 풀이 | $x^2-1=(x+1)(x-1)$

27 ①

| 풀이 | $x^2+3x+2=(x+1)(x+2)$

28 ③

| 풀이 | $x^2+2x+1=(x+1)(x+1)=(x+1)^2$

29 ①

| 풀이 | $x^2+3x+2=(x+1)(x+2)$

따라서 구하는 세로의 길이는 $x+1$이다.

30 ③

| 풀이 | $x^2+4x+3=(x+3)(x+1)$

따라서 구하는 가로의 길이는 $x+3$이다.

31 ③

| 풀이 | $(x-1)(x+2)=0$이므로
$x-1=0$ 또는 $x+2=0$
$\therefore x=1$ 또는 $x=-2$
따라서 다른 한 근은 1이다.

32 ④

| 풀이 | $x^2+x-2=0$에서 $(x-1)(x+2)=0$
$x-1=0$ 또는 $x+2=0$
$\therefore x=1$ 또는 $x=-2$
따라서 주어진 이차방정식의 해가 되는 것은 ④ $x=1$이다.

33 ④

| 풀이 | $(x+1)(x-4)=0$에서 $x+1=0$ 또는 $x-4=0$
$\therefore x=-1$ 또는 $x=4$
따라서 주어진 이차방정식의 해가 되는 것은 ④ 4이다.

34 ④

| 풀이 | $(x-2)(x-3)=0$에서 $x-2=0$ 또는 $x-3=0$
$\therefore x=2$ 또는 $x=3$
따라서 두 근의 곱은 $2\times3=6$이다.

35 ③

| 풀이 | $x=2$를 $x^2+3x+a=0$에 대입하면
$2^2+3\times2+a=0$
$\therefore a=-10$

36 ④

| 풀이 | $x^2-6x+8=0$에서 $(x-2)(x-4)=0$
$x-2=0$ 또는 $x-4=0$
$\therefore x=2$ 또는 $x=4$
이때 주어진 이차방정식의 두 근이 α, β이므로
$\alpha+\beta-\alpha\beta=2+4-2\times4=6-8=-2$
| 다른풀이 |
주어진 이차방정식의 두 근이 α, β이므로 근과 계수의 관계에 의하여
$\alpha+\beta=6$, $\alpha\beta=8$
$\therefore \alpha+\beta-\alpha\beta=6-8=-2$

03 함수 132쪽

01	①	02	②	03	②	04	②	05	②
06	④	07	④	08	②	09	②	10	④
11	③	12	②	13	②	14	④	15	③
16	①	17	①	18	④	19	③	20	③
21	④	22	④								

01 ①

| 풀이 | A(1, 2), B(2, 1), C(-2, 1), D(1, -2)
따라서 (1, 2)를 나타내는 점은 A이다.

02 ②

| 풀이 | x좌표는 2, y좌표는 -3이므로 점 P의 좌표는
$(2, -3)$이다.

03 ②

| 풀이 | x좌표는 -2, y좌표는 3이므로 점 P의 좌표는
$(-2, 3)$이다.

04 ②

| 풀이 | 점 P의 x좌표는 -2, y좌표는 0이므로
P$(-2, 0)$
점 Q의 x좌표는 3, y좌표는 2이므로
Q$(3, 2)$

05 ②

| 풀이 | 가로는 시간, 세로는 거리를 나타내므로 30분 동안 이동한 거리는 2 km이다.

06 ④

| 풀이 | $y=x$의 그래프를 y축 방향으로 2만큼 평행이동한 식이
$y=x+2$이므로 2만큼 이동한 것이다.

07 ④

| 풀이 | 일차함수 $y=x+a$의 그래프가 y축과 $y=2$에서 만나므로
$a=2$

08 ②

| 풀이 | 일차함수 $y=2x+a$의 그래프가 y축과 $y=2$에서 만나므로

$a=2$

09 ②

| 풀이 | 일차함수 $y=-x+a$의 그래프가 y축과 $y=3$에서 만나므로

$a=3$

10 ④

| 풀이 | 일차함수 $y=ax+2$의 그래프가 두 점 $(-1, 0)$, $(0, 2)$를 지나므로

$a=\dfrac{2-0}{0-(-1)}=\dfrac{2}{1}=2$

11 ③

| 풀이 | 일차함수 $y=ax+4$의 그래프가 두 점 $(-2, 0)$, $(0, 4)$를 지나므로

$a=\dfrac{4-0}{0-(-2)}=2$

12 ②

| 풀이 | 일차함수 $y=ax+3$의 그래프가 두 점 $(2, 0)$, $(0, 3)$을 지나므로

$a=\dfrac{3-0}{0-2}=-\dfrac{3}{2}$

13 ②

| 풀이 | 일차함수 $y=x-2$의 그래프가 점 $(5, a)$를 지나므로 $x=5$, $y=a$를 대입하면

$a=5-2=3$

14 ④

| 풀이 | $y=\dfrac{1}{3}x-\dfrac{4}{3}$의 그래프가 점 $(a, 2)$를 지나므로

$2=\dfrac{1}{3}a-\dfrac{4}{3}$ $\therefore a=10$

15 ③

| 풀이 | 기울기가 $\dfrac{1}{2}$, y절편이 -3이므로 $y=\dfrac{1}{2}x-3$이다.

16 ①

| 풀이 | 기울기가 -5, y절편이 5이므로 $y=-5x+5$이다.

17 ①

| 풀이 | 두 직선의 교점의 좌표 $(-3, -2)$가 주어진 연립방정식의 해이므로 $x=-3$, $y=-2$이다.

18 ④

| 풀이 | ① 위로 볼록하다.
② 제3사분면과 제4사분면을 지난다.
③ 점 $(-2, -2)$를 지난다.

19 ③

| 풀이 | ① 아래로 볼록한 포물선이다.
② 점 $(-2, 8)$을 지난다.
④ $y=-2x^2$의 그래프와 x축에 대하여 대칭이다.

20 ③

| 풀이 | 이차함수 $y=x^2$의 그래프를 y축의 방향으로 -2만큼 평행이동한 그래프이며, 그래프의 모양은 아래로 볼록이고 꼭짓점의 좌표는 $(0, -2)$이다.
따라서 알맞은 그래프는 ③이다.

21 ④

| 풀이 | $y=2x^2-2$의 그래프는
① 아래로 볼록한 포물선($\because a=2$)이다.
② 점 $(1, 0)$을 지난다.
③ 축의 방정식은 $x=0$이다.

22 ④

| 풀이 | ① 위로 볼록하다.   ② 점 $(-2, 2)$를 지난다.
③ 직선 $x=-1$을 축으로 한다.

01	④	02	④	03	④	04	③	05	②
06	①	07	③	08	③	09	④	10	②
11	②	12	③	13	①	14	①	15	①
16	①	17	②	18	②	19	①	20	④
21	①	22	①	23	①	24	③	25	②
26	②	27	②	28	③	29	①	30	②
31	③	32	①	33	④	34	③	35	①
36	①	37	④	38	③	39	①	40	②
41	③	42	②						

01 ④

| 풀이 | $\angle x + 110° = 180°$

$\therefore \angle x = 70°$

02 ④

| 풀이 | 두 직선과 다른 한 직선이 만날 때 생기는 각 중에서 같은 방향에 위치한 두 각을 동위각이라 한다.
따라서 $\angle x$의 동위각은 $\angle d$이다.

03 ④

| 풀이 | 두 직선이 평행하면 엇각의 크기가 같으므로 $\angle x$의 꼭 짓점을 지나는 선을 그으면 다음과 같다.

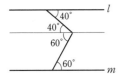

$\therefore 3 \angle x = 40° + 60° = 100°$

04 ③

| 풀이 | 모서리 AB와 평행한 모서리는 모서리 DE이다.

05 ②

| 풀이 | $\overline{CD}$와 평행한 면: 면 ABFE, 면 EFGH

06 ①

| 풀이 | 직각삼각형을 높이를 축으로 하여 1회전 시키면 그 회전체는 원뿔이 된다.

07 ③

| 풀이 | 직선 l을 회전축으로 1회 회전하면 밑면이 원인 원뿔대가 된다.

08 ③

| 풀이 | $\angle x = 50° + 45° = 95°$

09 ④

| 풀이 | $\angle x = 50° + 70° = 120°$

10 ②

| 풀이 | 면의 모양이 정사각형인 정다면체는 정육면체이다.

11 ②

| 풀이 | 이등변삼각형의 꼭지각의 이등분선은 밑변을 수직이등분하므로 $\overline{BD} = \overline{DC} = 4(cm)$

12 ③

| 풀이 | 두 밑각의 크기는 같으므로 $\angle 90°$를 제외한 나머지 두 각은 모두 $45°$이다.

13 ①

| 풀이 | $2 : 3 = 4 : x$

$2x = 12$

$\therefore x = 6$

14 ①

| 풀이 | 나머지 다른 한 각의 크기는 $180° - (60° + 50°) = 70°$
따라서 주어진 삼각형은 ①번 삼각형과 ASA 합동이다.

15 ①

| 풀이 | □ADEB+□CBFG=□ACHI

∴ □ACHI=16+9=25(cm²)

16 ①

| 풀이 | □ACHI=□ADEB+□CBFG

$$=9+4=13$$

17 ②

| 풀이 | 직사각형의 대각선의 길이를 x cm라고 하면 피타고라스 정리에 의하여

$x^2=8^2+6^2=100$

그런데 $x>0$이므로 $x=10$

따라서 구하는 대각선의 길이는 10 cm이다.

18 ②

| 풀이 | ∠C=90°인 직각삼각형 ABC에서

$\overline{AB}^2=4^2+3^2=25$

그런데 $\overline{AB}>0$이므로 $\overline{AB}=5$

19 ①

| 풀이 | 외심에서 세 꼭짓점까지의 거리는 같으므로

$\overline{AO}=\overline{BO}=\overline{CO}=2$

20 ④

| 풀이 | 사각형의 네 내각의 크기의 합은 360°이므로

$130°+60°+90°+∠x=360°$이다.

∴ $∠x=80°$

21 ①

| 풀이 | 평행사변형의 두 쌍의 대변의 길이는 각각 같으므로

$\overline{AB}=\overline{DC}$, $\overline{BC}=\overline{AD}=8$ cm ∴ $x=8$

평행사변형의 두 쌍의 대각의 크기는 각각 같으므로

$∠A=∠C=130°$, $∠B=∠D=y°$

$∠A+∠B=180°$, $130°+∠y=180°$

∴ $∠y=180°-130°=50°$

∴ $y=50$

22 ①

| 풀이 | 평행사변형의 두 쌍의 대변의 길이는 각각 같으므로

$\overline{AD}=\overline{BC}=6$ ∴ $x=6$

평행사변형의 두 쌍의 대각의 크기는 각각 같으므로

$∠A=∠C=110°$

∴ $y=110°$

23 ①

| 풀이 | 평행사변형은 두 쌍의 대변의 길이가 각각 같고, 두 쌍의 대각의 크기도 각각 같다. 두 대각선은 서로 다른 것을 이등분한다. ①의 경우, 두 쌍의 대변의 길이가 같지 않기 때문에 평행사변형이 아니다.

24 ③

| 풀이 | △ABC와 △DEF의 닮음비는 $\overline{BC}:\overline{EF}=2:3$이다.

25 ②

| 풀이 | △ABC와 △DEF의 닮음비는 1:2이다.

닮은 두 도형의 넓이의 비는 닮음비의 제곱과 같으므로

$1^2:2^2=1:4$

따라서 △DEF의 넓이는 △ABC의 넓이의 4배이다.

26 ②

| 풀이 | 삼각형의 중점 연결 정리에 의해 $\overline{MN}=\frac{1}{2}\overline{BC}$

∴ $\overline{BC}=2\overline{MN}=2\times5=10(cm)$

27 ②

| 풀이 | 직육면체 A와 직육면체 B의 닮음비는 1:2이므로

$1:2=3:x$

∴ $x=2\times3=6$

28 ③

| 풀이 | 삼각뿔 B의 부피를 x라고 하면 두 삼각뿔의 닮음비가 1:2이므로 부피의 비는 $1^3:2^3$이다.

이때 삼각뿔 A의 부피가 3 cm³이므로 삼각뿔 B의 부피를 x cm³라고 하면

$1:8=3:x$

∴ $x=8\times3=24(cm^3)$

29 ①

| 풀이 | $\tan A = \dfrac{\overline{BC}}{\overline{AB}} = \dfrac{3}{4}$

30 ②

| 풀이 | $\cos B = \dfrac{\overline{BC}}{\overline{AB}} = \dfrac{1}{2}$

31 ③

| 풀이 | $\sin B = \dfrac{\overline{AC}}{\overline{AB}} = \dfrac{2\sqrt{2}}{4} = \dfrac{\sqrt{2}}{2}$

32 ①

| 풀이 | $\tan B = \dfrac{\overline{AC}}{\overline{BC}} = \dfrac{5}{12}$

33 ④

| 풀이 | 원 밖의 한 점에서 그을 수 있는 접선은 2개이고, 그 길이는 서로 같다.

∴ $\overline{PB} = \overline{PA} = 8(\mathrm{cm})$

34 ③

| 풀이 | $20 : 100 = 4 : x$

$20x = 400$ ∴ $x = 20$

35 ①

| 풀이 | $6 : 24 = 30° : x$

$6x = 720°$

∴ $x = 120°$

36 ①

| 풀이 | 한 원 또는 합동인 두 원에서 같은 호의 길이에 대한 원주각의 크기는 같으므로

($\overparen{AB}$의 원주각) $= \angle x = \angle APB = 30°$

37 ④

| 풀이 | 한 원 또는 합동인 두 원에서 같은 호의 길이에 대한 원주각의 크기는 같다. 즉, $\overparen{AB} = \overparen{CD}$이므로

($\overparen{AB}$의 원주각) $=$ ($\overparen{CD}$의 원주각)

∴ $\angle CQD = \angle APB = 40°$

38 ③

| 풀이 | $\angle AOB = 2\angle APB = 2 \times 30° = 60°$

39 ①

| 풀이 | $\angle APB = \dfrac{1}{2}\angle AOB = \dfrac{1}{2} \times 100° = 50°$

40 ②

| 풀이 | $\angle ACB = \dfrac{1}{2}\angle AOB = \dfrac{1}{2} \times 180° = 90°$

| 다른풀이 |

반원에 대한 원주각의 크기는 90°이므로

$\angle ACB = 90°$

41 ③

| 풀이 | $\angle APB = \dfrac{1}{2}\angle AOB = \dfrac{1}{2} \times 120° = 60°$

42 ②

| 풀이 | $\angle x = \dfrac{1}{2}\angle AOB = \dfrac{1}{2} \times 80° = 40°$

01	①	02	③	03	②	04	③	05	③
06	③	07	②	08	④	09	③	10	③
11	④	12	④	13	④	14	④	15	③
16	①	17	①	18	④	19	②	20	④
21	④	22	②	23	①	24	④	25	②
26	②	27	②	28	③	29	③	30	②
31	①								

01   ①

| 풀이 | 봉사활동 시간이 25시간 이상인 학생의 수는 줄기 3에 해당하는 잎은 모두 포함되고, 줄기 2에 속하는 잎 중에서 6, 7, 8이 해당된다.
따라서 26, 27, 28, 31, 32, 35, 36시간이 해당되므로 학생 수는 7명이다.

02   ③

| 풀이 | 줄기가 큰 쪽에서부터 6번째를 세어 보면
줄기가 6일 때 2개(66회, 64회)
줄기가 5일 때 3개(57회, 55회, 53회)
줄기가 4일 때 잎이 9인 수, 즉 49개를 한 학생이 6번째로 많이 한 학생이다.

03   ②

| 풀이 | 왼쪽 칸이 줄기, 오른쪽 칸이 잎이 되므로 오른쪽 칸에서 개수가 가장 많은 것을 찾고, 그것과 같은 줄에 있는 줄기를 찾으면 된다.
잎의 개수가 가장 많은 것은 두 번째 줄이고, 이 줄의 줄기는 3이다.

04   ③

| 풀이 | 30분 이상 60분 미만: 8명
60분 이상 90분 미만: 5명
따라서 13명이다.

05   ③

| 풀이 | 도수의 총합이 20이므로
$3+7+A+5=20$ $\therefore A=5$

06   ③

| 풀이 | 17개의 메달의 수는 계급 16개 이상 24개 미만에 속하므로 그때의 국가(선수단) 수는 4를 나타내므로 이 계급의 도수는 4이다.

07   ②

| 풀이 | 도수의 총합이 30이므로
$5+7+A+6+4=30$ $\therefore A=8$

08   ④

| 풀이 | 미세 먼지 농도가 $40 \ \mu g/m^3$ 이상인 도시의 개수(도수)는 $5+1=6$이다.

09   ③

| 풀이 | 15시간 이상 18시간 미만인 구간의 도수가 8이므로 구하는 학생 수는 8명이다.

10   ③

| 풀이 | 주사위를 한 번 던질 때, 홀수의 눈이 나오는 경우는 1, 3, 5의 3가지이다.

11   ④

| 풀이 | 서로 다른 4개의 빵과 서로 다른 2개의 쿠키를 판매하는 제과점에서 간식 한 개를 사는 모든 경우의 수는 $4+2=6$이다.

12   ④

| 풀이 | 식사를 선택할 경우는 김밥, 떡볶이, 국수의 3가지이고, 음료를 선택할 경우는 콜라, 사이다. 주스의 3가지이다.
따라서 구하는 경우의 수는
$3 \times 3 = 9$

13   ④

| 풀이 | $3 \times 2 = 6$(가지)

14 ④

| 풀이 | 동전을 던져 나올 수 있는 경우는 앞면, 뒷면의 2가지, 주사위를 던져 나올 수 있는 경우는 1, 2, 3, …, 6의 6가지이다.
따라서 구하는 경우의 수는
$2 \times 6 = 12$

15 ③

| 풀이 | 전체 구슬 5개 중에서 홀수가 적힌 구슬은 1, 3, 5의 3개이다.
따라서 홀수가 적힌 구슬이 나올 확률은 $\dfrac{3}{5}$이다.

16 ①

| 풀이 | 전체 구슬 7개 중에서 3의 배수는 3, 6의 2개이다.
따라서 3의 배수가 나올 확률은 $\dfrac{2}{7}$이다.

17 ③

| 풀이 | 전체 공의 개수는 $5+2=7$이고, 이 중에서 검은 공은 5개이다.
따라서 검은 공이 나올 확률은 $\dfrac{5}{7}$이다.

18 ④

| 풀이 | $\dfrac{(1의 \ 눈이 \ 나올 \ 수 \ 있는 \ 경우의 \ 수)}{(주사위를 \ 1번 \ 던지는 \ 경우의 \ 수)} = \dfrac{1}{6}$

19 ②

| 풀이 | 전체 경우의 수: 9
4의 배수가 나올 경우의 수: 2
따라서 4의 배수가 나올 확률은 $\dfrac{2}{9}$이다.

20 ④

| 풀이 | $4+5=9$(명) 중에서 여자는 5명이다.
따라서 여자가 뽑힐 확률은 $\dfrac{5}{9}$이다.

21 ④

| 풀이 | 소수의 눈이 나오는 경우는 2, 3, 5의 3가지이다.
따라서 소수의 눈이 나올 확률은 $\dfrac{3}{6} = \dfrac{1}{2}$

22 ②

| 풀이 | 3의 배수가 나오는 경우는 3, 6, 9의 3개이다.
따라서 3의 배수가 나올 확률은 $\dfrac{3}{9} = \dfrac{1}{3}$

23 ①

| 풀이 | 4의 약수가 나오는 경우는 1, 2, 4의 3가지이다.
따라서 4의 약수의 눈이 나올 확률은 $\dfrac{3}{6} = \dfrac{1}{2}$

24 ④

| 풀이 | $2+3=5$(명) 중에서 남자는 2명이다.
따라서 남자가 뽑힐 확률은 $\dfrac{2}{5}$이다.

25 ②

| 풀이 | 2월: 2번 / 5월: 6번 / 7월: 1번 / 10월: 3번
따라서 5월이 6번으로 가장 많이 나오므로 최빈값은 5월이다.

26 ②

| 풀이 | 7: 3번 / 8: 4번 / 9: 2번 / 10: 1번
따라서 8이 4번으로 가장 많이 나오므로 최빈값은 8이다.

27 ②

| 풀이 | 73점이 4번으로 가장 많이 나오므로 최빈값은 73점이다.

28 ③

| 풀이 | 작은 수부터 나열하면 4, 6, 7, 8, 10이고, 이때의 중앙값은 7시간이다.

29 ③

| 풀이 | 중앙값은 자료의 개수가 홀수이면 중앙에 있는 값이고, 짝수이면 중앙에 있는 두 값의 평균값이다. 자료의 개수가 홀수이므로 중앙에 있는 24가 중앙값이다.

30 ②

| 풀이 | 작은 값부터 차례대로 나열하면 1, 3, 4, 4, 4, 5, 17이고, 자료의 개수가 홀수이므로 중앙값은 4이다.
가장 많이 언급된 4가 최빈값이다.
∴ 4+4=8

31 ①

| 풀이 | 양의 상관관계란 x값이 커질 때, y값도 커지는 것을 의미한다.
따라서 양의 상관관계를 나타내는 것은 오른쪽 위로 향하는 ①이다.

1 회									260쪽
01	②	02	③	03	②	04	③	05	①
06	①	07	③	08	①	09	③	10	③
11	①	12	③	13	④	14	④	15	④
16	③	17	④	18	③	19	③	20	②

01 ②

| 풀이 | 공통인 소인수의 지수가 같으면 그대로, 다르면 큰 것을 택하고 공통이 아닌 소인수는 모두 택하여 곱한다.

$$12=2^2\times3$$
$$\underline{40=2^3\quad\times5}$$
$$2^3\times3\times5$$

따라서 ㉠$=2^3$이다.

02 ③

| 풀이 | $(+6)+(-2)=(+4)=4$

03 ②

| 풀이 | ② (음수)<0

04 ③

| 풀이 | $2\times(-1)+2=-2+2=0$

05 ①

| 풀이 | (한 변의 길이가 a인 정삼각형의 둘레의 길이)
$$=a+a+a=3a$$

06 ①

| 풀이 | $5x+1=2x-2$
$$5x-2x=-2-1$$
$$3x=-3$$
$$\therefore x=-1$$

07 ③

| 풀이 | 도수가 가장 큰 계급은 9명인 70점 이상 80점 미만이다.

08 ①

| 풀이 | ① $\dfrac{1}{10}=0.1$로 유한소수이다.

② $\dfrac{1}{7}=0.\dot{1}4285\dot{7}$로 순환소수이다.

③ $\dfrac{1}{6}=0.1\dot{6}$으로 순환소수이다.

④ $\dfrac{1}{3}=0.\dot{3}$으로 순환소수이다.

| 다른풀이 |

① $\dfrac{1}{10}=\dfrac{1}{2\times5}$로 분모의 소인수가 2 또는 5뿐이므로 유한소수로 나타낼 수 있다.

09 ③

| 풀이 | $x+2<3$에서 $x<1$이므로 수직선 위에 나타내면 ③이다.

10 ③

| 풀이 | (x좌표, y좌표)에서 두 좌표의 부호가 둘 다 음수이므로 $(-5, -2) \rightarrow (-, -)$를 나타내는 사분면은 제3사분면이다.

11 ①

| 풀이 | 일차함수 $y=\dfrac{1}{2}x$의 그래프를 y축의 방향으로 2만큼 평행이동한다.

12 ③

| 풀이 | 한 개의 주사위에서 2보다 큰 눈은 3, 4, 5, 6으로 모두 4가지이다.

13 ④

| 풀이 | $\triangle ABC \backsim \triangle DEF$이므로 $\angle F = \angle C = 42°$
$\triangle DEF$에서 $y° = 180° - (106° + 42°) = 32°$
$\therefore y = 32$
$\triangle ABC$와 $\triangle DEF$의 닮음비는
$\overline{AB} : \overline{DE} = 6 : 8 = 3 : 4$이므로
$\overline{AC} : \overline{DF} = 3 : 4$에서 $x : 12 = 3 : 4$
$4x = 36$ $\therefore x = 9$
$\therefore x + y = 9 + 32 = 41$

14 ④

| 풀이 | $2\sqrt{5} = \sqrt{2^2 \times 5} = \sqrt{4 \times 5} = \sqrt{20} = \sqrt{a}$이므로
$a = 20$

15 ④

| 풀이 | $a^2 - b^2 = (a+b)(a-b)$이므로
$x^2 - 9 = (x+3)(x-3)$

16 ③

| 풀이 | $x^2 + 3x + a = 0$에 $x = 2$를 대입하면
$4 + 6 + a = 0$ $\therefore a = -10$

17 ④

| 풀이 | 제시된 자료에서 가장 많이 나타난 5가 이 자료의 최빈값이다.

18 ③

| 풀이 | $\cos B = \dfrac{\overline{BC}}{\overline{AB}} = \dfrac{3}{4}$

19 ③

| 풀이 | 한 원에서 중심으로부터 같은 거리에 있는 두 현의 길이는 같다.
$\overline{AD} = \overline{BC}$
$\therefore x = \overline{BC} = 2 \times 3 = 6$

20 ②

| 풀이 | 도시의 인구와 교통량 사이의 상관관계는 양의 상관관계이므로 ②이다.

01	①	02	①	03	①	04	④	05	④
06	①	07	④	08	②	09	①	10	④
11	③	12	③	13	①	14	②	15	③
16	①	17	②	18	①	19	④	20	①

01 ①

| 풀이 | $28 = 2^2 \times 7$ $\therefore a = 2$

02 ①

| 풀이 | $3 - (-2) = 3 + 2 = 5$

03 ①

| 풀이 | -7과 -3은 음의 정수, 0은 정수, 5와 4는 양의 정수이므로 2개이다.

04 ④

| 풀이 | $l \parallel n$이므로 $\angle x = 110°$(엇각)
$m \parallel n$이므로 $\angle y = 180° - 110° = 70°$
$\therefore \angle x - \angle y = 110° - 70° = 40°$

05 ④

| 풀이 | ① A$(-3, 3)$ ② B$(0, -2)$
③ C$(1, 2)$ ④ D$(3, 0)$

06 ①

| 풀이 | 그래프는 점 $(30, 5)$를 지나므로 비가 오기 시작한 지 30분 후의 물의 높이는 5 mm이다.

07 ④

| 풀이 | ① 정사면체 − 정삼각형
② 정육면체 − 정사각형
③ 정팔면체 − 정삼각형

08 ②

| 풀이 | 주어진 직각삼각형을 직선 l을 회전축으로 하여 1회전 시킬 때 만들어지는 입체도형은 원뿔이다.

09 ①

| 풀이 | $\begin{cases} 2x-y=5 \\ x+2y=5 \end{cases}$ 에서

$\begin{cases} 4x-2y=10 & \cdots\cdots \bigcirc \\ x+2y=5 & \cdots\cdots \bigcirc\!\!\!\bigcirc \end{cases}$

$\bigcirc+\bigcirc\!\!\!\bigcirc$을 하면

$5x=15 \qquad \therefore x=3$

$x=3$을 $\bigcirc\!\!\!\bigcirc$에 대입하면

$3+2y=5 \qquad \therefore y=1$

10 ④

| 풀이 | 모든 경우의 수는 6가지이고, 소수의 눈이 나오는 경우는 2, 3, 5의 3가지이므로 구하는 확률은

$\dfrac{3}{6}=\dfrac{1}{2}$

11 ③

| 풀이 | $y=ax+b$에서 기울기 $a=3$이고

y절편 $b=-1$이다.

$\therefore y=3x-1$

12 ③

| 풀이 | $x+(x+25°)=3x-25°$이므로

$2x+25°=3x-25°$

$\therefore \angle x=50°$

13 ①

| 풀이 | $x=\dfrac{1}{2}\times 10=5$, $y=\dfrac{1}{2}\times 12=6$

$\therefore x+y=5+6=11$

14 ②

| 풀이 | $\overline{AB}^2+\overline{AC}^2=\overline{BC}^2$이므로 $64+\overline{AC}^2=100$

$\therefore \overline{AC}^2=36$

따라서 $\overline{AC}$를 한 변으로 하는 정사각형의 넓이는 $36\ cm^2$이다.

15 ③

| 풀이 | $3\sqrt{2}+6\sqrt{2}-\sqrt{2}=(3+6-1)\sqrt{2}=8\sqrt{2}$

16 ①

| 풀이 | $x^2+4x+3=x^2+(1+3)x+(1\times 3)$
$=(x+1)(x+3)$

17 ②

| 풀이 | 자료를 작은 값부터 순서대로 나열하면 1, 2, 2, 3, 4, 4, 4, 5, 5, 6, 8이므로 중앙값은 4, 최빈값은 4이다.

따라서 중앙값과 최빈값의 합은

$4+4=8$

18 ①

| 풀이 | $y=-2(x-3)^2+1$의 꼭짓점의 좌표는 $(3,\ 1)$이고, 위로 볼록한 그래프이다.

따라서 알맞은 그래프는 ①이다.

19 ④

| 풀이 | 원주각 x의 크기는 (중심각의 크기)$\times\dfrac{1}{2}$이다.

$\therefore \angle x=150°\div 2=75°$

20 ①

| 풀이 | ① 음의 상관관계
②, ④ 상관관계가 없다.
③ 양의 상관관계

memo

memo

2025 최신판

에듀윌
중졸 검정고시
기본서 수학

펴낸곳 (주)에듀윌　**펴낸이** 양형남　**출판총괄** 오용철　**에듀윌 대표번호** 1600-6700

주소 서울시 구로구 디지털로 34길 55 코오롱싸이언스밸리 2차 3층　**등록번호** 제25100-2002-000052호

고객의 꿈, 직원의 꿈, 지역사회의 꿈을 실현한다

에듀윌 도서몰
book.eduwill.net

- 부가학습자료 및 정오표: 에듀윌 도서몰 > 도서자료실
- 교재 문의: 에듀윌 도서몰 > 문의하기 > 교재(내용, 출간) / 주문 및 배송